utb 6392

utb.

AF738727

Eine Arbeitsgemeinschaft der Verlage

Brill | Schöningh – Fink · Paderborn
Brill | Vandenhoeck & Ruprecht · Göttingen – Böhlau · Wien · Köln
Verlag Barbara Budrich · Opladen · Toronto
facultas · Wien
Haupt Verlag · Bern
Verlag Julius Klinkhardt · Bad Heilbrunn
Mohr Siebeck · Tübingen
Narr Francke Attempto Verlag – expert verlag · Tübingen
Psychiatrie Verlag · Köln
Psychosozial-Verlag · Gießen
Ernst Reinhardt Verlag · München
transcript Verlag · Bielefeld
Verlag Eugen Ulmer · Stuttgart
UVK Verlag · München
Waxmann · Münster · New York
wbv Publikation · Bielefeld
Wochenschau Verlag · Frankfurt am Main

Gerhard Puhlmann (MBA) ist langjähriger Tutor und Dozent an der Euro-FH Hamburg sowie Geschäftsführer der S-Servicepartner Berlin GmbH, mit rund 750 Mitarbeitenden das größte Unternehmen für Marktfolgedienstleistungen in der Sparkassen-Finanzgruppe.

Prof. Dr. Irene E. Rath ist Studiengangs-Dekanin für die Studiengänge International Business Administration (B.A), BWL und Customer Experience (B.A.), Wirtschaftswissenschaften (B.Sc.) und International Management (M.A.) sowie Professorin für Betriebswirtschaftslehre und Internationales Management an der Euro-FH Hamburg.

Gerhard Puhlmann / Irene E. Rath

Herausforderungen in der Globalisierung

Global Governance, Transnationale Unternehmen, Europäische Union

UVK

Umschlagabbildung: © iStockphoto · blackdovfx

Bibliografische Information der Deutschen Nationalbibliothek
Die Deutsche Nationalbibliothek verzeichnet diese Publikation in der Deutschen Nationalbibliografie; detaillierte bibliografische Daten sind im Internet über http://dnb.dnb.de abrufbar.

https://doi.org/10.36198/9783838563923

– Ein Unternehmen der Narr Francke Attempto Verlag GmbH + Co. KG
Dischingerweg 5 · D-72070 Tübingen

Internet: www.narr.de
eMail: info@narr.de

Einbandgestaltung: siegel konzeption | gestaltung

Druck: Elanders Waiblingen GmbH

utb-Nr. 6392
ISBN 978-3-8252-6392-8 (Print)
ISBN 978-3-8385-6392-3 (ePDF)
ISBN 978-3-8463-6392-8 (ePub)

MIX
Papier | Fördert gute Waldnutzung
FSC® C016368

Vorwort

Die Welt, wie wir sie kennen und in der wir leben, verändert sich rasant. „Globalisierung“ ist eines der wesentlichen Schlagworte, das diese tiefgreifenden Veränderungen der letzten Jahrzehnte erfasst und auch beschreibt.

Globalisierung ist eine Entwicklung, die über die wirtschaftlichen Veränderungen deutlich hinausgeht und die für eine zunehmende Verflechtung und Vernetzung der Welt auch in politischer, kultureller und technologischer Hinsicht steht. Sie beeinflusst unser tägliches Leben, unsere Arbeit, unsere Kultur und sogar unsere nationale, europäische, aber auch internationale Identität.

Alle Menschen weltweit sind von Globalisierung betroffen – lediglich der Umfang der jeweiligen Betroffenheit in den unterschiedlichen Regionen unserer Welt variiert dabei, dies jedoch in erheblichem Umfang.

Im Zuge der zunehmenden Krisen bis hin zu Kriegen stellt sich allerdings immer wieder die Frage, wieviel Globalisierung gut und wieviel Globalisierung auch sinnvoll ist.

- Drehen wir das Rad der Globalisierung vollständig zurück, produzieren wir nur noch im eigenen Land und betreiben wieder Protektionismus, oder wird unser wirtschaftliches Handeln zukünftig (oder auch schon heute) auch von ethischem und völkerrechtlichem Handeln bestimmt?
- Inwieweit flechten wir klimapolitische Aspekte in unseren Handelsbeziehungen mit ein?
- Kann eine Globalisierung funktionieren, wenn Teile der Welt behaupten, es gäbe keinen Klimawandel und / oder wenn Länder diesen Klimawandel in ihrem Handeln nicht beziehungsweise nicht angemessen berücksichtigen?
- Inwieweit spielen der zunehmende, weltweit zu beobachtende Rechtsdruck und Populismus eine Rolle bei unseren wirtschaftlichen Entscheidungen?
- Können wir uns als Deutschland oder als Teil von Europa solche Überlegungen überhaupt leisten?

> Aus Globalisierung resultieren Chancen, aber auch Risiken, die mit der Globalisierung einhergehen – aus unserer Sicht als Autoren überwiegen die Chancen die Risiken deutlich.

Dieses Buch verfolgt das Ziel, die komplexen Prozesse der Globalisierung anschaulich darzustellen. Dafür haben wir uns in diesem Buch auf drei Aspekte fokussiert:

- **Teil 1: „Globalisierung und Global Governance“** mit einem Überblick über die Globalisierung an sich, die damit verbundenen Chancen und Risiken, die aktuellen Entwicklungen sowie den weltweite Rechtsrahmen.
- **Teil 2: „Transnationale Unternehmen“** als wesentliche Akteure der Globalisierung.
- **Teil 3: „Die Europäische Union im Prozess der Globalisierung“** mit einem Überblick über die EU sowie einer kurzen Vorstellung ausgewählter Handelsabkommen mit der EU als Vertragspartner.

Unser Ziel ist, dass Sie einen Überblick erhalten und verstehen,

- was den modernen Prozess von Globalisierung ausmacht,
- welche Faktoren die Globalisierung unterstützt haben,
- welche Akteure es im Zusammenhang mit der Globalisierung gibt,
- welche positiven und negativen Aspekte mit Globalisierung verbunden werden,
- welche aktuellen Entwicklungen Globalisierung beeinflussen und teilweise zu einer De-Globalisierung führen,
- welche Notwendigkeiten es für eine Global Governance gibt, wie diese ausgestaltet ist und wie sie sich im Zeitverlauf entwickelt hat,
- wo Global Governance an ihre Grenzen stößt und aus welchen Gründen.

Über Erklärfilme und Aufgaben haben Sie die Möglichkeit, für Sie interessante Aspekte weiter zu vertiefen.

Am Ende dieses Buchs sind Ihnen wichtige Aspekte und Zusammenhänge von Globalisierung und von Global Governance bekannt.

Es lohnt sich, die aktuellen Entwicklungen in einer äußert schnelllebigen Zeit weiter zu verfolgen und die erworbenen Kenntnisse weiter zu vertiefen.

„Die Globalisierung erzeugt Dynamik, bringt Veränderungen, aber auch viele Chancen.

Wo einander widersprechende Weltsichten, Werte oder Lebensweisen aufeinandertreffen, können Unsicherheit und Desorientierung entstehen. Viele haben Angst vor dem Unbekannten, Fremden. Gleichzeitig verschwinden Grenzen, Menschen verschiedener Kulturen kommen sich näher.

Für junge Menschen ist es heute selbstverständlich, international zu denken und zu arbeiten. Wir müssen diese vielfältigen Chancen zur Verständigung nutzen. Jeder kann etwas dazu beitragen, damit die Zukunft gelingt.“

Elisabeth Mohn, Bertelsmann-Stiftung (n. d.)

Wir wünschen Ihnen viel Spaß bei der Lektüre dieses Buchs.

Ihre
Gerhard Puhlmann und Irene Rath

Hinweis

Die Inhalte dieses Buchs basieren auf von den Autoren unter gleichem Titel erstellten Studienheften der Europäischen Fernhochschule Hamburg GmbH, University of Applied Sciences.

Inhaltsübersicht

Teil 1 Globalisierung und Global Governance 11
Einleitung 15
1 Globalisierung 15
2 Global Governance 61
Schlussbetrachtung 102
Lösungen zu den Aufgaben 104

Teil 2 Transnationale Unternehmen 109
Einleitung 115
1 Weltweit tätige Konzerne – so fern und doch so nah 116
2 Unterschiedliche Ausprägungen von Unternehmen mit Auslandsbezug 121
3 Wachstumsstrategien von Multinationalen und Transnationalen Unternehmen 129
4 Ausländische Direktinvestitionen (ADI) 137
5 Die Auswirkungen von ADI chinesischer Unternehmen an den Beispielen KUKA AG, Hamburger Hafen Tollerort sowie Elmos AG 149
6 Lieferketten, Supply Chain Management und die Verantwortung von Transnationalen Unternehmen für ihre eigenen Lieferketten 159
7 Ein Blick auf die fünf wichtigsten Unternehmen der Digitalwirtschaft („Big 5") 193
Schlussbetrachtung 205
Lösungen zu den Aufgaben 207

Teil 3 Die Europäische Union im Prozess der Globalisierung 211
Einleitung 217
1 Die Europäische Union – ein (kurzer) Überblick 218
2 Die Europäische Union als ökonomischer Faktor in der Globalisierung 241
3 Aktuelle Ereignisse und die jeweilige Rolle der Europäischen Union 251

4 Wesentliche aktuelle Herausforderungen für die Europäische Union und deren Mitgliedsstaaten ... 276
5 Global Governance – die Europäische Union in der Globalisierung ... 299
6 Weltweite Bedeutung von Unternehmen aus der Europäischen Union ... 307
Schlussbetrachtung ... 313
Lösungen zu den Aufgaben ... 315

Abkürzungsverzeichnis ... 321
Literaturverzeichnis ... 327
Abbildungsverzeichnis ... 353
Tabellenverzeichnis ... 357
Stichwortverzeichnis ... 359

Teil 1
Globalisierung und Global Governance

Inhaltsverzeichnis Teil 1

Einleitung ... 15

1 Globalisierung ... 15

1.1 Was bedeutet „Globalisierung“? ... 16

1.2 Internationaler Handel, ein (kurzer) historischer Rückblick ... 17

1.3 Moderne Globalisierung ... 18

1.4 Dimensionen der modernen Globalisierung ... 19

1.5 Akteure der modernen Globalisierung ... 21

1.6 Weltwirtschaft im Wandel ... 23

1.6.1 Entwicklung der Globalisierung in Zahlen ... 23

1.6.2 Wesentliche Gründe für die Entwicklungen ... 26

1.6.3 Entwicklung des Welthandels nach Regionen ... 34

1.7 Positive Aspekte von Globalisierung ... 34

1.7.1 Stärkung des Wohlstands und Wirtschaftswachstums – auch in Entwicklungs- und Schwellenländern ... 34

1.7.2 Stärkung der Innovationskraft durch länderübergreifende Zusammenarbeit ... 35

1.7.3 Zunehmende Mobilität, Zusammenwachsen von Kulturen ... 36

1.7.4 Internationale Kommunikation in Krisenzeiten ... 37

1.7.5 Migration als Baustein zur Fachkräfte-Rekrutierung ... 38

1.8 Negative Aspekte von Globalisierung ... 38

1.8.1 Ungleichverteilung der positiven Globalisierungseffekte und Einhaltung von Menschenrechten ... 38

1.8.2 Zunehmende Anfälligkeit der Weltwirtschaft ... 40

1.8.3 Zunehmende Umweltbelastungen, Klimawandel ... 40

1.8.4 Internationale (Wirtschafts-)Kriminalität ... 43

1.8.5 Steuerflucht, Steuervermeidung ... 48

1.9 De-Globalisierung – aktuelle Entwicklungen ... 48

1.10 Kritik am Globalisierungsprozess ... 51

1.10.1 Kritik von Wirtschaftswissenschaftlern 52
1.10.2 Kritik von NGOs am Beispiel von Attac und Terre des Hommes 54
1.10.3 Kritik von Klimaschutzorganisationen und Klimaaktivistinnen und Klimaaktivisten 55
1.10.4 Kritik von nationalen Gewerkschaften und international vernetzten Gewerkschaftsverbänden am Beispiel des Internationalen Gewerkschaftsbundes (IGB) 57
1.10.5 Club of Rome 57

1.11 Zusammenfassung 58

2 Global Governance 61

2.1 Die Bedeutung von Global Governance, deren Entstehung und Akteure 61

2.2 Wesentliche Akteure der Global Governance 64
2.2.1 Von Staaten getragene internationale Organisationen 65
2.2.2 Internationale Verbände als Interessenvertretung nationaler Organisationen am Beispiel des Internationalen Gewerkschaftsbundes 79
2.2.3 Kooperationsabkommen am Beispiel der EU 79
2.2.4 Informelle Absprachen und Vereinbarungen 80
2.2.5 Vereinbarungen zwischen internationalen Organisationen und Unternehmen 85
2.2.6 Internationale Nichtregierungsorganisationen (Non-Governmental Organisations NGOs) 87

2.3 Global Governance gegenüber nationalen Interessen an den Beispielen der USA und der VR China 89
2.3.1 Globalisierung, Global Governance und die USA 89
2.3.2 Globalisierung, Global Governance und die VR China 97

2.4 Zusammenfassung 100

Schlussbetrachtung 102

Lösungen zu den Aufgaben 104

Einleitung

Die Globalisierung selbst, die Chancen und Risiken aus der Globalisierung, aber auch die Sicht ausgewählter Kritiker des Globalisierungsprozesses bilden einen Schwerpunkt dieses ersten Teils. Darüber hinaus werden aktuelle Entwicklungen in Bezug auf Globalisierung und De-Globalisierung kurz vorgestellt.

Risiken und Probleme aus der Globalisierung ziehen aber auch die Notwendigkeit von rechtlichen Rahmenbedingungen nach sich. Daher bildet der weltweite Rechtsrahmen oder die „Global Governance" den zweiten Schwerpunkt dieses Teils.

Dabei ist es nicht der Anspruch, alle Theoretiker zu Wort kommen zu lassen und damit die ausschließliche Ausrichtung zu setzen. Vielmehr haben wir versucht, ein Gleichgewicht zwischen Theorie und Praxis (anhand von Beispielen, Entwicklungen und praktischen Fällen) zu wählen, um Ihr Interesse zu wecken und Ihnen Globalisierung und auch Global Governance insgesamt „schmackhaft zu machen".

1 Globalisierung

Erklärungsansätze und Definitionen von „Globalisierung" gibt es viele, die im Kern einander ähnlich sind.

Unterschiede in den Sichten gibt es im Wesentlichen, wenn es um die Tragweite von Globalisierung geht oder um die Frage, ab welchem Zeitpunkt sinnvollerweise tatsächlich erst von (moderner) Globalisierung gesprochen werden kann.

Nach Abschluss dieses Kapitels

- kennen Sie die Erklärung der wirtschaftlichen Globalisierung,
- haben Sie – nach Absolvierung der Übung – einen Überblick über die historische Entwicklung des internationalen Handels,
- wissen Sie, welche zwei wesentlichen Ereignisse als Startpunkt der „modernen Globalisierung" gesehen werden,
- haben Sie gelernt, dass die moderne Globalisierung auch andere Dimensionen als die rein wirtschaftliche Perspektive umfasst,
- kennen Sie Chancen und Risiken der Globalisierung und aktuelle Entwicklungen in der Weltwirtschaft,
- kennen Sie die unterschiedlichen Akteure der Globalisierung sowie die Sicht der Globalisierungskritikerinnen und Globalisierungskritiker.

1.1 Was bedeutet „Globalisierung“?

In Bezug auf den Schwerpunkt der *wirtschaftlichen* Globalisierung definiert die Organization for Economic Co-operation and Development (OECD) Globalisierung wie folgt:

> *„„Der Begriff Globalisierung wird allgemein verwendet, um eine zunehmende Internationalisierung der Märkte für Waren und Dienstleistungen, die Produktionsmittel, die Finanzsysteme, den Wettbewerb, die Unternehmen, die Technologie und die Industrien zu beschreiben.*
>
> *Dies führt unter anderem zu einer erhöhten Mobilität des Kapitals, einer schnelleren Verbreitung technologischer Innovationen und einer zunehmenden Interdependenz und Einheitlichkeit der nationalen Märkte.“*
>
> *(Organization for Economic Co-operation and Development, OECD, 2013, übersetzt durch die Autoren)*

Kurzum geht es hier vorrangig um die Zunahme des weltweiten Handels unter Berücksichtigung aller dafür zu beachtenden Rahmenbedingungen sowie um die daraus resultierende stetig zunehmende Vernetzung von Ländern und Regionen. Damit handelt es sich um eine überwiegend betriebswirtschaftliche Sicht.

Tatsächlich ergeben sich aus dieser Definition unter anderem folgende Fragen:

- Gab es Globalisierung in der hier beschriebenen Form schon immer?

  Auf diese Frage wird in den folgenden Unterkapiteln 1.2 und 1.3 eingegangen.

- Umfasst der Begriff „Globalisierung“ tatsächlich nur wirtschaftliche Aspekte oder geht Globalisierung (deutlich) darüber hinaus?

  Diese Fragestellung wird in Unterkapitel 1.4 vertieft. Die folgende weitere Definition zeigt aber bereits, dass Globalisierung nicht mit der betriebswirtschaftlichen Sicht enden kann, sondern alle volkswirtschaftlichen Produktionsfaktoren umfasst.

  > *„Globalisierung ist ein dynamischer Prozess, der die wirtschaftliche Vernetzung der Welt durch den zunehmenden Austausch von Gütern, Dienstleistungen, Kapital und Arbeitskräften vorantreibt, die wirtschaftliche Bedeutung nationaler Grenzen verringert und den internationalen Wettbewerb immer weiter intensiviert, sodass durch das Zusammenwachsen aller wichtigen (Teil-)Märkte die Möglichkeiten internationaler Arbeitsteilung immer intensiver genutzt werden, sich der weltweite Einsatz der Ressourcen laufend – wirtschaftlich – verbessert, ständig vielfältige neue Chancen aber auch Risiken entstehen und die (nationalen und internationalen) politischen Akteure gezwungen sind, laufend Entscheidungen zur Gestaltung der Globalisierung zu treffen – ein Prozess, der von intensiven interkulturellen Interaktionen und einem Wissensaustausch zwischen den Kulturen begleitet wird.“ (Koch, 2022, S.11)*

Auch die Frage, ob alle Länder gleichermaßen Akteure in der Globalisierung sind und gleichermaßen von ihr profitieren, ist für das Verständnis wichtig:

Globalisierung konzentriert sich auf die Industrienationen Europas, Nordamerikas und Asiens (OECD-Länder), die BRICS-Staaten (**B**rasilien, **R**ussland, **I**ndien, die Volksrepublik **C**hina – „VR China“, **S**üdafrika) überwiegend noch ohne die seit Anfang 2024 beigetretenen Länder als BRICS+, sowie auf wenige weitere Schwellenländer in Asien und Lateinamerika.
Rund 80 % aller Länder spielen dagegen nur eine untergeordnete Rolle; ihr Beitrag im Rahmen der Globalisierung, aber auch ihr eigener Nutzen aus der Globalisierung ist eher gering.

Aus volkswirtschaftlicher Sicht versucht die Globalisierung den Einsatz der weltweit vorhandenen, unterschiedlichsten Produktionsfaktoren zu optimieren.

1.2 Internationaler Handel, ein (kurzer) historischer Rückblick

Unstrittig ist, dass es Handel über Grenzen hinweg schon lange gibt, sei es im Altertum, im Mittelalter oder in der frühen Neuzeit. Die Frage, ob dabei bereits von einem „globalisierten Handel“ gesprochen werden kann, wird allerdings sehr unterschiedlich beantwortet.

Wir wollen hier nicht die unterschiedlichen Sichten darstellen und diskutieren oder mit dem Handel mit Federn, Muschelschalen, Feuerstein oder Schneckenhäuser als Tauschobjekte für Waren und damit als Vorläufer des Geldes beginnen.

Aber beispielsweise

- vom Handel der Phönizier zwischen 1200 und 900 vor Christi Geburt über weite Entfernungen hinweg (Abbildung 1.1 zeigt, dass nicht nur Schiffe von den Phöniziern genutzt wurden, sondern auch Münzen als Zahlungsmittel),
- über die (alte) Chinesische Seidenstraße, die über ein Geflecht von Routen und Wegen zwischen China und dem östlichen Mittelmeer viele Länder umfasste,
- von den Wikingern, die – neben ihren Raubzügen – einen regen Handel mit vielen Ländern praktizierten,
- vom Handel der Römer zu Zeiten des Römischen Reiches,
- vom Handel der Hanse oder der italienischen Städte Venedig, Florenz und Genua,

- bis hin zur Entdeckung Amerikas und der Verlagerung des Handels über Seewege zum Atlantik

in den unterschiedlichen geschichtlichen Epochen haben alle Leser mal mehr, mal weniger gehört.

Abb. 1.1: Darstellung eines phönikischen Schiffes auf einer antiken Münze (Welt, 2013)

Da der Schwerpunkt dieses Buchs auf der neueren Zeitrechnung liegt, bieten wir Ihnen am Ende dieses Kapitels die Aufgabe 1 für eine historische Einordnung des Welthandels an.

1.3 Moderne Globalisierung

Wenn im Unterkapitel 1.2 von der historischen Einordnung des weltweiten Handels gesprochen wird, stellt sich die Frage, ab wann von einer „modernen Globalisierung" gesprochen werden kann.

Auch hierzu gibt es unterschiedliche Ansichten, die jeweils gut begründet werden. Zwei Ereignisse aus der jüngeren Geschichte sind jedoch als besondere Meilensteine der modernen Globalisierung besonders relevant:

- Das Ende des zweiten Weltkriegs, hier gilt insbesondere das Abkommen von Bretton Woods als wesentliche Grundlage für die moderne Globalisierung.
- Der ab 1985 beginnende Zerfall des Ostblocks und die Auflösung der Sowjetunion Ende 1991.

Wir nehmen hier keine Wertung vor, welches dieser beiden Ereignisse entscheidender war. Vielmehr wird auf die beiden oben genannten Meilensteine im Abschnitt 1.6.2 vertiefend eingegangen.

1.4 Dimensionen der modernen Globalisierung

Tatsächlich geht Globalisierung über die rein wirtschaftliche Sicht und die Definition der OECD aus dem Unterkapitel 1.1 weit hinaus und umfasst beispielsweise auch die Globalisierung von Politik sowie kulturelle und soziale Aspekte.

Der Grad der Globalisierung einzelner Länder wird anhand von Globalisierungsindices wie beispielsweise dem sogenannte „KOF-Index“ (KOF: Konjunkturforschungsstelle) der Schweizerischen Wirtschaftshochschule gemessen. Dieser beurteilt neben einer Gesamtsicht auch den wirtschaftlichen, politischen und sozialen Grad der Globalisierung (erstmals Dreher, 2006).

Tabelle 1.1 verdeutlicht die Vielfalt dieser hier für diesen Globalisierungsindex als relevant eingestuften Komponenten sowie deren Zuordnung zu den Kategorien Politik, Wirtschaft und Soziales. An dem Beispiel der „Ikea-Filialen“ oder der „Mobiltelefone pro Kopf“ wird aber auch deutlich, dass zu der Aussagekraft unterschiedlicher Indizes auch sehr unterschiedliche Meinungen existieren.

Tab. 1.1: Indikatoren des Globalisierungsindex nach Kategorien (eigene Darstellung in Anlehnung an Dreher, erste Veröffentlichung 2006, Stand 2024)

Wirtschaftliche Globalisierung	Politische Globalisierung	Soziale Globalisierung
Handelsglobalisierung • Als Anteil des BIP: – Güterhandel und – Dienstleistungshandel • Diversifikation der Handelspartner • Höhe der Zölle auf Importe • Handelsregulierung **Finanzielle Globalisierung** • Höhe in Anteil am BIP: – Ausländische Direktinvestitionen – Auslandsüberweisungen – Auslandsschulden – Devisenreserven • Ausmaß der Restriktionen für ausländisches Kapital	**Interpersonelle Globalisierung** • Internationaler Telefonverkehr • Anzahl der – Mobiltelefone pro Kopf – internationalen Touristen in Relation zur Bevölkerung – internationalen Flughäfen • Reisefreiheit • Migrantenanteil der Bevölkerung **Globalisierung der Information** • Anzahl der – Patentanmeldungen durch ausländische Personen – Auslandsstudierende in Relation zur Bevölkerung – Haushalte mit Fernsehen – Haushalte mit Internetanschluss • Anteil High-Tech-Exporte als Anteil an gesamten Exporten • durchschnittliche Internetgeschwindigkeit, • Presse- und Medienfreiheit	• Gesamtzahl der ausländischen Botschaften in einem Land • personeller Beitrag zu UN-Friedenstruppen pro Kopf • Anzahl der – internationalen Nichtregierungsorganisationen (NGO) – internationalen Organisationen, in denen ein Land Mitglied ist – internationalen Abkommen, die ein Land unterzeichnet hat – Partnerländer, mit denen internationale Abkommen geschlossen wurden

	Kulturelle Globalisierung • Anteil des Handels mit – kulturellen Gütern – Dienstleistungen • Anzahl der – Registered Trade Marks – McDonald's-Filialen und IKEA-Läden pro Kopf • Gleichberechtigung der Geschlechter • staatliche Bildungsausgaben pro Kopf • Respektierung der Bürgerrechte	

Folgende Tabelle 1.2 zeigt die Top 5-Länder im Globalisierungsindex 2023 (auf Basis von Daten aus 2021) sowie deren Werte für die einzelnen Komponenten. Sofern Deutschland nicht unter den Top 5 lag, wurde Deutschland mit Rangstelle und Daten hinzugefügt.

Tab. 1.2: Globalisierungsindex 2023: Top 5-Länder und Deutschland auf Basis von Daten aus 2021 (eigene Darstellung, Daten aus Gygli et al., 2021)

Gesamtindex			Wirtschaftliche Sicht			Soziale Sicht			Politische Sicht		
Rang	Land	Wert	Rang	Land	Wert	Rang	Land	Wert	Rang	Land	Wert
1	Switzerland	91	1	Singapore	94	1	Luxembourg	90	**1**	**Germany**	**98**
2	Belgium	90	2	Belgium	89	2	Switzerland	90	2	France	98
3	Netherlands	90	3	Netherlands	89	3	Hong Kong SA	90	3	Italy	98
4	Sweden	89	4	Ireland	88	4	Monaco	89	4	United Kingdc	97
5	**Germany**	**89**	5	United Arab E	87	5	Canada	89	5	Spain	97
			19	**Germany**	**81**	**10**	**Germany**	**88**			

Europäische Länder inklusive Deutschlands belegen nicht nur die Top 5-Ränge in der Gesamtbetrachtung („Gesamtindex“). Mit Kanada folgt erst auf Rang 18 das erste nichteuropäische Land.

Auf den letzten drei Rangstellen des Index 2023 liegen mit Somalia (196.), Eritrea (195.) und der Zentralafrikanische Republik (194.) durchgängig Staaten aus Afrika mit Indexwerten deutlich unter 40, für Somalia nur bei 30 (Gygli et al., 2021).

Damit wird die Aussage im Unterkapitel 1.1 unterlegt, dass nicht alle Länder und Regionen in vergleichbarem Umfang Akteure der Globalisierung sind – egal wie man zu einzelnen Indikatoren des hier vorgestellten Index steht.

Abschließend verdeutlicht Abbildung 1.2 den gravierenden Anstieg des Gesamtindex-Wertes und damit den zunehmenden Grad der Globalisierung von 1970 bis 2021 in dem Vergleich Welt (grün) mit Deutschland (blau). Es wird deutlich, dass der Indexwert weltweit in dem betrachteten Zeitraum stärker gestiegen ist als der Deutschlands.

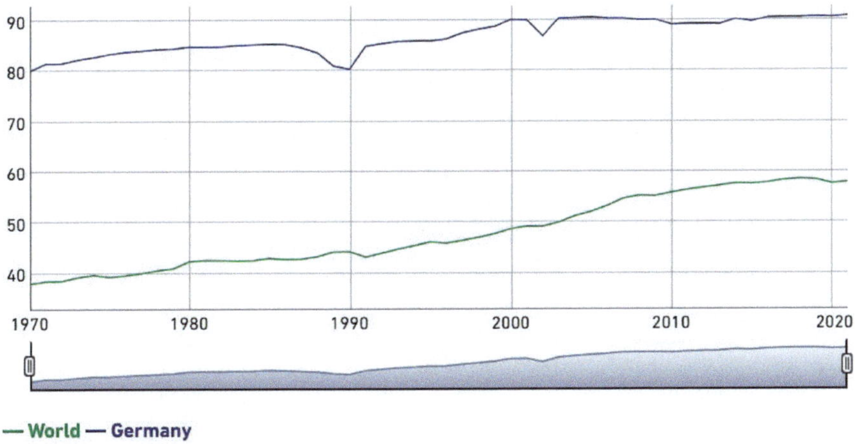

Abb. 1.2: Entwicklung der Globalisierungsindices im Zeitverlauf 1970 bis 2021 – Welt und Deutschland im Vergleich (Gygli et al., 2021)

Auf wesentliche Regionen und Länder mit Bezug zur Europäischen Union (EU) wird – unabhängig von der Index-Rangstelle – in dem Teil 3 dieses Buchs „Die EU im Prozess der Globalisierung" weiter eingegangen.

1.5 Akteure der modernen Globalisierung

Unternehmen, hier insbesondere transnationale Unternehmen (Transnational Corporations, TNCs) sind wesentliche Treiber der Globalisierung. TNCs ist daher auch der zweite Teil dieses Buchs gewidmet.

Abbildung 1.3 gibt einen Überblick über weitere Akteure im Globalisierungsprozess, auf die im Anschluss kurz eingegangen wird.

- **Unternehmen (inklusive TNCs – siehe Teil 2 „Transnationale Unternehmen")**

  Neben TNCs hat nahezu jedes Unternehmen mindestens internationale, häufig auch weltweite Kontakte. Wesentliche Gründe sind der Bezug von Rohstoffen oder Bauteilen für die eigene Produktion aus unterschiedlichen Ländern und / oder international ausgerichtete Absatzmärkte.

- **Personen**

  ... können beispielsweise als Arbeitnehmende im Ausland, als Kundinnen und Kunden ausländischer Unternehmen oder als Reisende in einer globalisierten Welt in Erscheinung treten.

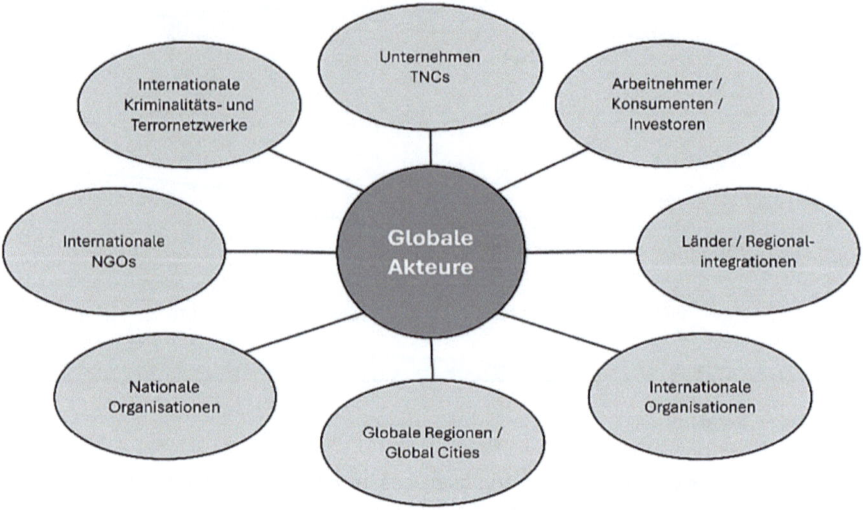

Abb. 1.3: Akteure der Globalisierung (Koch, 2022, S. 50)

- **Einzelne Länder / Staaten**

  ... bestimmen im Innenverhältnis beispielsweise Steuern, nationale Gesetze und Standortbedingungen auch für Unternehmen und im Außenverhältnis ihre Außen- oder Außenwirtschaftspolitik, beispielsweise über die Höhe ihrer Zölle oder Wechselkurse. Sie beeinflussen dadurch den Erfolg (oder Misserfolg) von Unternehmen und schaffen Arbeitsplätze (oder vernichten diese).

- **Länderkooperationen**

  ... wie beispielsweise Europäische Union (EU), USMCA (**U**nited **S**tates **M**exico **C**anada **A**greement) als Nachfolgeabkommen des NAFTA (**N**orth **A**merican **F**ree **T**rade **A**greement, Nordamerikanisches Freihandelsabkommen), RCEP (**R**egional **C**omprehensive **E**conomic **P**artnership), ASEAN (**A**ssociation of **S**outh**e**ast **A**sian **N**ations, Verband Südostasiatischer Nationen) oder Mercosur (**Mer**cado **Co**mún del **Sur**, Gemeinsamer Markt des Südens) sollen die Rahmenbedingungen über die Möglichkeiten einzelner Länder hinaus verbessern und erfolgreiche Kooperationen ermöglichen.

  Auf Länderkooperationen wie die EU selbst sowie solche mit Bezug zur EU wird im dritten Teil dieses Buchs „Die EU im Prozess der Globalisierung" weiter eingegangen.

- **Einzelne (Welt-)Metropolen**

  ... wie beispielsweise New York, Tokio, Jakarta, Delhi, Shanghai, Shenzen, London, Paris oder Frankfurt am Main versuchen über attraktive

Rahmenbedingungen interessante Unternehmen von einem Standort vor Ort zu überzeugen, genauso aber auch Zuzüge von interessanten Privatpersonen zu erhöhen. Darüber hinaus sind sie beispielsweise auch Ziel von international Reisenden und meist auch Standort internationaler Flughäfen. Einzelne Städte haben sich dabei auf bestimmte Themen ausgerichtet, wie beispielsweise Frankfurt am Main und London als Finanzmetropolen.

- **Nationale und internationale Organisationen sowie Nichtregierungsorganisationen (Non Governmental Organisations, NGOs)**

  ... vertreten die sehr unterschiedlichen Interessen ihrer Mitglieder nicht nur im eigenen Land, sondern vielfach auch über Netzwerke international beziehungsweise weltweit. Auf ausgewählte Organisationen wie beispielsweise den Internationalen Währungsfonds (IWF), die Vereinten Nationen (United Nations, UN), die World Trade Organisation (WTO), NGOs wie Attac (**A**ssociation pour une **t**axation des **t**ransactions financières pour l'**a**ide aux **c**itoyens, Vereinigung zur Besteuerung von Finanztransaktionen im Interesse der Bürgerinnen und Bürgern) oder den Internationalen Gewerkschaftsbund (IGB) wird im weiteren Verlauf eingegangen.

- **Netzwerke für Kriminalität und Terror**

  ... profitieren beispielsweise von Reisefreiheiten oder – bei Internet-Kriminalität – von den Möglichkeiten des World Wide Web. Im Abschnitt 1.8.4 werden Beispiele der internationalen (Wirtschafts-)Kriminalität vorgestellt.

  (Koch, 2017, S. 50f)

1.6 Weltwirtschaft im Wandel

Dieses Unterkapitel soll einen Überblick über beispielhafte Parameter der Weltwirtschaft geben, dann aber vor allem auf die wesentlichen Gründe für deren Entwicklung eingehen.

Es geht nicht darum, ein lückenloses Bild aller Facetten in Zahlen aufzuzeigen. Vielmehr sollen Sie ein Gefühl für die Entwicklungen in der Weltwirtschaft erhalten und die wesentlichen Gründe dafür kennen.

1.6.1 Entwicklung der Globalisierung in Zahlen

Folgende Tab. 1.3 zeigt als Einstieg anhand einiger Parameter einzelne Entwicklungen im Rahmen der modernen Globalisierung. Die verfügbaren Jahressichten sind untereinander nicht identisch. Die Aufstellung soll dennoch ein erstes Gefühl für einzelne rasante Entwicklungen in den Bereichen

- Handel (hier: Exporte)
- Finanzen (hier: Devisenreserven und -umsätze)
- Transport (hier: Kapazität von Containerschiffen)
- Umwelt (hier: CO_2-Ausstoss), sowie
- Internationale Verflechtungen (hier: ausländische Direktinvestitionen)

vermitteln.

Tab. 1.3: Ausgewählte Indikatoren in ihrer Entwicklung (eigene Darstellung in Anlehnung an United Nations Conference on Trade and Development, UNCTAD 2024 a-b; International Monetary Funds, IMF 2023a und 2024a, Bank for international Settlement, BIZ 2020, Global Carbon Project 2023a)

Wirtschaftsbereich	historische Daten	gegenwärtige Daten
Exporte weltweit (in Milliarden US-Dollar)	59 (1948)	23.783 (2023)
Devisenreserven weltweit (in Milliarden US-Dollar)	1.390 (1995)	11.902 (Q3 2023)
Täglicher Umsatz an den weltweiten Devisenmärkten (in Milliarden US-Dollar)	539 (1989)	6.590 (2019)
Kapazitäten von Containerschiffen im Weltseehandel (in Millionen dwt - deadweight tonnage)	11 (1980)	305 (2023)
CO_2-Ausstoss weltweit (in Millionen Tonnen)	9.386 (1960)	37.150 (2022)
Ausländische Direktinvestitionen (ADI Outflow) weltweit (in Milliarden US-Dollar)	12 (1970)	2.013 (2022)

Bei der Bewertung dieser Zahlen sind immer aktuelle Weltereignisse zu berücksichtigen. So hatten beispielsweise die als wichtiger Indikator für Globalisierung geltenden ausländischen Direktinvestitionen im Jahr 2007 (kurz vor der Finanzmarktkrise) ihren Höchstwert mit 3.195 Milliarden US-Dollar gegenüber den hier für das Jahr 2022 gezeigten „nur" 2.013 Milliarden US-Dollar für das erste Jahr nach der Hochphase der Corona-Pandemie.

Wichtig ist hierbei auch die Unterscheidung in

- intraregionaler Handel (über Grenzen hinweg, aber in einer Region) wie beispielsweise innerhalb der EU;
- interregionaler Handel (zwischen unterschiedlichen Weltregionen) wie beispielsweise zwischen Deutschland und der VR China.

Der vertiefende Blick auf die Exporte in Abbildung 1.4 zeigt, dass seit 1960 die Warenexporte deutlich stärker gewachsen sind als die eigentliche Warenproduktion.

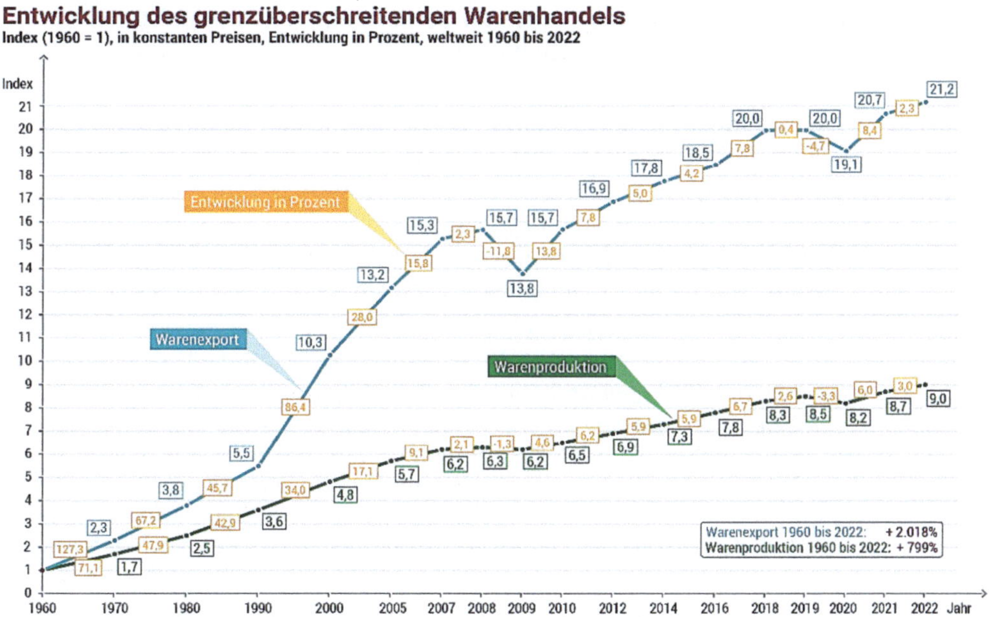

Abb. 1.4: Entwicklung des grenzüberschreitenden Warenhandels (Bundeszentrale für politische Bildung, 2023)

Aus dieser Entwicklung der letzten Jahrzehnte wird die steigende Bedeutung des Außenhandels genauso deutlich wie die Veränderung des Verhältnisses der Weltwarenexporte zu der Weltwarenproduktion. Der wesentliche Grund für die zunehmende Spreizung ist die zunehmende und weltweit ausgerichtete Fragmentierung der Lieferketten, um Produktionskosten zu optimieren. Jede einzelne Weiterleitung eines unfertigen Produktes nach einem Produktionsschritt in ein anderes Land erhöht den Warenexport, nicht jedoch die Warenproduktion. Parallel hat die Globalisierung des Kapitalverkehrs über internationale Finanzmärkte gravierend an Bedeutung gewonnen (Bundeszentrale für politische Bildung, 2023).

Auch hier sind weltweit wirkende Ereignisse aus den Rückgängen in einzelnen Jahren erkennbar – die Auswirkungen der Finanzmarktkrise (mit dem Zusammenbruch der US-amerikanischen Großbank Lehman Brothers als Höhepunkt im September 2008) im Jahr 2009 und das erste Jahr der Corona-Pandemie 2020.

Welche weltweiten Veränderungen diese Entwicklungen begünstigt haben, wird in Abschnitt 1.6.2 erläutert.

Für eine wissenschaftlich fundierte Betrachtung wäre die Bevölkerungsentwicklung in der Welt genauso zu berücksichtigen, wie die Entwicklung der Wechselkurse. An dem hier aufgezeigten Trend würden sich aber keine wesentlichen Veränderungen ergeben.

Die Erläuterung der in Abbildung 1.4 abgebildeten Entwicklung wird durch die Relation dieses Wachstums zum weltweiten Bruttoinlandsprodukt (BIP) in dem Zeitraum 1980 bis 2007 bestätigt:

> *„Seit 2012 wächst der Welthandel ungefähr im Gleichschritt mit dem globalen Bruttoinlandsprodukt (BIP) um nur noch 2 bis 3 Prozent pro Jahr, mit Ausnahme von 2017, als alle großen Wirtschaftsräume synchron wuchsen.*
>
> *Zwischen 1980 und 2007 wuchs der weltweite Handel dagegen ungefähr doppelt so schnell wie das globale BIP.*
>
> *Damit stagniert derzeit die Handelsintensität, also der Anteil des Handels am globalen BIP – ein Novum in der Nachkriegszeit. Mehrere Faktoren sind hier ausschlaggebend: Die ökonomischen Folgen der Finanzkrise, wie beispielsweise geringere Investitionen der Unternehmen, erhöhte Unsicherheit, geringere Nachfrage, aber auch starker politischer Gegenwind für den Handel durch Zölle und handelserschwerende Vorschriften, spielen alle eine Rolle." (Börsch, 2020, basierend auf WTO)*

Es wird deutlich, dass lange Zeit das prozentuale Wachstum des Welthandels über dem prozentualen Wachstum des BIP lag und erst die Folgen der Finanzmarktkrise diese Relation verringerten.

Das in dem Zitat beschriebene „Novum" setzt sich seit 2020 mit der Corona-Pandemie und weiteren Ereignissen fort. Im Unterkapitel 1.9 wird auf aktuelle Entwicklungen in Bezug auf Globalisierung eingegangen, beispielsweise auch auf gestörte Lieferketten.

1.6.2 Wesentliche Gründe für die Entwicklungen

Wie bereits in Unterkapitel 1.3 geschrieben, gibt es mit dem Abkommen von Bretton Woods und dem Auseinanderbrechen des „Ostblocks" zwei Ereignisse, die wesentlich sind für den Start der modernen Globalisierung. Auf diese beiden Ereignisse wird im Folgenden genauso eingegangen, wie auf die Entwicklung der Transport- und Kommunikationskosten sowie auf die Liberalisierung des Welthandels inklusive der zunehmenden

Freizügigkeit für Personen und Unternehmen zwischen unterschiedlichen Ländern.

1.6.2.1 Ende des Zweiten Weltkriegs und Abkommen von Bretton Woods

Das Abkommen von Bretton Woods ist benannt nach dem gleichnamigen Ort im US-Bundesstaat New Hampshire, wo sich im Juli 1944 die Finanzminister und Notenbankgouverneure der späteren Siegermächte des Zweiten Weltkrieges aus 44 Staaten auf ein System fester Wechselkurse einigten. Deutschland trat dem Abkommen im Jahr der Gründung 1949 bei.

In dem Abkommen wurde der US-Dollar als Leitwährung für die Wechselkurse festgelegt, mit einem festen Wert von 35 US-Dollar für eine Unze Feingold (nach dem amerikanischen Volkswirt und Politiker Harry Dexter White benannter „White-Plan“). Zusätzlich wurde die Gründung der Weltbank und des IWF vereinbart.

Die USA waren damit völlig autonom in Bezug auf ihre Währungs- und Geldpolitik. 1971 kündigten die USA ihre Verpflichtung, Dollar in Gold einzulösen, nachdem 1969 Frankreich seine Dollarreserven in Gold umtauschen wollte und die Goldreserven nicht einmal für die Forderung dieses einen Landes ausgereicht hatten.

In der Folge brach das System zusammen und wurde durch flexible Wechselkurse abgelöst. 1973 wurde das Bretton-Woods-System außer Kraft gesetzt, die Wechselkurse wurden endgültig freigegeben.

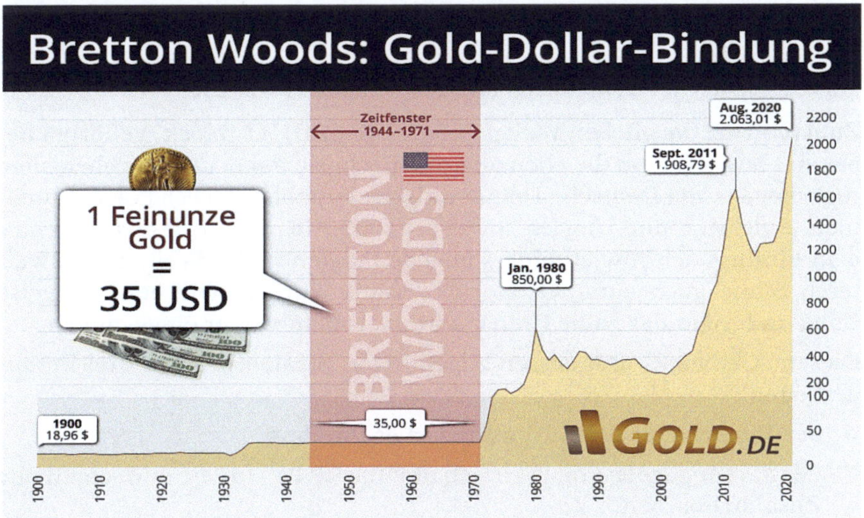

Abb. 1.5: Wechselkurssystem nach Bretton Woods, Gold-Dollar-Bindung (Gold.de, 2022)

Aus Abbildung 1.5 wird das bis 1973 geltende Wechselkurssystem mit dem US-Dollar als (Welt-) Leitwährung sowie dessen Bindung an Gold im Verhältnis 35 US-Dollar für eine Unze Gold deutlich. Ablesbar ist auch die weitere Entwicklung des Goldpreises ab 1973 (US-Dollar pro eine Feinunze Gold).

Der IWF und die Weltbank (heute Weltbankgruppe) blieben bis heute erhalten (Deutsche Bundesbank, 2013).

Damit wurden nicht nur mit dem IWF und der Weltbank auch heute noch wesentliche Institutionen gegründet. Es war auch ein weiterer wesentlicher Meilenstein für die wachsende Bedeutung der USA in der globalen Weltordnung. Diese Bedeutung hat sich im Lauf der Zeit immer wieder verändert, die USA sind aber auch heute der wesentliche Faktor in der westlichen Welt (siehe Abschnitt 2.3.1).

Abb. 1.6: Die Bretton-Woods-Konferenz 1944 (Höfinghoff, 2008 und Deutsche Bundesbank, 2013)

1.6.2.2 Zerfall der Sowjetunion und des „Ostblocks" ab 1985

Zum (von der westlichen Welt geprägten Begriff) „Ostblock" gehörten neben der Sowjetunion die ehemalige Tschechoslowakei und das ehemalige Jugoslawien, die Deutsche Demokratische Republik (DDR), Polen, Rumänien, Bulgarien und Ungarn sowie bis 1960 Albanien. Auf andere, unter dem Einfluss der Sowjetunion stehende Staaten in der Welt, die im weiteren Sinne auch zum „Ostblock" gezählt wurden, wie beispielsweise Kuba und sogar das frühe China, wird hier nicht weiter eingegangen.

Diesen „Ostblock" und dessen zugehörigen Staaten prägten drei Besonderheiten:

- der Warschauer Pakt als militärisches Bündnis,
- der Rat für gegenseitige Wirtschaftshilfe (RGW) für die wirtschaftliche Zusammenarbeit,
- das Kommunistische Informationsbüro (Kominform) für die politische und ideologische Ausrichtung.

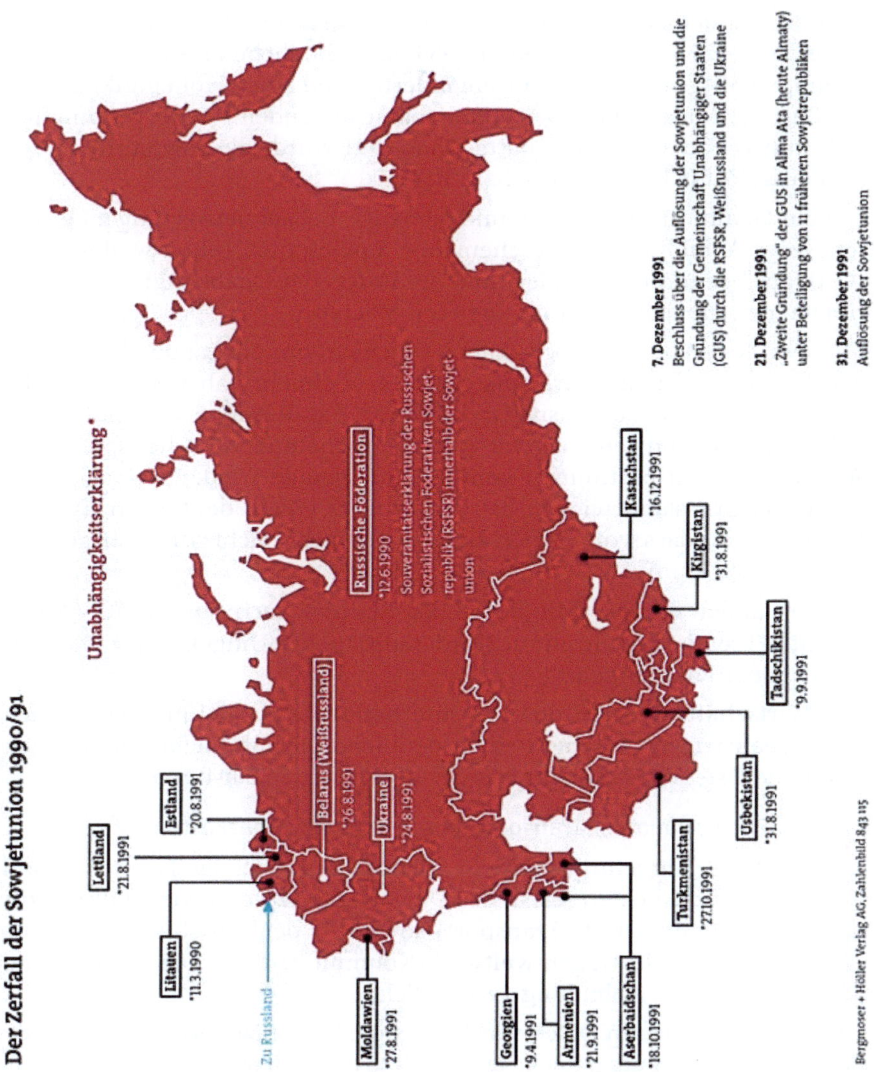

Abb. 1.7: Zerfall der Sowjetunion 1990/1991 (Bergmoser + Höller Verlag AG, 2014)

Nach Jahrzehnten des kalten Krieges wurde der im August 2022 verstorbene Michail Gorbatschow 1985 zum Generalsekretär des Zentralkomitees der Kommunistischen Partei der Sowjetunion gewählt. Sein System von „Perestroika“ (Umbau des eigenen politischen, gesellschaftlichen und wirtschaftlichen Systems) und „Glasnost“ (Transparenz und Offenheit des Staates gegenüber der eigenen Bevölkerung) entspannte auch die Situation zwischen der Sowjetunion und den USA. Es führte nach und nach zur

Beendigung der Bevormundung der Mitgliedstaaten des „Ostblocks“, bis dieser ab dem Herbst und Winter 1989 nach friedlichen Demonstrationen in einigen Mitgliedsländern auseinanderfiel und einen Höhepunkt im Fall der Berliner Mauer und der ein Jahr später folgenden Wiedervereinigung Ost- und Westdeutschlands hatte. Ende 1991 wurde die Sowjetunion offiziell aufgelöst (Kleinert, 2019, S. 519ff).

Um ein Gefühl für ihre Größe und damalige Zusammensetzung zu erhalten, zeigt Abbildung 1.7 die ehemalige Sowjetunion (ohne weitere zum „Ostblock“ gehörende Länder) und die Daten der Unabhängigkeitserklärungen der ehemals zu ihr gehörenden Staaten.

Mit dem Zerfall des Ostblocks haben sich nicht nur die Landesgrenzen für den Handel und den Tourismus geöffnet. Vielmehr haben sich auch die Machtverhältnisse sukzessive in Richtung des Westens verschoben, da nahezu jedes Land seine eigene wirtschaftliche und sicherheitspolitische Ausrichtung frei bestimmen konnte. Nur wenige Länder wie beispielsweise Weißrussland blieben bis heute unter einem deutlichen Einfluss Russlands, so dass von „freien Entscheidungen“ nicht wirklich gesprochen werden kann.

Einige Länder wurden Mitglieder der EU und auch der NATO (**N**orth **A**tlantic **T**reaty **O**rganization, Nordatlantikpakt). Umgekehrt wurde der Warschauer Pakt aufgelöst.

Der Wirtschaftsraum Europa, der internationale Handel und damit auch die Globalisierung bekamen einen deutlichen Schub, nicht zuletzt auch durch die Ost-Erweiterungen der EU in den Jahren 2004 und 2007.

1.6.2.3 Entwicklung der Transport- und Kommunikationskosten

In den letzten Jahrzehnten war ein drastischer Verfall der Transport- und Kommunikationskosten feststellbar, beide sind wesentliche Faktoren für den Import und Export (Transport) sowie für den Abschluss sowie die Abwicklung von Verträgen weltweit (Kommunikation). Die Entwicklung seit 1930 wird aus Abbildung 1.8 deutlich.

Dass keine aktuelleren Daten verfügbar sind, kann hier vernachlässigt werden, da die gravierenden Rückgänge auch so deutlich werden (Statista, 2013):

- Bei der Seefracht und der Passagierluftfahrt verringerten sich die Kosten im Betrachtungszeitraum um etwa 80 beziehungsweise 90 Prozent,
- bei den Kommunikationskosten (hier die Gebühren für ein dreiminütiges Telefongespräch von New York nach London) sogar um 99,9 Prozent gegenüber dem Niveau von 1930.

Diese drastischen Rückgänge spielen eine maßgebliche Rolle für die moderne Globalisierung.

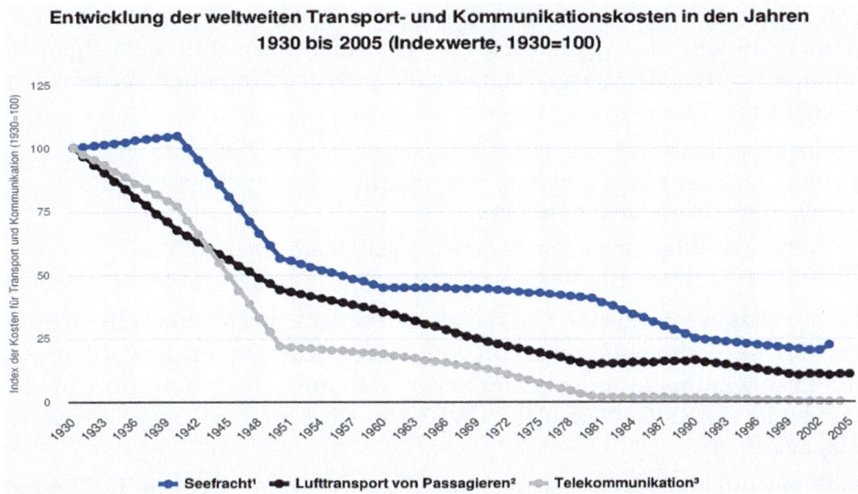

Abb. 1.8: Entwicklung der weltweiten Transport- und Kommunikationskosten in den Jahren 1930 bis 2005 (Organization for Economic Co-operation and Development, OECD, 2006)

Hafenanlagen wie der Hamburger Hafen verdeutlichen die enorme Rationalisierung des Transportwesens, die erst die Kostenreduktion in diesem Bereich ermöglichte. Gerade Container, Containerhäfen und die immer größer werdenden Containerschiffe symbolisieren die Entwicklungen im globalen Transportwesen in Bezug auf Standardisierung und Leistungsfähigkeit sowie insgesamt sinkende Transportkosten.

Aus Abbildung 1.9 werden die Dimensionen von modernen Containerschiffen deutlich.

Abb. 1.9: Hamburg, Hamburger Hafen (© Silver / Pixabay, 2018)

Das folgende Video der HHLA Hamburger Hafen und Logistik AG gibt darüber hinaus einen Eindruck über den modernen und weitestgehend automatisierten Hamburger Hafen, hier über das Container-Terminal Altenwerder.

> https://hhla.de/unternehmen/tochterunternehmen/container-terminal-altenwerder-cta/so-funktioniert-cta
>
> Hamburger Hafen und Logistik Aktiengesellschaft, HHLA (n. d.).

In den letzten Jahren sind Container aber umgekehrt auch zu einem Symbol für die Zerbrechlichkeit von weltweiten Lieferketten geworden. Auf die Entwicklungen, unter anderem im Zusammenhang mit der Corona-Pandemie (SARS-COV-2 oder COVID-19), wird in Unterkapitel 1.9 weiter eingegangen.

Darüber hinaus belastet der weltweite Transport von Waren die Umwelt (siehe Abschnitt 1.8.3).

1.6.2.4 Politische Liberalisierung und Deregulierung

Mit folgenden wesentlichen Veränderungen versuchten ab den 1980er-Jahren immer mehr Staaten, Hindernisse für den weltweiten Handel zu beseitigen und die Attraktivität des eigenen Standortes zu steigern:

- **Liberalisierung**
  Weltweite Forcierung eines freien Waren-, Dienstleistungs- und Kapitalverkehrs, der Freizügigkeit von Personen sowie der Niederlassungsfreiheit u. a. für Unternehmen.
- **Deregulierung**
  Überprüfung aller nationalen Gesetze, Vorschriften und Regelungen zum Abbau von Bürokratie (Überregulierung) beispielsweise auf den Arbeits-, Finanz- und Gütermärkten.
- **Privatisierung**
  Beseitigung von Staatsmonopolen, Steigerung der Profitabilität bislang staatlich reglementierter Sektoren wie Telekommunikation, Energie, Infrastruktur, Transport. Schaffung von (mehr und internationalem) Wettbewerb in diesen Sektoren.

Flankiert wurde dieser Prozess durch immer mehr internationale Vereinbarungen im Bereich von Währung und Wirtschaft, um einen verbindlichen Rahmen und damit die Voraussetzungen für eine Intensivierung der Globalisierung zu schaffen (Koch, 2022, S. 15f). Auf diese internationalen Vereinbarungen wird in Kapitel 2 weiter eingegangen.

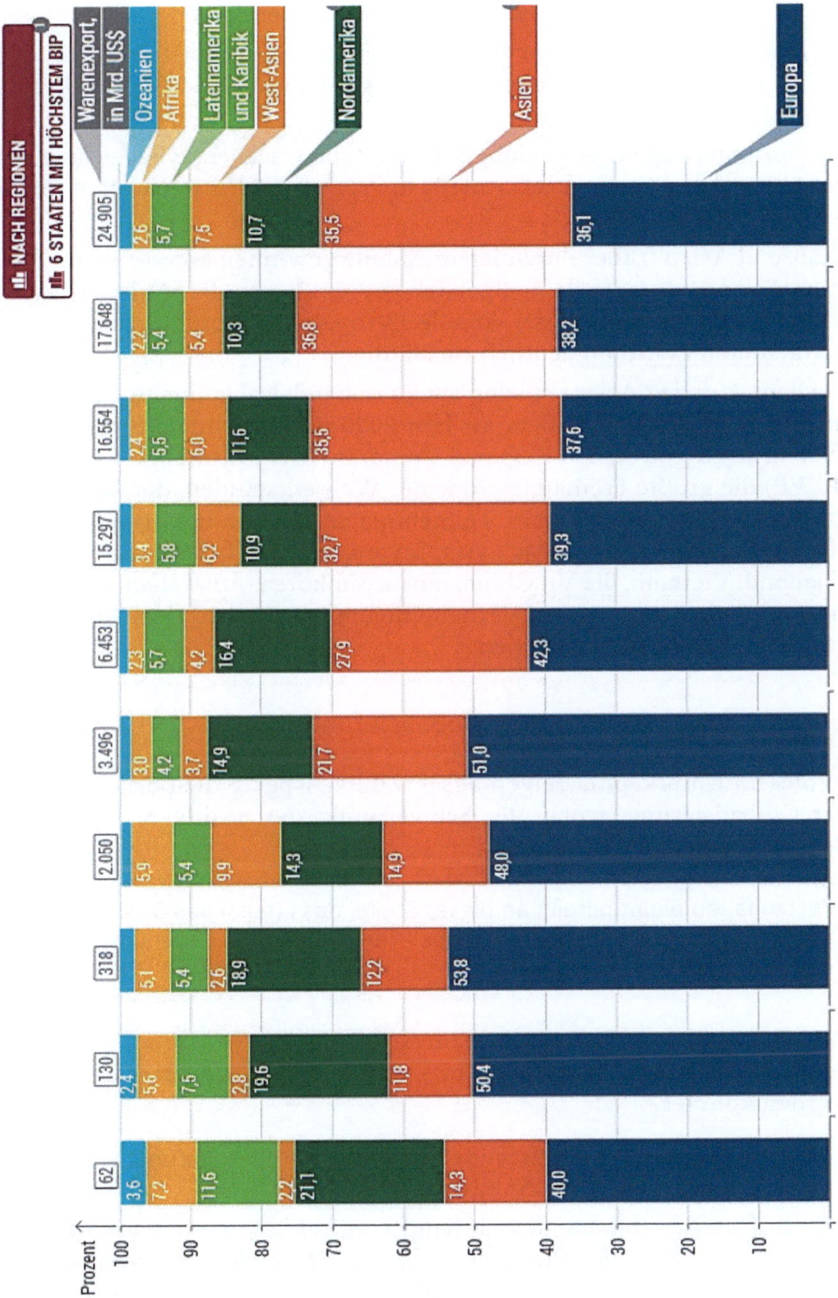

Abb. 1.10: Asiens wachsende Bedeutung im Welthandel 1950 bis 2020 (United Nations Conference on Trade and Development, UNCTAD, 2023a)

1.6.3 Entwicklung des Welthandels nach Regionen

Nicht nur der weltweite Handel an sich hat sich in den letzten Jahrzehnten rasant entwickelt, es ist auch eine Verschiebung feststellbar, mit einer deutlichen Stärkung Asiens.

Die vorangegangene Abbildung 1.10 zeigt die wachsende Bedeutung Asiens anhand des Anstiegs des Anteils in Prozent an den weltweiten Exporten von 1950 bis 2022.

Während Asien früher durch Japan Anteile gewinnen konnte, ist der Aufstieg Asiens mittlerweile maßgeblich geprägt durch den Aufstieg der VR China. Gleichzeitig sind die Anteile Europas und Nordamerikas in dem betrachteten Zeitraum deutlich rückläufig.

Bei dem Aufstieg Asiens spielen auch Freihandelsabkommen eine zunehmende Rolle. So ist mit dem im Jahr 2020 unterzeichneten und im Jahr 2022 in Kraft getretenen Regional Comprehensive Economic Partnership (RCEP) die größte Freihandelszone der Welt entstanden, die für rund ein Drittel des Welthandels steht. Teilnehmende Staaten sind Brunei, Indonesien, Kambodscha, Laos, Malaysia, Myanmar, die Philippinen, Singapur, Thailand, Vietnam, die VR China, Japan, Südkorea, Australien sowie Neuseeland. Indien war an den Verhandlungen beteiligt, ist dem Abkommen am Ende aber nicht beigetreten.

1.7 Positive Aspekte von Globalisierung

In diesem Unterkapitel zeigen ausgewählte Aspekte die positiven Seiten der Globalisierung, wobei der Schwerpunkt der positiven Aspekte auf dem Abschnitt 1.7.1 liegen wird.

> Festzuhalten bleibt bereits an dieser Stelle, dass (auch aus Sicht der Autoren) die positiven Aspekte der Globalisierung deutlich gegenüber den negativen Aspekten überwiegen.

Bei allen positiven Seiten wird jedoch bei jedem der folgenden Aspekte deutlich, dass noch Potential im Interesse der Weltgemeinschaft gehoben werden könnte.

1.7.1 Stärkung des Wohlstands und Wirtschaftswachstums – auch in Entwicklungs- und Schwellenländern

Wie in Unterkapitel 1.6 auch anhand von Indikatoren beschrieben, entwickelt sich der weltweite Handel rasant. Sinkende Herstellungskosten durch die weltweite Verteilung und Optimierung von Lieferketten sind dabei für Unternehmen genauso positiv wie die weltweite Ausweitung der Absatzmärkte für die unterschiedlichsten Produkte.

Für Endverbrauchende beeinflusst die weltweite Konkurrenz die Preise genauso positiv wie die Transparenz zu Preisen und zu Produkteigenschaften (Qualität). Beispielhaft sei hier noch einmal auf die gravierend gesunkenen Kommunikationskosten, hier auch für Endverbrauchende, hingewiesen. Aber auch Produkt- und Preisrecherchen über Internetrecherchen sind hier maßgeblich.

Insgesamt hat die Globalisierung zu einer gravierenden Wohlstandsmehrung geführt. Dieser steigende Wohlstand umfasst jedes Land, das an der Globalisierung teilnimmt.

Dabei ist es erst einmal nicht relevant, ob es sich um Industrie-, Schwellen- oder Entwicklungsländer handelt, denn jeder durch Globalisierung zusätzlich entstandene Euro zählt hier bereits mit. Es entsteht ein Wandel, eine überwiegend positive Entwicklung durch den weltweiten Handel. Dass diese Wohlstandsmehrung ungleich verteilt ist, wird in Abschnitt 1.8.1 weiter vertieft.

1.7.2 Stärkung der Innovationskraft durch länderübergreifende Zusammenarbeit

Unstrittig ist, dass eine weltweite Zusammenarbeit von Forschenden, Spezialistinnen und Spezialisten in nahezu allen Themenfeldern immer bessere Ergebnisse bringen wird als nur national eingegrenzte Bemühungen.

Gerade die Corona-Pandemie hat gezeigt, dass eine länderübergreifende Zusammenarbeit – hier bei der Entwicklung von Impfstoffen – eigentlich helfen kann beziehungsweise helfen könnte, Krisen besser zu bewältigen.

Getrübt wird aber schon dieses Beispiel durch die

- Diskussion, die Patente für Impfstoffe weltweit freizugeben, wobei es für und gegen die Patentfreigabe gute Argumente gibt (siehe Aufgabe 1.4);
- Vermutung, dass die VR China nicht alle Informationen zu dem Ausbruch der Pandemie offengelegt hat;
- Klagen des Unternehmens Moderna Inc. (USA) sowie der CureVac AG (Deutschland) gegen die BioNTech SE (Deutschland) und deren Partner Pfizer Inc. (USA) wegen Patentrechtsverletzungen.

Am Ende verfolgten jedes Unternehmen und jedes Land vorrangig seine eigenen Interessen, was auch das folgende Beispiel zeigt:

„Woran BioNTech nach Corona forscht

Das Mainzer Unternehmen BioNTech kennt seit der Pandemie jeder. Doch inzwischen ist es ruhig geworden um den Biotech-Konzern. Dabei arbeitet das Unternehmen im Hintergrund fleißig weiter.

„An der Goldgrube" – so lautet die Adresse von BioNTech an dessen Hauptsitz in Mainz. Und eine Goldgrube waren die Geschäfte des deutschen Biotechnologieunternehmens auch lange. 2022 erzielte BioNTech mit dem Corona-Impfstoff Comirnaty einen Gewinn von mehr als zehn Milliarden Euro.

Doch der große Hype ist vorbei. Impfstoffe sind ohne Lockdown und Ausgangssperre weniger gefragt. Zuletzt meldete BioNTech einen Nettoverlust für das erste Halbjahr über 1,1 Milliarden Euro. Beim US-Konkurrenten Moderna sieht es ähnlich aus. Hier steht ein Minus von 1,3 Milliarden US-Dollar in den ersten sechs Monaten des Jahres.

Rückkehr zur Krebsforschung

Die Gründe liegen auf der Hand: "Weil die Pandemie zwar nicht vorbei ist, wir aber alle irgendwie immunisiert sind, bricht das Geschäft jetzt ein", sagt Stefan Riße, Kapitalmarktstratege beim Vermögensverwalter Acatis.

Die Folge: Unternehmen wie BioNTech und Co. kehren zurück zu ihren eigentlichen Wurzeln, zur Krebsforschung. Die große Hoffnung: Dass irgendwann eine Impfung gegen Krebs möglich sein könnte durch die mRNA-Technologie. Außerdem will man schonendere Therapien entwickeln als etwa die heutige Chemotherapie."

(Leimbach, 2024)

Aber müssen wir nicht umdenken? Gewinnen multinationale und transnationale Unternehmen nicht zuviel Einfluss und bestimmen, was in der Welt geschieht?

1.7.3 Zunehmende Mobilität, Zusammenwachsen von Kulturen

Die weltweite Liberalisierung unterstützt nicht nur einen weltweiten und freien Waren-, Dienstleistungs- und Kapitalverkehr. Die damit einhergehende Niederlassungsfreiheit u. a. für Unternehmen unterstützt die Mobilität von Menschen als Arbeitnehmende genauso wie der weltweit deutlich vereinfachte Tourismus.

Viele Menschen weltweit

- wachsen (mindestens) zweisprachig auf,
- nutzen im privaten und im Arbeitsleben Auslandsaufenthalte für die eigene Entwicklung, und
- knüpfen weltweite Kontakte auch über Social-Media-Plattformen wie beispielsweise Facebook, LinkedIn oder Instagram.

Dadurch gleichen sich die Bedürfnisse der Menschen immer weiter an: Man spricht die gleiche Sprache, trägt ähnliche Kleidung, hat vergleichbare Schönheitsideale und schaut weltweit die gleichen Serien (beispielsweise über Netflix, natürlich in englischer Sprache) wie beispielhaft Abbildung 1.11 anhand von Kleidung zeigt.

Abb. 1.11: Wie man sich wie ein Koreaner kleidet (Fitzgerald, 2021)

Nicht zuletzt deshalb beinhaltet der in Unterkapitel 1.4 vorgestellte Globalisierungsindex auch Indikatoren wie die Anzahl von McDonalds- oder Ikea-Filialen in einzelnen Ländern. Unzählige weitere Unternehmen wie beispielsweise Amazon, Starbucks, H&M oder Coca-Cola haben die Entwicklung von mittlerweile Generationen begleitet. Auf solche meist „transnationale Unternehmen“ wird im zweiten Teil dieses Buches weiter eingegangen.

Durch diese Entwicklungen ist eine neue globale Kultur entstanden, die jedoch auch zu Lasten der individuellen landesspezifischen Kulturen gehen kann, wie beispielsweise das NGO Terre des Hommes kritisiert (siehe Abschnitt 1.10.2).

Die Nutzung auch von Social-Media-Plattformen zur Desinformation der eigenen Bevölkerung oder der anderer Länder wird hier nicht weiter vertieft.

1.7.4 Internationale Kommunikation in Krisenzeiten

Eine funktionierende Kommunikation in den internationalen Beziehungen ist schon immer ein Baustein, um internationale Krisen zu meistern. Dabei gibt es „rote Telefone“ beispielsweise als Direktverbindungen zwischen den Staatsoberhäuptern der USA und der damaligen Sowjetunion schon lange.

Videokonferenzen mit weltweiten Teilnehmenden haben jedoch die Reaktionszeiten verkürzt und der visuelle Eindruck aus der Mimik und Gestik, der an einer Videokonferenz Teilnehmenden ist durch ein reines Telefonat zwischen zwei Parteien nicht ersetzbar.

Die schnellere Erreichbarkeit jedes Ortes in der Welt per Flugzeug unterstützt darüber hinaus die Kommunikation in Krisenzeiten, gerade wenn es auf persönliche Vier-Augen-Gespräche ankommen sollte.

1.7.5 Migration als Baustein zur Fachkräfte-Rekrutierung

Laut der UNO-Flüchtlingshilfe ist neben Kriegen und innerstaatlicher Menschenrechtsverletzungen sowie Klima und Umwelt auch das durch Globalisierung verschärfte Wohlstands- und Sozialgefälle bis hin zu Hungersnöten im Herkunftsland ein wesentlicher Grund für Migration. Dies gilt auch für die Migration zwischen Europa und Afrika (UNO-Flüchtlingshilfe Deutschland, 2024).

Die Aufnahme von Migrantinnen und Migranten beinhaltet Herausforderungen, beispielsweise bei der Integration. In ihrem Heimatland gut ausgebildete Migrantinnen und Migranten oder solche, die sich integrieren und etwas erreichen möchten, können jedoch helfen, den stark anwachsenden Fachkräftemangel aufgrund der Überalterung der westlichen Gesellschaft wenigstens abzumildern.

1.8 Negative Aspekte von Globalisierung

In diesem Abschnitt sollen wesentliche negative Facetten von Globalisierung und die daraus resultierenden Herausforderungen auch an einen rechtlichen Rahmen verdeutlicht werden.

Alle Beispiele verbindet, dass die in Unterkapitel 1.7 beschriebenen Vorteile der Globalisierung auch direkte Schattenseiten haben können. Hier sei beispielsweise die die Wirtschaftskriminalität (siehe Abschnitt 1.8.4) begünstigende Liberalisierung der Märkte inklusive der Freizügigkeit für Personen und Unternehmen genannt.

1.8.1 Ungleichverteilung der positiven Globalisierungseffekte und Einhaltung von Menschenrechten

In Unterkapitel 1.1 wurde bereits erläutert, dass

- sich Globalisierung nur auf die Industrienationen Europas, Nordamerikas und Asiens, die BRICS-Staaten (Brasilien, Russland, Indien, die VR China, Südafrika) sowie wenige weitere Schwellenländer in Asien und Lateinamerika konzentriert;
- rund 80 % aller Länder nur eine untergeordnete Rolle im Rahmen der Globalisierung spielen und nur einen geringen Nutzen daraus haben.

Der dann im Unterkapitel 1.4 vorgestellte Globalisierungsindex, bestehend aus wirtschaftlichen, politischen und sozialen Indikatoren, hat diese Aussage bestätigt.

Es geht aber nicht nur pauschal um die Ungleichverteilung der aus Globalisierung resultierenden Wohlstandseffekte oder um den Grad der Globalisierung, sondern bereits um die Einhaltung von grundsätzlichen Menschrechten.

Laut OXFAM (**Ox**ford Committee for **Fam**ine Relief, Oxforder Komitee zur Linderung von Hungersnot), Amnesty International und anderen haben die folgenden wesentlichen Verletzungen der Menschenrechte in den Lieferketten von weltweit tätigen Unternehmen eher zu- als abgenommen:

- mangelnde Sicherheitsstandards / mangelnder Gesundheitsschutz am Arbeitsplatz,
- Kinderarbeit,
- Verhaftungen und Entlassungen von Gewerkschaftsmitgliedern,
- Löhne unterhalb des Existenzminimums und weitere Arbeitsrechtsverletzungen, zum Beispiel bei der Herstellung von Kleidung,
- Folter,
- Landgrabbing inklusive Zwangsumsiedlungen,
- Einsatz von Pestiziden und anderen Giften inklusive Verschmutzung u. a. von Gewässern,
- Diskriminierung von und Gewalt gegen Frauen,
- gewaltsame Niederschlagung von Protesten,
- Finanzierung von Bürgerkriegen durch den Verkauf von Rohstoffen auch an deutsche Unternehmen,
- Einschränkungen / Behinderungen in der (freien) Pressearbeit

(OXFAM Deutschland, 2024).

Die Verantwortung von Unternehmen für die Einhaltung der Menschenrechte in den Lieferketten ihrer Produkte ist in den letzten Jahren stärker in den Fokus gerückt und zeigt die Notwendigkeit eines weltweit gültigen rechtlichen Rahmens.

Im zweiten Teil dieses Buches „Transnationale Unternehmen“ wird auch auf die Corporate Social Responsibility (CSR, gesellschaftliche Unternehmensverantwortung) genauso eingegangen wie auf das Lieferkettensorgfaltspflichtengesetz.

Dass nach der noch auf Eigenverantwortung basierenden CSR ein Gesetz notwendig wurde, zeigt aber bereits, dass die Eigenverantwortung für die Einhaltung von Menschenrechten offensichtlich nicht in allen Unternehmen ausreichend gelebt wurde.

Abb. 1.12: Kinderarbeit auf Mülldeponien im Irak (UNICEF Deutschland e. V., 2022)

1.8.2 Zunehmende Anfälligkeit der Weltwirtschaft

In der jüngeren Vergangenheit gab es drei Ereignisse, die die Weltwirtschaft erheblich negativ beeinträchtigt haben und aktuell noch immer beeinträchtigen:

1. die Corona-Pandemie ab Anfang 2020
2. der Einmarsch Russlands in die Ukraine im Februar 2022
3. der seit Oktober 2023 wieder eskalierende Nah-Ost-Konflikt

Aber bereits die Finanzmarktkrise mit dem Zusammenbruch der US-amerikanischen Großbank Lehmann Brothers im September 2008 hat gezeigt, wie anfällig die Weltwirtschaft durch ihre intensive Verzahnung geworden ist.

Auf die Auswirkungen der Corona-Pandemie und den Einmarsch Russlands in die Ukraine wird in Unterkapitel 1.9 weiter eingegangen.

1.8.3 Zunehmende Umweltbelastungen, Klimawandel

Parallel zu der in Unterkapitel 1.6 beschriebenen Zunahme des weltweiten Handels und der zunehmenden Industrialisierung, ist eine drastische Zunahme der weltweiten Temperaturen feststellbar, wie Abbildung 1.13 zeigt. 2023 war weltweit das bislang wärmste Jahr seit Beginn der Wetteraufzeichnungen (Umweltbundesamt, 2024).

Maßgebliche Ursache ist der sogenannte „Treibhauseffekt", die jährliche Zunahme von Kohlendioxid in der Atmosphäre. Der weltweit ausgerichtete Transport von Waren und Reisenden, begünstigt durch die drastisch gesunkenen Transportkosten, hat hier einen maßgeblichen Anteil.

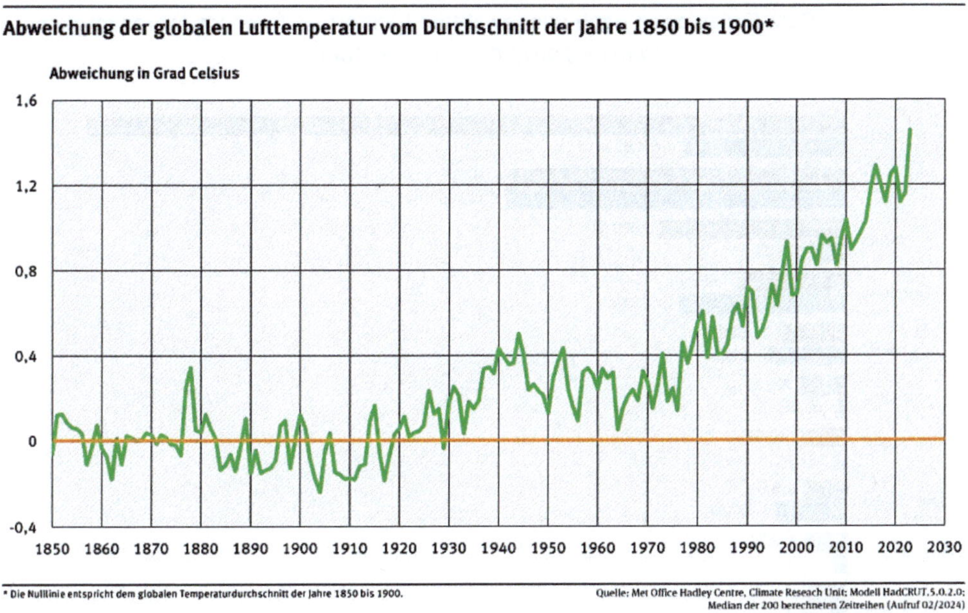

Abb. 1.13: Entwicklung der globalen Lufttemperatur 1850 bis 2030 (Umweltbundesamt, 2024)

Abbildung 1.14 zeigt für das Jahr 2022 den Anteil der CO_2-Emissionen nach Ländern und auch die Entwicklung im Vergleich zu dem Stand im Jahr 1990. Mit der VR China, den USA und Indien belegen Nationen die ersten Rangstellen, die beim Klimaschutz nicht als Vorreiter gelten – die VR China und Indien weisen einen gravierenden Zuwachs in den letzten Jahrzehnten aus. Die EU läge in der Abbildung – die einzelnen EU-Länder zusammenaddiert – mit über 3.600 Millionen Tonnen auf dem 3. Platz noch vor Indien (Global Carbon Project, 2023b).

Die Folgen des Klimawandels sind jedes Jahr vor der eigenen Haustür genauso zu erkennen wie auch weltweit, beispielsweise anhand von

- Hochwasserereignissen wie im Ahrtal im Juli 2021, aber auch im gesamten Saarland, Baden-Württemberg und Bayern im Mai/Juni 2024;
- Wasserknappheit auch in Schifffahrtswegen wie dem Rhein sowie zunehmenden Waldbränden beispielsweise in der Sächsischen Schweiz und in Berlin im Sommer 2022;
- steigenden Meeresspiegeln, oder
- immer weiter abtauenden Gletschern wie dem auf dem Mont Blanc, der bereits zu einem instabilen Berg mit Eis- und Geröllllawinen geführt hat.

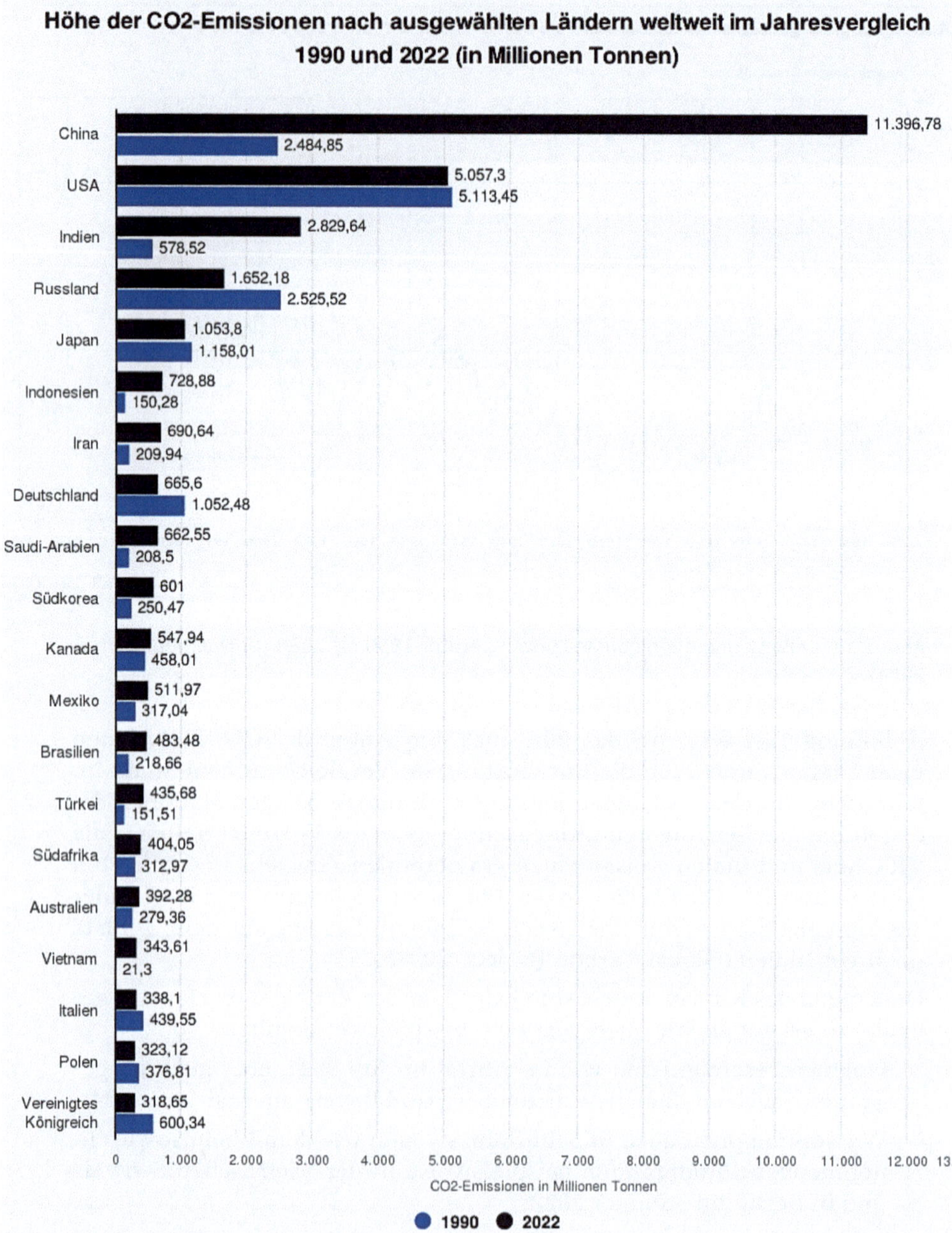

Abb. 1.14: Anteil der CO_2-Emissionen nach Ländern im Vergleich 2022 zu 1990 (Global Carbon Project, 2023b)

Der folgende Film des Umweltbundesamtes zeigt exemplarisch die Bedrohung Deutschlands durch den Klimawandel.

> https://www.umweltbundesamt.de/daten/klima/beobachtete-erwartete-klimafolgen Umweltbundesamt (2021)

Neben nationalen Bemühungen versucht die Welt über internationale Klimaschutzkonferenzen und dort vereinbarte gemeinsame Ziele, den Klimawandel wenigstens abzubremsen.

Die auf die nach der 21. Klimakonferenz in Paris folgenden Klimakonferenzen u.a. in Glasgow, Sharm-El-Sheik oder Dubai haben jedoch erneut gezeigt, wie widersprüchlich Staaten in Bezug auf das Weltklima und den eigenen Beitrag agieren und teilweise versuchen, ihre eigene Position zu stärken:

Beispielsweise sorgte die Abschwächung der Abschlusserklärung von Glasgow in Bezug auf den Kohleausstieg durch die VR China und Indien kurz vor Ende der Konferenz für Unverständnis, Entwicklungsländer kritisierten die fehlenden Zusagen von Industrienationen für eine Unterstützung bei der Beseitigung bereits entstandener Umweltschäden (Frankfurter Allgemeine Zeitung, 2021).

1.8.4 Internationale (Wirtschafts-)Kriminalität

Auch in diesem Abschnitt ist es nicht Ziel, alle Facetten internationaler (Wirtschafts-)Kriminalität vorzustellen. Vielmehr sollen drei Beispiele die jeweiligen Herausforderungen verdeutlichen.

Auf den weltweit zunehmenden Terrorismus sowie den „Export“ von mafiaähnlichen Strukturen in andere Länder und Regionen wird hier nicht weiter eingegangen.

1.8.4.1 Produkt- und Markenpiratrie

Produkt- und Markenpiratrie sind mit Globalisierung verbundene Phänomen, mit der viele Menschen bereits in Berührung gekommen sind – sei es im Urlaub, im Internet oder im unternehmerischen Umfeld.

Es handelt sich dabei um Verletzungen des Urheberrechts und des gewerblichen Rechtsschutzes; geschützte Waren werden kopiert und vertrieben. Unter anderem werden dadurch Marken- und Patentrechte verletzt, es handelt sich um Wirtschaftskriminalität (Libl, 2020, S. 14).

Abbildung 1.15 zeigt, dass die meisten Produktfälschungen aus Fernost kommen, und hier insbesondere aus der VR China. Allerdings liegt Deutschland – wenn auch mit einem deutlich niedrigeren Wert – bereits auf dem dritten Rang.

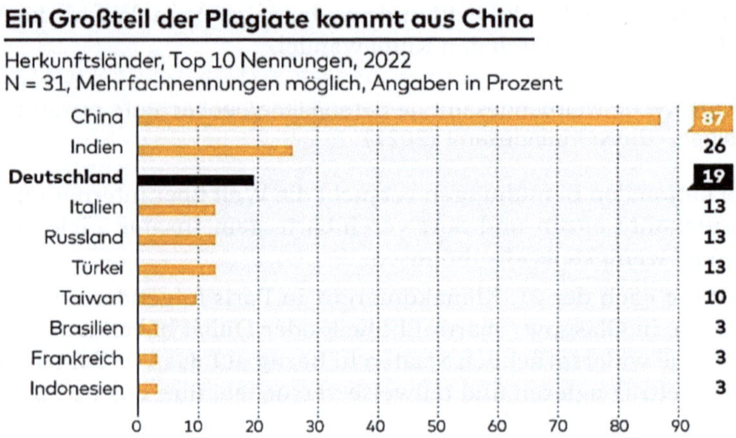

Abb. 1.15: Produktfälschungen nach Herkunftsland (Dierig, 2022)

Beispiele sind illegal hergestellte Markenartikel, wie Uhren (z. B. von Rolex), Schuhe (z. B. von Nike) oder Bekleidungsstücke (z. B. „Marken"-Jeans von Versace oder Gucci).

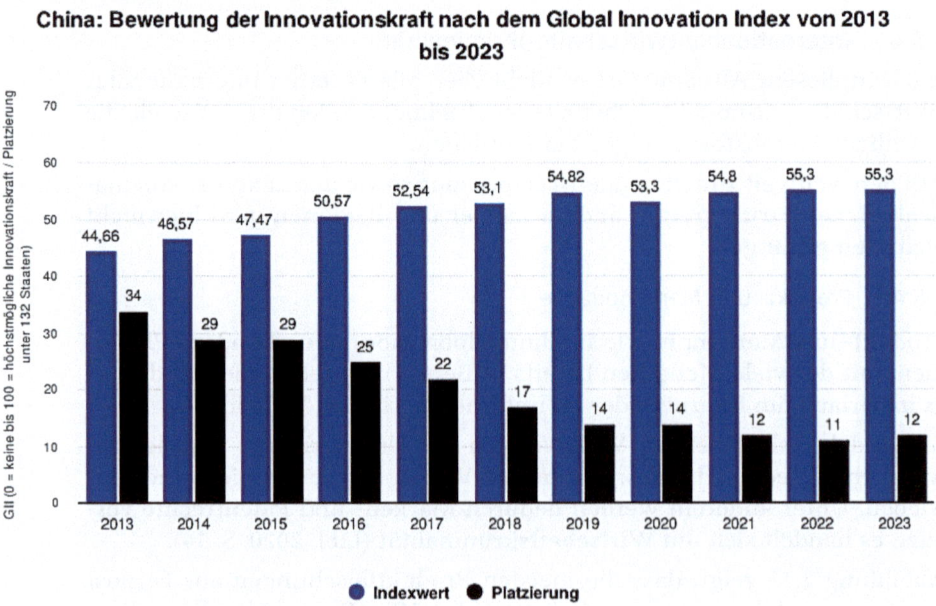

Abb. 1.16: Innovationskraft der VR China im Zeitverlauf 2013 bis 2023 (World Intellectual Property Organization, WIPO, 2023)

Auch Medikamente, Maschinenteile oder ganze Maschinen werden plagiiert. Plagiierte Waren werden vor Ort (oft in Urlaubsländern), bei Maschinen ganz öffentlich auf Messen oder über das Internet angeboten (Libl, 2020, S. 14).

Bemerkenswert ist jedoch, dass sich die VR China in dem Ranking der innovativsten Länder seit 2013 deutlich verbessern konnte, wie Abbildung 1.16 zeigt.

Festzuhalten ist dabei allerdings, dass dieser Trend nicht nur an einer steigenden eigenen Innovationsleistung liegt, sondern in erheblichem Umfang an den zahlreichen ehemals westlichen Unternehmen, die in den letzten Jahrzehnten übernommen wurden.

Abbildung 1.17 zeigt beispielhaft, mit wie wenigen Abweichungen kopierte Handelswaren heutzutage angeboten werden – oben die Originalmotorsäge, unten die Fälschung aus der VR China. Bereits seit 1977 vergibt die Aktion Plagiarius e. V. jährlich den Negativpreis „Plagiarius“ an Hersteller und Händler besonders dreister Plagiate. Das Plagiat der Motorsäge mit falscher Namenschreibweise belegte beispielsweise 2021 den ersten Platz (die Preisträger aus 2022ff. waren weniger „eindrucksvoll“).

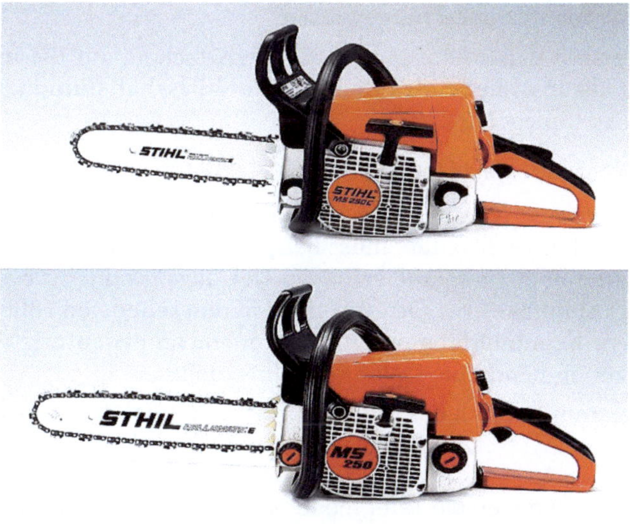

Abb. 1.17: Produktpiratrie am Beispiel einer Motorsäge (Aktion Plagiarus e. V. 2021)

Aus dem Beispiel der Motorsäge kann sich jede Heimwerkerin und jeder Heimwerker vorstellen, dass hier nicht nur Rechte verletzt werden, sondern gesundheitliche Risiken für Nutzende auftreten können. Das diesen

Abschnitt abschließende Video legt daher seinen Schwerpunkt auf die Risiken von Plagiaten.

> https://www.youtube.com/watch?v=3Um4PM5LHdw
> Südwestdeutscher Rundfunk, SWR (n. d.)

1.8.4.2 Internationale Wirtschafts- und Betriebsspionage

„Grundlage“ beispielsweise für die im vorherigen Abschnitt vorgestellte Produkt- und Markenpiratrie sind Wirtschafts- und Betriebsspionage.

Während Wirtschaftsspionage das staatliche Ausspionieren von Unternehmen oder ganzen Wirtschaftsbereichen umfasst, geht es bei Betriebsspionage um das Ausspähen von Betriebsgeheimnissen zwischen zwei Unternehmen (Libl, 2020, S. 14ff).

Wie ernst diese Gefahr heutzutage zu nehmen ist, zeigte die gemeinsame Warnung der beiden Inlandsgeheimdienste in Amerika (Federal Bureau of Investigations, FBI) und Großbritannien (Military Intelligence Section 5, MI5) aus dem Juli 2022. Hier wurde öffentlich auch die Europäische Union vor Wirtschaftsspionage durch die VR China nicht nur gewarnt; vielmehr wurde auch auf die Versiebenfachung der Ermittlungen hierzu durch beide Institutionen hingewiesen.

Grundlage sind dabei häufig auch Cyber-Attacken, auf die im nächsten Abschnitt als abschließendes Beispiel für Wirtschaftskriminalität eingegangen wird (Spiegel, 2022a).

1.8.4.3 Cyber-Kriminalität (Cybercrime)

Um Informationen für die in den Abschnitten 1.8.4.1 und 1.8.4.2 beschriebenen Straftaten zu erhalten, muss beispielsweise eine illegale Einsicht in Produktdaten oder Baupläne erfolgen. Um diese Daten zu beschaffen ist heutzutage Spionage „vor Ort“ nur noch in den seltensten Fällen erforderlich – Cyber-Kriminalität gewinnt zunehmend an Bedeutung beziehungsweise ist zunehmend eine Gefahr für Unternehmen.

Das Bundesministerium des Inneren und für Heimat definiert Cybercrime wie folgt:

> „Straftaten, bei denen die Täter moderne Informationstechnik nutzen, werden zunächst ganz allgemein als Cyber-Kriminalität (engl. cybercrime) bezeichnet. Cyber-Kriminalität ist zum Beispiel ein Betrugsversuch, der das potenzielle Opfer via E-Mail statt per Post erreicht.
>
> Im engeren Sinne umfasst der Begriff jedoch Straftaten, die auf Computersysteme und Netzwerke selbst zielen. Dabei kann es sich auch um Cyber-Spionage oder Cyber-Terrorismus handeln. […]

> Die Besonderheit der Cyber-Kriminalität besteht darin, dass die Täter nahezu von jedem Ort der Welt aus agieren und ihre Spuren relativ gut verschleiern können. Zudem ist der Ort, an dem die Täter aktiv sind, regelmäßig nicht mit dem Ort, an dem der Schaden eintritt, identisch."
>
> (Bundesministerium des Inneren und für Heimat, 2024)

Natürlich kann Cyber-Kriminalität auch gegenüber Privatpersonen, Behörden oder anderen öffentlichen Einrichtungen auftreten. Hier soll allerdings die Unternehmenssicht im Vordergrund stehen.

Hauptziel der Angriffe sind bei Cyber-Kriminalität die Daten von Unternehmen (Datendiebstahl, Datenmissbrauch, Datenmanipulation). Aber auch die Kontrolle über die in Unternehmen eingesetzten Systeme, um beispielsweise

- Unternehmen zu erpressen,
- Wettbewerber gezielt in ihrer Tätigkeit durch eine Destabilisierung derer Systeme zu behindern, oder
- die Reputation der Wettbewerber zu beschädigen,

sind wesentliche Ansatzpunkte für die Täter (Bundeskriminalamt, 2024a).

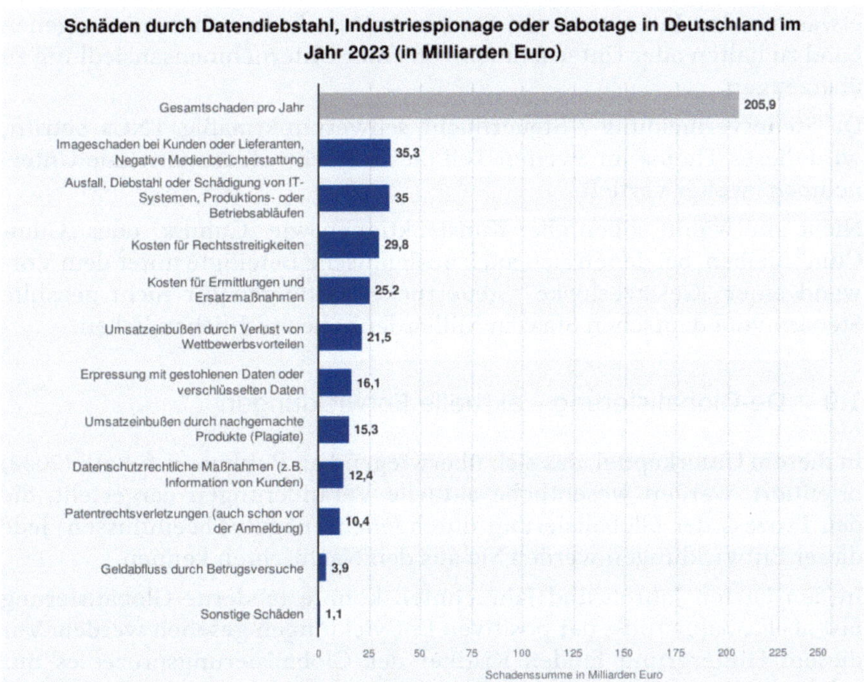

Abb. 1.18: Schäden durch Datendiebstahl, Industriespionage oder Sabotage in Deutschland im Jahr 2023 in Milliarden Euro (Bitkom Research, 2024)

Abbildung 1.18 zeigt das gravierende Ausmaß von Datendiebstahl, Industriespionage oder Sabotage allein in deutschen Unternehmen im Jahr 2023 mit einem Gesamtschaden von über 205 Milliarden Euro. Wichtig ist hier allerdings, dass durch deutsche Täterinnen und Täter entstandene Schäden in den Werten enthalten sind – Cyber-Kriminalität kennt diese in erheblichem Umfang.

Dass Cyber-Kriminalität heutzutage ein professionelles Geschäft ist, bei dem im Untergrund über zahlreiche Marktplätze Cyber-Straftaten auch als Dienstleistung angeboten werden, zeigt abschließend der folgende Film – man spricht hierbei von „Cybercrime as a Service".

https://www.bka.de/DE/UnsereAufgaben/Deliktsbereiche/Cybercrime/cybercrime_node.html Bundeskriminalamt (2024a).

1.8.5 Steuerflucht, Steuervermeidung

Ein weiteres negatives Phänomen der Globalisierung ist die Vermeidung von Steuern insbesondere durch Unternehmen, bis hin zur Steuerflucht.

Hier nutzen vielfach Unternehmen die Möglichkeiten der Globalisierung, um Kosten zu minimieren. Steuervorteile für Unternehmen haben auch etwas mit den Interessen von Staaten zu tun, Unternehmen im eigenen Land zu halten oder Unternehmen von einer Unternehmensansiedlung zu überzeugen.

Da Steuervermeidung / Steuerflucht schwerpunktmäßig TNCs betrifft, wird dieses Thema im zweiten Teil dieses Buchs „Transnationale Unternehmen" weiter vertieft.

Nicht unerwähnt sollen aber Konstruktionen wie „CumEx" oder „CumCum" bleiben, bei denen sich auch ausländische Beteiligte unter dem Vorwand einer „Gesetzeslücke" Steuerrückerstattungen für nicht gezahlte Steuern vom deutschen Staat in Milliardenhöhe erschlichen haben.

1.9 De-Globalisierung – aktuelle Entwicklungen

In diesem Unterkapitel, das sich überwiegend an Puhlmann & Rath (2022) orientiert, werden wesentliche aktuelle Veränderungen dargestellt, die den Prozess der Globalisierung durchgehend negativ beeinflussen. Jede dieser Entwicklungen werden Sie aus den Nachrichten kennen.

In den letzten Jahren und Jahrzehnten konnte moderne Globalisierung fast als Einbahnstraße der positiven Entwicklungen gesehen werden. Vor diesem Hintergrund fanden Kritiker des Globalisierungsprozesses nur wenig Gehör (siehe Unterkapitel 1.10).

Während allerdings Container im Abschnitt 1.6.2.3 noch als Symbol für die zunehmende Globalisierung standen, sind sie in den letzten Jahren ebenso zu einem Symbol für die Zerbrechlichkeit von weltweiten Lieferketten geworden. Die Anforderungen an die Ausrichtung und an das Management von Lieferketten („Supply Chain Management") hat sich aufgrund von globalen Ereignissen gravierend verändert:

In Zeiten vor der Corona-Pandemie standen Aspekte wie „Make or Buy" (Eigenfertigung oder Fremdbezug von Fertigungsteilen) oder „Just in Time" (möglichst geringe eigene Lagerhaltung, Lieferung von benötigten Fertigungsteilen erst zum Zeitpunkt des tatsächlichen Bedarfs) und damit die Kostenstruktur von Unternehmen im Vordergrund (siehe Teil 2 dieses Buchs „Transnationale Unternehmen").

Die fortschreitende Globalisierung unterstützte diese Ausrichtung in nahezu allen Branchen, wie nur beispielsweise der Textil-, Bau-, Elektronik-, Automobil- oder Arzneimittelbranche. Lange Transportwege wurden billigend in Kauf genommen, solange dadurch insgesamt die Kosten reduziert werden konnten. Die damit schon immer verbundenen Risiken (unter anderem Verzögerung, Verlust, Reputation) wurden toleriert, aus heutiger Sicht sogar gravierend vernachlässigt.

Dabei gab es schon vor der Corona-Pandemie Lieferengpässe bei Fertigungsteilen oder fertigen Waren, beispielsweise bei importierten Arzneimitteln (u. a. Schmerzmittel oder Antibiotika).

Diese Engpässe wurden durch die Corona-Pandemie drastisch verstärkt und waren bis Ende 2022 noch nicht wieder behoben. Neben der Abschottung einzelner Länder war vor allem der Transport problematisch: Die weltweite Nutzung von Containern war aus dem Gleichgewicht geraten, vielfach waren Container noch nicht wieder in ausreichender Anzahl an den richtigen Orten oder konnten nicht wie gewohnt entladen werden.

Auch hat der 45. US-amerikanische Präsident Donald J. Trump unter seinem Wahlkampfslogan „America First" die Ausrichtung der amerikanischen Außenpolitik und die Rolle der USA in der Welt gravierend verändert: Handelspolitisch getrieben von der traditionell negativen Handelsbilanz der USA wurden zahlreiche Handlungen aller Handelspartner, aber auch existierende Abkommen als nicht fair gegenüber den USA eingestuft. Vor allem gegenüber der VR China, aber auch gegenüber Verbündeten wie der EU oder Japan wurden Zölle, Einfuhrbeschränkungen und andere handelspolitische Barrieren eingeführt. Fast durchgängig wurden diese Maßnahmen durch Gegenmaßnahmen erwidert, mit insgesamt negativen Auswirkungen für den Welthandel, für alle Beteiligten, auch für die USA selbst.

Auf die zum Zeitpunkt der Fertigstellung dieses Buchs Anfang Januar 2025 kurz bevorstehende Amtseinführung von Donald J. Trump als 47. Präsidenten der USA am 20. Januar wird kurz im Abschnitt 2.3.1.3 eingegangen. Aber auch

- die Blockade des Suezkanals durch die Havarie der „Ever Given" im März 2021 (siehe Abbildung 1.19),
- die Lieferengpässe bei russischem Gas nach Deutschland und Europa schon ab Herbst 2021 sowie die Abkehr vieler EU-Mitgliedsländer von Gasimporten aus Russland nach dessen Einmarsch in die Ukraine am 24. Februar 2022,
- geopolitische Interessen einzelner Länder, wie beispielsweise
  - die nicht abschätzbaren mittel- bis langfristigen Auswirkungen des Einmarschs Russlands in die Ukraine am 24. Februar 2022 beispielsweise auf Kohle-, Öl- und Gasimporte, Getreideexporte aus der Ukraine auch nach Afrika und in arabische Staaten sowie auf in der Ukraine und Russland ansässige Unternehmen und vor allem auf die in der Ukraine lebenden Menschen,
  - der Konflikt im südchinesischen Meer sowie zwischen der VR China und der weltweiten Halbleiter- und Chip-Hochburg Taiwan,
  - oder die seit Ende 2023 forcierten Angriffe der Huthi-Miliz aus dem Jemen auf die stark von Handelsschiffen frequentierte Route durch das Rote Meer und den Golf von Aden

zeigen beispielsweise immer mehr, wie fragil bis ins letzte Detail optimierte Lieferketten sind und welche Risiken diese bergen.

Abb. 1.19: Containerschiff Ever Given blockiert den Suezkanal (Hein, 2021)

Einen Überblick über die Probleme mit global ausgerichteten Lieferketten während der Corona-Pandemie gibt das folgende Video, aber später auch der Teil 2 des Buchs „Transnationale Unternehmen".

https://www.planet-wissen.de/video-weltweite-lieferketten-100.html
Westdeutscher Rundfunk, WDR (2022)

Resultierend aus diesen Problemen haben Unternehmen mit Produktion im Inland oder im angrenzenden Ausland einen Wettbewerbsvorteil dazu gewonnen. Für deutsche Unternehmen mit Produktion ausschließlich in Deutschland gehen diese Vorteile über das bekannte „Made in Germany" hinaus (Puhlmann & Rath, 2022).

Krisen wie beispielsweise die Corona-Pandemie (SARS-CoV-2, COVID-19), insbesondere in 2020 bis 2022 werden auch als „Brennglas" bezeichnet:

Krisen wie diese machen ohnehin schon vorhandene Missstände und Risiken besonders sichtbar.

Gleiches gilt auch für den Einmarsch Russlands in die Ukraine am 24. Februar 2022, der die seit Jahren vorhandene Abhängigkeit Deutschlands und vieler weiterer Länder der EU gerade im Energiesektor noch deutlicher hat werden lassen (Puhlmann & Rath, 2022).

Durch den Einmarsch Russlands in die Ukraine und die im Anschluss von vielen Ländern gegenüber Russland verhängten Sanktionen sind beginnende Verschiebungen im Welthandel genauso heute schon erkennbar wie die Bildung neuer beziehungsweise die Intensivierung bereits vorhandener Allianzen.

Aber auch der mit dem Terroranschlag der Hamas auf Israel am 7. Oktober 2023 wieder aufgeflammte Nah-Ost-Konflikt und der Sturz des Assad-Regimes in Syrien Anfang Dezember 2024 haben Auswirkungen auf die Welt und auf Deutschland.

Es bleibt insgesamt abzuwarten, wie eine neue deutsche Bundesregierung ab dem Jahr 2025 in diesem von zahlreichen Herausforderungen geprägten Umfeld agieren und Deutschland positionieren wird.

1.10 Kritik am Globalisierungsprozess

Die nachfolgenden Beispiele sind nur ein kleiner Auszug von kritischen Stimmen von Wirtschaftswissenschaftlern und NGOs. Dieser Auszug deckt aber die wesentliche Kritik, bestehend aus einer fehlenden Gerechtigkeit von Globalisierung und der Ausbeutung der Natur auch durch Globalisierung, ab.

Festzuhalten bleibt aber auch, dass (auch aus Sicht der Autoren) die Vorteile der Globalisierung deutlich überwiegen.

1.10.1 Kritik von Wirtschaftswissenschaftlern

Grundsätzliche Kritik an der Globalisierung von Wirtschaftswissenschaftlerinnen und -wissenschaftlern, insbesondere an der wirtschaftlichen Globalisierung, gibt es kaum noch. Vielmehr geht es bei deren Kritik um den Verlauf der Globalisierung und die daraus resultierenden Anpassungsnotwendigkeiten.

Im Folgenden wird kurz die Position des Nobelpreisträgers für Wirtschaftswissenschaften Joseph Stiglitz vorgestellt, die im Kern auch für andere kritische Stimmen aus der Wissenschaft steht (Stiglitz, 2004 und 2008).

Danach folgt die eher auf aktuellen Entwicklungen basierende Sicht des Wirtschaftsforschers und Direktors des Instituts für deutsche Wirtschaft, Michael Hüther (Hüther et al., 2021).

1.10.1.1 Joseph Stiglitz, „Die Schatten der Globalisierung"

Das folgende Zitat aus seinem Buch „Die Schatten der Globalisierung" aus dem Jahr 2004 fasst die wesentliche Kritik von Stiglitz, die zunehmende Kluft zwischen Industrienationen auf der einen sowie Schwellen- und Entwicklungsländern auf der anderen Seite, bereits zusammen.

> *„Die heftige Reaktion gegen die Globalisierung zieht ihre Kraft nicht nur aus dem sichtbaren Schaden, den eine ideologisch verbohrte Politik den Entwicklungsländern zufügt, sondern auch aus den gravierenden Ungerechtigkeiten im Welthandelssystem. Heute verteidigen – abgesehen von den Besitzstandswahrern, die davon profitieren, dass die von ärmeren Ländern produzierten Güter vom inländischen Markt ferngehalten werden – nur noch wenige die Heuchelei, so zu tun, als wolle man den Entwicklungsländern helfen, während man gleichzeitig eine Politik betreibt, die die Reichen noch reicher und die Armen noch ärmer – und immer zorniger – macht".*
>
> *(Stiglitz, 2004, S. 13)*

Dabei geht es ihm nicht um die Globalisierung an sich, die er als „eine Kraft, die so viel Gutes bewirkt hat" einstuft. Vielmehr geht es um die negative Entwicklung, die eine eigentlich gute Sache im Zeitverlauf genommen hat.

Er übt deutliche Kritik an der Macht der Industrienationen (und hier insbesondere an dem Wirtschaftsblock EU und an den USA) sowie an von Industrienationen beherrschten Institutionen (IWF, WTO, Weltbank). Diesen Institutionen bescheinigt er, mit Vorgaben bei benötigter Hilfe an Entwicklungsländern deren staatliche Hoheit gravierend zu beschneiden (Stiglitz, 2004)

Auf diese drei Institutionen wird in Unterkapitel 2.2 weiter eingegangen.

1.10.1.2 Joseph Stiglitz, „Die Chancen der Globalisierung"

In seinem weiteren Buch versucht Stiglitz, eine gerechte Globalisierung zu beschreiben.

> *„Wir müssen [...] lernen, die Globalisierung besser zu steuern, und dabei sowohl den armen Ländern als auch den armen Menschen in den reichen Ländern sowie Werten, die über Profit und das Bruttoinlandsprodukt hinausgehen, mehr Beachtung schenken. Das Problem besteht darin, dass die Globalisierung bislang nicht hinreichend demokratisch legitimiert ist. Die internationalen Institutionen (der Internationale Währungsfonds, die Weltbank und die Welthandelsorganisation), denen es obliegt, die Spielregeln festzulegen und die Weltwirtschaft zu lenken, dienen in erster Linie den Interessen der Industrieländer – beziehungsweise, um genauer zu sein, bestimmten Sonderinteressen (wie der Landwirtschaft und Mineralölwirtschaft) innerhalb dieser Länder".*
>
> *(Stiglitz, 2008, S. 343)*

Konkrete Umsetzungsvorschläge finden sich jedoch in seinem Buch nicht wieder ...

1.10.1.3 Michael Hüther (et al.), „Erschöpft durch die Pandemie – Was bleibt von der Globalisierung?"

Anders als Stiglitz geht Hüther von einigen aktuellen globalen Entwicklungen als Ausgangspunkt für notwendige Anpassungen der Globalisierung aus. Beispielsweise nennt er:

- die Finanzmarktkrise,
- die (US-amerikanische) Präsidentschaft von Donald J. Trump,
- den Austritt Großbritanniens aus der EU („Brexit"),
- den „Wettstreit der großen Mächte" (vor allem USA, VR China, Russland und Türkei, die EU jedoch mit kaum noch wahrnehmbarer Rolle), um sich vorteilhafte Positionen in der wirtschaftlichen Globalisierung zu verschaffen,
- die Corona-Pandemie und deren Auswirkungen auf die Globalisierung, sowie
- befürchtete (durch den Einmarsch Russlands in die Ukraine nach Veröffentlichung des Buchs mittlerweile auch eingetretene) kriegerische Auseinandersetzungen.

Daraus folgt seine Sicht auf die Akzeptanz von Globalisierung:

> *„Die Tendenzwende von der Globalisierungsakzeptanz in die Globalisierungsablehnung war durch Funktionsstörungen und Funktionsdefekte in allen Makrosystemen seit längerem angelegt und reflektiert deren verspätete Koinzidenz".*
>
> *(Hüther et al., 2021, S. 16)*

Hüther betont, dass die Corona-Pandemie die Globalisierung zwar massiv getroffen hat, diese aber strukturell und politisch schon längere Zeit unter Druck geraten war (Hüther et al., 2021, S. 2ff).

Im weiteren Verlauf gibt Hüther Anregungen für die Zukunft. Eine stringente Verzahnung von Welthandel, Weltsicherheit, Weltklima und Weltgesundheit kann aus seiner Sicht einer erfolgreichen „Dritten Globalisierung" gesellschaftlich, politisch und institutionell den Weg öffnen. Dabei nennt er Ansätze für notwendige Verzahnungen, u. a.:

- Freihandelsabkommen müssen immer alle relevanten Aspekte des Klimaschutzes berücksichtigen (Welthandel in Kombination mit Weltklima).
- Nationale Sicherheitsinteressen dürfen nicht zu neuen Handelsbarrieren führen (Weltsicherheit in Kombination mit Welthandel).
- Für künftige Pandemien sollte ein Kodex unter Federführung der Weltgesundheitsorganisation (WHO) entwickelt werden, in welchen Ausnahmesituationen ein Land welche Güter zurückhalten darf (Welthandel in Kombination mit Weltgesundheit).

Abgerundet werden seine Ansätze durch einzelne konkrete Beispiele, bei denen die globalisierte Welt auf dem richtigen Weg zu sein scheint (Hüther et al., 2021, S. 256–259).

1.10.2 Kritik von NGOs am Beispiel von Attac und Terre des Hommes

1.10.2.1 Attac

Die im Jahr 2000 gegründete Nichtregierungsorganisation (NGO) *Attac* („**A**ssociation pour une **t**axation des **t**ransactions financières pour l'**a**ide aux **c**itoyens", Vereinigung zur Besteuerung von Finanztransaktionen im Interesse der Bürgerinnen und Bürgern) hat heute 90.000 Mitglieder in 50 Ländern und setzt sich insbesondere für eine faire Globalisierung ein.

Sie kritisiert eine „globalisierte kapitalistische Ökonomie", die dem Markt und Privatunternehmen überlassen wurde.

Erstmals wurde Attac während der Proteste auf dem G8-Gipfel im Jahr 2001 in Genua wahrgenommen. 200.000 Menschen protestierten gegen eine „weltweit wachsende soziale Ungleichheit, gegen eine Globalisierung, die nur an mächtigen Wirtschaftsinteressen orientiert ist" (Attac, n. d.).

Beispielsweise fordert Attac

- eine Welthandelsordnung, die den Interessen der Entwicklungsländer, sozial Benachteiligten und der Umwelt Vorrang einräumt;
- internationale Institutionen, die diesen Zielen dient und nicht den Interessen von Industrienationen, Konzernen;
- die Lösung der Schuldenkrise der Entwicklungsländer, die Beendigung der neoliberalen Strukturanpassung;
- die Ablösung der Diktatur der Gläubigerinnen und Gläubiger durch ein faires und transparentes Verfahren;

- die Einführung einer Steuer auf internationale Finanztransaktionen (sogenannte Tobinsteuer);
- die Schließung der Steueroasen, die Regulierung von Derivaten und das Verbot von hochspekulativen Fonds (sogenannte Hedge-Fonds).

(Attac, 2006, S. 2)

1.10.2.2 Terre des Hommes („Erde der Menschlichkeit")

Die Terre des Hommes International Federation, der auch der 1967 gegründete Terre des Hommes Deutschland e. V. angehört, kritisiert vor allem den durch Globalisierung und Klimawandel beschleunigen Verdrängungsprozess von Arten, aber auch den von Kulturen:

- Arten vor allem in Bezug auf Tiere und Pflanzen aber auch in Bezug auf indigene Völker,
- Kulturen vor allem in Bezug auf die Nachteile für indigene Völker sowie die rasante Angleichung von landesspezifischen Kulturen zu einer einheitlichen „globalen Kultur", einhergehend mit einem Identitätsverlust.

> *„Mehr als ein Drittel der Säugetier- und Pflanzenarten sind vom Aussterben bedroht. Von den zurzeit rund 6.000 aktiv gesprochenen Sprachen werden noch in diesem Jahrhundert über die Hälfte verloren gehen.*
>
> *Mit jeder Sprache, die nicht mehr verstanden wird, verschwindet eine Weltsicht, verschwindet Wissen, mit jeder Pflanze und jedem Tier wird eine mögliche Antwort auf Probleme von heute oder in der Zukunft vernichtet."*
>
> *(Terre des Hommes Deutschland e. V., n. d.)*

Terre des Hommes setzt sich deshalb für den Erhalt und die Förderung der biologischen und kulturellen Vielfalt auch und insbesondere im Zusammenhang mit der Globalisierung ein (Terre des Hommes Deutschland e. V., n. d.).

1.10.3 Kritik von Klimaschutzorganisationen und Klimaaktivistinnen und Klimaaktivisten

Die Kritik von Klimaschutzorganisationen wie beispielsweise der World Wide Fund For Nature (WWF), Greenpeace oder Fridays for Future richtet sich naturgemäß an Umweltaspekten aus. Es stehen u. a. umweltkritische Aspekte wie weltweiter Transport oder Energieherkunft/-verbrauch im Vordergrund der auch gegen einzelne Unternehmen und Branchen ausgerichteten Aktivitäten.

So schreibt beispielsweise die 1971 gegründete Nichtregierungsorganisation (NGO) Greenpeace auf ihrer Internetseite:

> *„Die Meere sind kein Industriegebiet, RWE und Uniper wollen zusammen mit dem australischen Energiekonzern Woodside Gas fördern und damit Natur zerstören."*
>
> *(Greenpeace, n. d.)*

und setzt sich mit zahlreichen, weltweiten Aktionen – auch direkt gegen TNCs – für den Klimaschutz und für Nachhaltigkeit sowie beispielsweise gegen Überkonsum und Einwegprodukte ein (Greenpeace, n. d.).

Auch die Bewegung „Fridays for Future", mit Greta Thunberg als Aushängeschild, sieht die Politik und die weltweite Industrie in der Verantwortung und fordert u. a. deutlich höhere Anstrengungen in den Industriezweigen Energieerzeugung, Wohnen und Bauen, Industrie, Transport und Verkehr aber auch in der Landwirtschaft:

> *„Fridays for Future fordert Klimagerechtigkeit.*
>
> *2015 haben sich alle UN-Staaten im Pariser Klimaschutzabkommen eigentlich dazu verpflichtet, leider passiert trotzdem viel zu wenig.*
>
> *Wir fordern, dass die Regierungen ihre Versprechen einhalten und uns eine krisenarme Zukunft ermöglichen."*
>
> *(Fridays for Future, 2024).*

Abb. 1.20: Protest von Fridays for Future in Berlin (Fridays for Future, 2024)

Zum Abschluss der Beispiele zeigen jedoch Organisationen wie „Die letzte Generation" oder „Just stop oil", wie Grenzen für ein an sich wichtiges und richtiges Ziel überschritten werden: Straßenblockaden, bei denen auch Rettungsfahrzeuge behindert werden, Farbattacken auf das Brandenburger Tor in Berlin, auf unersetzbare Kulturgüter wie Gemälde, oder durch die Gruppe „Just stop oil“ auf das Weltkulturerbe Stonehenge sind der Grund, warum die Aktivistinnen und Aktivisten vielfach als „Klima-Chaoten“ bezeichnet werden.

> Ob durch diese Aktionen das eigentliche Ziel erreicht werden kann, sollte mindestens bezweifelt werden.
>
> Andererseits und aus unserer Sicht als Autoren läuft uns die Zeit bezüglich des Klimawandels zu schnell davon, und die Vergangenheit hat gezeigt, dass Verhaltensänderungen nur sehr schwergängig und langfristig zu erreichen sind.

Die Bemühungen der weltweiten Regierungen in Bezug auf den Klimawandel, inklusive der Ergebnisse der internationalen Klimakonferenzen (siehe Abschnitt 1.8.3), bezeichnen alle Umweltorganisationen immer wieder als genauso ambitionslos wie das zwischenzeitlich Erreichte als ungenügend.

1.10.4 Kritik von nationalen Gewerkschaften und international vernetzten Gewerkschaftsverbänden am Beispiel des Internationalen Gewerkschaftsbundes (IGB)

Im Fokus von Gewerkschaften und Gewerkschaftsverbänden stehen die Interessen der Arbeitnehmenden.

Der Internationale Gewerkschaftsbund (IGB) als Dachverband von internationalen Gewerkschaftsorganisationen und Einzelgewerkschaften versteht sich als „globale Stimme“ dieser Interessen.

Kritik im Zusammenhang mit Globalisierung gibt es beispielsweise an den Arbeitsbedingungen in Schwellen- und Entwicklungsländern (inklusive Kinder- und Zwangsarbeit), der Ungleichverteilung von aus Globalisierung resultierendem Wohlstand in der Welt sowie beim Thema Klimaschutz (inklusive nachhaltigen Unternehmen).

In seinem jährlichen Bericht „Globaler Rechtsindex“ veröffentlicht der IGB u. a. die Situation in einzelnen Ländern und geht auf die wesentlichen Herausforderungen des Berichtsjahres ein (Internationaler Gewerkschaftsbund, 2024).

1.10.5 Club of Rome

Unter dem Motto „Vom Wissen und Denken zum Handeln – Alles gehört zusammen“ arbeiten in der 1968 gegründeten gemeinnützigen Organisation Club of Rome Wissenschaftler und Experten aus aller Welt und aus den unterschiedlichsten Fachrichtungen zusammen. Ihr wesentliches Ziel ist dabei Handlungsnotwendigkeiten für eine nachhaltige Zukunft der Menschheit aufzuzeigen.

In dem 1972 veröffentlichten Bericht „Die Grenzen des Wachstums" des Club of Rome wurden die Auswirkungen der damaligen globalen Wirtschaft als akute Gefahr für Umwelt und Lebensqualität, aber auch für die Wirtschaft selbst eingestuft. Der Bericht gilt auch heute noch als einflussreichste Publikation zur drohenden Überlastung der Erde und hat zu intensiven Diskussionen geführt (Meadows et al., 1972, S. 17ff).

In dem von mehr als 30 Autorinnen und Autoren verfassten neuen Bericht des Club of Rome vom September 2022 mit dem Titel "Earth for All" geht es um zwingend umzusetzende Maßnahmen, damit eine lebenswerte Zukunft der Menschheit auf der Erde überhaupt noch möglich ist.

Auf der Basis von zwei computersimulierten Szenarien wurde die Zukunft der Erde und der Menschheit simuliert:

- „Too Little Too Late" („Zu wenig zu spät": es wird weitergemacht wie bisher, mit gravierenden und teilweise unumkehrbaren negativen Auswirkungen auf die Erde und die Menschheit);
- „Giant Leap" („Riesensprung": es wird in den nächsten Jahrzehnten ein radikaler Wandel zum Schutz der Erde und der Menschheit vollzogen).

Der für die Zukunft der Erde und der Menschheit zwingend notwendige „Riesensprung" muss laut dem Bericht in fünf Dimensionen weltweit erreicht werden:

- „Die Armutskehrtwende: die Wirtschaft der Ärmsten darf wachsen
- die Ungleichheitskehrtwende: Dividenden teilen
- die Ermächtigungskehrtwende: Geschlechtergerechtigkeit herstellen
- die Ernährungskehrtwende: ein gesundes Ernährungssystem für Mensch und Planet
- die Energiekehrtwende: vollständige Elektrifizierung
- Vom ‚Winner take All'-Kapitalismus zu Earth4All-Ökonomien"

(Dixson-Declève et al., 2022, S. 18 ff.)

Damit umfasst der aktuelle Bericht des Club of Rome alle Kritikpunkte aus den vorherigen Abschnitten 1.10.1 bis 1.10.4 als Experteneinschätzung und gibt gleichzeitig den Ausblick, dass eine lebenswerte Zukunft für die Menschheit noch möglich ist – jedoch nur, wenn radikale Veränderungen vollzogen werden.

1.11 Zusammenfassung

Internationalen Handel gibt es schon seit dem Altertum, von weltweitem Handel und „moderner Globalisierung" kann aber erst seit zwei wesentlichen Ereignissen gesprochen werden – dem Abkommen von Bretton Woods gegen Ende des Zweiten Weltkriegs und der Auflösung des „Ostblocks" und der Sowjetunion, beginnend 1985 bis Ende 1991. Darüber hinaus bilden der Verfall der Transport- und Kommunikationskosten sowie die politische Liberalisierung und Deregulierung wesentliche Grundlagen für die Zunahme des weltweiten Handels.

Wenn von Globalisierung gesprochen wird, geht es nicht nur um die betriebswirtschaftliche Sicht, sondern auch um politische und soziale Aspekte sowie um alle volkswirtschaftlichen Produktionsfaktoren. Der vorgestellte Globalisierungsindex hat daher auch die vielfältigsten Indikatoren nach diesen drei Dimensionen, um den Globalisierungsgrad für einzelne Länder zu messen. Europäische Länder schneiden dabei sehr gut, einige afrikanische Länder belegen die letzten Rangstellen – ein Indiz für die Ungleichverteilung der mit Globalisierung verbundenen Wohlstandssteigerung.

Aus der Globalisierung erwachsen viele Vorteile und positive Aspekte wie beispielsweise Wohlstandseffekte für die gesamte Welt (auch für Schwellen- und Entwicklungsländer) und eine zunehmende Mobilität für Unternehmen und Personen. Diese überwiegen deutlich gegenüber den ebenfalls vorhandenen negativen Aspekten, hier sei beispielhaft die stark steigende und „globalisierte" Wirtschaftskriminalität in Form von Produkt- und Markenpiratrie oder Steuervermeidung / Steuerflucht genannt.

Letztendlich gibt es einige Kritik aus unterschiedlichster Richtung, meist nicht an der Globalisierung selbst, aber an deren Prozess. Im Fokus der Kritik steht dabei überwiegend die Ungleichverteilung von Wohlstandseffekten und klimaschädliche Aspekte der Globalisierung.

Der aktuelle Bericht des Club of Rome umfasst u. a. diese Kritikpunkte aus den Abschnitten 1.10.1 bis 1.10.4 als Experteneinschätzung: Laut diesem Bericht gibt es eine lebenswerte Zukunft für die Menschheit nur dann, wenn schnell radikale Veränderungen vollzogen werden.

Insgesamt wird deutlich, dass der weltweite Handel beziehungsweise die Globalisierung und die daraus resultierenden Veränderungen einen weltweiten rechtlichen Rahmen benötigen. Auf diese sogenannte „Global Governance" wird im folgenden Kapitel 2 eingegangen.

Aufgabe 1.1

Im Literaturverzeichnis finden Sie unter

Zweites Deutsches Fernsehen, ZDF (n. d.), Phönix (n. d.) und *Wissen.de (n. d.)*

drei Dokumentationen zu der Geschichte der Weltwirtschaft und des Wandels des internationalen Handels über die Jahrhunderte.

Lesen Sie die Beiträge sorgfältig durch und fassen Sie diese für sich selbst kurz zusammen.

Aufgabe 1.2

Sind die drei Kategorien Wirtschaft, Politik und Soziales des KOF-Globalisierungsindex gleich gewichtet?

Recherchieren Sie unter der oben genannten Quelle Gygli et al. (2021)

Aufgabe 1.3

Sowohl der intraregionale als auch der interregionale Handel wird durch die sogenannte „Triade“ dominiert.

Was ist in diesem Zusammenhang darunter zu verstehen?

Aufgabe 1.4

Im Abschnitt 1.7.2 wurde die weltweite Freigabe von Patenten für Corona-Impfstoffe kurz angesprochen.

Welche Argumente gibt es aus Ihrer Sicht für und welche gegen diese Patentfreigabe?

Aufgabe 1.5

Wie wird „Flucht“ und „Migration“ voneinander abgegrenzt?

Recherchieren Sie die Unterschiede im Internet.

Aufgabe 1.6

Recherchieren Sie auf der im Literaturverzeichnis aufgeführten Internetseite der UNO-Flüchtlingshilfe Deutschland (2024), wie viele Flüchtlinge und Binnenflüchtlinge es durch den Einmarsch Russlands in der Ukraine zum Zeitpunkt Ihrer Abfrage gibt.

Aufgabe 1.7

Machen Sie sich über die im Literaturverzeichnis angegebene Quelle „Vereinte Nationen (1948)“ mit den 30 Artikeln der „Allgemeinen Erklärung für Menschenrechte“ vertraut.

Was sind die wesentlichen Kernpunkte?

Aufgabe 1.8

Auf der Weltklimakonferenz im ägyptischen Sharm El Sheik im November 2022 waren viele Teilnehmenden von den Ergebnissen enttäuscht.

Recherchieren Sie im Internet, welche Beschlüsse in Sharm El Sheik gefasst wurden und was der Grund für die Enttäuschung beispielsweise in Deutschland war.

2 Global Governance

Kapitel 1 hat bereits gezeigt, dass die unterschiedlichsten Parteien aus allen Ländern der Welt mit unterschiedlicher Intensität Akteure der Globalisierung sind.

Durch Globalisierung kommt es zu zwischenmenschlichen Aktivitäten, nahezu immer unter Beteiligung

- vieler Akteure,
- mit unterschiedlichsten Interessen,
- aus diversen Ländern,
- mit deren jeweiligen nationalen Rechtssystemen,
- mit den unterschiedlichsten Kulturen.

In diesem Kapitel stellen wir die für dieses Zusammenwirken notwendige „Global Governance" vor, d. h. die Regelungen, die einen Rahmen für die Globalisierung weltweit bilden sollen.

Nach Abschluss dieses Kapitels

- kennen Sie die Herkunft des Begriffs „Global Governance",
- kennen und verstehen Sie die Notwendigkeiten einer Global Governance und deren Ebenen,
- haben Sie einen Überblick über die wesentlichen Akteure im Rahmen der Global Governance, kennen deren Entstehungsgeschichte und können die Kritik an einzelnen Institutionen einordnen,
- verstehen Sie, welchen Einfluss Industrienationen auch in der Global Governance haben
- und verstehen, welche zukünftigen Herausforderungen für die Global Governance existieren.

2.1 Die Bedeutung von Global Governance, deren Entstehung und Akteure

Durch die zunehmende Globalisierung von Wirtschaft, Politik und Kultur nach dem Abkommen von Bretton Woods und dem Zusammenbruch des „Ostblocks" interagierten die unterschiedlichsten Akteure mit den unterschiedlichsten national geprägten Regeln weltweit miteinander.

Alle Akteure sind in der Regel bestrebt, ihre eigenen Ziele zu erreichen und eigene Vorteile aus der Globalisierung zu ziehen. Akteure, die Regeln und Gesetze nicht beachten und zunehmend weltweit illegale bis hin zu kriminellen Handlungen vollziehen, sind genauso Bestandteil der Globalisierung wie beispielsweise die Diskussionen zu der Benachteiligung von

Regionen in der Welt (beispielsweise zu geringeren Wohlstandseffekten in Schwellen- und Entwicklungsländer), zu der zunehmenden Umweltbelastung, aber auch zu der notwendigen Festlegung von weltweit einheitlichen Standards. Weltweit geltende, einheitliche Regeln und damit ein Rahmen für die Globalisierung waren und sind daher für alle Beteiligten notwendig.

Heute gibt es nicht *die eine* weltweit gültige Global Governance. Es ist vielmehr über Jahrzehnte ein Netz entstanden, mit sich überschneidenden oder konkurrierenden Aufgaben und Zielen sowie einer eigentlich zwingend notwendigen engen Zusammenarbeit aller Akteure. Nationale Gesetzgebungen oder bilaterale Absprachen hatten für die Herausforderungen dieser Welt nicht mehr ausgereicht; aus länderspezifischen Regeln für das Miteinander in einem Land wurde sukzessive ein weltweit geltendes Korsett.

Dabei gab es Regelungsbedarf, den erst die Globalisierung hervorgerufen oder gravierend verstärkt hat; hier sei an die internationale Produkt- und Markenpiratrie aus Abschnitt 1.8.4 erinnert. Während innerhalb eines Landes (relativ) schnell Bestimmungen, Verordnungen oder Gesetze für neue Aspekte entwickelt und angewandt werden könnten, sieht die Situation weltweit schon anders aus.

Unterschiedliche Rechtsauffassungen, Kulturen und Machtverhältnisse führen darüber hinaus zu Schwierigkeiten in der Anwendung und Durchsetzung. Zwei Beispiele verdeutlichen in Unterkapitel 2.3 diese Schwierigkeiten.

Trotz aller Kritik und eines vielschichtigen Reformbedarfs, auf die noch eingegangen wird, funktioniert die heutige Global Governance.

Für einen weltweit geltenden, von möglichst Vielen akzeptierten und auch allseits gelebten rechtlichen Rahmen stellen sich folgende Fragen:

- Was muss von wem geregelt werden?
- Nach welchen Grundsätzen werden Regeln festgelegt?
- Wer setzt Regeln durch und wie werden Streitigkeiten entschieden?
- Wer setzt Sanktionen für den Fall einer Regelverletzung fest und setzt diese dann auch durch?

Schaut man auf die Akteure der heutigen Global Governance, so sind diese vielschichtig und werden im Unterkapitel 2.2 weiter vertieft. Es geht um das Zusammenwirken von Vielen auf den unterschiedlichsten Ebenen:

- von Ländern getragene internationale Organisationen (beispielsweise die UN oder die WTO),
- informelle Absprachen und Vereinbarungen (beispielsweise die G7-, G20- BRICS/BRICS+ -Treffen von Staats- und Regierungschefs),

- Kooperationsabkommen bis hin zu verschiedenen Integrationsstufen (regionale Freihandelsabkommen bis hin zur EU),
- Vereinbarungen zwischen internationalen Organisationen und transnationalen Unternehmen (beispielsweise die Global Compact Initiative der UN),
- internationale Nichtregierungsorganisationen (NGOs, beispielsweise Amnesty International, Transparency International, Attac, Greenpeace, Ärzte ohne Grenzen, Rotes Kreuz)
- militärische Bündnisse wie beispielsweise die NATO,
- und viele mehr (beispielsweise der internationale Finanzmarkt oder international berichtende Massenmedien).

Auf staatlicher Ebene müssen einzelne Länder bereit sein, eigene Souveränitätsrechte an internationale Organisationen abzugeben und diese für die Überwachung, Durchsetzung und Sanktionierung zu legitimieren. Gleichzeitig müssen sie bereit sein, getroffene Vereinbarungen auch im eigenen Land umzusetzen.

Wesentlich für die sukzessive Entwicklung einer Global Governance waren

- der Bericht der Weltkommission für Umwelt und Entwicklung der UN mit dem Titel „Our Common Future" (‚Unsere gemeinsame Zukunft'), besser bekannt als – nach der Kommissionsvorsitzenden benannter – „Brundtland-Bericht" der „Brundtland-Kommission" (Commission on Global Governance, 1987, Kapitel 12), sowie
- der Abschlussbericht der Commission on Global Governance mit dem Titel „Our global neighbourhood"(‚Unsere weltweite Nachbarschaft') (Commission on Global Governance, 1995).

Aus dem Abschlussbericht „Our global neighbourhood" stammt auch die folgende Definition von Global Governance:

> „Es gibt keine Alternative zur Zusammenarbeit und zum Einsatz kollektiver Macht, um eine bessere Welt zu schaffen.
>
> Governance ist die Summe der vielen Möglichkeiten, wie Einzelpersonen und Institutionen, öffentliche und private, ihre gemeinsamen Angelegenheiten regeln. Es ist ein fortlaufender Prozess, durch den widersprüchliche oder unterschiedliche Interessen berücksichtigt und kooperative Maßnahmen ergriffen werden können. Dazu gehören formelle Institutionen und Regime, die befugt sind, die Einhaltung der Vorschriften durchzusetzen, sowie informelle Vereinbarungen, denen Menschen und Institutionen entweder zugestimmt haben oder die sie als in ihrem Interesse wahrnehmend empfinden. [...]
>
> Auf globaler Ebene wurde Governance in erster Linie als zwischenstaatliche Beziehungen betrachtet, muss aber jetzt so verstanden werden, dass sie

> auch Nichtregierungsorganisationen (NGOs), Bürgerbewegungen, multinationale Konzerne und den globalen Kapitalmarkt einbezieht. Mit diesen interagieren globale Massenmedien mit dramatisch vergrößertem Einfluss."
>
> (Commission on Global Governance, 1995, Kapitel 1)

Wenn man versucht, Global Governance einzuteilen, so gibt es im Wesentlichen zwei Blöcke:

- Die **Weltwirtschaftsordnung** mit der
  - **Welthandelsordnung** und der
  - **Weltfinanzordnung**
- Die **Weltumweltordnung**, die in diesem Kapitel weniger im Mittelpunkt steht.

Aber auch die militärische Weltordnung darf hier nicht vergessen werden.

Im Folgenden werden wesentliche Akteure der Global Governance vorgestellt.

Dieser Film erklärt zum Abschluss dieses Unterkapitels Global Governance (auf Englisch):

> https://www.bing.com/videos/search?q=global+governance+definition+un&view=detail&mid=F33D9794C1C8A89275D3F33D9794C1C8A89275D3&FORM=VIRE
>
> Food and Agriculture Organization of the United Nations, FAO (2016)

2.2 Wesentliche Akteure der Global Governance

Es ist in diesem Unterkapitel nicht das Ziel, jeden Akteur und jede Institution der weit verzweigten Global Governance lückenlos vorzustellen. Vielmehr soll in den folgenden Abschnitten ein Überblick über die wesentlichen Akteure und deren Aufgaben gegeben werden.

Dabei werden jeweils auch Kritikpunkte zu den einzelnen Akteuren aufgeführt.

Der Blick auf die jeweiligen Strukturen und Aufgaben zeigt, dass es viele Überschneidungen gibt und *der* rote Faden für *die eine* Global Governance nicht wirklich erkennbar ist. Vielmehr sind die einzelnen Akteure über die Jahre hinweg entstanden, haben sich weiterentwickelt und vertreten die unterschiedlichsten eigenen Interessen beziehungsweise die unterschiedlichsten Interessen ihrer jeweiligen Mitglieder. Sie stehen nebeneinander, sind in vielen Fällen aber gut bis sehr gut miteinander verzahnt.

2.2.1 Von Staaten getragene internationale Organisationen

2.2.1.1 Vereinte Nationen (United Nations, UN)

Die UN wurden 1945 gegründet. Nach anfangs 51 gehören dieser weltweit bekanntesten zwischenstaatlichen Organisation heute 193 Mitgliedstaaten – also nahezu alle Länder der Welt – an. Alle Mitgliedstaaten sind mit gleichen Rechten Mitglieder der Generalversammlung, dem einzigen Plenargremium der UN.

Grundlage der Arbeit ist die Gründungs-Charta mit ihren Zielen und Grundsätzen, der alle Mitgliedstaaten zugestimmt haben. Zusammengefasst will die UN „ein Ort, an dem sich die Nationen der Welt versammeln, gemeinsame Probleme diskutieren und gemeinsame Lösungen finden können" sein und „Frieden, Würde und Gleichheit auf einem gesunden Planeten" erreichen (United Nations, UN, n. d.).

In Artikel 1 ihrer Charta setzen sich die UN folgende Ziele:

> *„1. den Weltfrieden und die internationale Sicherheit zu wahren und zu diesem Zweck wirksame Kollektivmaßnahmen zu treffen, um Bedrohungen des Friedens zu verhüten und zu beseitigen, Angriffshandlungen und andere Friedensbrüche zu unterdrücken und internationale Streitigkeiten oder Situationen, die zu einem Friedensbruch führen könnten, durch friedliche Mittel nach den Grundsätzen der Gerechtigkeit und des Völkerrechts zu bereinigen oder beizulegen;*
>
> *2. freundschaftliche, auf der Achtung vor dem Grundsatz der Gleichberechtigung und Selbstbestimmung der Völker beruhende Beziehungen zwischen den Nationen zu entwickeln und andere geeignete Maßnahmen zur Festigung des Weltfriedens zu treffen;*
>
> *3. eine internationale Zusammenarbeit herbeizuführen, um internationale Probleme wirtschaftlicher, sozialer, kultureller und humanitärer Art zu lösen und die Achtung vor den Menschenrechten und Grundfreiheiten für alle ohne Unterschied der Rasse, des Geschlechts, der Sprache oder der Religion zu fördern und zu festigen;*
>
> *4. ein Mittelpunkt zu sein, in dem die Bemühungen der Nationen zur Verwirklichung dieser gemeinsamen Ziele aufeinander abgestimmt werden."*
>
> *(Regionales Informationszentrum der Vereinten Nationen für Westeuropa, UNRIC, 2022)*

Daraus ist erkennbar, dass die UN ursprünglich als eine Institution zur Sicherung des weltweiten Friedens gegründet wurde, nachdem das Ausmaß des Massenmordes an der jüdischen Bevölkerung in Europa nach und nach sichtbar wurde. Gleichzeitig zeigt Ziffer 3 aber auch den Bezug der UN zur Globalisierung und damit ihre Stellung in der Global Governance.

Abbildung 2.1 gibt einen Überblick über die Grundzüge der Organisation der UN mit ihren wesentlichen Organen. Tatsächlich gibt es neben den gezeigten Hauptorganen zahlreiche Nebenorgane, verwandte und Sonderorganisationen sowie Hauptabteilungen und Büros.

Abb. 2.1: Organe, Sonderorganisationen, Hauptdienststellen und Sonderorganisationen der Vereinten Nationen (Konrad-Adenauer-Stiftung (2024))

Die beiden bekanntesten Hauptorgane der UN sind neben der Hauptversammlung

- *der UN-Sicherheitsrat,*

  ... dem „die Verantwortung für die Wahrung des Weltfriedens und der internationalen Sicherheit“ zukommt und der als einziges UN-Organ Beschlüsse mit völkerrechtlich bindender Wirkung für ihre Mitgliedstaaten fassen kann.

  Die ständigen Mitgliedstaaten Frankreich, Großbritannien, Russland, die USA und die VR China haben ein Vetorecht bei Entscheidungen. Dazu kommen zehn weitere Länder, die ohne Vetorecht für zwei Jahre aus den Regionalgruppen Westeuropa/Westliche Staaten, Osteuropa,

Lateinamerika, Asien und Afrika durch die Generalversammlung gewählt werden.

- *der Internationale Gerichtshof*

  ... als wichtiges Organ der Rechtsprechung der UN, der unverbindliche Gutachten im Auftrag weiterer Organe des UN anfertigt sowie eigeninitiierte Gutachten mit beratendem Charakter erstellt. Die 15 unabhängigen Richterinnen und Richter werden von der Generalversammlung und dem Sicherheitsrat für neun Jahre gewählt.

Weitere wesentliche Organe sind das Sekretariat mit dem Generalsekretär, der Wirtschafts- und Sozialrat, sowie der Treuhandrat (Ständige Vertretung der Bundesrepublik Deutschland bei den Vereinten Nationen, 2024).

Im Wirtschafts- und Sozialrat sind es die dazugehörigen Sonderorganisationen, die einen deutlich höheren Bekanntheitsgrad haben als der Rat als Hauptorgan der UN selbst. Auf zwei dieser Sonderorganisationen, den Internationale Währungsfonds (IWF) und die Weltbankgruppe, wird in den Abschnitten 2.2.1.2 und 2.2.1.3 eingegangen.

Die für den globalen Handel und damit auch die Global Governance relevante Welthandelsorganisation (World Trade Organisation, WTO) ist nicht Bestandteil der UN und wird daher in Abbildung 2.1 unter den „verwandten Organisationen" aufgeführt. Auf die WTO wird in Abschnitt 2.2.1.4 weiter eingegangen.

Kritik an der UN

Die Kritik an der UN ist nach über 75 Jahren ihres Bestehens vielfältig. Neben der unübersichtlichen Struktur wird ihr *im Allgemeinen* vorgeworfen, in Zeiten von Corona-Pandemie, Klimakrise und weltweiten Konflikten und Kriegen beispielsweise in Syrien und in der Ukraine, ihrer Rolle und ihrem Selbstverständnis nicht mehr gerecht zu werden.

Folgende zwei Beispiele seien *im Speziellen* genannt:

- Durch das Vetorecht der fünf ständigen Mitgliedstaaten können sie Beschlüsse auch dann verhindern, wenn sie selbst Auslöser der Beschlussvorschläge sind. Am Beispiel des Einmarschs Russlands in die Ukraine im Februar 2022 musste die den Einmarsch verurteilende Erklärung des Sicherheitsrates nach Veto Russlands deutlich abgeschwächt werden.
- Während der Corona-Pandemie kam der weltweiten Aufklärung und Information durch die Weltgesundheitsorganisation (World Health Organisation, WHO) eine wesentliche Rolle zu. Der WHO wurde und wird jedoch vorgeworfen, Informationen nicht rechtzeitig und vollständig weitergegeben, beziehungsweise diese nicht vehement genug von der VR China eingefordert zu haben.

Von besonderer Brisanz sind dabei die finanziellen Mittel, die die WHO von der VR China erhält. Der 45. Präsident der USA Donald J. Trump drohte mit dem Austritt der USA und damit des größten Geldgebers aus der WHO.

Insgesamt wird eine Reform der UN sowie ihrer wesentlichen Institutionen regelmäßig angemahnt.

2.2.1.2 Internationaler Währungsfonds (International Monetary Fund, IWF)

Im Abschnitt 1.6.2.1 wurde bereits die Gründung des IWF im Rahmen des Abkommens von Bretton-Woods im Jahr 1944 beschrieben, 1945 nahm der IWF seine Arbeit auf und hat heute 190 Mitgliedsländer.

Seine Aufgaben beschreibt der IWF selbst wie folgt:

> *„The International Monetary Fund (IMF) works to achieve sustainable growth and prosperity for all of its 190 member countries. It does so by supporting economic policies that promote financial stability and monetary cooperation, which are essential to increase productivity, job creation, and economic well-being. The IMF is governed by and accountable to its member countries."*
>
> *(International Monetary Fund, IMF, 2022)*

Neuere Schwerpunkte des IWF sind Nachhaltigkeit und Umweltschutz sowie die Bekämpfung der (langfristigen) Auswirkungen der Corona-Pandemie.

Dabei arbeiten die IWF-Mitgliedsländer untereinander genauso zusammen wie mit anderen internationalen Gremien, und der IWF fördert die Finanzmarkstabilität durch folgende drei Säulen:

- **Politische Beratung („Überwachung")**
  Beratung aller Mitgliedsländer auf der Basis der vom IWF beobachteten wirtschaftlichen und finanziellen Entwicklung (regelmäßiger „Gesundheits-Checks"). Empfehlung geeigneter politischer Anpassungen zur Aufrechterhaltung des Wirtschaftswachstums und zur Förderung der Finanzstabilität.
- **Kapazitätsaufbau**
  Technische Hilfe und Ausbildung für die Mitgliedsländer zur Unterstützung von Regierungen bei der Umsetzung von Maßnahmen.
- **Finanzielle Unterstützung der Mitgliedsländer**
  Auf diese wird im Folgenden weiter eingegangen.

(International Monetary Fund, IMF, 2022)

Die finanzielle Unterstützung der Mitgliedsländer erfolgt in Krisensituationen, aber auch zur Vorbeugung von Krisen mit

- inländischen Ursachen (unangemessene Haushalts- und Geldpolitik bis hin zu Liquiditätsschwierigkeiten; Wechselkurse, die auf einem unangemessenen Niveau festgesetzt werden; ein schwaches Finanzsystem; politische Instabilität oder schwache Institutionen) und / oder

- externen Ursachen (Schocks wie beispielsweise Naturkatastrophen oder große Schwankungen der Rohstoffpreise; Beispiele sind die Corona-Pandemie oder die Finanzmarktkrise).

(International Monetary Fund, IMF, 2023b)

Die Mittel des IWF auch für die finanzielle Unterstützung stammen vor allem aus den (Quoten-)Einzahlungen seiner Mitgliedsländer, entsprechend deren wirtschaftlicher und finanzieller Stärke. Stand 15. Juli 2024 sind die USA die größte Anteilseignerin mit 17,5 Prozent der Gesamtsumme, Deutschland folgt auf Rang vier mit einer Quote von 5,6 Prozent. Auf den hinteren Rängen finden sich u. a. einige afrikanische Länder, die niedrigste Quote hat mit 0,001 Prozent der pazifische Inselstaat Tuvalu (International Monetary Fund, IMF, 2024b).

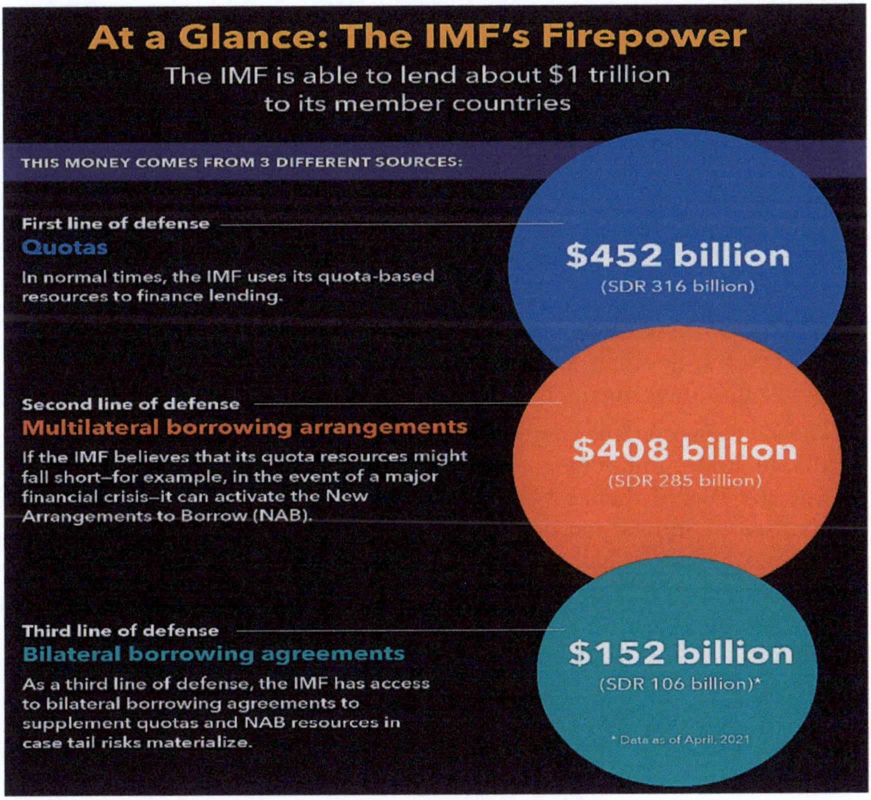

Abb. 2.2: Internationaler Währungsfonds, 2021

Wesentliches Mittel der finanziellen Unterstützung sind die sogenannten Sonderziehungsrechte (SZR). SZR sind eine vom IWF eingeführte künstliche Reservewährung, basierend auf einem Währungskorb, von denen jedes Mitgliedsland einen Anteil entsprechend der Quote an den Stimmrechten erhält. In (kurzfristige) finanzielle Not geratene Mitgliedsländer können andere Währungen erwerben und sich damit Liquidität ohne Bedingungen, Gebühren und Zinsen beschaffen.

Bei längerfristigem Unterstützungsbedarf können Mitgliedsländer Kredite zu marktüblichen Konditionen beim IWF aufnehmen, die allerdings mit individuellen Auflagen versehen sind. Diese Vorgaben zu Strukturanpassungsmaßnahmen für die Wiederherstellung der wirtschaftlichen Stabilität und des Wachstums betreffen beispielsweise die Kürzung von Staatsausgaben, die Eingrenzung der Inflation oder die weitere Liberalisierung von Märkten auch über die Privatisierung von vorher öffentlichen Unternehmen (International Monetary Fund, IMF, 2022).

Im Jahr 2021 wurden die SZR zuletzt um 650 Milliarden US-Dollar aufgestockt, Auslöser waren die – auch finanziellen – Herausforderungen der Corona-Pandemie (Bundesministerium der Finanzen, 2021).

Abbildung 2.2 zeigte den dreistufigen Prozess der finanziellen Unterstützung des IWF und die dafür zur Verfügung stehenden Mittel im Wesentlichen Jahr der Corona-Pandemie. Dabei entspricht die genannte englische Trillion einer deutschen Billion (1.000 Milliarden) und die englische Billion einer deutschen Milliarde.

Kritik am IWF

Während der IWF über seine Kredite sagt, dass diese „auf die unterschiedlichen Bedürfnisse und spezifischen Umstände der Länder zugeschnitten sind“, werden deutlich insbesondere die stringenten Vorgaben des IWF zu Strukturanpassungsmaßnahmen kritisiert.

Lange Zeit spielte dabei der sogenannte Washington Consensus die wesentliche Rolle, mit wenig Spielraum für Individualität. Beispielsweise wurde der IWF – ebenso wie die Europäische Zentralbank und die EU-Kommission – anlässlich der Unterstützung des durch die Finanzmarktkrise in finanzielle Not geratenen Griechenlands besonders kritisiert. Hier hatten zwei Rettungspakete des IWF und der EU in Kombination mit einem Schuldenschnitt zu Lasten von privaten Gläubigern einen drohenden Staatsbankrott verhindert. Die Umsetzung der Strukturanpassungsvorgaben der drei Institutionen führten zu wiederkehrenden Massenprotesten in Griechenland. Darüber hinaus hatte der IWF im Jahr 2013 eingeräumt, dass Gutachten des IWF und der EU zu den Wirkmechanismen der Vorgaben deutlich zu optimistisch waren (Tagesschau, 2015).

Ein zweiter wesentlicher Kritikpunkt ist die beherrschende Stellung der USA und Europas in dem Exekutivdirektorium aufgrund ihrer Stimmrechtsanteile und damit deren Einflussmöglichkeiten auf die Ausrichtung und Politik des IWF. Zusätzlich stellt Europa auf der Basis einer informellen Absprache immer die Direktorin oder den Direktor des IWF, die USA stellen immer die Stellvertretung. Aus den Quoten spiegelt sich der Einfluss des jeweiligen Landes auf den IWF wider. Denn während in dem Gouverneursrat als oberstes Gremium je eine Vertreterin oder einen Vertreter aus jedem Mitgliedsstaat gleichberechtigt vertreten ist, haben die 24 Direktorinnen und Direktoren des für die Führung der laufenden Geschäfte verantwortlichen Exekutivdirektoriums Stimmrechte, die sich an den Quoten orientieren. Dabei sind einzelne Länder direkt in dem Gremium vertreten, wie beispielsweise die USA, die VR China, Japan, Frankreich und Deutschland. Alle übrigen werden von Ländergruppen gewählt und bündeln damit ihre jeweiligen Stimmrechte – ohne an die Stimmrechte der USA, der VR China, Japans oder der EU heranzukommen.

Beschlüsse benötigen eine Mehrheit von 85 Prozent der Stimmrechte:

- Bereits unter den zehn Ländern mit den höchsten Stimmrechten verkörpern sechs von sieben G7-Staaten 39 Prozent der Stimmrechte, weitere 2,2 Prozent entfallen auf Kanada.
- Allein die USA können mit ihren Stimmrechten Entscheidungen mittels eines Vetos zu blockieren
- Im Exekutivdirektorium sind sogar Konsensentscheidungen erforderlich.

Tatsächlich können die Industrienationen bei Einigkeit untereinander aufgrund ihrer addierten Stimmrechte nie überstimmt werden, sie bestimmen damit im Wesentlichen die Politik des IWF (Internationaler Währungsfonds, 2024b).

Festzuhalten bleibt aber auch, dass sich die Stimmrechte vor allem aus den Einzahlungen der einzelnen Staaten ergeben und ein Zusammenhang zwischen Mittelherkunft und einem daraus resultierenden Einfluss auf die Mittelverwendung durchaus normal ist.

Ein dritter Kritikpunkt ist die übermäßige Verschuldung von Schwellenländern durch die Inanspruchnahme der Nothilfen des IWF und die durch diese Länder kaum zu bewältigenden Rückzahlungsverpflichtungen.

Abschließend fasst der folgende Erklärfilm noch einmal zusammen, was der IWF ist und welche Aufgaben er hat.

https://www.youtube.com/watch?v=ApQSuSe1YG8

Arbeitsgemeinschaft der öffentlich-rechtlichen Rundfunkanstalten der Bundesrepublik Deutschland, ARD (2015)

2.2.1.3 Weltbankgruppe

Wie für den IWF wurde auch die Gründung der Weltbankgruppe, dort noch als Weltbank, bereits in Abschnitt 1.6.2.1 beschrieben.

Die International Bank for Reconstruction and Development (Internationale Bank für Wiederaufbau und Entwicklung, IBRD), die heute ein Institut der Weltbankgruppe ist, wurde 1944 für den Wiederaufbau Europas nach dem zweiten Weltkrieg gegründet und war der Vorläufer der heutigen Weltbankgruppe.

Die Weltbankgruppe mit 189 Mitgliedsländern (die fünf größten Anteilseigner sind die USA, Japan, Deutschland, Frankreich und das Vereinigte Königreich) beschreibt ihre eigene Mission wie folgt:

„Our Vision

Our vision is to create a world free of poverty on a livable planet.

Our Mission

Our mission is to end extreme poverty and boost shared prosperity on a livable planet. This is threatened by multiple, intertwined crises. Time is of the essence. We need to write a new playbook to drive impactful development that is:

Inclusive of everyone, including women and young people; resilient to shocks, including against climate and biodiversity crises, pandemics and fragility; Sustainable, through growth and job creation, human development, fiscal and debt management, food security and access to clean air, water, and affordable energy.

To achieve this, we will work with all clients as one World Bank Group, in close partnership with other multilateral institutions, the private sector, and civil society."

(The World Bank Group, 2024)

Die Gruppe besteht aus den in der Abbildung 2.3 dargestellten fünf Institutionen, die entsprechend der obigen Mission die Aufgabe haben die Armut zu verringern, den gemeinsamen Wohlstand zu steigern und eine nachhaltige Entwicklung zu fördern (The World Bank Group, 2024).

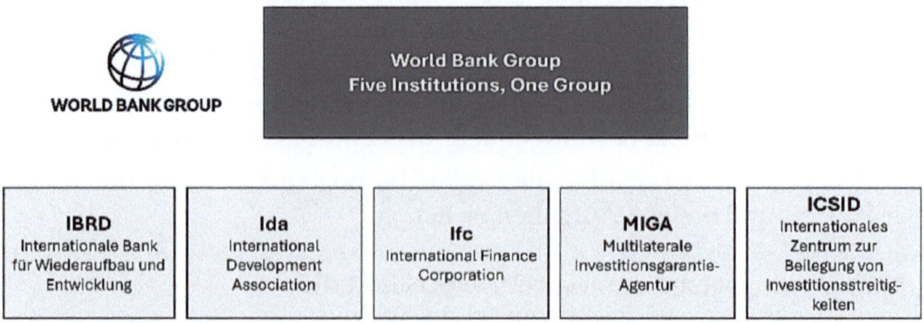

Abb. 2.3: Die fünf Institutionen der Weltbank (The World Bank Group, 2024)

Die fünf Institutionen sind auf folgende Themenfelder spezialisiert (The World Bank Group, 2024):

- IBRD (International Bank for Reconstruction and Development, Internationale Bank für Wiederaufbau und Entwicklung)
  Kredite, Garantien, Risikomanagementprodukte und Beratungsdienstleistungen für Länder mit mittlerem Einkommen und kreditwürdige Länder mit niedrigem Einkommen bereitstellt
- Ida (Internationale Development Association, Internationale Entwicklungsorganisation)
  Zinsgünstige Kredite und Zuschüsse für Programme zur Steigerung des Wirtschaftswachstums, zum Abbau von Ungleichheiten und zur Verbesserung der Lebensbedingungen der Menschen in den ärmsten Ländern der Welt.
- Ifc (International Finance Corporation, Internationale Finanz-Corporation)
  Förderung der wirtschaftlichen Entwicklung der Privatwirtschaft in Entwicklungsländern und Verbesserung des Lebens der Menschen, indem das Wachstum des Privatsektors in Entwicklungsländern gefördert wird.
- MIGA (Multilateral Investment Guarantee Agency, Multilaterale Investitions-Garantie-Agentur)
  Versicherungen für politische Risiken und Kreditverbesserung für grenzüberschreitende Investoren und Kreditgeber des privaten Sektors.
- ICSID (International Centre for Settlement of Investment Disputes, Internationales Zentrum zur Beilegung von Investitionsstreitigkeiten)
  Wie der deutsche Name schon beschreibt ...

Kritik an der Weltbankgruppe

Wesentliche Kritikpunkte am IWF (siehe Abschnitt 2.2.1.2) betreffen auch die Weltbankgruppe:

- die stringenten Vorgaben für Strukturanpassungsmaßnahmen (viele Unterstützungsanträge von einzelnen Ländern werden bei der Weltbankgruppe sowie parallel beim IWF gestellt), und
- der Einfluss der Industrienationen über ihre Anteile an der Weltbankgruppe. Die anfangs genannten fünf größten Anteilseigner verkörpern gleichzeitig wesentliche Teile die „Gruppe der 7" (G7), auf die in Abschnitt 2.2.4 weiter eingegangen wird.

Zusätzlich haben im Jahr 2016 neu entwickelte Schutzstandards der Weltbankgruppe laut einiger Nichtregierungsorganisationen (NGOs) immer wieder zu Menschenrechtsverletzungen oder Umweltschäden geführt (Ködding-Zurmühlen, O. (2016).

2.2.1.4 (World Trade Organisation, WTO)

Die WTO wurde 1995 gegründet, befasst sich mit den Handelsregeln zwischen Staaten und hat heute 164 Mitgliedsländer, die rund 98 Prozent des Welthandels repräsentieren. Jedes Mitgliedsland hat in der WTO eine Stimme, die EU übt das Stimmrecht für ihre Mitgliedsländer aus und hat 27 Stimmen.

Die WTO hat als zentrale Aufgabe, den weltweiten Freihandel mit Hilfe ihrer drei Verträge

- **GATT** (**G**eneral **A**greement on **T**ariffs and **T**rade, Allgemeines Zoll- und Handelsabkommen)
  Regelungen für den Warenhandel, als vorläufiges Abkommen aus 1947 Vorläufer der WTO
- **GATS** (**G**eneral **A**greement on **T**rade in **S**ervices, Allgemeine Übereinkommen über den Handel mit Dienstleistungen)
  Regelungen für den Dienstleistungshandel
- **TRIPS** (Agreement on Trade-Related Aspects of Intellectual Property Rights, Übereinkommen über handelsbezogene Aspekte der Rechte des geistigen Eigentums)
  Regelungen zum Handel mit geistigem Eigentum

so zu organisieren, dass dieser reibungslos, vorhersehbar und möglichst frei abgewickelt werden kann (World Trade Organisation, 2024a).

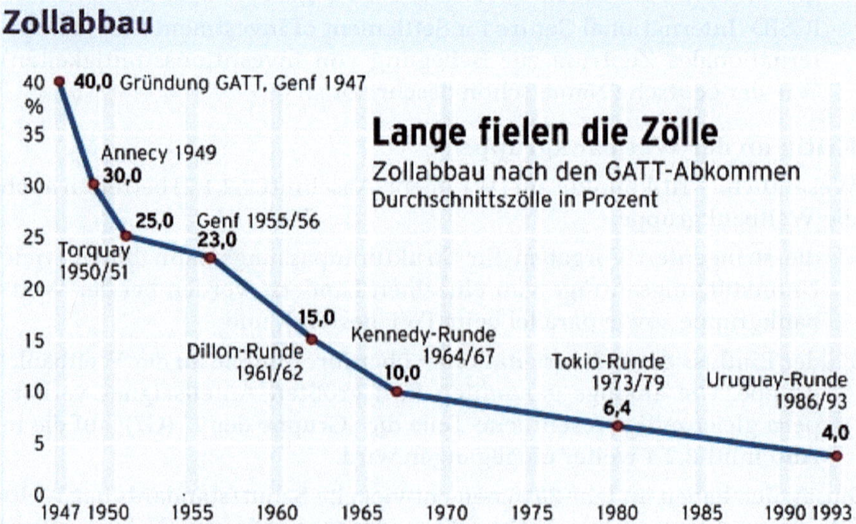

Abb. 2.4: GATT-Verhandlungsrunden Zollabbau (Kloepfer, 2009)

Gemeinsame Verhandlungsrunden (sogenannte „Doha-Runden“) haben sich zuerst auf die Senkung der Zölle (Zölle) auf importierte Waren konzentriert. Ab den 1980er-Jahren wurden die noch heute laufenden Verhandlungen auf nichttarifäre Handelshemmnisse für Waren und auf die neuen Bereiche Dienstleistungen und geistiges Eigentum ausgeweitet. Den Erfolg bei dem weltweiten Abbau von Zöllen im Rahmen der GATT-Runden bis 1993 dokumentiert Abbildung 2.4.

Die Arbeit der WTO führend sind folgende Prinzipien (World Trade Organisation, 2024b):

- **Grundsatz der Meistbegünstigung**
  Innerhalb der WTO-Mitgliedsländer darf ein Land ein anderes Land nicht diskriminieren, alle Länder müssen grundsätzlich gleichbehandelt werden. Einem Land eingeräumte Vorteile müssen grundsätzlich auch allen anderen Ländern eingeräumt werden.
- **Inländerbehandlung**
  Importierte und im Inland produzierte Waren sollten gleichbehandelt werden, ebenso ausländische und lokale Dienstleistungen, Marken, Urheberrechte und Patente.
- **Reziprozität**
  Vorteile, die ein Land von einem anderen eingeräumt bekommen hat, sollten in Art und Umfang gleich oder vergleichbar umgekehrt auch gewährt werden.

Mit dem Streitschlichtungsverfahren verfügt die WTO über ein Verfahren, um Streitigkeiten zwischen den Mitgliedern zu schlichten. Abbildung 2.5 zeigt den Ablauf eines solchen Streitschlichtungsverfahrens.

Abbildung 2.6 zeigt, dass die USA und die EU das Streitschlichtungsverfahren besonders oft als Kläger und Beklagte in Anspruch genommen haben. Besonders kritisch ist dabei, dass die USA notwendige Nachbesetzungen im Berufungsgremium „Appellate Body“ seit Jahren blockieren und dieses damit faktisch nicht arbeitsfähig ist.

Mit dieser Blockade sollen Reformen der WTO erreicht oder deutlicher ausgedrückt erzwungen werden.

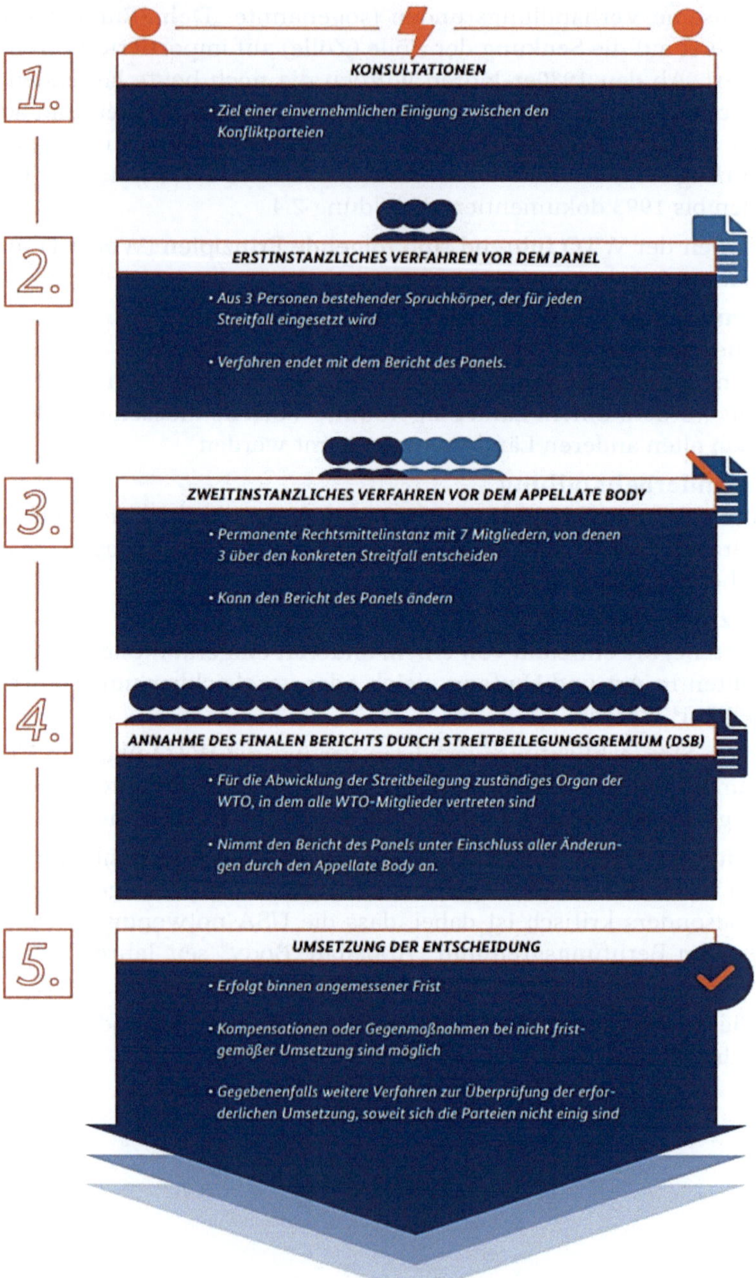

Abb. 2.5: Ablauf eines WTO-Schlichtungsverfahrens (Bundesministerium für Wirtschaft und Klimaschutz, BMWK, 2024a)

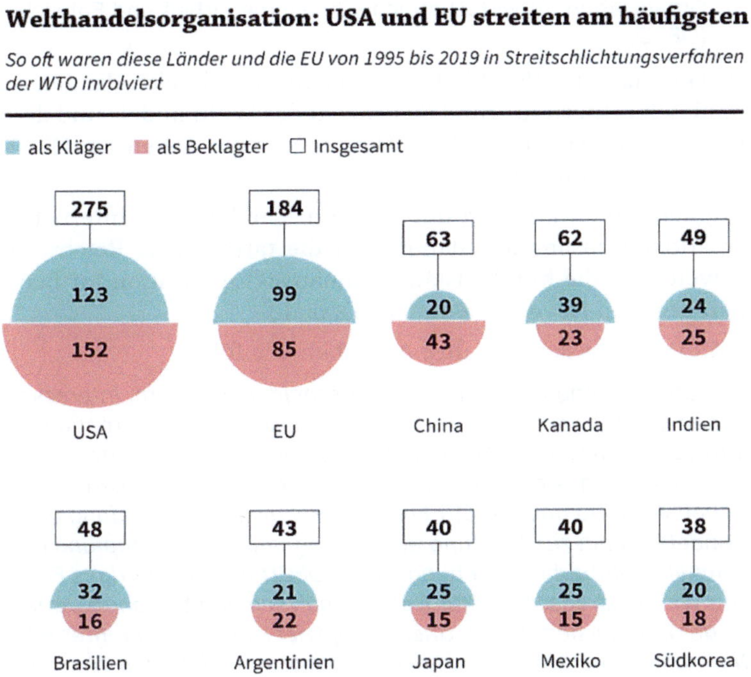

Abb. 2.6: Anzahl Streitschlichtungsverfahren bei der WTO 1995 bis 2019 (Schott, 2019)

Kritik an der WTO

Ein besonderer Schwerpunkt der WTO ist es, Entwicklungs- und Schwellenländern den Zugang zu den globalen Märkten zu erleichtern („Aid-for-Trade“-Programm). Hier wird jedoch das Machtgefälle zwischen den Mitgliedsländern deutlich.

Einerseits drängen die Industrieländer aus Nordamerika und Ostasien sowie die EU darauf, dass Entwicklungs- und Schwellenländer ihre Märkte noch stärker für Waren und Dienstleistungen öffnen. Gleichzeitig verschließen sie sich jedoch dem Wunsch, umgekehrt die eigenen Märkte für Agrarprodukte aus den ärmeren Ländern zu öffnen. Dadurch stocken die Verhandlungen der sogenannten Doha-Runde, die der weiteren Liberalisierung des Welthandels dienen sollen, seit vielen Jahren. Die WTO allein verfügt nicht über die Mittel, um dieses Machtgefälle zu beenden.

Ein weiterer Kritikpunkt ist auch hier der Einfluss der westlichen Industrienationen, beispielsweise wurde das Abkommen TRIPS nur auf Druck der USA und Europas in die WTO-Verträge aufgenommen.

2.2.1.5 Organisation für wirtschaftliche Zusammenarbeit und Entwicklung (OECD)

Die 1960 gegründete OECD hat heute 38 Mitgliedsländer, die gemeinsam mit Schlüsselpartnern für rund 80 Prozent des Welthandels und der weltweiten Investitionen stehen. Die EU nimmt an der Arbeit der OECD teil, hat aber kein Stimmrecht.

Die Mitgliedsländer arbeiten mit weiteren Ländern und internationalen Organisationen zusammen, damit geht die tatsächliche Reichweite der OECD weit über die Mitgliedsländer hinaus (Organization for Economic Co-operation and Development, OECD, n. d.).

Die OECD selbst beschreibt ihre Aufgaben wie folgt:

> *„Wir arbeiten eng mit politischen Entscheidungsträgern, Interessengruppen und Bürgern zusammen, um evidenzbasierte internationale Standards zu etablieren und Lösungen für soziale, wirtschaftliche und ökologische Herausforderungen zu finden. Von der Verbesserung der Wirtschaftsleistung und der Stärkung der Politik zur Bekämpfung des Klimawandels bis hin zur Stärkung der Bildung und der Bekämpfung der internationalen Steuerhinterziehung ist die OECD ein einzigartiges Forum und eine Wissensdrehscheibe für Daten, Analysen und bewährte Verfahren in der öffentlichen Politik. Unser Hauptziel ist es, bei der internationalen Normung zu beraten – und Ländern dabei zu helfen, den Weg zu stärkeren, gerechteren und saubereren Gesellschaften zu ebnen."*
>
> *(Organization for Economic Co-operation and Development, OECD, n. d.).*

Die OECD erstellt Publikationen zu den unterschiedlichsten Themen (beispielsweise in den Bereichen Steuern, Verwaltung, Wirtschaftspolitik) und führt Sonderuntersuchungen zu aktuellen Fragen durch. Zu den oben erwähnten Standards sind beispielsweise Standards zur Geldwäsche-Bekämpfung oder für Steuerabkommen zu nennen.

Darüber hinaus verfasst die OECD für jedes Mitgliedsland Berichte mit wirtschaftspolitischen Empfehlungen, die vom OECD-eigenen Länderprüfungskomitee beschlossen werden.

Diese Berichte gelten als objektive Informationsquelle über die wirtschaftliche Leistungsfähigkeit und die Einschätzung der wirtschaftspolitischen Linie eines Landes (Organization for Economic Co-operation and Development, OECD, n. d.).

Die Arbeit der OECD wird in dem folgenden Film auf Englisch beschrieben:

https://www.youtube.com/watch?v=6JstvTnZjHM
Organization for Economic Co-operation and Development, OECD (2020)

2.2.2 Internationale Verbände als Interessenvertretung nationaler Organisationen am Beispiel des Internationalen Gewerkschaftsbundes

Eine Sonderform der internationalen Organisationen sind (Dach-)Verbände, die die Interessen von nationalen Organisationen vertreten, wie beispielsweise der Internationale Gewerkschaftsbund (IGB) als Dachverband der nationalen Gewerkschaften.

Die Hauptaufgabe des IGB ist die „Förderung und Verteidigung der Rechte und Interessen der Arbeitnehmer durch internationale Zusammenarbeit zwischen den Gewerkschaften, globale Kampagnen und Interessenvertretung innerhalb der großen globalen Institutionen. Zu den Haupttätigkeitsbereichen gehören: Gewerkschaften und Menschenrechte; Wirtschaft, Gesellschaft und Arbeitsplatz; Gleichheit und Nichtdiskriminierung; internationale Solidarität“ (Internationaler Gewerkschaftsbund, IGB, 2022)

Der IGB

- wurde 2006 durch nationale Gewerkschaften gegründet,
- vertritt 191 Millionen Arbeitnehmende
- in 169 Ländern und Gebieten,
- hat 340 nationale Mitgliedsorganisationen (in Deutschland: Deutscher Gewerkschaftsbund, DGB),
- unterhält enge Beziehungen zu den globalen Gewerkschaftsverbänden und der OECD,
- arbeitet eng mit der Internationalen Arbeitsorganisation und mehreren anderen Sonderorganisationen der UN zusammen,
- verzahnt so die Interessen der nationalen Gewerkschaften und vertritt diese gegenüber den relevanten internationalen Organisationen.

(Internationaler Gewerkschaftsbund, IGB, 2024)

Um die Spannbreite der unterschiedlichsten internationalen Verbände aufzuzeigen, seien noch

- der Deutsche Fussballbund (DFB) als Mitglied der Fédération Internationale de Football Association (FIFA), und
- das Weltinstitut der Sparkassen (WIS) als Repräsentant der nationalen Sparkassen und Sparkassenverbänden

als weitere Beispiele neben dem IGB genannt.

2.2.3 Kooperationsabkommen am Beispiel der EU

Neben der „EU-Governance“ vertritt die EU die Interessen ihrer 27 Mitgliedsländer weltweit – teilweise allein, überwiegend in Ergänzung zu den jeweiligen Regierungen und Interessenvertretungen der einzelnen Länder.

Im Rahmen der Global Governance sollen durch die EU auch die grundlegenden Herausforderungen der Globalisierung, wie beispielsweise der Klimawandel oder auch die Energieversorgung, geschlossen für ihre Mitgliedsländer angegangen werden.

Auf die EU und deren Organe wird im dritten Teil dieses Buchs genauso detailliert eingegangen wie auf wesentliche Freihandelsabkommen mit Bezug zur EU.

2.2.4 Informelle Absprachen und Vereinbarungen

In informellen Treffen von Staats- und Regierungschefs werden gemeinsame Positionen besprochen und möglichst eine gemeinsame Linie und Vorgehensweise festgelegt.

Auf ausgewählte Gruppierungen (G7, G20, G77 sowie BRICS/BRICS+) wird im Folgenden eingegangen.

Auf die sogenannte „Shanghai-Gruppe" der Shanghaier Organisation für Zusammenarbeit (SOZ) wird in Abschnitt 2.3.2 kurz eingegangen.

2.2.4.1 Informelle Absprachen und Vereinbarungen am Beispiel der G7, G20 und G77

Gruppe der 7 (G7)

Mitte der 1970er-Jahre führten die in Abschnitt 1.6.2.1 beschriebene Aufgabe des Goldstandards durch die USA (der Wert des US-Dollars war nicht länger an eine Unze Gold gebunden) und die drastische Verteuerung von Erdöl während der ersten Ölkrise im Jahr 1973 zu gravierenden Erschütterungen der Weltwirtschaft.

Abb. 2.7: Ölkrise 1973 (Klawitter, 2020 – © Roedel / Keystone)

Führende Industrienationen sahen die Notwendigkeit für eine weltweite Neuordnung und gründeten anlässlich eines informellen Treffens der Staats- oder Regierungschefs von Frankreich, Deutschland, Großbritannien, Italien, Japan und den USA in der Nähe von Paris im Jahr 1975 die sogenannte „Gruppe der 7“ (G7, bis in die 1980er-Jahre bedeutendste Industriestaaten der westlichen Welt). Im nächsten Jahr kam noch der Regierungschef von Kanada dazu.

Die Europäische Union hat heute einen Beobachterstatus.

Russlands Beitritt erweiterte den Kreis 1998 auf die G8, zu den ursprünglich rein finanzpolitischen Schwerpunkten kamen die Themenfelder „Abrüstung“ und „Abbau von Massenvernichtungswaffen“ hinzu.

Russland wurden wurde 2014 nach der Besetzung der Halbinsel Krim in der Ukraine wieder ausgeschlossen (Deutsche Bundesregierung, 2024a).

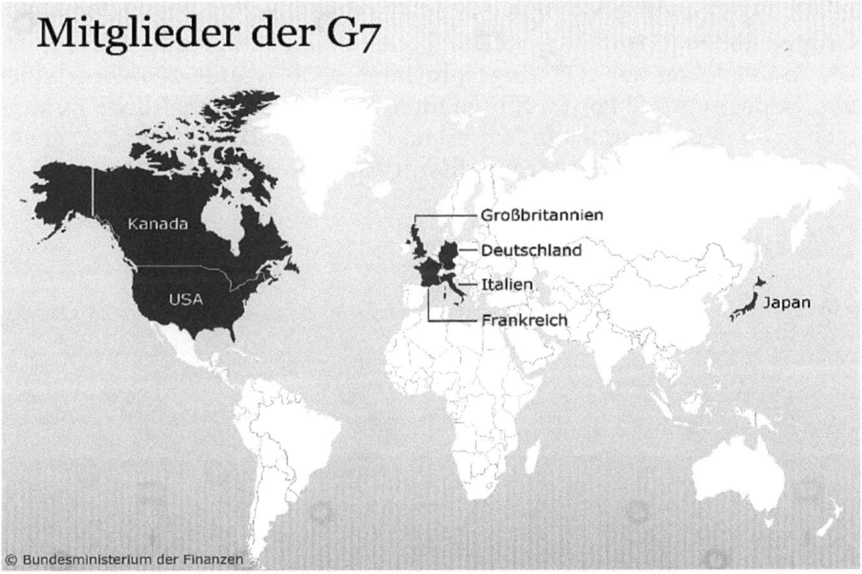

Abb. 2.8: Die Gruppe der Sieben, G7 (Bundesministerium der Finanzen, 2022a)

Den informellen Charakter und die Zielsetzung fasst das folgende Zitat aus der Veröffentlichung der Deutschen Bundesregierung zusammen:

> *„Die G7 ist ein informelles Forum der Staats- und Regierungschefs aus sieben Industrieländern. Bei ihren jährlichen Gipfeltreffen stimmen sie gemeinsame Positionen zu globalen politischen Fragestellungen ab. Die G7 ist – wie die G20 – keine internationale Organisation. Sie besitzt weder einen eigenen Verwaltungsapparat noch eine permanente*

Vertretung ihrer Mitglieder. Aufgrund der informellen Strukturen spielt die jeweilige Präsidentschaft eine besonders wichtige Rolle. In ihren Händen liegen die Organisation sowie die Agenda des Gipfels. […]

Deutschland setzt sich für eine Stärkung des Multilateralismus sowie für ambitionierte Zusagen zu den zentralen globalen Fragen ein. Hierzu zählt die Reaktion auf die aktuelle Pandemie, auf Klimawandel, Biodiversitätsverluste, wirtschaftliche Themen wie das internationale Steuersystem und der Welthandel sowie gesellschaftliche Aspekte wie Gleichstellung und Demokratie. Wichtig ist auch, die Perspektive der Entwicklungsländer und vor allem Afrika im Blick zu behalten – die G7 hat hier eine globale Verantwortung."

(Deutsche Bundesregierung, 2024a)

Wesentlich ist dabei, dass gemeinsam abgestimmte Positionen im weiteren Verlauf in den Gremien von internationalen Organisationen wie der UN vertreten werden. Damit entsteht eine Bündelung von Interessen und damit auch Stimmen beispielsweise bei Entscheidungen.

Gruppe der 20 (G20)
Die in dem Zitat zur „G7" angesprochene „G20" wurde 2009 gegründet und ist das zentrale Forum für die internationale wirtschaftliche Zusammenarbeit der führenden Industrie- und Schwellenländer. Der G20 gehören die in Abbildung 2.9 dargestellten 19 Staaten sowie die EU an.

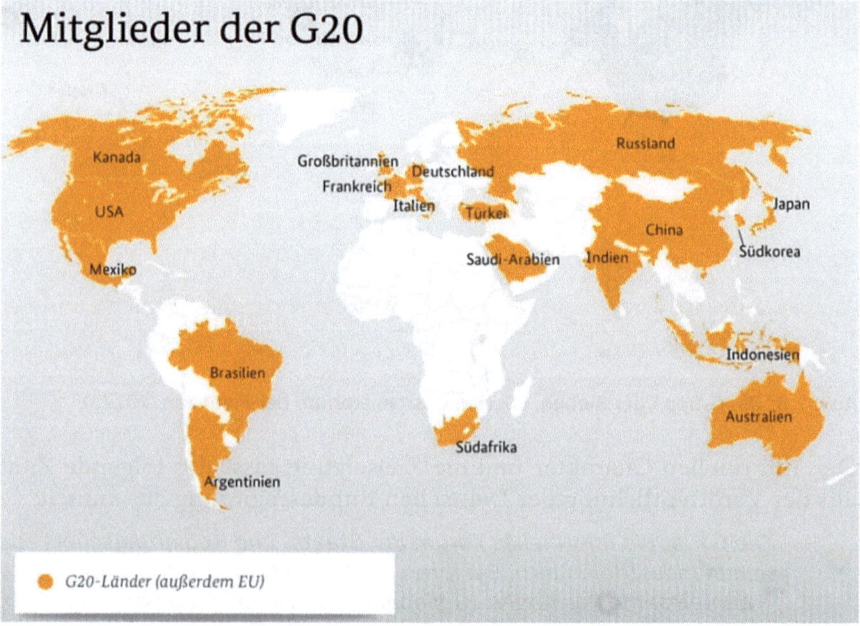

Abb. 2.9: Gruppe der 20 (Bundesministerium der Finanzen, 2022b)

Zu den G20-Gipfeln werden regelmäßig internationale Organisationen zur Teilnahme eingeladen, beispielsweise der IWF, die Weltbank, die WTO und die UN, auf die in den vorherigen Abschnitten bereits eingegangen wurde (Deutsche Bundesregierung, 2024b).

Gruppe der 77 (G77)

Als „Gegengewicht" zu den Runden der Industrienationen (G7) beziehungsweise der Industrie- und Schwellenländer (G20) gibt es seit 1964 die „G77", den größten Zusammenschluss von Entwicklungsländern innerhalb der UN. Heute gehören ihr nicht mehr 77, sondern 134 Länder an.

Die Gruppe vertritt die gemeinsamen wirtschaftlichen Interessen ihrer Mitglieder international und setzt sich für eine gerechtere Weltwirtschaftsordnung ein. Darüber hinaus wird die wirtschaftliche und technische Zusammenarbeit der Entwicklungsländer untereinander gefördert (Bundesministerium für wirtschaftliche Zusammenarbeit und Entwicklung, 2024a)

Kritik an den „G"-Runden

Jede G-Runde ist eine in sich „geschlossene Gesellschaft". Das gilt für alle drei vorgestellten Runden, insbesondere jedoch für die G7.

Durch die informellen Absprachen der wichtigsten Industrienationen zu relevanten Themen wird eine Macht in formellen Prozessen und Entscheidungen beispielsweise im Internationalen Währungsfonds oder der Welthandelsorganisation erreicht, der kein wesentliches Gegengewicht gegenübersteht.

2.2.4.2 Informelle Absprachen und Vereinbarungen am Beispiel der BRICS und BRICS+

„BRICS" steht für die Anfangsbuchstaben der wesentlichen Schwellenländer Brasilien, Russland, Indien, die VR China und seit 2011 auch Südafrika.

Ziel dieser Gruppierung ist es, ein Gegengewicht zu den wichtigsten westlichen Industriestaaten (Gruppe der Sieben, G7) und hier vor allem den USA zu schaffen und in jährlich stattfindenden Treffen eine gemeinsame Ausrichtung zu erreichen. Bestandteil dieser gemeinsamen Ausrichtung ist auch die forcierte Nutzung der eigenen Währungen im gemeinsamen Handel bis hin zu der Einführung einer gemeinsamen (Handels-)Währung in Konkurrenz zum US-Dollar und auch zum Euro.

Im Sommer 2023 wurden durch die fünf BRICS-Staaten Argentinien, Saudi-Arabien, der Iran, die Vereinigten Arabischen Emirate, Ägypten und Äthiopien zu einem Beitritt zu den BRICS+ eingeladen, der Beitritt wurde überwiegend am 1. Januar 2024 vollzogen (Muschter, 2024). Argentinien hat die Einladung zu einem Beitritt dann jedoch nicht angenommen, Saudi-Arabien hat seine Mitgliedschaft noch nicht finalisiert, und mit Indonesien ist im Januar 2025 ein weiteres Mitgliedsland in die BRICS+ aufgenommen worden. Folgende Abbildung 2.10 zeigt die bisherigen und die neuen Mitgliedstaaten der BRICS beziehungsweise der neuen BRICS+ (hier noch inklusive Argentinien und Saudi-Arabien sowie ohne Indonesien).

Abb. 2.10: BRICS+, BRICS-Erweiterung ab 1.1.2024 (Tagesschau, 2023)

Durch die Erweiterung repräsentiert die Gruppe rund 37 Prozent des weltweiten BIP und 46 Prozent der Weltbevölkerung, dabei ist der Zuwachs durch die neuen Länder eher überschaubar (Muschter, 2024).

Wie unterschiedlich die Staaten der BRICS+ aufgestellt sind, zeigt folgende Tabelle 2.1 (auch hier sind Argentinien und Saudi-Arabien noch enthalten, Indonesien noch nicht).

Tab. 2.1: BRICS+ Staaten im Vergleich (Tagesschau, 2023)

	Regierungsform	*Einwohner (in Mio.; gerundet)*	*BIP 2021 (in Mrd. US-Dollar)*	*Export (in % des BIP)*
Brasilien	präsidiale Bundesrepublik	214	1.608	20,1
Russland	Präsidialrepublik	143	1.776	30,8
Indien	parlamentarische Demokratie	1.390	3.042	20,8
China	Volksrepublik	1.410	17.458	20,0
Südafrika	parlamentarische Demokratie	60	418	31,1
Iran	Islamische Republik	85	1.426	20,8
Saudi-Arabien	absolute Monarchie	35	834	34,8
Ver. Arabische Emirate	föderale konstitutionelle Monarchie	10	410	93,4

Ägypten	parlamentarische Demokratie	104	403	11,1
Äthiopien	föderale Republik	118	99	7,6
Argentinien	parlamentarische Demokratie	46	489	18,3

Quellen: Statistisches Bundesamt, Auswärtiges Amt

Weitere 20 Länder haben ihr Interesse an einer Mitgliedschaft signalisiert (Tagesschau, 2023c).

Der Einmarsch Russlands in die Ukraine im Februar 2022 hat den BRICS und auch den BRICS+ eine noch höhere Bedeutung beschert: für Russland sind aufgrund von vielfältigsten Sanktionen ehemaliger Handelspartner Absatzmärkte insbesondere für Erdöl und Gas weggebrochen und die BRICS-Partner sind bevorzugte Verhandlungs- und Vertragspartner Russlands für neue beziehungsweise erweiterte Lieferverträge.

Letztendlich bleibt der zukünftige Erfolg der BRICS+ abzuwarten, auch da die Interessen der Mitgliedsländer sehr heterogen sind – mit der höchsten Ausprägung in den Konflikten zwischen Indien und der VR China. Dass Russland bei neuen Erdöl- und Gasverträgen mit Indien und der VR China Dumpingkonditionen akzeptieren musste, sei als weiteres Beispiel für diese heterogenen Interessen genannt.

2.2.5 Vereinbarungen zwischen internationalen Organisationen und Unternehmen

Die UN-Initiative Global Compact aus dem Jahr 2000 bezeichnet sich selbst als die weltweit größte Initiative für das nachhaltige Wirtschaften von Unternehmen.

Basis für die Initiative sind

- anfangs die 10 Prinzipien des UN Global Compact, sowie später
- zusätzlich die Sustainable Development Goals (Ziele für nachhaltige Entwicklung) aus der im Jahr 2015 verabschiedeten „UN-Agenda 2030“ für eine nachhaltige Entwicklung.

Beide verbindet die Feststellung, dass sich globale Herausforderungen nur gemeinsam lösen lassen und Unternehmen eine wesentliche Mitverantwortung für nachhaltiges Wirtschaften tragen.

„Die Zehn Prinzipien des UN Global Compact

Menschenrechte

1. Unternehmen sollen den Schutz der internationalen Menschenrechte unterstützen und achten.

2. Unternehmen sollen sicherstellen, dass sie sich nicht an Menschenrechtsverletzungen mitschuldig machen.

Arbeitsnormen

3. Unternehmen sollen die Vereinigungsfreiheit und die wirksame Anerkennung des Rechts auf Kollektivverhandlungen wahren.

4. Unternehmen sollen für die Beseitigung aller Formen von Zwangsarbeit eintreten.

5. Unternehmen sollen für die Abschaffung von Kinderarbeit eintreten.

6. Unternehmen sollen für die Beseitigung von Diskriminierung bei Anstellung und Erwerbstätigkeit eintreten.

Umwelt

7. Unternehmen sollen im Umgang mit Umweltproblemen dem Vorsorgeprinzip folgen.

8. Unternehmen sollen Initiativen ergreifen, um größeres Umweltbewusstsein zu fördern.

9. Unternehmen sollen die Entwicklung und Verbreitung umweltfreundlicher Technologien beschleunigen.

Korruptionsprävention

10. Unternehmen sollen gegen alle Arten der Korruption eintreten, einschließlich Erpressung und Bestechung."

(United Nations Global Compact, n. d.).

Auf der Basis der oben dargestellten zehn Prinzipien verpflichten sich die Unterzeichnenden des Global Compacts, insbesondere die Erreichung der in Abbildung 2.11 dargestellten Sustainable Development Goals (Ziele für nachhaltige Entwicklung) zu fördern.

Abb. 2.11: Sustainable Development Goals, Ziele für eine nachhaltige Entwicklung (United Nations Global Compact, n. d.)

Im Jahr 2024 waren über 20.000 Unternehmen und Organisationen aus Zivilgesellschaft, Politik und Wissenschaft aus rund 170 Ländern der Initiative beigetreten (United Nations Global Compact, n. d.).

Die Initiative ist damit ein gutes Beispiel für Vereinbarungen zwischen internationalen, von Regierungen getragenen Organisationen und Unternehmen.

Auf die darauf aufbauende Corporate Social Responsibility (CSR) und das Lieferkettensorgfaltspflichtengesetz wird im nächsten Teil dieses Buchs „Transnationale Unternehmen" eingegangen.

Kritik am Global Compact

Was sich zuerst gut anhört, ist dennoch nicht frei von Kritik.

Vor allem wird einigen Unternehmen vorgeworfen, in ihren Lieferketten auch heute noch Menschenrechtsverletzungen nicht konsequent genug zu ahnden. Auch die Initiative selber sieht keinen Sanktionsmechanismus bei Verstößen vor.

Darüber hinaus kann jedes Unternehmen sich an der Initiative beteiligen, selbst Rüstungsunternehmen, die nicht ohne weiteres mit dem Ziel Nummer 16 aus Abbildung 2.7 „Frieden..." in Einklang zu bringen sind.

Zuletzt werden die jährlich veröffentlichten Ergebnisse der Initiative als eher überschaubar eingestuft (Demmer, 2021).

2.2.6 Internationale Nichtregierungsorganisationen (Non-Governmental Organisations NGOs)

Nichtregierungsorganisationen (NGOs) stehen – wie der Name selbst schon ausdrückt – nicht im direkten Zusammenhang mit den Regierungen aus einzelnen Staaten.

Sie werden gerade dort tätig, wo Regierungen und/oder staatliche Organisationen nicht ausreichend tätig werden, repräsentieren die Interessen der zivilen Bevölkerung, ohne durch ein öffentliches Mandat legitimiert zu sein und haben keine Gewinnziele.

Auf internationaler Ebene gibt es NGOs mit den unterschiedlichsten Schwerpunkten. Schon aus Abbildung 2.12 kann man einige dieser Schwerpunkte wie beispielsweise Umwelt, Gesundheits- und Verbraucherschutz, Ernährung und Tierschutz herauslesen.

Dabei ist die Abbildung nur beispielhaft zu verstehen und repräsentiert bei weitem nicht die Breite und Vielfalt aller Arten von NGOs, die es u. a. auch zu Menschenrechten (u. a. Amnesty International), medizinischer und humanitäre Hilfe (Ärzte ohne Grenzen, Médecins Sans Frontières) oder der Hilfe für Entwicklungsländer (u. a. OXFAM) gibt.

Abb. 2.12: Beispiele für NGOs (Naturschutzbund NABU, 2016)

Allen NGOs ist gemein, dass sie umfangreiche Lobbyarbeit bei Regierungen, internationalen Organisationen und Unternehmen betreiben, um (auch finanzielle) Unterstützung zu erhalten und die eigenen Ziele bestmöglich zu erreichen. NGOs sind damit wesentliche Akteure innerhalb der Global Governance.

Kritik an NGOs

Auch gegenüber NGOs gibt es vielfältige Kritik.

So kann die eigene Finanzierung über Spenden und andere Finanzierungsmitteln zu Abhängigkeiten von den Geldgebenden führen und die Mittelverwendung, hier die Aufteilung zwischen dem eigentlichen Zweck der NGO und deren Verwaltungskosten, wird häufig als zu verwaltungskostenintensiv kritisiert.

Wie bei Regierungsorganisationen auch, wird häufig der Erfolg von Hilfsprojekten kritisch hinterfragt. Und nicht zuletzt bedeutet eine nicht stattfindende Wahl der NGOs durch Bürgerinnen und Bürger, dass NGOs nicht zwingend die Interessen von Mehrheiten vertreten müssen.

2.3 Global Governance gegenüber nationalen Interessen an den Beispielen der USA und der VR China

Die folgenden Ausführungen zu den USA und der VR China zeigen, dass das jeweilige nationale Recht (inklusive der jeweiligen Rechtsauffassung), aber auch die politische, wirtschaftliche und militärische Macht dieser beiden Staaten Globalisierung und Global Governance in unterschiedlicher Art und Weise beeinflusst haben und zukünftig beeinflussen werden.

Sicherlich hätten auch weitere Länder eine Vertiefung verdient, die USA und die VR China verkörpern jedoch die beiden in der heutigen Zeit wesentlichsten Akteure der Globalisierung mit einer nahezu gegensätzlichen Ausrichtung. Beide befinden sich darüber hinaus in einem globalen „Wettstreit der großen Mächte" um die weltweite Vorherrschaft (Hüther et al., 2021, S. 7ff)

Auf die EU und deren Stellung in der Welt wird im dritten Teil dieses Buchs „Die EU im Prozess der Globalisierung" vertieft eingegangen.

Abbildung 2.13 verdeutlicht die wirtschaftliche Stellung der beiden Staaten auch im Vergleich mit anderen Volkswirtschaften.

Prognosen, die VR China würde die USA bis Ende 2024 als größte Volkswirtschaft mit ihrem BIP überholen, sind bislang nicht eingetreten.

2.3.1 Globalisierung, Global Governance und die USA

Im ersten Kapitel wurde die Entwicklung der modernen Globalisierung beschrieben.
Vor allem die Auflösung des „Ostblocks" aber auch die damalige Stellung der VR China noch als Entwicklungsland führten dazu, dass die westliche Welt und hier insbesondere die USA als Wirtschaftsmacht Nummer 1 Globalisierung und auch Global Governance stark geprägt haben und auch heute noch prägen.

Beispielsweise ist Englisch noch heute die wichtigste (Wirtschafts-)Sprache der Welt, der US-Dollar ist auch nach der Entkoppelung vom Goldstandard die wichtigste (Leit- und Reserve-)Währung geblieben, wirtschaftswissenschaftliche Lehre an den Universitäten der USA hat auch heute noch einen hervorragenden Ruf bei Managerinnen und Managern weltweit, Orte wie Silicon Valley stehen für Innovation und Fortschritt – auch wenn einige Regionen wie beispielsweise Shenzen in der VR China mindestens aufgeholt haben.

Schaut man auf die bislang in diesem Buch beschriebenen Entwicklungen der Globalisierung und Global Governance, fällt auch anhand der folgenden Beispiele die besondere Stellung der USA inklusive der durch die USA verkörperten Macht in vielen Facetten auf:

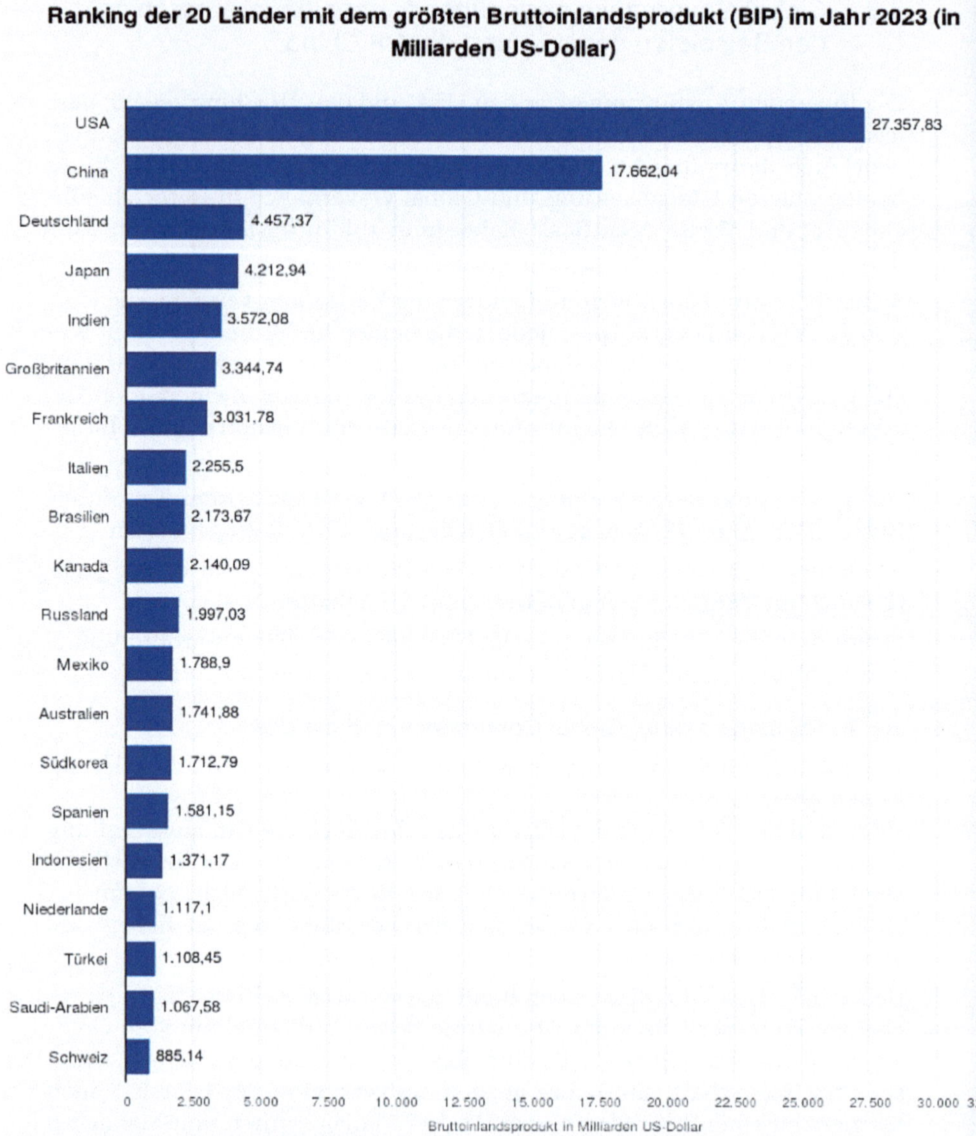

Abb. 2.13: Länder mit dem höchsten BIP weltweit 2023 (International Monetary Fund, IMF, 2024c)

- Das Abkommen von Bretton-Woods wurde durch die USA initiiert, damit auch die Gründung der Weltbank und des IWF.
- In allen von Staaten getragenen internationalen Organisationen haben die USA auch ohne besonderes Stimmrecht eine dominierende Stel-

lung. Beispielsweise innerhalb des IWF dominieren die USA auch mit ihrem rund 17 Prozent Stimmrechtsanteil wesentliche Entscheidungen.
- Das Abkommen TRIPS unter dem Dach der WTO wurde nur auf Drängen der USA (und Europas) überhaupt abgeschlossen.
- In dem Streitschlichtungsverfahren der WTO wird die Nachbesetzung des „Appellate Body" seit Jahren von den USA blockiert. Gleichzeitig zeigt Abbildung 2.6 (S. 77), dass die USA sowohl als Kläger als auch als Beklagte das Schlichtungsverfahren am häufigsten in Anspruch nehmen.
- Entscheidungen der USA zu weltweiten Themen haben immer Auswirkungen auf die Welt, wie beispielsweise die Positionierung der USA in Umweltfragen.
- Durch die USA verhängte Sanktionen haben erhebliche Auswirkungen – einerseits wegen der Bedeutung der Ex- und Importe der USA für die Weltwirtschaft, andererseits wegen der Unterstützung Sanktionen gegenüber Dritten durch westliche Industrienationen.
- Eine NATO ist ohne die USA nur schwer vorstellbar, eigene Interessen können die USA jedoch auch ohne die NATO schützen beziehungsweise verfolgen. Gleiches gilt beispielsweise für die G7.

Auch wenn die Geschichte der USA nach dem Zweiten Weltkrieg viele wichtige und interessante Facetten aufzuweisen hat, wird im Folgenden der Fokus auf die jüngere Vergangenheit unter dem 45. Präsidenten der USA, Donald J. Trump, seinen Nachfolger Joseph R. Biden sowie auf die zu erwartenden weiteren Entwicklungen nach der Wahl am 5. November 2024 gelegt.

2.3.1.1 Donald J. Trump als 45. (republikanischer) Präsident der USA

Unter den Wahlkampf-Slogan „America First" und „Make America great again" (MAGA) hat Donald J. Trump die Innen- und Außenpolitik der USA gravierend verändert und im Inland sowie weltweit deutliche Verwerfungen ausgelöst.

Möchte man die Regierungszeit Trumps in drei Bildern zusammenfassen, so wären es wohl die folgenden Abbildungen 2.14 bis 2.16.

Aus seinen beiden Wahlkampf-Slogans konnte man schon zu Beginn seiner Präsidentschaft erahnen, dass internationale Solidarität und globale Kooperation darin nicht mehr so vorkommen werden, wie es von einer globalen Führungsmacht erwartet wird.

Tatsächlich hat Donald J. Trump seine Wahlkampf-Slogan wahr werden lassen, nicht nur gegenüber der VR China, sondern auch gegenüber den traditionellen Partnern und Verbündeten der USA beispielsweise in der G7 oder der NATO.

Abb. 2.14: Donald J. Trump auf Konfrontation – hier zu allen weiteren G7-Nationen (Riegert, 2021 – © Reuters)

Gerade Deutschland und die EU konnten über Jahrzehnte der westlichen Führungsmacht USA vertrauen. Dieser Führungsanspruch der USA war am Ende der Präsidentschaft Trumps nicht mehr erkennbar, mit Nachwirkungen für viele Jahre, vielleicht sogar für Jahrzehnte (Welfens, 2020, S. V ff.).

Beispiele dafür gibt es viele:

- Den Austritt der USA aus Abkommen, wie beispielsweise dem UN-Menschenrechtsrat, dem Pariser Klimaabkommen, dem Abrüstungsvertrag Open Skies, dem Atomabkommen mit dem Iran, der Transpazifischen Partnerschaft und anderen internationalen Verträgen (Kruse, 2020).
- Die Drohung der USA, auch die WTO und die WHO zu verlassen (Kruse, 2020).
- Die Kündigung von bestehenden Freihandelsabkommen wie der NAFTA (North American Free Trade Agreement, Nordamerikanisches Freihandelsabkommen zwischen Kanada, Mexiko und den USA), das durch das United States-Mexico-Canada Agreement (USMCA) mit einzelnen nicht WTO-konformen Regelungen ersetzt wurde (Welfens, 2020, S. 223f).
- Die Infragestellung der NATO.
- Die Negierung der Einmischung Russlands in die US-Wahlen durch Trump (entgegen allen Einschätzungen der US-Geheimdienste und anderer Geheimdienste) und seine erkennbare Nähe zu Russland.
- Die Forcierung von Handelskonflikten, auf die nach der folgenden Abbildung 2.15 eingegangen wird.

Dabei soll nicht unerwähnt bleiben, dass Vertragspartnerinnen und -partner nicht immer ihre Zusagen gegenüber den USA eingehalten haben. Beispielhaft seien hier die Nichteinhaltung der Mindestgrenze für Rüstungsausgaben im Zusammenhang mit der NATO und die Nichteinhaltung des Atomabkommens durch den Iran genannt.

Auch ist Trump zugute zu halten, dass jede Staatschefin, jeder Staatschef zu allererst seinem eigenen Land verpflichtet ist und für dessen Wohlergehen Sorge zu tragen hat.

Ob diese beiden Aspekte allerdings Art und Umfang der Entscheidungen und Reaktionen Trumps rechtfertigen können, sollte mindestens bezweifelt werden.

Die USA unter Trump sind dabei kein Einzelfall, sein Vorgehen ist dem Vorgehen anderer populistischer Regierungen sehr ähnlich, mit Auswirkungen auf eine demokratische Weltordnung bis hin zu deren Gefährdung. In Westeuropa haben Frankreich, Norditalien und Teile Belgiens bereits populistische Parteien erlebt, gleiches gilt in Deutschland für die Alternative für Deutschland (Welfens, 2020, S.250).

Abb. 2.15: China und die USA, ein neuer Großkonflikt hat begonnen (Wurzel, 2020)

Nicht nur die Neuverhandlungen von Handelsabkommen wie der NAFTA waren ein wesentliches wirtschaftliches Merkmal der Regierungszeit von Trump, sondern auch Zölle, Einfuhrbeschränkungen und andere handelspolitische Barrieren, die neu eingeführt beziehungsweise deutlich verschärft wurden.

Um diesen Maßnahmen einen (halb-)legalen Anstrich zu geben, wurde häufig die „Gefährdung der nationalen Sicherheit“ als wesentlicher Grund angegeben. Die Diskussion um die nationale Sicherheit beispielsweise im Zusammenhang mit importierten europäischen Autos kann dabei allerdings als fragwürdig bezeichnet werden.

Die von Trump initiierten Maßnahmen haben sich gegen alle Exportnationen und damit auch gegen eigentlich Verbündete wie Japan, die EU und hier insbesondere Deutschland gerichtet. Da die VR China ein schnell wachsender direkter Konkurrent war, und wegen deren hohen Handelsbilanzüberschusses, war die VR China aber ein vorrangiges Ziel von Trump (Welfens, 2020, S. 231ff.).

Diplomatie in Form von Kompromissen stand für Trump im Umgang mit der VR China nicht mehr zur Debatte, der mit der VR China gefundene Konsens des gegenseitigen Profitierens von der Weltwirtschaft wurde außer Kraft gesetzt.

Der VR China wurde

- der unzureichende Schutz geistigen Eigentums,
- die Einschränkung des Zugangs zum chinesischen Markt für ausländische Unternehmen,
- Wirtschafts- und Industriespionage, Produkt- und Markenpiratrie, sowie
- Benachteiligungen für in der VR China produzierende ausländische Unternehmen

vorgeworfen.

Ab 2018 wurden von den USA in Wellen Zölle für die unterschiedlichsten Waren erhoben, auf die die VR China immer in vergleichbarem Umfang reagierte. Ende 2018 wurden die China-US-Handelsgespräche abgesagt, ein Tiefpunkt in den Beziehungen zwischen den beiden führenden (Wirtschafts-)Nationen war erreicht (Darimont, 2020, S. 369ff.).

Am Ende wurden nahezu alle Maßnahmen der USA durch Gegenmaßnahmen aller betroffenen Länder erwidert. Die Auswirkungen waren nicht nur insgesamt negativ für die Globalisierung, sondern insbesondere auch für die USA.

Donald J. Trump hat die USA in sich zerrissen zurückgelassen, den Ruf der USA in der Welt als verlässlicher Partner, Verteidiger und Anführer hat er nachhaltig beschädigt. Auch sein mangelhaftes Krisenmanagement in der Corona-Pandemie wird lange in Erinnerung bleiben.

Mit dem Sturm auf das Capitol nach der verlorenen Wahl am 6. Januar 2021 erreichte seine zu Ende gegangene Präsidentschaft einen traurigen Höhepunkt. Der von Donald J. Trump aufgeworfene und vehement bis in das Jahr 2024 thematisierte Wahlbetrug durch die konkurrierende Demokratische Partei, die seine Anhängerinnen und Anhänger mindestens nicht deeskalierenden Reden sowie die fehlende Bereitschaft Trumps, das Schlimmste zu verhindern, führte nicht nur zum Sturm auf ein Gebäude, sondern zum Sturm auf die (amerikanische) Demokratie.

Abb. 2.16: In sich zerrissene USA – Sturm des Capitols am 6.1.2021 (Brand, 2021)

2.3.1.2 Joseph Biden als 46. (demokratischer) Präsident der USA

Unter Joseph Biden wurden die Maßnahmen von Donald J. Trump weder direkt noch im Verlauf seiner Präsidentschaft vollumfänglich zurückgenommen. Die „Handelsagenda“ seiner Regierung für das Jahr 2024 zeigte folgende Schwerpunkte:

- Fortsetzung der Verhandlungen zu Übereinkommen zu Nachhaltigkeit und Dekarbonisierung, u. a. mit der Europäischen Union über eine globale Vereinbarung zu nachhaltigem Stahl und Aluminium.
- Unterstützung der US-Landwirtschaft, u. a. durch Vereinbarungen zum Abbau von Marktzugangshemmnissen (z. B. mit der EU zur Öffnung von Märkten für landwirtschaftliche US-Exporte).
- Widerstandsfähige Lieferketten durch Diversifizierung.
- Neuausrichtung der Handelsbeziehungen zur VR China, u. a. konsequentes Vorgehen gegen unfaire Handelspraktiken gemeinsam mit gleichgesinnten Partnern wie beispielsweise Australien, Japan, Kanada, Neuseeland und dem Vereinigten Königreich.
- Ausbau der Zusammenarbeit mit wichtigen Handelspartnern und Institutionen wie beispielsweise der Welthandelsorganisation.
- Fortsetzung einer starken Partnerschaft mit der EU.

(Office of the United States Trade Representative, USTR, 2024)

Die Fortsetzung der (wieder) starken Partnerschaft mit der EU war dabei von Anfang der Präsidentschaft Bidens an ein deutliches Signal in Richtung seines Vorgängers, aber auch in Richtung der Partnerinnen und Partner. Auf einer Linie mit seinem Vorgänger liegt Biden fast ausschließlich mit dem Ziel, die auch aus seiner Sicht unfairen Handelspraktiken der VR Chinas anzugehen. Den wiedererstarkten militärischen Führungsanspruch auch in der NATO hat Biden bewiesen, auch wenn die Welt auf den Krieg in der Ukraine nach dem Einmarsch Russlands oder auf den

Konflikt im südchinesischen Meer und um Taiwan sehr gerne zu Gunsten einer friedlicheren Welt verzichtet hätte.

Dass auch Joe Biden die Wirtschaft und den Wohlstand der USA in den Mittelpunkt seines Handelns stellt, zeigt sein „Inflation Reduction Act“ (IRA), der 2022 beschlossen wurde: Aus einem Klimaschutz- und Sozialpaket über insgesamt 430 Milliarden Dollar sollen rund 370 Milliarden Dollar in den Klimaschutz und die Energiesicherheit investiert werden – zum einen, um den CO_2-Ausstoß der USA deutlich zu reduzieren, zum anderen, um das US-Haushaltsdefizit durch höhere Einnahmen zu reduzieren. Mit Subventionen und Steuererleichterungen werden Unternehmen begünstigt, die in den USA in saubere Energien investieren oder Batterien und Elektroautos in den USA herstellen. Auch Stahlunternehmen, die Solaranlagen oder Windräder mit Stahl aus den USA herstellen, werden gefördert. Da diese Vorteile nicht nur für US-Unternehmen gelten, sondern auch für in den USA produzierende ausländische Unternehmen, befürchtet die EU die Abwanderung von Unternehmen in die USA. Mit ihrem „Green Deal Industrial Plan“ sollen daher den EU-Mitgliedsländern mehr Staatshilfen und Steuererleichterungen für grüne Technologien ermöglicht werden. Auf Subventionen wird also mit Subventionen geantwortet, ein in einer globalisierten Welt nur zweitbester Weg (Gründel, 2023).

2.3.1.3 Donald J. Trump als 47. (republikanischer) Präsident der USA

Bei Fertigstellung dieses Buchs Anfang Januar 2025 stand die Amtseinführung von Donald J. Trump als 47. US-amerikanischer Präsident am 20. Januar kurz bevor – nach einer Wahl, die im November 2024 überraschend schnell entschieden war.

Zeitgleich hat die Demokratische Partei der unterlegenen Präsidentschaftskandidatin Kamala Harris auch ihre Mehrheit im US-Senat an die republikanische Partei von Trump und damit ein Korrektiv zu dessen Regierungsplänen verloren.

Schon vor seiner Amtseinführung hatte Trump einige Handlungen angekündigt, wie beispielsweise

- Zölle auf Importe aus Mexiko, Kanada und der VR China,
- Zölle auch auf Importe aus der EU, unter anderem sofern einzelne EU-Mitgliedsstaaten nicht genügend Gas beziehungsweise LNG (Liquified Natural Gas, Flüssig-Erdgas) aus den USA importieren,
- eine vielschichtige Subventionierung der US-Wirtschaft,
- ebenso vielschichtige Steuererleichterungen für amerikanische Unternehmen und Privatpersonen,
- eine Kehrtwende zurück zu fossilen Energieträgern zu Lasten des US-Klimaschutzes ...

- ... in Kombination mit einem (erneuten) Austritt aus dem Pariser Klimaabkommen,
- geopolitische Ambitionen in Bezug auf den Panamakanal, Grönland und Kanada,
- erneuten Gesprächsbedarf in Bezug auf die Finanzierung der NATO durch deren Mitgliedsstaaten.

Welche Auswirkungen die im Verlauf seiner Amtszeit dann tatsächlich umgesetzten Maßnahmen auf die US-amerikanische Wirtschaft haben werden, bleibt abzuwarten. Die Ankündigung der VR China, im Gegenzug zu den angekündigten US-Zöllen einen Exportstopp für ausgewählte Seltene Erden gegenüber den USA auszusprechen zeigt, dass eine handelspolitische Eskalationsspirale droht – zu Lasten der in diesem Buch im Fokus stehende Globalisierung, zu Lasten einer gelebten und akzeptierten Global Governance sowie zu Lasten einer Weltordnung an sich.

2.3.2 Globalisierung, Global Governance und die VR China

Die VR China steht (außen-)politisch und kulturell im Kontrast zu den USA, aber auch zu anderen westlichen Industrienationen. Sie wählt wirtschaftlich immer wieder eigene Mittel und Wege, um sich selbst Vorteile zu verschaffen und legt – vorsichtig formuliert – internationale Regeln der Global Governance sehr weit im eigenen Interesse aus.

Die folgenden Ausführungen sollen einen Überblick über ausgewählte Aspekte geben. Eine vollständige und umfassende Darstellung der VR China würde den Rahmen dieses Buchs mit einem insgesamt anderen Schwerpunkt allerdings sprengen.

(Außen-)politisch ist die VR China eines von weltweit fünf verbliebenen kommunistischen Einparteiensystemen, der gravierende Menschenrechtsverletzungen beispielsweise bei der Verfolgung von ethnischen Minderheiten (u. a. Uiguren und Tibeter) oder der umfassenden Beschränkung der Presse- und Meinungsfreiheit genauso vorgeworfen werden wie geopolitische Machtansprüche beispielsweise im südchinesischen Meer und in Bezug auf Taiwan.

Kulturell sei kurz „Guanxi“ erwähnt, eine kulturelle Ausprägung in der VR China, bei der persönliche Beziehungen zu Familie, Freundinnen und Freunden sowie Bekannten den höchsten Stellenwert haben. Doch nicht nur in Großfamilien ist „Guanxi“ relevant, sondern auch in chinesischen Organisationen und Unternehmen. Es wird sich gegenseitig in jeder Situation geholfen, Gefälligkeiten werden genauso gewährt wie umgekehrt eingefordert. Es gilt das Prinzip der gegenseitigen Verpflichtungen (Kern, 2021).

Wirtschaftlich hat sich die VR China von einem Agrarstaat zu einer Wirtschaftsmacht entwickelt, an der heute kein Weg mehr vorbeiführt, und die sich vorgenommen hat, die USA als Wirtschaftsmacht Nummer 1 abzulösen.

Für die Globalisierung war die VR China in den letzten Jahrzehnten ein wesentlicher Treiber und hat Unternehmen und Konsumierenden weltweit erhebliche Kosten- beziehungsweise Preisreduzierungen ermöglicht. Umgekehrt hat sie die ihr zur Verfügung stehenden Mittel genutzt, um weltweit Direktinvestitionen in Schlüsselindustrien und Schlüsselunternehmen zu tätigen.

Im zweiten Teil dieses Buchs „Transnationale Unternehmen" werden Lieferketten sowie Direktinvestitionen und der dadurch ausgelöste Import von technologischem Expertenwissen vertieft. Am Beispiel der Kuka AG wird verdeutlicht, welche Auswirkungen solche Direktinvestitionen haben können.

2.3.2.1 Die VR China und Global Governance

Was bedeutet die rasante Entwicklung und die aktuelle Stellung der VR China nun für die Globalisierung und die Global Governance?

Wirtschaftlich sind durch die Erfolge weltweit Abhängigkeiten von der VR China entstanden, die die Corona-Pandemie besonders schmerzlich verdeutlicht hat und die immer mehr mit der Abhängigkeit Europas und insbesondere Deutschlands von den Energieimporten aus Russland vor dem Einmarsch Russlands in die Ukraine verglichen wird. Dies gilt für nahezu alle Bereiche der Wirtschaft, beispielsweise für technische Bauteile wie Halbleiter / Elektronik-Chips.

In Zeiten des Mangels werden einheimische Unternehmen bevorzugt, was zu deutlichen Nachteilen und Lieferschwierigkeiten beispielsweise in der deutschen Autoindustrie führt und chinesischen Unternehmen einen Wettbewerbsvorteil verschafft.

Auch auf anderen Wegen versucht die VR China, sich Vorteile zu verschaffen. Die folgenden Aspekte erheben nicht den Anspruch auf Vollständigkeit, sie sind lediglich als kleine Auswahl zu verstehen:

- In internationalen Klimakonferenzen agiert die VR China mindestens zurückhaltend, eher ablehnend gegenüber Klimazielen wie der CO_2-Begrenzung, da mit ambitionierten Zielen gravierende Kosten auf die eigene Wirtschaft zukommen würden (siehe Abschnitt 1.8.3).
- Auch hier werden chinesischen Unternehmen Wettbewerbsvorteile verschafft, da beispielsweise deutsche Unternehmen bei ambitionierten Zielen deutlich höhere Kosten zu verkraften haben.
- Für die Aufnahme in die WTO im Jahr 2001 musste die VR China nach jahrelangen Verhandlungen viele Zugeständnisse machen und beispielsweise auf den mit vielen Vorteilen versehenen Status als Ent-

wicklungsland verzichten. Weitere Vorgaben waren beispielsweise
- die Realisierung eines fairen Handels ohne Diskriminierung;
- die Verpflichtung, den eigenen Markt für das Ausland zu öffnen;
- eine Preisregulierung ausschließlich durch den Markt;
- die Marktliberalisierung und Privatisierung seiner Staatsunternehmen;
- die Anerkennung und Umsetzung von 20 Handelsabkommen.

- Nachdem in den ersten der vorgegebenen 15 Jahren Fortschritte erkennbar waren, sind einige der Vorgaben der WTO bis heute nicht erfüllt. Tatsächlich versucht die VR China sich nach außen abzuschotten, möglichst wenig Direktinvestitionen ausländischer Unternehmen in der VR China zuzulassen und eine möglichst vollständige Unabhängigkeit vom Ausland zu erreichen.

  Auch hier verschafft sich die VR China Vorteile, die nicht nur durch die USA heftig kritisiert werden (Darimont, 2020, S. 356ff.).
- Auch wird der VR China Wirtschafts- und Industriespionage sowie Produkt- und Markenpiratrie in weltweit führendem Maßstab vorgeworfen (Darimont, 2020, S. 370f.), die bereits in Abschnitt 1.8.4 vorgestellt wurden.
- Wie die USA (und auch Russland) setzt sich auch die VR China nicht nachhaltig genug für Reformen der von Staaten getragenen internationalen Organisationen ein und verfolgt lieber eigene Interessen (Hüther et al., 2021, S. 259).
- Nicht zuletzt sei die Neue Chinesische Seidenstraße („One Belt, One Road“, Obor oder auch „Belt and Road Initiative“, BRI) erwähnt, mit der Abhängigkeiten der teilnehmenden Länder und unterschiedlichster Unternehmen von der VR China geschaffen werden, die diese dann konsequent (aus-)nutzt (Darimont, 2020, S. 374ff)).

Auf den Handelskonflikt zwischen den USA und der VR China sowie auf die angekündigten Maßnahmen des erneuten Präsidentschaft Donald J. Trumps wurde bereits im vorherigen Abschnitt eingegangen.

(Außen-)politisch ist feststellbar, dass die VR China alles versucht, um die eigene Position nicht nur zu festigen, sondern mit aller Macht weiter auszubauen. Hier stehen vor allem die Konflikte im südchinesischen Meer und mit Taiwan nahezu täglich in der Presse.

Auch hat die VR China als UN-Mitglied mit Vetorecht den Einmarsch Russlands in die Ukraine im Februar 2022 nicht in aller Deutlichkeit verurteilt und sucht eher den Schulterschluss – sowohl zu Russland selbst als auch über die BRICS/BRICS+ und die sogenannte Shanghai-Gruppe. Die Shanghai-Gruppe (Shanghaier Organisation für Zusammenarbeit, SOZ) wurde 2001 gegründet, ihr gehören die VR China, Russland, Indien, Pakistan, Kasachstan, Kirgistan, Tadschikistan, Usbekistan und seit 2022 der Iran an – Belarus und die Mongolei haben einen Beobachterstatus. Anlässlich des Treffens im September 2022 äußerte auch die Türkei das Ziel, der Gruppe beizutreten (Frankfurter Allgemeine Zeitung, 2022).

Alle diese (außen-)politischen Bestrebungen haben das Ziel, nicht nur ein Gegengewicht zu der westlich, demokratisch geführten Weltordnung unter der Federführung der USA zu schaffen, sondern diese als führende Weltmacht *in allen Bereichen* abzulösen. Dies gilt auch für die überwiegend westlich geprägte Global Governance.

Zusammengefasst nutzt auch die VR China die im vorherigen Abschnitt zu den USA dargestellte Macht für den eigenen Anspruch in der Regel konsequent aus.

Ob die Kraft der VR China ausreicht, die USA abzulösen, muss abgewartet werden.

Dass das *kulturelle* Wesen von „Guanxi" häufig nicht im Einklang mit nationalen und internationalen Regeln beispielsweise für die Vermeidung von Korruption stehen kann, sei abschließend erwähnt. Persönliche Beziehungen zu Familie, Freundinnen und Freunden, Bekannten sowie zu anderen chinesischen Unternehmen und Organen sind bei „Guanxi" wichtiger als aus einer westlichen Welt heraus entwickelte Regeln.

2.4 Zusammenfassung

Mit dem Abkommen von Bretton-Woods und dem Zusammenbruch des „Ostblocks" hat sich parallel zu einer zunehmenden Globalisierung von Wirtschaft, Politik und Kultur eine vor allem westlich geprägte Global Governance entwickelt.

Eine gut funktionierende Global Governance war und ist als gemeinsame Basis für die Globalisierung notwendig, da die unterschiedlichsten Akteure mit den unterschiedlichsten national geprägten Regeln weltweit miteinander interagieren, denn jede Partei ist in der Regel bestrebt, ihre eigenen Ziele zu erreichen und eigene Vorteile aus der Globalisierung zu ziehen. Auch gibt es als Erscheinung der Globalisierung Akteure, die Regeln und Gesetze nicht beachten und weltweit illegale bis hin zu kriminellen Handlungen vollziehen – auch für den Umgang mit solchen Akteuren bedarf es weltweit gültiger Regeln.

Heute gibt es nicht *die eine* weltweit gültige, aber eine durchaus funktionierende Global Governance. Es ist ein Netz entstanden, mit sich überschneidenden oder konkurrierenden Aufgaben und Zielen sowie einer eigentlich zwingend notwendigen engen Zusammenarbeit zwischen allen Akteuren.

Es gibt unter anderem internationale Organisationen wie beispielsweise die UN, informelle Bündelungen von Interessen beispielsweise über die

G7 oder die BRICS+, Nichtregierungsorganisationen (NGOs) wie beispielsweise Greenpeace, aber auch Vereinigungen wie die Shanghaier Organisation für Zusammenarbeit (SCO) als Gegenentwurf zu den von westlichen Industrienationen geprägten Institutionen oder Interessenvertretungen. Die dadurch sukzessive entstandene Unübersichtlichkeit gilt für die Global Governance im Allgemeinen genauso wie für die Struktur der UN als Beispiel für eine einzelne Organisation im Speziellen.

An nahezu allen über die Jahrzehnte gewachsenen Akteuren der Global Governance gibt es Kritik. Einige internationale Institutionen haben dringenden Reformbedarf, der auch die Interessen von Schwellen- und Entwicklungsländern angemessen berücksichtigen muss. Diese Reformen auch in die Praxis umzusetzen, zeigt sich als schwieriger Weg. Gerade große Nationen wie die USA, die VR China, aber auch Russland nutzen ihre Macht, um Reformen mindestens in ihrem Sinne zu beeinflussen, tatsächlich auch teilweise zu behindern.

Die wesentlichen Herausforderungen der Global Governance auch für die Zukunft finden sich in den Aufgaben und Zielen der internationalen Organisationen wieder, wie beispielsweise die Beachtung von Menschenrechten, die Vermeidung beziehungsweise Beendigung von Kriegen, Umweltaspekte inklusive des Weltklimas, die Sicherstellung der Welternährung, eine stärkere Berücksichtigung der Interessen von Entwicklungs- und Schwellenländern und vieles mehr. Dazu kommt die Herausforderung einer sukzessiven und fortwährenden Anpassung der internationalen Organisationen an die weltweiten Entwicklungen.

Aufgabe 2.1

Über die im Literaturverzeichnis angegebene URL des Regionalen Informationszentrums der Vereinten Nationen (UNRIC, 2022) finden Sie die Gründungscharta der UN. Machen Sie sich mit den Inhalten vertraut.

Was ist das Besondere an der Charta?

Aufgabe 2.2

Der vom IWF lange Zeit als Grundlage für die Vergabe von Finanzierungsmitteln angewandte und Antragstellern vorgegebene „Washington Consensus" wurde in der Vergangenheit immer wieder deutlich kritisiert.

Recherchieren Sie im Internet, was der „Washington Consensus" umfasst und warum dieser kritisch bewertet wird.

Aufgabe 2.3

In Abschnitt 2.2.1.4 wird bei der Meistbegünstigung von „grundsätzlich" gesprochen.

Welche Ausnahmen gibt es laut der dort angegebenen Quelle?

Aufgabe 2.4

Die OECD arbeitet nicht nur mit den eigenen Mitgliedsländern zusammen.

Benennen Sie Beispiele für darüberhinausgehende Zusammenarbeit zwischen der OECD und Dritten.

Dafür steht die angegebene Quelle (OECD, n. d.) zur Verfügung.

Aufgabe 2.5

Sie haben im Verlauf des Kapitels die wesentlichen Gruppen G7, G20 und G77 kennengelernt.

Was ist unter den zur G7 und G20 zuzuordnenden B7 und B20 zu verstehen?

Aufgabe 2.6

Welcher Kritikpunkt an den Institutionen der Global Governance findet sich im Kapitel 2 am häufigsten wieder?

Schlussbetrachtung

Globalisierung bewegt die Welt, die Welt braucht Globalisierung – egal ob es um Industrienationen oder um Entwicklungs- und Schwellenländer geht. Auch wenn Wohlstandseffekte aus der Globalisierung ungleich verteilt sind, profitieren Entwicklungs- und Schwellenländer mit jedem Euro, den sie zusätzlich durch die Globalisierung gewinnen.

Bereits mit den Anfängen des Handels zwischen Völkern, Regionen und Ländern über Grenzen hinweg wurden dessen Vorteile deutlich. Denn schon immer waren nicht alle Waren wie beispielsweise Seide oder Gewürze überall dort verfügbar, wo diese gewollt waren oder benötigt wurden.

Diese Vorteile sind parallel zu der modernen Globalisierung immer deutlicher geworden. Das Abkommen von Bretton-Woods, die Auflösung des „Ostblocks" oder auch der Verfall der Transport- und Kommunikationskosten haben den Prozess beschleunigt, überall auf der Welt Güter, Dienstleistungen und Rohstoffe preisgünstig einzukaufen und umgekehrt bestmöglich zu verkaufen. Lieferketten für die eigenen Produkte wurden von Unternehmen über die gesamte Welt dorthin verteilt, wo Kostenvorteile generiert werden konnten.

Wesentliche Vorteile sind die Stärkung des Wohlstands und Wirtschaftswachstums – auch in Entwicklungs- und Schwellenländern, die Stärkung der Innovationskraft durch länderübergreifende Zusammenarbeit, eine zunehmende Mobilität, das Zusammenwachsen von Kulturen, eine bessere internationale Kommunikation auch in Krisenzeiten oder die Nutzung von Migration als Baustein zur Fachkräfterekrutierung.

Globalisierung ist aber auch mit Nachteilen verbunden, die von unterschiedlichsten Akteuren kritisiert werden, egal ob es beispielsweise um Wirtschaftswissenschaftlerinnen und Wirtschaftswissenschaftler, NGOs oder den Club of Rome geht. Bei deren Kritik geht es aber nur selten um die Globalisierung an sich, sondern vielmehr um deren Auswirkungen und Nachteile.

Wesentliche Nachteile sind die Ungleichverteilung der positiven Globalisierungseffekte, die Nichteinhaltung von Menschenrechten, eine zunehmende Anfälligkeit der Weltwirtschaft, zunehmende Umweltbelastungen inklusive des Klimawandel sowie eine wachsende internationale (Wirtschafts-)Kriminalität.

Die zunehmende Anfälligkeit der Weltwirtschaft wurde durch die Corona-Pandemie genauso deutlich wie durch den Einmarsch Russlands in der Ukraine im Februar 2022, deren mittel- und langfristigen Auswirkungen heute noch nicht abschließend eingeschätzt werden können.

Für die globale Interaktion unterschiedlichster Akteure mit den unterschiedlichsten Interessen und bislang ausschließlich national geprägter Regeln ist eine gut funktionierende Global Governance die gemeinsame Basis für eine bestmögliche Globalisierung.

Heute gibt es nicht *die eine* weltweit gültige Global Governance. Das über Jahrzehnte sukzessiv entstandene Netz weist sich überschneidende oder gar konkurrierende Aufgaben und Ziele der unterschiedlichsten Akteure aus, selbst Organisationen in sich haben unübersichtliche Strukturen. Als Akteure der Global Governance seien von Ländern getragene internationale Organisationen (beispielsweise die UN oder die WTO), informelle Absprachen und Vereinbarungen (beispielsweise die G7- oder BRICS+-Treffen von Staats- und Regierungschefs), Kooperationsabkommen bis hin zu verschiedenen Integrationsstufen (beispielsweise die EU oder regionale Freihandelsabkommen), Vereinbarungen zwischen internationalen Organisationen und transnationalen Unternehmen (beispielsweise die Global Compact Initiative der UN), internationale Nichtregierungsorganisationen (NGOs, beispielsweise Amnesty International oder Greenpeace) und viele mehr (beispielsweise der internationale Finanzmarkt oder international berichtende Massenmedien) genannt.

An nahezu allen dieser Akteure der Global Governance gibt es Kritik und bei einigen Institutionen dringenden Reformbedarf. Gerade große Nationen wie die USA, die VR China oder Russland nutzen allerdings ihre Macht, um diese notwendigen Reformen mindestens in ihrem Sinne zu beeinflussen. In der bislang stark westlich geprägten Globalisierung und Global Governance treten darüber hinaus neue Akteure in Erscheinung und bislang weniger im Fokus stehende gewinnen an Bedeutung.

Die wesentlichen Herausforderungen der Global Governance auch für die Zukunft sind beispielsweise die Beachtung von Menschenrechten, die Vermeidung beziehungsweise Beendigung von Kriegen, Umweltaspekte inklusive des Weltklimas, die Sicherstellung der Welternährung und eine stärkere Berücksichtigung der Interessen von Entwicklungs- und Schwellenländern.

Für die Global Governance gilt: Sie ist – auch in der heutigen Form – richtig und zwingend notwendig, hat aber deutlich erkennbares Verbesserungs- und Entwicklungspotential.

Die in Abschnitt 1.10.1 von Michael Hüther (et al.) für die Zukunft präferierte stringente Verzahnung von Welthandel, Weltsicherheit, Weltklima und Weltgesundheit klingt eigentlich wie eine Selbstverständlichkeit. Diese fordert aber alle Beteiligte, um eine international anerkannte, in einer Welt des Wandels gut funktionierende Global Governance für die Zukunft sicherzustellen.

Anhang

Lösungen zu den Aufgaben

1.1

In den drei angegebenen Quellen wird anschaulich die Entwicklung des internationalen bis hin zum weltweiten Handel über die unterschiedlichen geschichtlichen Perioden dargestellt.

Hier gibt es keine Musterlösung. Vielmehr sollen die Beiträge dazu anregen, ein grundlegendes Verständnis für die historische Entwicklung zu entwickeln.

Aus allen drei Beiträgen wird deutlich, dass es sich dem überwiegenden Teil der historischen Meilensteine keinesfalls um Globalisierung handelt – beginnend mit dem Handel zwischen nur zwei benachbarten „Ländern" hin zu regionalen Aktivitäten, wobei die „Regionen" im Zeitverlauf immer größer geworden sind.

Gerade die Phönizier mit Handelsrouten bis ins Schwarze Meer, den westlichen Mittelmeerraum und später bis nach Britannien und wahrscheinlich auch nach Westafrika werden aber oft die ersten *Welthandel*sreisenden genannt.

1.2

Auf der Internetseite zum KOF-Globalisierungsindex gibt es die Verlinkung auf „Structure" unter „Mehr zum Thema".

Dort wird deutlich, dass alle drei Dimensionen Wirtschaft, Politik und Soziales mit 33,3 Prozent gleichgewichtet sind – auch das ist ein Zeichen, dass es bei Globalisierung nicht nur und auch nicht vorrangig um die wirtschaftliche Sicht gehen kann.

1.3

Unter „Triade" in Bezug auf den weltweiten Handel versteht man die *zum Zeitpunkt der Begriffsfindung* weltweit wichtigsten Handelsnationen: die nordamerikanische Freihandelszone, die EU sowie bestimmte Länder in Asien (Japan, Taiwan, Südkorea Hongkong und Singapur).

Heute werden unter Triade eher die USA, die EU und die VR China zusammengefasst, die zusammen deutlich mehr als 75% des weltweiten Handels (intra- und interregional) repräsentieren.

1.4

Pro-Argumente für die Patentfreigabe

- Der Ruf der Pharmaindustrie würde sich über die Impfstoffhersteller deutlich verbessern (auch im Inland).
- Einzelne Unternehmen wie beispielsweise BionTech könnten zusätzlich zum „Retter durch Impfstoffe" zum „Unterstützer von Entwicklungsländern" in der Außenwirkung werden – auch im Sinne der Wirtschaftsethik.
- Nach Milliarden-Gewinnen durch die Impfstoffe wäre die Freigabe (isoliert betrachtet) wirtschaftlich verkraftbar.
- Auch der Ruf der Industriestaaten würde sich deutlich verbessern.
- Gegebenenfalls könnten auch mehr „weiterforschende Unternehmen" auf der Basis freigegebener Patente bei neuen Herausforderungen / Pandemien zu schnelleren / besseren Ergebnissen führen.

Contra-Argumente

- Wirtschaftliche Auswirkungen für Unternehmen, da auch die Konkurrenz mit notwendigem Wissen ausgestattet wird.
- Pharmafirmen haben Milliarden in die Forschung und Entwicklung gesteckt – ohne zu wissen, ob es ein Ergebnis gibt, das sich verkaufen lässt.
- Zukünftige Risiken, da die zugrunde liegende mRNA-Technik nicht nur für Corona-Impfstoffe eine Rolle spielt – gerade wenn Länder wie die VR China oder Indien die Herstellung kopieren und mit Kostenvorteilen weiterentwickeln.
- Wie verhalten sich durch eine Freigabe heute profitierende Unternehmen bei ähnlichen Situationen in der Zukunft – ist dann bei eigenen Patenten die Bereitschaft da, diese auch freizugeben?
- Die USA erschwerten die Ausfuhr wichtiger Geräte und kritischer Materialien für die Impfstoffproduktion auch durch Exportbeschränkungen. Eine Aufhebung des Patentschutzes allein hätte nicht geholfen.
- Entwicklungs- und Schwellenländern fehlen oftmals das technische Know-how sowie geschultes Personal und Geld, um eine Impfstoffproduktion aufzustellen.
- Spezielle Rohstoffe für mRNA-Impfstoffe sind rar (beispielsweise Liptide, fettartige Moleküle) und hart umkämpft.
- Es ist eine Erwartungshaltung der Öffentlichkeit bei zukünftig ähnlichen Situationen zu befürchten.

1.5

Migration: Verlassen der Heimat, um die eigene Lebenssituation zu verbessern, z. B. wegen Perspektivlosigkeit.

Flucht: Form der Migration, bei der Menschen vor Kriegen und Gewalt ihre Heimat verlassen oder vertrieben werden.

1.6

Aktuelle Daten erhalten Sie über die URL https://www.uno-fluechtlings-hilfe.de/hilfe-weltweit/ukraine. Stand 09.2024 …

- waren über 10 Millionen Ukrainerinnen und Ukrainer auf der Flucht.
- Davon lebten 6 Millionen Ukrainerinnen und Ukrainer als Flüchtlinge in Europa.
- Davon waren rund 3,6 Millionen Ukrainerinnen und Ukrainer innerhalb des Landes auf der Flucht.

In der Ukraine benötigten 14,6 Millionen Ukrainerinnen und Ukrainer durch Verwüstung ihrer Heimat humanitäre Hilfe.

1.7

Die 30 Artikel finden Sie unter der im Literaturverzeichnis angegebenen URL.

1.8

Zu den Ergebnissen gibt es viele Veröffentlichungen, beispielsweise die von Geinitz (2022) in der Frankfurter Allgemeinen Zeitung.

Wie schon auf der Klimakonferenz in Glasgow Ende 2021 wurden die ambitionierten Ziele der EU (u. a. schnellere Erreichung der Ziele, Neufestsetzung von Zwischenzielen auch konkret für Kohle, Gas und Öl) durch die Positionen insbesondere der VR China und Saudi-Arabiens ausgebremst.

Die Abschlusserklärung wurde in stundenlangen Verhandlungen erstellt und ist eher als ein Kompromiss auf niedrigem Niveau einzustufen. Am Ende wurde mit Mühe das 1,5°-Ziel bestätigt und es gab eine Einigung zu einem Finanzierungsfonds zur Unterstützung gerade von Entwicklungsländern.

Besonders bemerkenswert war die Forderung der VR China, trotz aller wirtschaftlichen Erfolge und der heutigen Stellung in der Weltwirtschaft weiterhin als (mit Privilegien versehenes) Schwellenland eingestuft zu bleiben. Am Ende versuchten alle direkt Beteiligten (wie schon in Glasgow) die Ergebnisse als Erfolg darzustellen, während Umweltschutzverbände und Klimaschützer (ebenfalls wie in Glasgow) deutliche Kritik äußerten.

2.1

Die Gründungscharta beinhaltet die Ziele, die Mitgliedschaft und die Organe der UN und wurde im Lauf der Jahrzehnte immer wieder veränderten Gegebenheiten angepasst.

Das Besondere: Das Statut des Internationalen Gerichtshofs ist wesentlicher Bestandteil der Charta.

2.2

Recherchieren Sie im Internet über den Washington Consensus selbst sowie über die deutlich geäußerte Kritik.

2.3

Die WTO lässt bei der „Meistbegünstigung" Ausnahmen zu und führt Beispiele auf:

- Freihandelsabkommen, die nur für Waren gelten, die innerhalb der Gruppe gehandelt werden.
- Besonderer Zugang für Entwicklungsländer zu ihren Märkten.
- Barrieren gegen Produkte, die aus bestimmten Ländern als „unfair gehandelt" gelten.

2.4

Unter der angegebenen Quelle findet sich unter „Aktiv weltweit" die Verzweigung „Weitere Informationen". Hier findet sich beispielsweise wieder, dass Brasilien, China, Indien, Indonesien und Südafrika Schlüsselpartner sind. Sie wirken an der Arbeit der OECD mit, indem sie sich u. a. an den Diskussionen der OECD-Ausschüsse beteiligen.

2.5

Hier lohnt sich ein Blick auf die Seite

> https://bdi.eu/artikel/news/business-7-starker-und-zuverlaessiger-partner-der-g7/

des Bundesverbandes der Deutschen Industrie e. V. (2022)

Beispielsweise wird in der B7 („Business 7") durch die Wirtschafts- und Industrieverbände der G7-Staaten die Positionierung für die Wirtschaftsinteressen abgestimmt und diese in die Treffen der G7 (analog auch der G20) eingebracht.

Hier handelt es sich damit um einen weiteren Akteur der Global Governance, in der Schnittstelle zwischen der Wirtschaft und den Regierungen.

2.6

Die am häufigsten geäußerte Kritik ist die an der Dominanz der führenden Industrienationen. Schwellen- und Entwicklungsländer haben nicht das notwendige Gewicht, um ihre Interessen angemessen vertreten zu können und sind oft auf das „Wohlwollen" der Industrienationen angewiesen.

Teil 2
Transnationale Unternehmen

Inhaltsverzeichnis Teil 2

Einleitung ... 117

1 Weltweit tätige Konzerne – so fern und doch so nah ... 116

Zusammenfassung ... 120

2 Unterschiedliche Ausprägungen von Unternehmen mit Auslandsbezug ... 121

2.1 Unternehmen mit geringfügigem Bezug zum Ausland ... 121

2.2 Internationale Unternehmen ... 122

2.3 Multinationale Unternehmen (MNCs) ... 123

2.4 Transnationale Unternehmen (TNCs) ... 123

2.5 „Gegenentwürfe“ zu TNCs ... 125

2.5.1 LIQUI MOLY GmbH ... 125

2.5.2 TRIGEMA W. Grupp KG (TRIGEMA) ... 126

2.6 Zusammenfassung ... 128

3 Wachstumsstrategien von Multinationalen und Transnationalen Unternehmen ... 129

3.1 Wachstumsstrategien im Allgemeinen ... 129

3.2 Die Ansoff-Matrix nach Harry I. Ansoff ... 130

3.3 Die eklektische Theorie nach John H. Dunning („OLI“-Modell) ... 132

3.4 Organisches und anorganisches Unternehmenswachstum ... 134

3.4.1 Organisches Unternehmenswachstum ... 134

3.4.2 Anorganisches Unternehmenswachstum ... 134

3.4.3 Nachhaltiges Unternehmenswachstum ... 135

3.5 Zusammenfassung ... 135

4 Ausländische Direktinvestitionen (ADI) ... 137

4.1 Ausländische Direktinvestitionen und deren Bedeutung ... 137

4.2 Die Bedeutung ausländischer Direktinvestitionen (ADI) von chinesischen Unternehmen in Deutschland ... 141

4.3 Chancen und Risiken ausländischer Direktinvestitionen (ADI) ... 142
4.3.1 Chancen von ADI ... 143
4.3.2 Risiken von ADI ... 144
4.4 Rechtliche Grundlagen für ausländische Direktinvestitionen (ADI) ... 144
4.4.1 ADI und Welthandelsorganisation (WTO) ... 144
4.4.2 ADI und rechtliche Grundlagen in Deutschland ... 145
4.4.3 ADI und rechtliche Grundlagen in der EU ... 147
4.5 Zusammenfassung ... 147

5 Die Auswirkungen von ADI chinesischer Unternehmen an den Beispielen KUKA AG, Hamburger Hafen Tollerort sowie Elmos AG ... 149

5.1 KUKA AG ... 149
5.1.1 Vorstellung der KUKA AG ... 149
5.1.2 Übernahme der KUKA AG durch die Midea-Group ... 152
5.1.3 Auswirkungen der Übernahme der KUKA AG ... 153
5.2 Hamburger Hafen, Containerterminal Tollerort ... 154
5.3 Elmos AG ... 156
5.4 Ausländische Direktinvestitionen (ADI) – nicht immer nur schwarz oder weiß ... 156
5.5 Zusammenfassung ... 157

6 Lieferketten, Supply Chain Management und die Verantwortung von Transnationalen Unternehmen für ihre eigenen Lieferketten ... 159

6.1 Wertschöpfungs- und Lieferketten im Allgemeinen ... 159
6.1.1 Wertschöpfungskette ... 159
6.1.2 Lieferketten und Supply Chain Management ... 160
6.1.3 „Make-or-buy"-Entscheidungen ... 161
6.1.4 „Just in Time"-Produktion ... 163
6.2 Weltweite Aufteilung von Lieferketten im Rahmen der Globalisierung ... 164
6.2.1 Ausgewählte Vorteile der (weltweiten) Aufteilung von Lieferketten ... 167
6.2.2 Ausgewählte Risiken der (weltweiten) Aufteilung von Lieferketten ... 167

6.3 Beeinträchtigung von Lieferketten, De-Globalisierung 168
6.4 Rechtlicher Rahmen für Transnationale Unternehmen (TNCs) und für die Selbstverpflichtungen von TNCs 169
6.4.1 UN-Kommission für Transnationale Unternehmen (TNCs) 170
6.4.2 Responsible Business Conduct – OECD-Leitsätze für Multinationale Unternehmen (und auch für TNCs) 170
6.4.3 UN-Initiative Global Compact als Selbstverpflichtung auch von TNCs 172
6.4.4 Wirtschaftsethische Ansätze 173
6.4.5 Corporate Social Responsibility (CSR) auch von TNCs .. 174
6.4.6 Lieferkettensorgfaltspflichtengesetz 176
6.5 Beispiele für die Verletzung von Leitsätzen und Erklärungen ... 177
6.5.1 Verletzung von Menschenrechten 178
6.5.2 Verletzung des Umweltschutzes 181
6.5.3 Exkurs „Greenwashing“ 185
6.5.4 Korruption 186
6.5.5 Steuerflucht, Steuervermeidung 187
6.6 Zusammenfassung 190

7 Ein Blick auf die fünf wichtigsten Unternehmen der Digitalwirtschaft („Big 5“) 193
7.1 Vorstellung der „Big 5“ 193
7.2 Anwendung wesentlicher Inhalte dieses Buchs auf die „Big 5“. 195
7.2.1 Ausübung von Marktmacht durch die „Big 5“ 195
7.2.2 (Ausländische) Direktinvestitionen durch die „Big 5“.... 197
7.2.3 Corporate Social Responsibility (CSR) und deren Einhaltung durch die „Big 5“ 199
7.2.4 Steueroptimierung / Steuervermeidung durch die „Big 5“ am Beispiel von Amazon 202
7.3 Zusammenfassung 204
Schlussbetrachtung 205
Lösungen zu den Aufgaben 207

Einleitung

In unserer heute globalisierten Welt verfügt nahezu jedes größere Unternehmen über einen Bezug zu anderen Ländern und nutzt internationale Geschäftsbeziehungen.

Tatsächlich treten Unternehmen im internationalen Kontext jedoch in den unterschiedlichsten Ausprägungen auf:

- Viele beschaffen sich Rohstoffe, Bauteile oder Personal im Ausland,
- andere verkaufen ihre Produkte auch in einzelnen anderen Ländern zusätzlich zu ihrem Herkunftsland,
- wiederum andere sind weltweit agierende Konzerne.

Während in dem vorangegangenen Teil 1 „Globalisierung und Global Governance" der Schwerpunkt auf Globalisierung an sich und dem dazugehörigen Rahmen einer Global Governance lag, geht es in Teil 2 vorrangig um die die Globalisierung antreibende Unternehmen, mit dem Schwerpunkt auf weltweit agierenden Konzernen.

Dabei ist die Abgrenzung gerade zwischen transnationalen und multinationalen Unternehmen (Transnational bzw. Multinational Companies, TNCs/MNCs) nicht einfach; vielfach werden beide Unternehmensformen sogar als identisch beschrieben. Tatsächlich gibt es Unterschiede, die in hier deutlich gemacht werden.

In Teilen werden die Ausführungen allerdings nicht nach TNCs und MNCs differenziert, da die folgenden Aspekte in den allermeisten Fällen für beide Unternehmensausprägungen gelten:

- Was treibt Unternehmen an, global wachsen zu wollen (oder zu müssen)?
- Wie ist der Zusammenhang zwischen moderner Globalisierung und weltweit tätigen Konzernen?
- Welche Macht haben weltweit tätige Konzerne und wie üben sie diese Macht aus?
- Warum spielen gerade ausländische Direktinvestitionen eine wesentliche Rolle und welche Chancen und Risiken sind mit diesen verbunden?
- Wie ist der rechtliche Rahmen für TNCs?
- Welche Verantwortung haben solche Konzerne und werden sie dieser Verantwortung auch gerecht?
- Welche Kritik gibt es an TNCs?

sowie

- Welche Bedeutung haben die fünf weltweit wichtigsten Digitalunternehmen (Tech-Unternehmen), die sogenannten „Big 5“?

... sind die wesentlichen Fragen, mit denen wir uns im Folgenden auch anhand von praktischen Beispielen auseinandersetzen werden.

Letztendlich ist Globalisierung mit den daraus entstandenen deutlich überwiegenden Vorteilen ohne die international ausgerichteten Aktivitäten gerade von TNCs kaum möglich.

Gleichzeitig darf Globalisierung aber auch nicht von Einzelnen (aus-)genutzt werden, um sich einseitige Vorteile zu Lasten von Anderen zu verschaffen. Mit „einseitigen Vorteilen“ ist nicht ein fairer Wettbewerb im Rahmen von normalen Marktmechanismen gemeint.

Vielmehr geht es um eine angemessen wahrgenommene Verantwortung des Managements im Rahmen einer Corporate Social Responsibility (CSR) – beispielsweise im Zusammenhang mit der Einhaltung von Menschenrechten in den eigenen Lieferketten oder unter Beachtung einer nachhaltigen Unternehmensführung.

"In einer globalisierten Welt spielen transnationale Konzerne eine Rolle. Ist das ein Problem? Das kann es sein, wenn sie mit ihrer Finanzkraft demokratische Prozesse unterlaufen."

(Gabriel Felbermayr, Ifo-Institut; zitiert nach Süddeutsche Zeitung, 2018)

1 Weltweit tätige Konzerne – so fern und doch so nah

> Im diesem ersten Kapitel wird ein Überblick über die Bedeutung von international tätigen Konzernen anhand von Beispielen gegeben.
>
> Die Erkenntnis, dass uns solche Konzerne im eigenen privaten und beruflichen Umfeld nahezu täglich begleiten, soll als Einstieg für diesen Teil des Buchs dienen.
>
> Gleichzeitig soll schon gleich am Anfang deutlich werden, welche Macht solche Konzerne haben und wie sie diese teilweise ausüben.

Hört man den Begriff „Transnationale Konzerne“ oder „Transnationale Unternehmen“ (Transnational Companies, TNCs), so denkt man an die unendliche Weite der globalisierten Welt, jedoch nicht immer gleich an das eigene private Umfeld.

Zwei Beispiele zu weltweit tätigen Konzernen sollen zu Beginn zeigen, wie diese unser tägliches Leben nicht nur begleiten, sondern häufig auch bestimmen. Ob es sich dabei immer um TNCs handelt, ist erst einmal nicht Gegenstand der Betrachtung.

Abbildung 1.1 gibt einen ersten Überblick über die Entwicklung der weltweit wertvollsten Unternehmen nach Marktkapitalisierung im Jahr 2021 im Vergleich zu 2005.

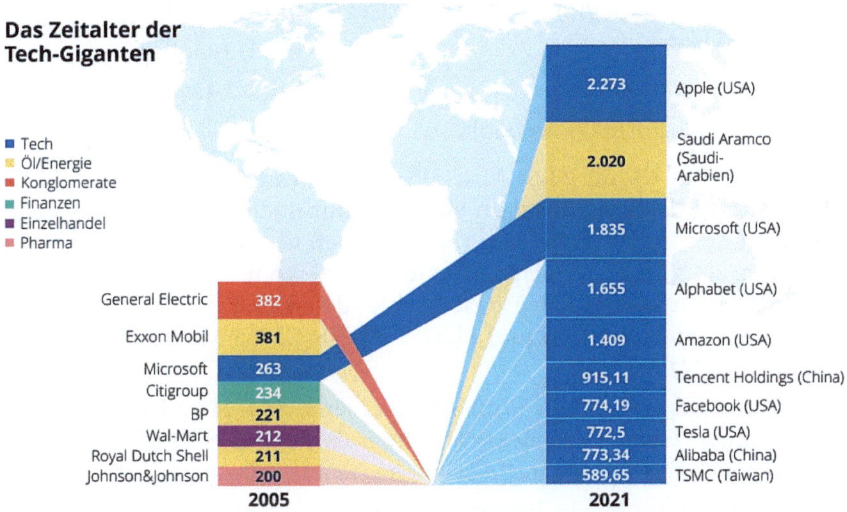

Abb. 1.1: Die weltweit zehn größten Unternehmen der Welt nach Marktkapitalisierung per Februar 2021 in Milliarden US-Dollar (Bolkart et al., 2021, S. 6)

Insgesamt war die Dominanz von Unternehmen mit US-amerikanischen Wurzeln in den Top 10 bereits im Jahr 2005 genauso auffällig wie im Jahr 2021. Darüber hinaus fällt auf, dass uns Apple, Microsoft, Amazon, Facebook (als Teil des Meta-Konzerns), Google (als Teil des Alphabet-Konzerns) und immer mehr auch Tesla im privaten und beruflichen Umfeld nahezu täglich begegnen.

Bemerkenswert ist auch der Wandel in den wesentlichen Branchen mit einer heutigen Dominanz der Tech-Konzerne auf neun der ersten zehn Rangstellen und der gravierende Anstieg der absoluten Werte.

Im Kapitel 7 dieses Teil des Buchs wird vertiefend auf die sogenannten „Big 5“ (Apple, Microsoft, Google, Amazon und Facebook als wichtigste fünf Tech-Unternehmen der Welt) eingegangen. Nur Microsoft war auch schon im Jahr 2005 im Ranking vertreten.

Für das Jahr 2024 zeigen sich nur vereinzelte Veränderungen im Ranking, allerdings ist das Niveau der Marktkapitalisierung erneut deutlich gestiegen, und mit der NVIDIA Corporation ist ein weiteres US-amerikanisches Unternehmen aus dem KI-Computing in die Top 3 aufgestiegen, das vorher im Ranking nicht vertreten war:

Apple	3.228,4 Mrd. US-Dollar
Microsoft	2.964,1 Mrd. US-Dollar
NVIDIA	2.501,9 Mrd. US-Dollar
Alphabet (Google)	2.024,9 Mrd. US-Dollar
Saudi Aramco	1.751,3 Mrd. US-Dollar
Amazon	1.703,4 Mrd. US-Dollar
Meta Platforms (Facebook)	1.212,7 Mrd. US-Dollar

Mit SAP (Rang 43 mit 232,5 Mrd. US-Dollar) und Siemens (Rang 91 mit 143,7 Mrd. US-Dollar) waren im Jahr 2024 nur noch zwei deutsche Unternehmen unter den wertvollsten Unternehmen nach Marktkapitalisierung vertreten, 2023 gehörte noch die Deutsche Telekom AG mit Rang 96 dazu. Im Ranking der Länder belegte Deutschland den 13. Platz, Platz 1 belegten die, Platz 2 Saudi-Arabien und Platz 3 die VR China (CompaniesMarketCap.com, 2024).

Die Namen der deutschen Konzerne Siemens, SAP oder Deutsche Telekom nehmen viele Menschen vorrangig als deutsche Unternehmen, allenfalls als Unternehmen mit Auslandsgeschäft wahr.

Welche weltweite Macht hinter solchen Konzernen steht, zeigt beispielhaft Abbildung 1.2. Denn der Lebensmittel- und Drogeriebedarf in Deutschland wird mittlerweile über lediglich acht weltweit tätige Konzerne nahezu vollständig abgedeckt, mit einem ähnlichen Bild mindestens in der gesamten westlichen Welt.

Ein Beispiel für die Marktmacht dieser Konzerne gegenüber dem Einzelhandel ist der Streit zwischen dem US-amerikanischen Konzern Mars Inc. und mehreren Einzelhandelsketten in Deutschland wie der Edeka- (neben Edeka- auch Netto-Märkte) und der Rewe-Group (neben Rewe- auch Penny-Märkte) seit dem Jahr 2022.

Angekündigte Preiserhöhungen durch die Mars Inc. für alle Produkte des Konzerns wurden von Edeka und Rewe als „unangemessen" zurückgewiesen mit der Folge, dass die Belieferung der Märkte durch die Mars Inc. eingestellt wurde.

Was sich zuerst wie der Streit nur um den Preis eines bekannten Schokoriegels anhört, umfasst tatsächlich rund 300 Produkte, die mit dem Lieferstopp den Endverbrauchenden nicht mehr zur Verfügung stehen. Die aus dem Lieferstopp folgende gerichtliche Auseinandersetzung war zur Finalisierung dieses Buchs noch nicht abgeschlossen.

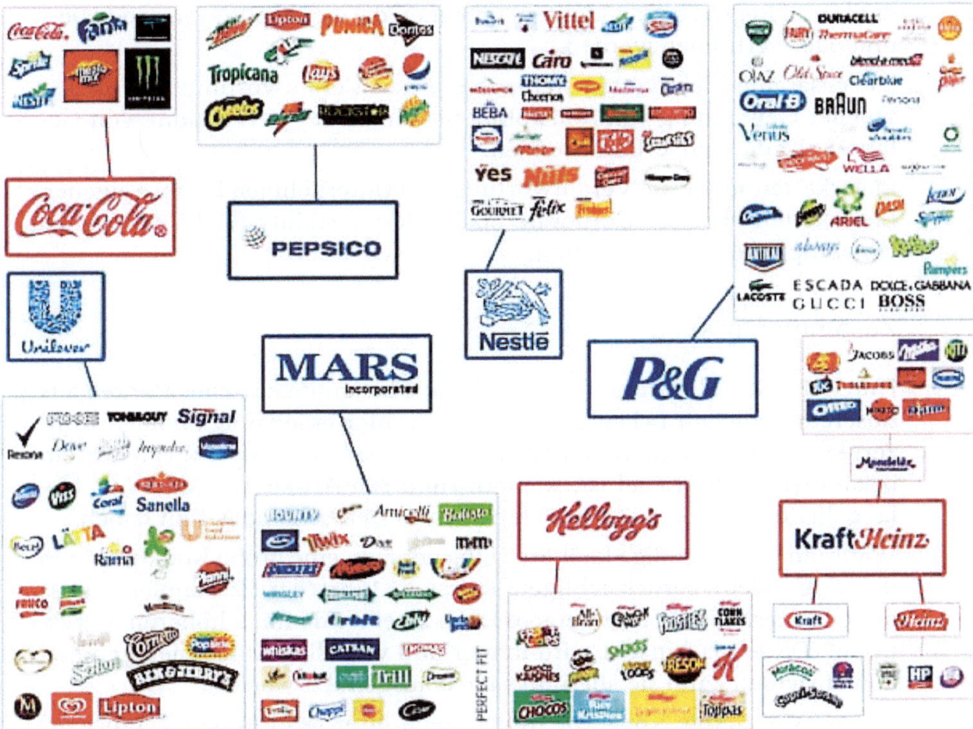

Abb. 1.2: Acht weltweit tätige Konzerne decken den Lebensmittel- und Drogeriebedarf in Deutschland nahezu vollständig ab (Sackmann, 2020)

Ob es Rewe und Edeka alternativ gelingt, die entstandenen Lücken mit von Endverbrauchenden auch als gleichwertig eingeschätzten Produkten von Eigenmarken zu schließen, kann mindestens bezweifelt werden (Zervos, 2023).

Ein ähnliches Bild wie in der Lebensmittel-/Drogerie-Industrie zeigt sich in vielen anderen Branchen, wie beispielsweise der Bekleidungsindustrie (Textilien, Schuhe und weitere Bekleidung).

Dass „Macht" noch deutlich weiter geht und auch die Einflussnahme von Konzernen auf ganze Staaten umfassen kann, zeigen die Beispiele zur Optimierung/Vermeidung von Steuern in den Kapiteln 6 und 7.

Weltweit tätige Konzerne tragen eine sehr hohe Verantwortung. Weltweit geltende internationale Standards und Regeln beispielsweise der Weltgesundheitsorganisation (WHO, World Health Organisation) sind dabei genauso zu befolgen wie die unterschiedlichsten nationalen Standards und Regeln in den Ländern, in denen die eigenen Waren produziert und/oder vertrieben werden.

Die gesamten Lieferketten stehen bei dieser Verantwortung im Fokus – von der Gewinnung von Rohstoffen bis hin zu der Vermeidung von Gefahren für die Endverbrauchenden.

Lieferketten sowie die Verantwortung von Unternehmen für ihre eigenen Lieferketten über die Corporate Social Responsibility (CSR) werden im Unterkapitel 6.4 weiter vertieft.

Zusammenfassung

Durch die Globalisierung finden sich viele bekannte einzelne Marken aus unserem täglichen Leben mittlerweile in international agierenden Konzernen wieder. Nicht vielen ist dabei bewusst, dass *Mars* nicht nur ein bekannter Schokoriegel ist, sondern rund 300 Artikel der Mars Inc. bislang die Regale von Supermärkten auch in Deutschland gefüllt haben.

Während eigenständige kleinere Unternehmen eine große Konkurrenz in ihrem Handeln berücksichtigen mussten, führt der Zusammenschluss dieser Unternehmen unter einem Dach zu einer deutlich höheren Marktmacht. Diese Markmacht wird immer und von allen Konzernen genutzt, von einzelnen kann sie allerdings auch ausgenutzt werden.

Ob weltweit tätige Konzerne immer auch ihrer gestiegenen Verantwortung gerecht werden, wird sich im Verlauf dieses Teils des Buchs zeigen.

Aufgabe 1.1

Nicht nur die Lebensmittel- und Drogeriebranche wird durch weltweit tätige Unternehmen geprägt.

Recherchieren Sie im Internet die weltweit größten Unternehmen aus der Bekleidungsbranche.

Aufgabe 1.2

Recherchieren Sie auf den Seiten der Volkswagen Group,

- welche Marken zu dem Konzern gehören,
- in wievielen Ländern der Konzern produziert,
- wieviele Mitarbeitende in dem Konzern weltweit tätig sind,
- den aktuellen Umsatz, sowie
- die Anzahl der ausgelieferten Fahrzeuge.

2 Unterschiedliche Ausprägungen von Unternehmen mit Auslandsbezug

Unternehmen mit Verbindungen ins Ausland treten in unterschiedlichsten Ausprägungen auf. In diesem Kapitel werden diese unterschiedlichen Ausprägungen vorgestellt – von Unternehmen mit nur geringfügigem Auslandsbezug beispielsweise beim Personal bis hin zu Transnationalen Unternehmen (TNCs).

Nach Abschluss dieses Kapitels können Sie die unterschiedlichen Arten von Unternehmen voneinander abgrenzen und wissen, dass in einer globalisierten Welt nahezu jedes Unternehmen in der einen oder anderen Form einen Bezug zu anderen Ländern hat.

Auch lernen Sie mit *Liqui Moly* und *TRIGEMA* zwei „Gegenentwürfe" von Unternehmen noch besser kennen, was deren Bekenntnis zum Standort Deutschland in der Produktion und/oder dem Vertrieb betrifft.

2.1 Unternehmen mit geringfügigem Bezug zum Ausland

Heutzutage hat nahezu jedes größere Unternehmen einen Bezug zum Ausland – sei es bei der weltweit ausgerichteten Beschaffung einzelner Rohstoffe oder Bauteile für die Herstellung ihrer Produkte oder bei dem Absatz der fertigen Produkte auch im Ausland.

Doch selbst bei kleinen Unternehmen wie beispielsweise dem Restaurant „vor Ort", landwirtschaftlichen Unternehmen mit ausschließlich regionaler Ausprägung oder dem Spielzeugladen an der Ecke kann vielfach von einem, wenn auch geringfügigen, Bezug zum Ausland gesprochen werden.

Das „geringfügig" soll anhand der folgenden Beispiele verdeutlicht werden:

Viele Restaurants „vor Ort" setzen in der Küche oder im Service ausländisches Personal ein. Viele Zutaten für heimische Gerichte beispielsweise von Fischrestaurants an der deutschen Küste stammen nicht mehr aus Deutschland, und über international ausgerichtete Bewertungsportale wie TripAdvisor oder Google sorgen zufriedene Gäste für Werbung auch bei Touristinnen und Touristen aus dem Ausland.

Ein landwirtschaftliches Unternehmen mit regionalen Produkten und regionalen Kundinnen und Kunden setzt vielfach kostengünstigere (und auch eher verfügbare) Erntehelferinnen und Erntehelfer aus dem Ausland ein.

Dass landwirtschaftliche Geräte wie Traktoren oder Mähdrescher häufig aus anderen Ländern stammen, sei nur am Rande erwähnt. Selbst die Claas-Gruppe mit ihrem Hauptsitz in Harsewinkel in Nordrhein-Westfalen als europäischer Marktführer bei Mähdreschern und Weltmarktführer beispielsweise bei Feldhäckslern produziert ihre Maschinen u. a. auch in Frankreich, Ungarn, Brasilien, den USA oder Indien (CLAAS KGaA mbH, n. d.).

Abb. 2.1: Feldhäcksler der Claas-Gruppe (CLAAS KGaA mbH, 2022)

Zuletzt wird der Großteil des Spielzeugs des Spielzeugladens an der Ecke den Hinweis „Made in China" tragen, und der während der Corona-Pandemie mühselig aufgebaute Internet-Auftritt mit Online-Vertrieb kann mindestens theoretisch zu Verkäufen in das Ausland führen.

Insgesamt sind die Grenzen fließend, von einer intensiven oder strategischen internationalen Ausrichtung kann bei solchen Unternehmen jedoch keinesfalls gesprochen werden.

2.2 Internationale Unternehmen

Anders als bei Unternehmen mit geringfügigem Bezug zum Ausland haben internationale Beziehungen bei internationalen Unternehmen eine wesentliche Bedeutung in deren strategischer Ausrichtung.

Dabei kann der Begriff „internationales Unternehmen" zum einen als übergeordneter Begriff verwendet werden für

- Unternehmen mit einem Produktionsstandort oder wenigen Produktionsstandorten in anderen Ländern (die hier nicht weiter vertieft werden), und/oder
- Unternehmen mit Kooperationen mit ausländischen Partnerunternehmen (die hier ebenfalls nicht weiter vertieft werden), und/oder

- Unternehmen mit einem international ausgerichteten Vertriebsnetz (die hier ebenfalls nicht weiter vertieft werden), oder
- multinationale Unternehmen (siehe Unterkapitel 2.3), oder
- transnationale Unternehmen (siehe Unterkapitel 2.4).

Internationale Unternehmen können jedoch auch als eigene Ausprägung verstanden werden, mit mehreren, allerdings nicht weltweit verteilten Tochtergesellschaften. Hierbei ist das Verhältnis zwischen Zentrale und (ausländischen) Tochtergesellschaften klar hierarchisch ausgeprägt: Management, Führung, Forschung und Entwicklung sowie die Kontrolle über die Produktionstechnologien verbleiben in der Zentrale.

Ähnlich aufgebaut sind globale Unternehmen, die allerdings durch weltweite Aktivitäten geprägt sind und dabei mit weltweit einheitlichen Strategien und weltweit einheitlichen Produkten agieren (Grulich, 2016, S. 12 f.).

2.3 Multinationale Unternehmen (MNCs)

Wie im Unterkapitel 2.2 beschrieben, ist nicht jedes Internationale Unternehmen automatisch auch ein Multinationales Unternehmen.

Die Abgrenzung zu Internationalen Unternehmen ergibt sich zum einen aus dem Begriff „Multi", der nichts anderes bedeutet, als dass solche Unternehmen in vielen Ländern bis hin zu weltweit tätig sind. Zum anderen haben ausländische Töchtergesellschaften bei MNCs im Gegensatz zu Globalen Unternehmen ein gewisses Maß an Autonomie im Hinblick auf ihre jeweilige Produkt-, Beschaffungs-, Produktions- und Absatzpolitik und können damit in einem vorgegebenen Rahmen Anpassungen an lokale Märkte vornehmen.

MNCs haben dennoch ein zentrales Verwaltungssystem. Sie steuern ihre ausländischen Aktivitäten und ausländischen Tochtergesellschaften insbesondere bei strategischen Fragen und bei wesentlichen Entscheidungen zentral vom Hauptsitz des Unternehmens aus (Grulich, 2016, S. 13 – in Anlehnung an Bartlett & Ghoshal, 2002).

2.4 Transnationale Unternehmen (TNCs)

Vielfach werden Transnationale und Multinationale Unternehmen synonym verwendet. Beispielsweise bezeichnete Humanrights MNCs bereits im Jahr 2016 lediglich als älteren Begriff für TNCs (humanrights.ch, 2016). Andere nehmen nicht einmal diese zeitliche Differenzierung vor.

Das macht es umso schwerer, Unternehmen beispielsweise aus der Abbildung 1.2 (S. 119) einem der beiden Unternehmenstypen zuzuordnen. Es entsteht der Eindruck, als ob den Verfassenden von wissenschaftlichen

Ausarbeitungen, Artikeln und/oder Abbildungen diese Differenzierung nicht wichtig (genug) ist, um diese hervorzuheben.

Tatsächlich gibt es Übereinstimmungen, die eine Abgrenzung erschweren. Beiden ist beispielsweise gemein, dass es sich um weltweit agierende Konzerne handelt.

Während „Multi(national)“ noch einfach zu übersetzen und auf Unternehmen anzuwenden ist, stellt sich bei Transnationalen Unternehmen zuerst die Frage nach der Bedeutung von „Transnational“ beziehungsweise „Transnationalisierung“.

> „Transnationalisierung bezeichnet grenzüberschreitende Praktiken, Prozesse und Vorstellungen, durch die auch über große Distanzen hinweg Beziehungen eingegangen werden und sich verstetigen. Auf diese Weise werden grenzübergreifende Sozialräume und Wahrnehmungsweisen hervorgebracht, die durch kulturelle Vielfalt und soziale Formen von Integration jenseits nationalstaatlicher Mechanismen gekennzeichnet sind“.
>
> (Kreff et al., 2011, S. 389)

Aus dieser Definition wird bereits deutlich, dass es bei TNCs um mehr als nur um Produkt-, Beschaffungs-, Produktions- und Absatzpolitik oder um strategische Entscheidungen geht.

Anders als bei MNCs können die bei einem TNC geographisch über die gesamte Welt verteilten Tochtergesellschaften genauso strategische Entscheidungen für ihre jeweilige Region treffen wie der Stammsitz des Unternehmens. Alle Unternehmenseinheiten sind dabei nicht hierarchisch, sondern durch ihre unterschiedlichen Funktionen miteinander verbunden, wobei einige Standorte reine Produktionsstätten sind, andere auch Forschungs- und Entwicklungsaufgaben übernehmen können. Auch können und werden in den einzelnen Einheiten weltweit unterschiedliche (Unternehmens-)Kulturen entstehen beziehungsweise bei Unternehmenszukäufen bestehen bleiben.

Eine wesentliche Rolle spielt bei TNCs daher das dezentrale Management, das den Austausch und den Zusammenhalt der weltweit verteilten Unternehmenseinheiten sicherstellen soll, auch durch standortübergreifende Entwicklungsteams, Projektgruppen und/oder Gesprächsrunden (Grulich, 2016, S. 13 – in Anlehnung an Bartlett & Ghoshal, 2002).

Im weiteren Verlauf wird keine Differenzierung mehr zwischen MNCs, TNCs oder Globalen Unternehmen vorgenommen. Es wird ausschließlich von „Transnationalen Unternehmen (TNCs)“ gesprochen, da nahezu alle Aussagen auf alle drei oben genannten Ausprägungen zutreffen.

2.5 „Gegenentwürfe“ zu TNCs

Heute sind Unternehmen, die sich gerade bei der Produktion und Entwicklung ihrer Produkte nachdrücklich zum Standort Deutschland bekennen und dabei erfolgreich sind, immer mehr die Ausnahme.

Auch wenn diese Art von Unternehmen hier nicht weiter im Fokus stehen, wird dieses Kapitel mit zwei Beispielen abgeschlossen.

Es ist nicht das Ziel, zu belegen, dass TNCs der falsche Weg sind. Beide folgenden Unternehmen sollen vielmehr zeigen, dass auch andere Wege erfolgreich sein können.

2.5.1 LIQUI MOLY GmbH

Die vor knapp 70 Jahren gegründete LIQUI MOLY GmbH mit ihrem Stammsitz in Ulm ist nicht nur die in Deutschland beliebteste Marke für Motoröle, Pflegemittel und Schmierstoffe, wie Abbildung 2.2 zeigt.

Abb. 2.2: Bewertung der LIQUI MOLY GmbH durch Expertinnen und Experten sowie Endverbrauchende (LIQUI MOLY GmbH, 2024a)

Vielmehr ist LIQUI MOLY mit rund 1.100 Mitarbeitenden (die das Unternehmen als „Mitunternehmerinnen und Mitunternehmer“ bezeichnet) und 4.000 Produkten ein weltweit bekannter Hersteller „hochwertigster Schmierstoffe, Motoröle, Additive, Fahrzeugpflegeprodukte, chemischer Reparaturhilfen sowie Service-, Klebe- und Dichtprodukte“. LIQUI MOLY bezeichnet sich als Vollsortimenter, das heißt, es wird „das weltweit breiteste und tiefste Sortiment" der oben genannten Produkte angeboten.

Dabei bekennt sich LIQUI MOLY für die Produktion sowie die Entwicklung ihrer Produkte ausdrücklich zum Standort Deutschland und damit zu dem auch weiterhin bei Kundinnen und Kunden positiv eingeschätzten Qualitätsmerkmal „Made in Germany":

„Made in Germany. Qualität auf höchstem Niveau. Ein Versprechen, zu dem wir stehen.

Als Ideenschmiede mit schwäbischen Wurzeln und verantwortungsbewusster Global Player entwickeln und produzieren wir Motoröle und Additive seit 1957 ausschließlich in Deutschland für einen internationalen Markt, der mittlerweile mehr als 150 Partnerländer umfasst. Dabei setzen wir regelmäßig neue Maßstäbe in Qualität und Leistung."

(Liqui Moly GmbH, 2024b)

Der Vertrieb der LIQUI MOLY-Produkte erfolgt von Deutschland aus – entweder online oder über Vertragspartnerinnen und Vertragspartner.

LIQUI MOLY engagiert sich in einigen Facetten stark im Rahmen der eigenen Corporate Social Responsibility (CSR, siehe Unterkapitel 6.4), (Liqui Moly GmbH, 2024b).

Dass Unternehmen wie LIQUI MOLY auch wirtschaftlich erfolgreich sein können, zeigt ein – auch durch die Corona-Pandemie nicht eingebrochenes Umsatzwachstum – von 421 Mio. Euro im Jahr 2014 auf 917 Mio. Euro im Jahr 2023 (LIQUI MOLY, 2024c). Die Gewinne werden mittlerweile nicht mehr veröffentlicht, sind jedoch von 27,8 Mio. Euro im Jahr 2014 auf 38 Mio. Euro im Jahr 2021 gestiegen (LIQUI MOLY, 2022).

Im Vergleich zu Multinationalen oder Transnationalen Unternehmen wie beispielsweise Siemens, Coca-Cola oder Nestlé ist LIQUI MOLY jedoch als „kleines" Unternehmen einzustufen.

Auch wenn das Unternehmen seit 2018 zur WÜRTH-Gruppe gehört, hat es dennoch seine Eigenständigkeit bei Entscheidungen sowie die eigenständige Marke erst einmal erhalten.

2.5.2 TRIGEMA W. Grupp KG (TRIGEMA)

Ähnlich verhält es sich mit dem vor über einhundert Jahren gegründeten Familienunternehmen TRIGEMA, Deutschlands größtem Hersteller von Sport- und Freizeitbekleidung.

Hier verdeutlicht das folgende Zitat am besten die Firmenphilosophie – auch in Bezug auf die eigenen Lieferketten:

„Vom Garn bis zum versandfertigen Produkt ...

... realisiert das Unternehmen alle Produktionsstufen im eigenen Haus.

> *Es macht TRIGEMA zu einer Gemeinschaft aus engagierten Mitarbeitern mit dem gemeinsamen Ziel, gute Produkte erfolgreich zu entwickeln, damit die Arbeitsplätze und die qualifizierten Kräfte auch zukünftig auf der Schwäbischen Alb bleiben."*
>
> *(TRIGEMA W. Grupp KG, 2024)*

Daher wirbt TRIGEMA auch nicht nur mit „Made in Germany", sondern mit „100 Prozent Made in Germany".

Das Besondere ist zusätzlich der Umgang mit den Mitarbeitenden, der nicht nur in Deutschland wohl nahezu ein Alleinstellungsmerkmal im Vergleich zu anderen Unternehmen dieser Größenordnung hat:

> *„Seit 1969 gibt es im Familienunternehmen weder Kurzarbeit noch betriebsbedingte Entlassungen. Jährlich bildet TRIGEMA in den Bereichen Produktion, Verwaltung und Vertrieb rund 40 junge Menschen in insgesamt acht Ausbildungsberufen aus. Den Kindern der 1200 TRIGEMA-Mitarbeiter werden nach ihrem Schulabschluss ein Ausbildungsplatz oder Arbeitsplatz garantiert."*
>
> *(TRIGEMA W. Grupp KG, 2024)*

„Wachstum" ist nicht mehr das vorrangige Ziel von TRIGEMA. Nachdem Kaufhausketten anfangs noch eine sehr große Rolle im Vertrieb gespielt hatten und auch ein Ausflug in die Absatzmöglichkeiten über Discounter wegen deren Preisvorgaben schnell beendet wurde, erzielt TRIGEMA heute einen über die Jahre relativ konstanten Umsatz von über 100 Mio. Euro (Osterholt, 2021).

Zum Gewinn machte der über 80 Jahre alte Geschäftsführer Wolfgang Grupp seit Jahren keine Angaben mehr, mittlerweile hat er die Unternehmensleitung an seine beiden Kinder übergeben.

Heute vertreibt TRIGEMA seine Waren in 43 Testgeschäften, Online, in Kooperation mit Handelskundinnen und Handelskunden sowie über eine direkte Belieferung beispielsweise von Vereinen und Schulen mit Bekleidungsstücken inklusive personifizierter Aufdrucke (TRIGEMA W. Grupp KG, 2024).

Anders als die zuvor vorgestellte LIQUI MOLY GmbH setzt TRIGEMA auch im Vertrieb der eigenen Produkte auf Deutschland.

Wie Liqui Moly setzt TRIGEMA im eigenen Unternehmen auf Nachhaltigkeit und produziert nach eigenen Angaben in seiner Linie „Trigema Change" seit 2006 die ökologischsten Textilien der Welt aus 100% Bio-Baumwolle (TRIGEMA W. Grupp KG, 2024).

Zum Abschluss können Interessierte die Firmenphilosophie von TRIGEMA in dem anlässlich der 100-Jahr-Feier im Jahr 2019 veröffentlichten Firmenvideo vertiefen, bevor danach wieder multinationale und transnationale Unternehmen im Vordergrund stehen werden. Letztendlich ist aber auch TRIGEMA – trotz aller bemerkenswerten Erfolge – wie LIQUI MOLY auf dem weltweiten Parkett ein eher kleiner Mitspieler.

https://www.youtube.com/watch?v=N01kK8bNn0g
TRIGEMA W. Grupp KG, 2019

2.6 Zusammenfassung

Von einfachsten Beziehungen zum Ausland bis hin zu weltweit tätigen Transnationalen Unternehmen gibt es die unterschiedlichsten Ausprägungen internationaler Aktivitäten von Unternehmen.

Die Abgrenzung der verschiedenen Unternehmenstypen ist dabei nicht immer einfach und erfolgt auch bei Veröffentlichungen oder Definitionen nicht immer in ausreichender Klarheit. Gerade MNCs und TNCs werden häufig synonym genutzt, nicht zuletzt, da viele Merkmale in der öffentlichen Wahrnehmung auch identisch sind.

Tatsächlich gibt es Unterschiede, die insbesondere mit der Zentralisierung von Entscheidungen (beziehungsweise der Selbstständigkeit von Tochtergesellschaften) akzeptierten regionalen Unterschieden innerhalb eines Konzerns oder auch unterschiedlichen Unternehmenskulturen zu tun haben.

Mit LIQUI MOLI und TRIGEMA wurden zum Abschluss dieses Kapitels zwei Unternehmen vorgestellt, die in ihrem jeweiligen Bezug zum Ausland andere Wege beschritten haben und damit erfolgreich sind.

Aufgabe 2.1

Erklären Sie mit eigenen Worten, was unter Multinationalen und Transnationalen Unternehmen zu verstehen ist.

Aufgabe 2.2

Finden Sie Beispiele, wie auch international tätige Unternehmen während der Corona-Pandemie in Bezug auf ihre Produkte versucht haben, Umsatzeinbrüche, Kurzarbeit oder Werksschließungen zu vermeiden.

Was hat TRIGEMA unternommen?

3 Wachstumsstrategien von Multinationalen und Transnationalen Unternehmen

In diesem Kapitel lernen Sie Wachstumsstrategien im Allgemeinen und ausgewählte wirtschaftswissenschaftliche Ansätze im Speziellen kennen.

Nach Abschluss des Kapitels

- kennen Sie die Ziele, die Unternehmen mit Wachstum verbinden,
- wissen Sie, was sich hinter den dargestellten wirtschaftswissenschaftlichen Ansätzen verbirgt,
- können Sie organisches von anorganischem Unternehmenswachstum abgrenzen und können auch nachhaltiges Unternehmenswachstum einordnen.

3.1 Wachstumsstrategien im Allgemeinen

Jedes weltweit tätige Unternehmen, jeder internationale Konzern hat mit einer Idee seiner Gründerinnen und Gründer und deren ersten Schritten begonnen.

Eines von vielen Beispielen ist dabei die Unternehmensgeschichte von Hewlett-Packard (HP) und der beiden Gründer David Packard und Bill Hewlett, die 1939 in einer Garage begann und die heute als Beginn der Erfolgsgeschichte des Silicon Valley in Kalifornien eingestuft wird.

Letztendlich war die Gründung genauso ein Zufall wie der Unternehmensname. Eigentlich wollte David Packard bei General Electric als Angestellter arbeiten, wurde jedoch abgelehnt. Und der Unternehmensname hätte statt „HP" mit der gleichen Wahrscheinlichkeit auch „PH" lauten können, wenn der Münzwurf der beiden Gründer anders ausgegangen wäre.

Zu der Unternehmensgeschichte gehört die Verwirklichung einer ersten Geschäftsidee und Wachstum – nicht nur über weitere Produkte und deren Absatz in den USA, sondern auch über

- die Ausweitung der Absatzmärkte auf nahezu die gesamte Welt,
- den Ausbau der Produktion ebenfalls weltweit,
- Direktinvestitionen von HP in den USA und im Ausland durch Fusionen und Übernahmen.

Heute gehört die HP Inc. zu einem der weltgrößten PC- und Druckerhersteller (Museum of HP Calculators, n. d.)

Abbildung 3.1 zeigt das ursprüngliche Arbeitsumfeld von Packard und Hewlett in ihrer Garage im Silicon Valley.

Abb. 3.1: Die HP-Garage – der Geburtsort des Silicon Valley (Museum of HP Calculators, n. d.)

Letztendlich stellt sich die Frage, welche Motivation diese Unternehmensentwicklung angetrieben hat. In der Kurzform war es der Wille,

- mit der eigenen Geschäftsidee erfolgreich zu sein und andere zu überzeugen,
- die Existenz des eigenen Unternehmens zu sichern,
- und – um beides zu erreichen – zu wachsen, bevor das eigene Unternehmen von anderen übernommen werden kann.

Im Folgenden werden von den Autoren dieses Buchs ausgewählte wirtschaftswissenschaftliche Ansätze für das Ziel eines – auch globalen – Unternehmenswachstums vorgestellt.

3.2 Die Ansoff-Matrix nach Harry I. Ansoff

Die „Ansoff-Matrix" oder auch „Produkt-Markt-Matrix" von Harry I. Ansoff hat auf den ersten Blick erst einmal nichts mit international ausgerichteten Wachstumsstrategien oder gar Transnationalen Unternehmen zu tun. Diese standen auch nicht im Mittelpunkt der Überlegungen von Ansoff zur strategischen Entwicklung von Unternehmen und deren geschäftlicher Ausrichtung.

Vielmehr beschreibt er in seinem Artikel „Strategies for Diversification" aus dem Jahr 1957 im Allgemeinen, für welche strategischen Wege sich Unternehmen entscheiden können, um ihr Geschäft positiv zu entwickeln und zu wachsen.

Wie Abbildung 3.2 zeigt, gibt es in dem Modell von Ansoff vier Kombinationsmöglichkeiten aus den zwei Dimensionen „Märkte" und „Produkte".

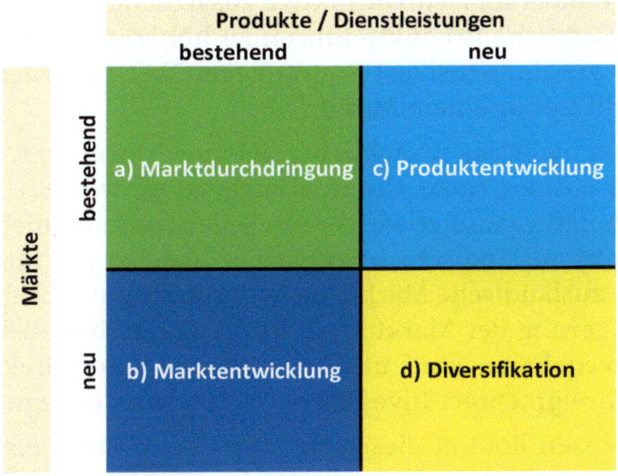

Abb. 3.2: Die Ansoff-Matrix (eigene Darstellung in Anlehnung an Martin, 2021)

a) „Marktdurchdringung" bedeutet eine Umsatzsteigerung in einem bereits von einem Unternehmen genutzten Markt mit bereits vorhandenen Produkten.

   Eine erhöhte Marktdurchdringung kann beispielsweise durch verstärkte Absatzbemühungen, aber auch durch die Übernahme konkurrierender Unternehmen erreicht werden.

   Da die Expertise des Unternehmens für bereits genutzte Märkte mit bereits vorhandenen Produkten am höchsten ist, ist das Risiko hier im Vergleich zu den folgenden Varianten erst einmal gering. Umgekehrt sind die Wachstumsmöglichkeiten begrenzt.

b) Bei der „Marktentwicklung" wird ein vorhandenes (gegebenenfalls leicht modifiziertes) Produkt für die Erschließung eines neuen Marktes genutzt.

   Gegenüber a) muss hier zusätzlich eingeschätzt werden, welche neuen Märkte positive Erfolgsaussichten haben könnten. Das Risiko ist daher hier erst einmal höher.

c) „Produktentwicklung“ umfasst neue Produkte, die in einem bereits von dem Unternehmen genutzten Markt neu eingeführt werden.

   Auch hier ist das Risiko erst einmal höher als bei a), da die Erfolgsaussichten des neuen Produktes beurteilt werden müssen.

d) „Diversifikation“ zielt darauf ab, mit neuen Produkten bislang nicht genutzte Märkte zu erschließen. Hier ist das Risiko für Unternehmen am höchsten, da die Chancen neuer Märkte, die Erfolgsaussichten neuer Produkte und die Kombination von beiden eingeschätzt werden müssen.

Erst einmal höhere Risiken bei b) bis d) beinhalten jedoch auch höhere Chancen gegenüber a). Denn attraktive zusätzliche Märkte und / oder erfolgreiche zusätzliche Produkte führen zu höheren Wachstumsmöglichkeiten sowie zu einer Risikostreuung gegenüber Unternehmen mit nur einem Produkt in nur einem Markt.

Auch wenn es nicht das ursächliche Ziel von Ansoff war, Strategien für international ausgerichtete Unternehmen zu entwickeln, können seine Ansätze auch dafür genutzt werden. Beispielsweise können neue Märkte aus b) durchaus ausländische Märkte sein. Gleiches gilt für d), wenn speziell für neue ausländische Märkte neue Produkte entwickelt werden. Und auch die Steigerung der Marktdurchdringung durch die Übernahme von anderen Unternehmen wird uns bei ausländischen Direktinvestitionen (ADI, auch Foreign Direct Investment, FDI) wieder begegnen.

An seine Grenzen kommt dieses traditionelle Modell beispielsweise bei der Entscheidungsfindung über die Verlagerung von Produktionsstandorten in das Ausland, die von der Matrix nicht unterstützt werden (Martin, 2021, S. 5 ff.).

3.3 Die eklektische Theorie nach John H. Dunning („OLI“-Modell)

Vor Dunning befassten sich unterschiedlichste, fortwährend weiterentwickelte Theorien mit einzelnen Aspekten von international agierenden Unternehmen und deren Antrieb für eine fortschreitende eigene Globalisierung.

Das Modell nach Dunning zeichnet sich dadurch aus, dass es die folgenden drei Theorieansätze in einem Modell vereint. Es wird daher auch als „eklektische Theorie“ („gesammelt“, „aus etwas vorhandenem zusammengestellt“) bezeichnet. Aus den Anfangsbuchstaben der drei Vorteilsarten einer Globalisierung leitet sich der für diese Theorie bekanntere Name „OLI-Modell“ ab:

Ownership Advantages	(Eigentumsvorteile)
Location Advantages	(Standortvorteile)
Internalization Advantages	(Internalisierungsvorteile)

(Koch, 2022, S. 65 f.)

Was es mit diesen drei Vorteilen im Detail auf sich hat, zeigt die folgende Tabelle 3.1.

Tab. 3.1: OLI-Modell nach Dunning, Einzelkriterien der drei Vorteilskategorien (eigene Darstellung in Anlehnung an Koch, 2022, S. 65 f.)

Ownership Advantages (Eigentumsvorteile)	**Location Advantages (Standorvorteile)**	**Internalization Advantages (Internalisierungsvorteile)**
Wettbewerbsvorteile aus dem Zugang und dem Besitz von Ressourcen. Beispielsweise • Detaillierte Marktkenntnisse • Management- und Fachkompetenzen • Organisatorische und / oder Netzwerkvorteile • Angepasste Produkte • Neue Technologien • Möglichkeiten zur Risikostreuung	Nettovorteile aus dem Vergleich der Nachteile eines Standorts mit dessen Vorteilen. Beispiele für positive Standortfaktoren • Bessere und / oder preisgünstigere Verfügbarkeit von Rohstoffen und / oder Arbeitskräften • Kundennähe • Politische, rechtliche und / oder kulturelle Faktoren • Verringerung der psychischen Distanz zu den ausländischen Märkten.	• Verringerung von Transaktionskosten • Möglichkeiten zur Steueroptimierung • Verringerung von Wechselkursrisiken • Besserer Schutz von Eigentums- und Vermögensrechten • Vermeidung des Abflusses von Know-how und / oder von Informationen • Möglichkeit, staatliche Anreize zu nutzen

Letztendlich berücksichtigt auch die eklektische Theorie nach Dunning nicht alle einzelnen Beweggründe für eine Globalisierung. Beispielsweise kommen die Anreize für eine Globalisierung aus der Nutzung von

- **Skaleneffekten** (Größeneffekte)

  Effekte aus der Zunahme der Unternehmensgröße und von Produktionsmengen, Nutzung von Kostensenkungs- und Rationalisierungspotenzialen, Vorteile aus einer wachsenden Marktmacht;
- **Scope-Effekten** (Angebotseffekte)
- Verbesserung der eigenen globalen Wettbewerbsposition durch Erweiterung der Produkt- und Leistungsvielfalt, Verringerung von strukturellen und konjunkturellen Risiken, Zugang zu neuen Absatzmärkten mit neuen Kundengruppen, Reduzierung der Gefahren von speziellen Außenhandelsrisiken (u. a. Wechselkursrisiken, protektionistische Behinderungen), Nutzung spezifischer Vorteile (u. a. Subventionen an ausländischen Standorten);
- **Skill-Effekten** (Lerneffekte)
- Wettbewerbsvorteile durch personell-fachliches, marktbezogenes, regionales und/oder kulturelles Know-how, Zugang zu Forschungs- und Entwicklungs-Ressourcen (u. a. Forschungsergebnisse, Patente), bessere Erkenntnisse zu neuen Kundengruppen, Produkten, Vorgehens-

weisen und Verfahren und damit Stärkung der Innovationsfähigkeit des Unternehmens und seiner Mitarbeitenden

zu kurz (Koch, 2022, S. 51-52).

Das OLI-Modell beziehungsweise die eklektische Theorie nach Dunning sind aber sehr gut geeignet, einen Überblick über mögliche Anreize für Unternehmen zur Globalisierung zu erhalten.

3.4 Organisches und anorganisches Unternehmenswachstum

In den Unterkapiteln 3.1 bis 3.3 wurden verschiedene Strategien auch für ein international ausgerichtetes Wachstum vorgestellt.

Zum Abschluss dieses Kapitels sollen die Wachstumsarten noch einmal nach „organisch“ und „anorganisch“ differenziert werden.

3.4.1 Organisches Unternehmenswachstum

Organisches Unternehmenswachstum generiert ein Unternehmen aus sich selbst heraus. Wesentlicher Kern sind dabei die Innovationsstärke des Unternehmens (eigene Neuentwicklung und Anpassung von Produkten und Dienstleistungen), seine Kundenorientierung (Kundenzufriedenheit und Kundenbindung) sowie die bestmögliche Nutzung der im eigenen Unternehmen bereits vorhandenen Ressourcen (Raisch et al., 2010, S. 40ff).

Im internationalen Umfeld gehören hierzu auch neu aufgebaute Produktionsstandorte in anderen Ländern oder der Vertrieb der eigenen Produkte in anderen Ländern.

3.4.2 Anorganisches Unternehmenswachstum

Im Gegensatz zum organischen Unternehmenswachstum erfolgt das anorganische Unternehmenswachstum nicht aus eigener Kraft heraus, sondern extern, beispielsweise durch „Mergers & Akquisition“, das heißt durch Unternehmensfusionen, Unternehmenskäufe oder Beteiligungen an anderen Unternehmen.

Gegenüber dem organischen Wachstum birgt das anorganische Wachstum deutlich mehr Herausforderungen, insbesondere im internationalen Umfeld. Beispielsweise seien hier die unterschiedlichen Kulturen der beteiligten Unternehmen genannt, die bei einem erfolgreichen Konzern zusammenarbeiten. Auch erfolgen Übernahmen oder Beteiligungen nicht immer im gegenseitigen Einvernehmen mit dem Zielunternehmen und gegen dessen Widerstände – solche Übernahmen werden daher auch „feindliche Übernahmen“ genannt. Umgekehrt können ausländische Direktinvestitionen (ADI) für wirtschaftlich angeschlagene Unternehmen der einzige Ausweg vor einer drohenden Insolvenz sein (Raisch et al., 2010, S. 40ff).

Im internationalen Umfeld spielen „Mergers & Akquisition“ für das Unternehmenswachstum eine wesentliche Rolle. Das zeigt beispielsweise auch Abbildung 1.2 (S. 119), wo viele bekannte Einzelmarken keine selbstständigen Unternehmen mehr sind, sondern Teil von Multinationalen oder Transnationalen Konzernen.

Mittel zum Zweck sind dabei oft ausländische Direktinvestitionen (ADI), auf die im Kapitel 4 weiter eingegangen wird.

3.4.3 Nachhaltiges Unternehmenswachstum

Als Besonderheit des Unternehmenswachstums gewinnt ein nachhaltiges Unternehmenswachstum immer mehr an Bedeutung. Ein Entwicklungsprozess zur dauerhaften Qualitätssteigerung und nachhaltigen Unternehmensausrichtung kann gerade auch für internationale Unternehmen Wettbewerbsvorteile schaffen. Zusätzlicher Kundennutzen kann entstehen, höhere Preise werden von Kundinnen und Kunden akzeptiert und führen zu höheren Deckungsbeiträgen.

Letztendlich wird also ein nachhaltiges Unternehmenswachstum über eine Qualitätsführerschaft beispielsweise bei Produkten und Dienstleistungen einen gravierenden Beitrag zu einem Unternehmenswachstum leisten (Sternad & Mödritscher, 2018).

3.5 Zusammenfassung

Unternehmen wie HP verdeutlichen, wie aus einem in einer Garage angesiedelten Start-Up ein Transnationales Unternehmen entstehen kann. Auch wenn die Gründer anfangs sicherlich nicht in den heutigen Dimensionen des Konzerns dachten, gab es im Laufe der Zeit die unterschiedlichsten Beweggründe, immer weiter zu expandieren, immer weiter zu wachsen.

Ähnlich verhält es sich mit den in der Ansoff-Matrix dargestellten Wachstumsstrategien, die ursprünglich nicht für ein globales Wachstum gedacht waren, deren Beweggründe sich jedoch auch für Globalisierungsentscheidungen eignen.

Vorrangig auf internationales Wachstum ausgerichtete Gründe liefert die nicht perfekte, aber dafür sehr gut geeignete eklektische Theorie nach Dunning mit seinen drei Kategorien „O - L - I“.

Die Differenzierung der Wachstumsformen nach organisch und anorganisch ist wesentlich, gerade wenn es in den Kapiteln 4 und 5 um das anorganische Wachstum auch von Transnationalen Unternehmen durch ausländische Direktinvestitionen (ADI) geht.

Aufgabe 3.1

Recherchieren Sie über die Quelle Statista (2024a),

- welchen Umsatz und Gewinn die HP Inc. 2021 erzielt hat,
- wieviele Mitarbeitende im Jahr 2021 weltweit für die HP Inc. tätig waren.

Aufgabe 3.2

Um welche Art von Unternehmenswachstum handelt es sich bei den folgenden Beispielen – organisch oder anorganisch?

a) Gründung einer eigenen Niederlassung im Nachbarland.
b) Unternehmen A vereinbart mit Unternehmen B die Zusammenarbeit in einem gemeinsamen Joint Venture.
c) Die eigene Produktpalette wird durch das Unternehmen erweitert.
d) Übernahme des stärksten Konkurrenten durch ein Angebot für den Kauf von Aktien an dessen Aktionäre.
e) Die eigenen Produktionsanlagen werden erweitert, um die wachsende Nachfrage zu befriedigen.
f) Die Bemühungen zur Neukundengewinnung werden auch durch ein höheres Marketingbudget forciert.

4 Ausländische Direktinvestitionen (ADI)

Ausländische Direktinvestitionen (ADI) sind ein wesentliches Instrument, um ein (anorganisches) Unternehmenswachstum zu erreichen.

Nach Abschluss dieses Kapitels

- verstehen Sie, um was es sich bei ADI handelt, und können Beispiele anführen,
- kennen Sie die Entwicklung der ADI,
- wissen Sie um die Bedeutung von ADI für das anorganische Wachstum von international tätigen Unternehmen,
- verstehen Sie, welche Herausforderungen und Gefahren ADI mit sich bringen können
  - für Ziel-Unternehmen von ADI,
  - für Staaten, in denen die Ziel-Unternehmen ansässig sind – im Fallbeispiel Deutschland,
- kennen Sie die rechtlichen Rahmenbedingungen für ADI in der WTO, in der EU und in Deutschland.

4.1 Ausländische Direktinvestitionen und deren Bedeutung

Im ersten Teil dieses Buchs „Globalisierung und Global Governance" wurde im Unterkapitel 1.4 auch ein Globalisierungsindex, der sogenannte „KOF-Index" (**Ko**njunktur**f**orschungsstelle der Schweizerischen Wirtschaftshochschule) als ein Weg zur Ermittlung des Grades der Globalisierung einzelner Länder vorgestellt.

Als hoch gewichtete Indikatoren in dem Segment der wirtschaftlichen Globalisierung werden im KOF-Index

- „ausländische Direktinvestitionen im Verhältnis zum Bruttoinlandsprodukt (BIP)"
- sowie das „Ausmaß der Restriktionen für ausländisches Kapital" und damit auch die Einschränkungen von ADI

berücksichtigt.

Tatsächlich sind ADI wesentlich für ein anorganisches Wachstum von multinationalen und transnationalen Unternehmen. Die Chancen und Risiken von ADI werden in Unterkapitel 4.3 beschrieben, der rechtliche Rahmen in Unterkapitel 4.4.

Definitionen von ADI gibt es viele, die in den wesentlichen Merkmalen aber identisch sind. Eine Definition, hier die des Statistischen Amts der Europäischen Union (Eurostat), lautet:

> „Ausländische Direktinvestitionen (ADI) sind in der Zahlungsbilanz ausgewiesene internationale Investitionen, die eine in einem Wirtschaftsgebiet ansässige Einheit tätigt, um eine langfristige Beteiligung an einem in einem anderen Wirtschaftsgebiet ansässige Einheit zu erwerben.
>
> Langfristige Beteiligung bedeutet, dass zwischen dem Direktinvestor und dem Unternehmen eine dauerhafte Beziehung besteht und dass der Investor auf die Geschäftspolitik des Unternehmens maßgeblichen Einfluss ausübt.
>
> Ein Unternehmen ist dann Gegenstand einer Direktinvestition, wenn ein Direktinvestor mindestens 10 % der Stammaktien oder Stimmrechte (im Fall von Unternehmen mit eigener Rechtspersönlichkeit) bzw. einen vergleichbaren Anteil (im Fall von Unternehmen ohne eigene Rechtspersönlichkeit) besitzt."
>
> (Statistischen Amt der Europäischen Union, Eurostat, 2018)

Wesentlich in dieser Definition (und auch in anderen) ist die Langfristigkeit des Investments, der internationale Bezug sowie die Mindestgröße von 10%.

Im Kapitel 5 wird der „maßgebliche Einfluss des Investors auf die Geschäftspolitik des Unternehmens" (in dem Fall der KUKA AG)" als Merkmal der Langfristigkeit eine wesentliche Rolle spielen.

Für eine Einordnung der ADI spielt zuerst der Umfang der weltweiten Investitionen nach Herkunftsländern der Investoren in Abbildung 4.1 eine Rolle.

Im Vergleich mit dem Vorjahr verzeichneten ADI einen Rückgang von 14 Prozent, beispielsweise bei den Investitionen aus den USA allerdings einen Anstieg von rund 350 Milliarden US Dollar auf rund 373 Milliarden US-Dollar.

Auffällig ist, dass die USA die mit deutlichem Abstand höchsten ADI getätigt haben, gefolgt von Japan. Die VR China und Deutschland liegen nahezu gleichauf auf den Rangstellen 3 und 4. Dies ist auch deshalb bemerkenswert, da der VR China der Ruf einer aufkaufenden Nation vorauseilt.

Im Zeitvergleich wurde der Höchstwert der ADI vor der Finanzmarktkrise im Jahr 2007 mit rund 3.195 Milliarden US-Dollar erreicht und lag im ersten Jahr der Corona-Pandemie 2020 bei rund 1.057 Milliarden US-Dollar (Urmersbach, 2024).

Der Herkunft folgen die wichtigsten Zielländer von ADI in Abbildung 4.2.

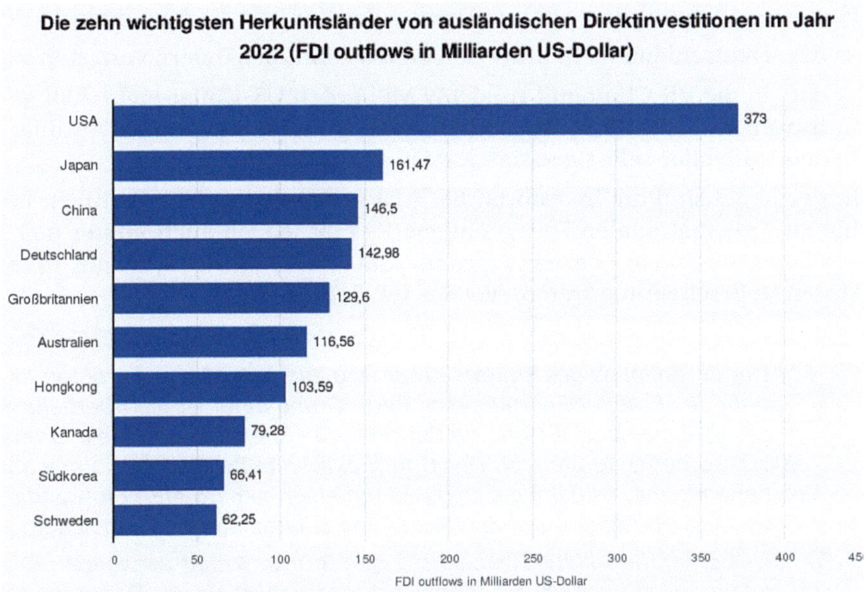

Abb. 4.1: Die zehn wichtigsten **Herkunftsländer** von ausländischen Direktinvestitionen (ADI/FDI) im Jahr 2022 in Milliarden US-Dollar (United Nations Conference on Trade and Development, UNCTAD, 2023b)

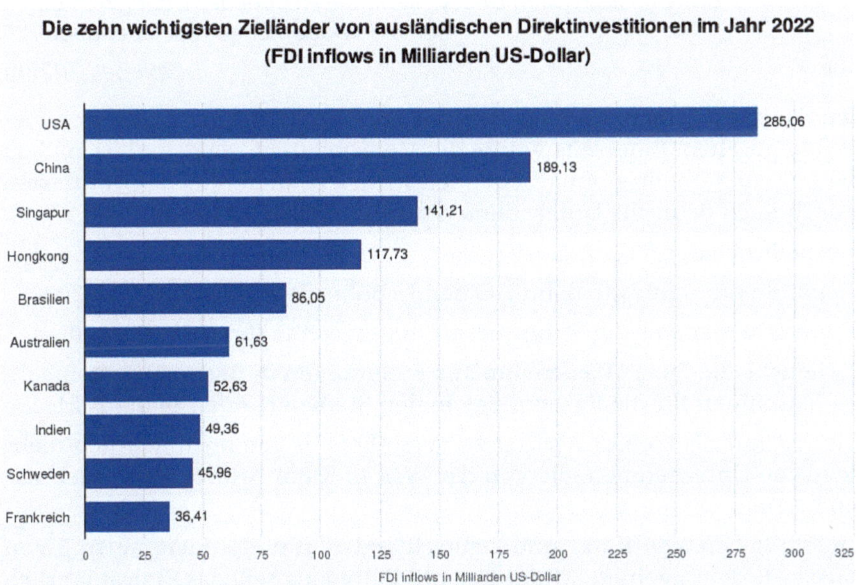

Abb. 4.2: Die zehn wichtigsten **Zielländer** von ausländischen Direktinvestitionen (ADI) im Jahr 2022 in Milliarden US-Dollar (Urmersbach, 2022b)

Hier ist – auch für die weiteren Aspekte des Kapitels 4 – bemerkenswert,

- dass Deutschland nicht unter den ersten zehn Zielländern vertreten ist,
- dass in die VR China mit rund 189 Milliarden US-Dollar mehr ADI geflossen sind als die in Abbildung 4.1 ausgewiesenen rund 147 Milliarden US-Dollar selbst getätigten ADI.

In der Regel sind die Investoren bei ADI ausländische Unternehmen bis hin zu Transnationalen Unternehmen. Es gibt jedoch auch immer mehr ausländische Staaten beziehungsweise Staatsunternehmen, die als Investoren in Erscheinung treten, wie das folgende Beispiel zeigt.

„Katar wird größter RWE-Aktionär

[...] Der Staatsfonds des Emirats Katar wird zum mit Abstand größten Aktionär des Essener Energieriesen RWE. Grund dafür ist die Übernahme des US-Solarspezialisten Con Edison Clean Energy Businesses, für die RWE frisches Geld braucht. Das Unternehmen teilte die Übernahme am Wochenende mit, es handle sich dabei um einen »im US-Markt führenden Betreiber und Entwickler von Solaranlagen und Speichern«.

Für die Übernahme will RWE zunächst einen Brückenkredit verwenden. Die Qatar Holding, eine hundertprozentige Tochtergesellschaft von Qatar Investment Authority (QIA), dem Staatsfonds des Emirats, zeichnet dafür eine 2,43 Milliarden Euro schwere Pflichtwandelanleihe. Damit kann QIA mit gut neun Prozent bei RWE einsteigen und zu dessen größtem Aktionär aufsteigen.

Der Golfstaat ist in Deutschland bereits bei der Deutschen Bank, bei Volkswagen und Porsche engagiert."

(Spiegel, 2022b)

Die Fußballweltmeisterschaft in Katar im Winter 2022 wurde sehr zwiespältig gesehen. Einerseits wurde die Menschenrechtslage und besonders die Lage der Niedriglohnarbeitenden kritisiert, andererseits profitierten jedoch auch deutsche Unternehmen von der WM.

Beispielsweise

- plante die Deutsche Bahn AG den U-Bahn-Bau in Doha (TAZ, 2022),
- lieferte Siemens die Stromversorgungssysteme für die WM-Stadien,
- lieferte die Fima Wiedemann aus Rammingen in Baden-Württemberg Maschinen für die Rasenpflege in den Stadien (Krause et al., 2021).

Dies ist nur als kleiner Auszug zu verstehen, es gab noch deutlich mehr deutsche Unternehmen, die von der WM in Katar profitierten. Auch das sind ADI.

Zudem haben sich Katar und Deutschland „auf einen Liefervertrag von Flüssig-Erdgas geeinigt. Mindestens 15 Jahre lang will das Emirat jährlich zwei Millionen Tonnen LNG liefern. Wirtschaftsminister Habeck zeigte sich zufrieden." (Tagesschau, 2022a).

Auch hier sieht man, dass es immer mehrere Sichtweisen gibt. Was ist schon richtig oder falsch? Häufig können Sachverhalte sowohl als richtig als auch als falsch bewertet werden.

4.2 Die Bedeutung ausländischer Direktinvestitionen (ADI) von chinesischen Unternehmen in Deutschland

Der VR China wird immer wieder nachgesagt, mit ADI auf weltweiter Einkaufstour unterwegs zu sein und insbesondere weltweit in Schlüsselindustrien (beispielsweise Transport und Logistik, Infrastruktur, Technologie) zu investieren und gleichzeitig den eigenen Markt gegen Direktinvestitionen ausländischer Unternehmen abzuschotten.

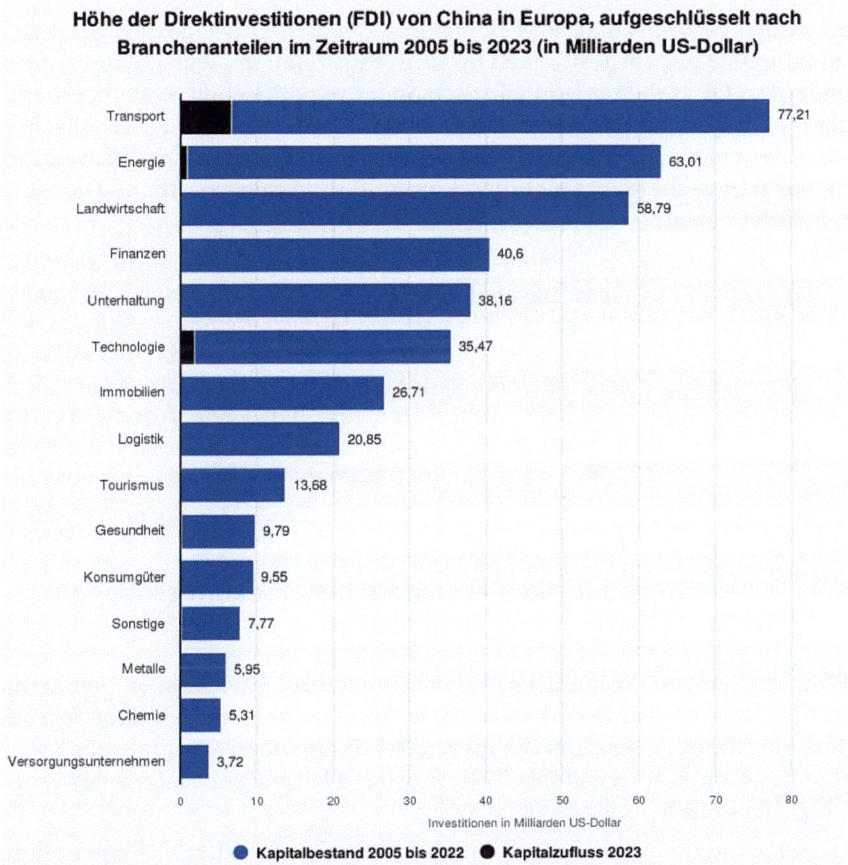

Abb. 4.3: Höhe der Direktinvestitionen (ADI) der VR China in Europa nach Branchen 2005 bis 2023 in Milliarden US-Dollar (The Heritage Foundation; American Enterprise Institute, 2024)

Abbildung 4.3 zeigt die Höhe der ADI der VR China in Europa nach Branchen von 2005 bis 2021 mit rund 450 Milliarden US-Dollar kumuliert.

In dem ersten Jahr der Corona-Pandemie 2020 sanken die ADI noch deutlich gegenüber 2019, bei Beteiligungen und Übernahmen um 91 Prozent auf rund 1,5 Milliarden US-Dollar. Auch in Deutschland traten chinesische Investoren deutlich seltener auf.

Im Jahr 2023 investierten chinesische Unternehmen dann allein wieder in die europäische Transportbranche rund 6,7 Milliarden US-Dollar.

Im ersten Teil dieses Buchs wurde im Unterkapitel 2.3 beschrieben, wie die VR China sich und chinesischen Unternehmen Vorteile verschafft und weltweit an Einfluss gewinnt. Die dort vorgestellten Aspekte sollen hier nicht wiederholt werden.

Auch der Wissenschaftliche Dienst des Deutschen Bundestages hat sich im Jahr 2022 mit chinesischen Direktinvestitionen in Deutschland auseinandergesetzt. Neben einem gänzlich anderen politischen System, erheblichen Menschenrechtsverletzungen in der VR China sowie der Abschottung des eigenen Marktes durch eine Behinderung von Direktinvestitionen ausländischer Unternehmen kommt der wissenschaftliche Dienst zu folgendem Fazit:

> *„Investitionen aus China werden kritischer betrachtet als Investitionen von anderen Ländern. Dies hat auch mit der engen Verbindung der chinesischen Staatsführung mit den dortigen Wirtschaftsunternehmen zu tun. Die politische Einflussnahme auf die Wirtschaftsaktivitäten und der mögliche Einsatz dieser Wirtschaftskraft zum Nachteil anderer Länder lassen dortige Regierungen bei Investitionen aus China vielfach genauer hinsehen. Eine wissenschaftliche Studie zeigt, dass China weltweit am meisten FDI über staatseigene Unternehmen im Ausland investiert."*
>
> *(Deutscher Bundestag, 2022)*

4.3 Chancen und Risiken ausländischer Direktinvestitionen (ADI)

Welche Chancen ausländische Investitionen für Unternehmen bieten und welche Risiken damit verbunden sein können, zeigen die folgenden beiden Abschnitte, aber auch die im Kapitel 5 folgenden Beispiele der KUKA AG, des Containerterminals Tollerort des Hamburger Hafens sowie des Chip-Herstellers Elmos AG.

Darüber hinaus sei auf das Kapitel 6, dort die detailliertere Darstellung der Vor- und Nachteile von weltweit verteilten Lieferketten im Unterkapitel 6.2, verwiesen. Denn diese können nahezu 1:1 auf ADI übertragen werden.

4.3.1 Chancen von ADI

Auf zwei wesentliche Gründe wurde in Kapitel 3 und den vorherigen Unterkapiteln des Kapitel 4 bereits eingegangen: Zum einen kann das Wachstum eines Unternehmens anorganisch über „Mergers & Akquisition“ (Unternehmensfusionen, Unternehmenskäufe oder Beteiligungen an anderen Unternehmen) deutlich schneller erfolgen als organisch aus dem Unternehmen heraus. Damit verbunden sind auch neue Absatzmärkte, die dem investierenden Unternehmen durch ADI zur Verfügung stehen und nicht erst selbst von diesem erschlossen und entwickelt werden müssen.

Darüber hinaus verfolgen Investoren vor allem die folgenden Ziele:

- Vielfach investieren Unternehmen in andere Unternehmen aus der eigenen Branche, aber auch aus artverwandten Branchen. Damit wächst die Produktvielfalt des investierenden Unternehmens und die Risiken werden gegenüber einer Ein-Produkt- und/oder einer Ein-Markt-Strategie reduziert. In den meisten Fällen von ADI kommt es zu einer Portfolioerweiterung.
- ADI können die Innovationsfähigkeit und die Akquisition von Talenten fördern.
- Konkurrenz kann durch ADI in das eigene Unternehmen integriert oder – wenn Mitbewerber nicht das eigentliche Ziel von ADI waren – geschwächt werden.
- Für Unternehmen, in die investiert wird, kann der Kapitalzufluss die einzige Möglichkeit sein, selbst an anderer Stelle zu investieren und seinerseits zu wachsen. Das Beispiel RWE in Unterkapitel 4.1 zeigt darüber hinaus, dass ADI auch als (hoffentlich) lukrative Kapitalanlage durch den Investor gesehen werden.
- Durch ADI können europäische Sozial- und Umweltstandards international verbreitet werden, da Investoren aus Schwellenländern in Deutschland geltende Standards anwenden müssen.
- Darüber hinaus wird durch ADI ein Technologietransfer in beide Richtungen ermöglicht.

(Bundesverband der Deutschen Industrie e. V., BDI, 2023).

Die Schaffung neuer beziehungsweise die Sicherung vorhandener Arbeitsplätze durch ADI ist laut dem Bundesverband der Deutschen Industrie e. V. ein weiterer Vorteil. ADI können für wirtschaftlich angeschlagene Unternehmen der einzige Ausweg vor einer drohenden Insolvenz und eine Chance für den Erhalt mindestens eines Teils der bisherigen Arbeitsplätze sein.

Allerdings kann sich dieser Vorteil auch ins Gegenteil entwickeln, wie die folgenden Risiken von ADI zeigen.

4.3.2 Risiken von ADI

Wenn es zu einer Neuausrichtung eines weltweit tätigen Konzerns über alle seine Standorte hinweg kommt, kann diese zu Lasten eines oder mehrerer Standorte gehen. Dies kann negative Auswirkungen auf Regionen und ganze Länder haben, wenn dortige Standorte in einer neuen weltweiten strategischen Ausrichtung geringer priorisiert oder aufgegeben werden. Neben ausbleibenden Steuereinnahmen und dem Verlust der Attraktivität des Standortes beispielsweise auch für Zulieferbetriebe, kann die vom Bundesverband der Deutschen Industrie e. V. beschriebene Schaffung neuer Arbeitsplätze auch in einen Abbau von Arbeitsplätzen drehen.

Die Beispiele der KUKA AG, des Containerterminals Tollerort des Hamburger Hafens sowie des Chip-Herstellers Elmos AG im folgenden Kapitel werden darüber hinaus aufzeigen, dass

- in einzelnen Ländern vorhandene Wettbewerbsvorteile und Industriekapazitäten verloren gehen können,
- die nationale Sicherheit sowie der Schutz strategischer Industrien gefährdet sein können,
- der Einfluss von ausländischen Unternehmen und/oder ausländischen Staaten im Zielland von ADI zunehmen kann.

Aber ganz so eindeutig ist es nun doch nicht immer.

4.4 Rechtliche Grundlagen für ausländische Direktinvestitionen (ADI)

Unterschiedliche Länder schauen auch sehr unterschiedlich auf ADI. Gerade Länder mit kleinen Volkswirtschaften stehen diesen positiv gegenüber und benötigen diese für ihre eigene Entwicklung. Demgegenüber stehen gerade bei Industriestaaten die Risiken aus Abschnitt 4.3.2 im Vordergrund.

In den folgenden Abschnitten sollen die Sicht der Welthandelsorganisation, die Vorgehensweise bei der Prüfung von ADI in Deutschland sowie in der EU im Vordergrund stehen.

4.4.1 ADI und Welthandelsorganisation (WTO)

Im ersten Teil dieses Buchs „Globalisierung und Global Governance“ wurde auch die Welthandelsorganisation (World Trade Organisation, WTO) mit ihrem Ziel vorgestellt, den Welthandel zu unterstützen und Handelsbarrieren weltweit so weit wie möglich abzubauen.

Zu solchen „Barrieren“ gehören auch rechtliche Rahmenbedingungen von Ländern, die ADI reglementieren beziehungsweise einschränken.

Wesentliche Bausteine der WTO im Zusammenhang mit ADI sind

- das „Abkommen über Handelserleichterungen“ (Trade Facilitation Agreement, TFA) im Allgemeinen,
- und im Speziellen für ADI in Länder mit kleinen Volkswirtschaften das WTO-Programm „Aid for Trade“, das Direktinvestitionen gerade in diese Länder unterstützen soll.

Gerade die Verhandlungen von über 100 WTO-Mitgliedsländern zu einem „multilateralen Abkommen über Investitionserleichterungen für Entwicklung“ zeigen den Stellenwert des zweiten oben genannten Bausteins (World Trade Organisation, 2024c).

4.4.2 ADI und rechtliche Grundlagen in Deutschland

Die Grundlage für die Prüfung von ADI in Deutschland durch das Bundesministerium für Wirtschaft und Klimaschutz sind

- das Außenwirtschaftsgesetz (AWG) und
- die Außenwirtschaftsverordnung (AWV)

Die Ziele einer solchen Prüfung beschreibt das Ministerium wie folgt:

> *„Deutschland als größte Volkswirtschaft Europas ist aufgrund seiner Innovations- und Technologiekraft ein attraktives Ziel für ausländische Investitionen. Viele dieser Investitionen sind hochwillkommen und wichtig für eine prosperierende Wirtschaft. Es kann aber auch Investitionen geben, die für die Sicherheit unseres Landes schädlich wären. Der Staat muss sicherstellen, dass derartige negative Auswirkungen ausländischer Direktinvestitionen auf die öffentliche Ordnung oder Sicherheit der Bundesrepublik Deutschland vermieden werden.“*
>
> *(Bundesministerium für Wirtschaft und Klimaschutz, BMWK, 2024b)*

Damit wird auch versucht, die im Abschnitt 4.3.2 dargestellten Risiken zu vermeiden beziehungsweise zu minimieren.

Das Prüfverfahren unterscheidet zwei Arten:

- Sektorübergreifendes Prüfverfahren

  ADI von Investoren außerhalb der EU, sofern diese nicht aus einem Mitgliedstaat der Europäischen Freihandelsassoziation (EFTA-Raum) stammen.

- Sektorspezifisches Prüfverfahren

  ADI für die Bereiche Rüstung und Wehrtechnik, hier auch für Investoren aus der EU.

Das Prüfverfahren für ADI wurde zuletzt 2021 aktualisiert. Neben einer stärker vorausschauenden Prüfung auf „*voraussichtliche* Beeinträchtigungen der öffentlichen Ordnung oder Sicherheit“ wurde die Ausweitung der Prüfung auch auf die Auswirkungen der ADI auf andere EU-Mitgliedstaaten sowie auf EU-Programme und -Projekte umgesetzt. Eine neu geltende schwebende Unwirksamkeit von ADI für die Dauer der Prüfung soll darüber hinaus verhindern, dass während der laufenden Prüfung vollendete Tatsachen durch die Beteiligten geschaffen und die Ziele der Investitionsprüfung unterlaufen werden (Bundesministerium für Wirtschaft und Klimaschutz, BMWK, 2024b).

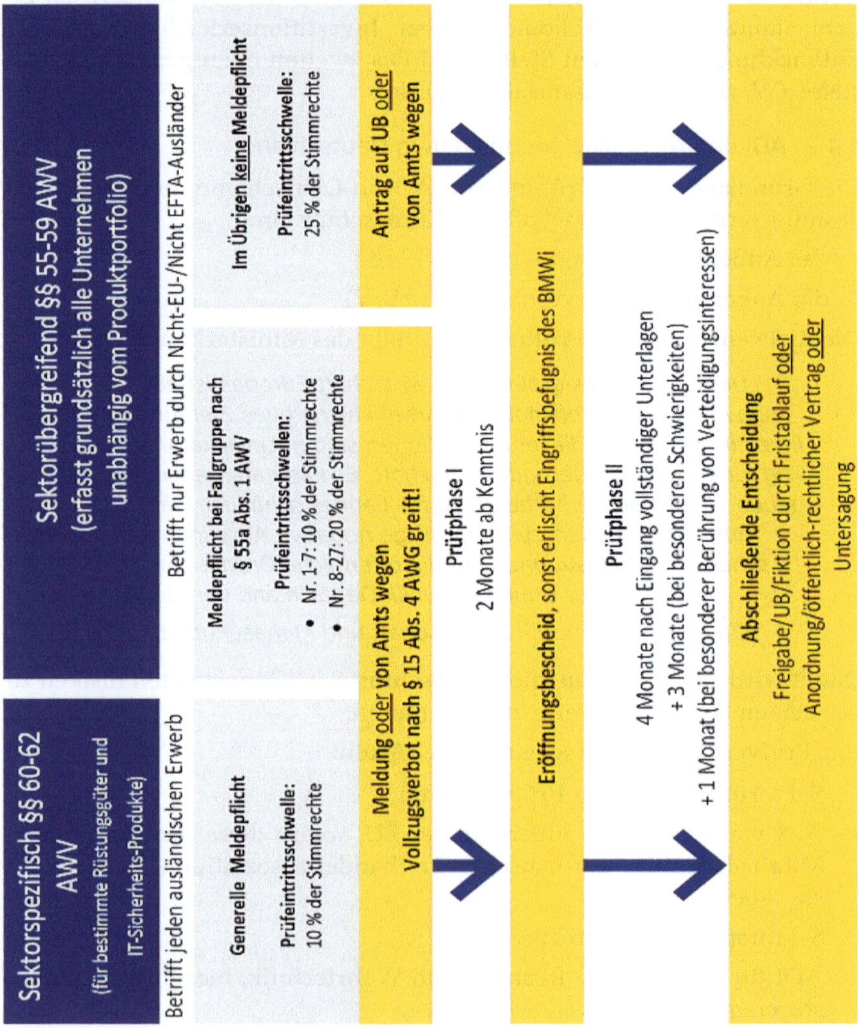

Abb. 4.4: Investitionsprüfungsverfahren für ADI durch das Bundesministerium für Wirtschaft und Klimaschutz (Bundesministerium für Wirtschaft und Klimaschutz, BMWK, 2024b).

Auf die Europäische Freihandelsassoziation (EFTA-Raum) wird im dritten Teil dieses Buchs „Die EU im Prozess der Globalisierung“ weiter eingegangen.

Die Schwellen für eine Meldepflicht durch ausländische Investoren an das Bundesministerium für Wirtschaft und Klimaschutz sowie den Ablauf von Prüfverfahren zeigt Abbildung 4.4.

4.4.3 ADI und rechtliche Grundlagen in der EU

In der EU regeln seit 2019 die „Verordnung zur Schaffung eines Rahmens für die Überprüfung ausländischer Direktinvestitionen in der Union“ und darauf aufbauend seit 2020 der „Europäische Kooperationsmechanismus“ die Beteiligung anderer EU- Mitgliedstaaten und der Europäischen Kommission an den jeweiligen nationalen Investitionsprüfverfahren.

Der direkt prüfende Mitgliedstaat berücksichtigt dabei Rückmeldungen über Kommentare der anderen Mitgliedstaaten und Stellungnahmen der Kommission zu deren Bedenken in Bezug auf „Sicherheit oder öffentliche Ordnung“ in der EU im Rahmen ihrer Entscheidung (Bundesministerium für Wirtschaft und Klimaschutz, BMWK, 2024b).

4.5 Zusammenfassung

Ausländische Direktinvestitionen (ADI) sind ein wesentliches Mittel, um (anorganisch) ein schnelles, weltweit ausgerichtetes Unternehmenswachstum zu ermöglichen.

ADI bieten sowohl für Investoren als auch für die Zielunternehmen von ADI einige Chancen, sie bergen aber durchaus auch Risiken.

Während für kleine Volkswirtschaften die Chancen für ihr eigenes Land überwiegen, stehen für hochentwickelte Industrienationen die Risiken im Vordergrund. Daher setzen sich kleine Volkswirtschaften auch über die WTO für einen möglichst wenig reglementierten Umgang mit ADI ein, während Industrienationen ihre Unternehmen und Volkswirtschaften beispielsweise durch nationale Prüfverfahren schützen wollen.

Gerade die Investitionen von chinesischen, teilweise staatlichen Unternehmen in kritische Infrastruktur ist auch im Jahr 2022 Gegenstand von vielen Diskussionen innerhalb einzelner Länder, in der EU aber auch weltweit.

Letztendlich bleibt jede ADI eine Abwägung der Chancen und Risiken für alle Beteiligten. Vielfach werden jedoch auch den Zielunternehmen von ADI Wachstumschancen geboten, die sie ohne den Kapitalzufluss sowie ohne den Zugang zu neuen Märkten nicht hätten. Im Extremfall können nur ADI für Unternehmen in einer wirtschaftlichen Notlage die eigene Insolvenz abwenden.

Aufgabe 4.1

Machen Sie sich über die im Literaturverzeichnis unter „EUR-Lex, 2022" (Online-Portal zum EU-Recht) aufgeführten Quelle mit der Zusammenfassung der Verordnung zum „Rahmen für die Überprüfung ausländischer Direktinvestitionen" vertraut.

Was ist der wesentliche Zweck der Verordnung?

5 Die Auswirkungen von ADI chinesischer Unternehmen an den Beispielen KUKA AG, Hamburger Hafen Tollerort sowie Elmos AG

Als Beispiel für die Auswirkungen von chinesischen Direktinvestitionen erscheint immer wieder die KUKA AG mit ihrem Sitz in Augsburg in den Medien. Die KUKA AG ist insbesondere als Beispiel geeignet, da es um eine Schlüsseltechnologie und um eine Langfristbetrachtung der Auswirkungen aus der Übernahme geht.

Im Jahr 2022 gab es dann zwei weitere bemerkenswerte Beispiele mit der Beteiligung der chinesischen Reederei COSCO an dem Containerterminal Tollerort des Hamburger Hafens sowie der Übernahme des Chip-Herstellers Elmos AG.

Nach Abschluss dieses Kapitels können Sie die Chancen, aber auch die Risiken von ADI anhand der drei Praxisbeispiele noch besser einordnen.

5.1 KUKA AG

Als weltweit führendes deutsches Vorzeigeunternehmen gerade bei der Herstellung und Weiterentwicklung von Industrie-Robotern wurde die KUKA AG bereits im Jahr 2016 von dem chinesischen Elektrogerätekonzern Midea-Group (Guangdong Midea Electric Co., Ltd.) übernommen. Die Midea-Group relativiert seitdem nach und nach einzelne Aussagen und verändert auch zusehends die strategische Ausrichtung des Unternehmens in einem Umfang, wie es für die KUKA AG ohne diese Direktinvestition nicht möglich gewesen wäre.

5.1.1 Vorstellung der KUKA AG

Eine Besichtigung beispielsweise der Werke der Volkswagen AG in Wolfsburg oder Leipzig zeigt den Einsatz von KUKA-Robotern in der Automobilbranche im Echtbetrieb eindrucksvoller, wie ihn das „Standbild“ in Abbildung 5.1 vorstellen kann.

Menschen sind kaum mehr im Einsatz und deren Aufgaben haben sich grundlegend verändert – von der von Menschen dominierten Fertigung der Fahrzeuge hin zur Betreuung und Wartung der produzierenden Roboter. Deutliche Kostenvorteile durch die Automatisierung stehen genauso im Vordergrund wie ein Ausgleich für den zunehmenden Fachkräftemangel.

Abb. 5.1: Einsatz von KUKA-Robotern in der Automobilbranche (KUKA AG, 2024a)

KUKA beschreibt sich selbst wie folgt:

> *„Als einer der weltweit führenden Anbieter von intelligenten, ressourcenschonenden Automatisierungslösungen bietet KUKA Industrie-Roboter, autonome, mobile Roboter (AMR) samt Steuerungen, Software und cloudbasierten Digital-Services sowie vollvernetzte Produktionsanlagen für verschiedene Branchen – vor allem für Märkte wie Automotive mit Schwerpunkt E-Mobility & Battery, Electronics, Metal & Plastic, Consumer Goods, Food, E-Commerce, Retail und Healthcare. KUKA ist mit über 100 Standorten in mehr als 50 Ländern aktiv. Die größten Standorte befinden sich in Deutschland, USA, China und Ungarn, der Hauptsitz ist in Augsburg.“*
>
> *(KUKA AG, 2024a)*

KUKA ist mit den folgenden Kennzahlen aus 2023 – trotz seiner führenden Rolle bei Industrie-Robotern – als spezialisiertes Unternehmen in einem bestimmten Marktsegment (Industrie-Roboter) einzustufen und von der Größe her nicht vergleichbar mit Transnationalen Unternehmen wie beispielsweise der Weltmarktführerin bei der Herstellung von Industrie-Robotern, der Mitsubishi Electric Corporation aus Japan.

Tab. 5.1: KUKA-Kennzahlen im Vergleich 2023 zu 2011 (eigene Darstellung in Anlehnung an Statista, 2024b)

	2023	2011
Umsatz	4,1 Milliarden Euro	1,4 Milliarden Euro
Mitarbeitende	rund 14.700	rund 6.600
Ergebnis nach Steuern	111,2 Millionen Euro*	72, 6 Millionen Euro

* nach rund 113 Millionen Euro *Verlust* im ersten Jahr der Corona-Pandemie 2020

Abbildung 5.2 zeigt für die Einordnung von KUKA den weltweiten Vergleich für das Segment Industrie-Roboter im Jahr 2022.

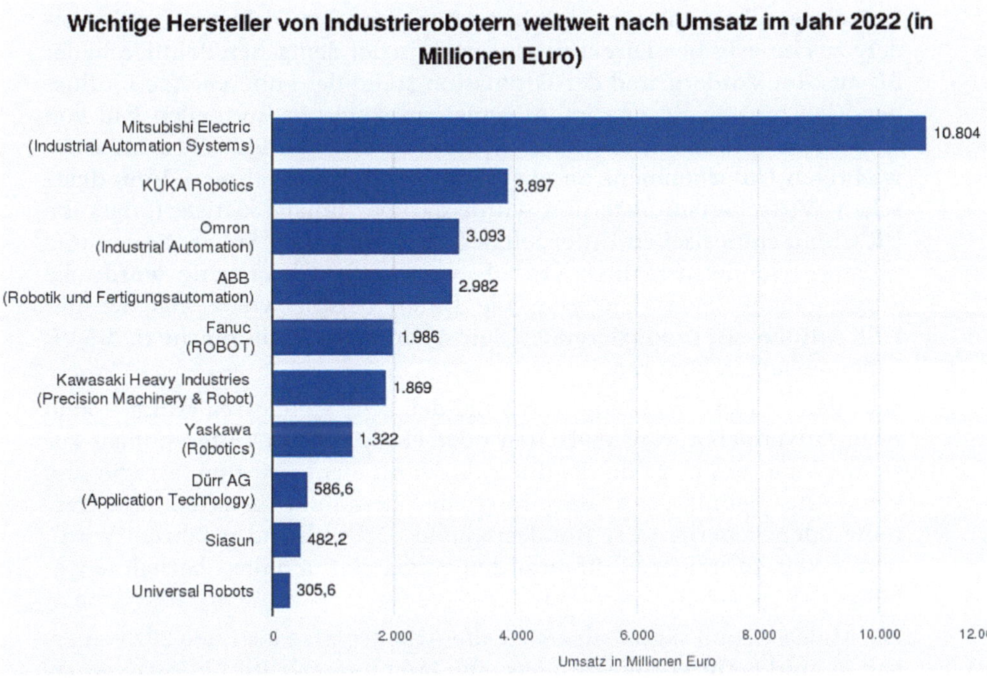

Abb. 5.2: Industrie-Roboter – Umsatz wichtiger Hersteller weltweit 2020 (Scholle, 2024)

Trotz dieses auf den ersten Blick gravierenden Unterschieds gerade zu der Mitsubishi Electric Corporation verfügt KUKA über eine weltweit anerkannte Spezialexpertise in einem Segment, das für nahezu alle Branchen auch in Zukunft interessant sein wird. Auch dadurch wurde KUKA zu einem begehrten Ziel für Direktinvestitionen von ausländischen Unternehmen.

Abschließend bietet der folgende Kurzfilm die Möglichkeit, sich über das „Standbild“ aus Abbildung 5.1 hinaus einen Eindruck über die KUKA AG zu verschaffen.

Die KUKA AG
https://www.youtube.com/watch?v=KdwO0a-yKb0

5.1.2 Übernahme der KUKA AG durch die Midea-Group

Nach der Übernahme eines kleineren Aktienpakets im Jahr 2015 signalisierte die chinesische Midea-Group 2016, die KUKA AG übernehmen zu wollen und unterbreitete den Aktionärinnen und Aktionären ein Angebot für deren Aktien.

Erst dieses Übernahmeangebot löste eine intensive Diskussion insbesondere zu chinesischen Direktinvestitionen in der deutschen Politik und der EU aus. Im Vordergrund der Diskussion stand der zunehmende Einfluss der VR China in Europa im Allgemeinen sowie im speziellen Fall von KUKA der Verkauf eines für die Modernisierung der deutschen Industrie wichtigen Unternehmens an ein chinesisches Unternehmen. Vom deutschen Wirtschaftsministerium wurde darüber hinaus kritisiert, dass die VR China chinesischen Unternehmen mit staatlichen Subventionen und unfairen Handelspraktiken Vorteile verschaffe. Gleichzeitig wurde die Sorge geäußert, dass hochsensible Daten beispielsweise aus der mit KUKA-Robotern produzierenden deutschen Automobilbranche in die VR China gelangen könnten.

Nachdem – trotz Werbung durch die deutsche Bundesregierung – kein Alternativangebot von deutschen oder europäischen Unternehmen zustande kam und es in der Prüfung durch die deutsche Bundesregierung keine Ansatzpunkte gab, „dass durch die Übernahme die öffentliche Ordnung oder Sicherheit der Bundesrepublik Deutschland gefährdet wird”, wurde kein förmliches Prüfverfahren eingeleitet und die Übernahme gebilligt.

Die Midea-Group sagte damals zu, die Arbeitsplätze bis Ende 2023 zu erhalten, und befürwortete anfangs eine breit aufgestellte Aktionärsstruktur. Aus von der Midea-Group anfänglich signalisierten mindestens 30 Prozent Zielanteil wurden im Verlauf von der deutschen Bundesregierung befürwortete maximal 49 Prozent und am Ende der Übernahmefrist knapp 95 Prozent Anteil an der KUKA AG (Reuters, 2016).

Auf die weitere Entwicklung – auch zu der Aktionärsstruktur – wird im folgenden Abschnitt 5.1.3 weiter eingegangen.

5.1.3 Auswirkungen der Übernahme der KUKA AG

Einzelne Sorgen der deutschen Bundesregierung im Zusammenhang mit der Übernahme der KUKA AG durch ein chinesisches Unternehmen können auch heute noch nicht abschließend und konkret bewertet werden.

Seit der Übernahme haben sich jedoch Veränderungen bei der Aktionärsstruktur und der strategischen Ausrichtung ergeben, die mit der Pressemitteilung von KUKA Ende November 2021 deutlich wurden (KUKA, 2021):

- Aktionärsstruktur

  Die ursprüngliche Aussage der Midea-Group, eine breit gestreute Aktionärsstruktur zu befürworten, war bereits mit knapp 95 Prozent eigenem Anteil nicht mehr gegeben. In der Pressemitteilung wird darüberhinausgehend angekündigt, KUKA von der Börse nehmen zu wollen und in diesem Schritt die verbliebenen weiteren Aktionäre abzufinden.

- Strategische Ausrichtung inklusive Management

  Mit der Pressemitteilung erfolgt ein klares Bekenntnis zu dem heutigen deutschen Standort und dessen deutliche Stärkung auch über 2023 hinaus. Gleichzeitig nehmen sich KUKA und die Midea-Group strategische Ziele gerade in den Bereichen (weltweites) Wachstum und Innovation vor, die ohne die Direktinvestition von Midea nicht möglich gewesen wären.

  Was dieses Bekenntnis zu dem heutigen Standort und die Arbeitsplätze tatsächlich langfristig bedeutet, wird sich belastbar erst mittelfristig nach der Ende 2023 abgelaufenen Arbeitsplatzgarantie zeigen. Bereits nach der Übernahme hatten einige Mitglieder das Management verlassen, dazu gehörte auch der ehemalige Vorstandsvorsitzende.

Der „KUKA Innovation Award" hat seit 2014 das Ziel, „das Innovationstempo im Bereich der robotergestützten Automation zu beschleunigen und den Technologietransfer von der Forschung zur Industrie zu verbessern" (KUKA AG, 2024b). Gleichzeitig wächst durch solche Wettbewerbe aber auch die Sorge, dass die Innovationskraft von Start-Ups und anderen Unternehmen fremdgenutzt werden könnte.

Ob und in welchem Umfang durch die Übernahme und durch solche Wettbewerbe ein technologischer Vorsprung Deutschlands verloren geht, kann abschließend nicht beantwortet werden. Hier sei zum einen noch einmal auf die Abbildung 1.17 aus dem ersten Teil dieses Buchs „Globalisierung und Global Governance" verwiesen, die die stark steigende Innovationskraft der VR China dokumentiert – weniger aus eigenen Innovationen heraus als vielmehr aus der Innovationskraft der zahlreichen ehemals westlichen Unternehmen, die in den letzten Jahrzehnten durch chinesische Unternehmen übernommen wurden. Es sei aber zum anderen auch an die Abbildungen 4.1 und 4.2 aus diesem Teil des Buchs erinnert, die die VR China nicht als führend bei eigenen Direktinvestitionen und in gleichem Umfang als Zielland für Direktinvestitionen ausweisen.

Die Übernahme von KUKA war der Auslöser für Änderungen der deutschen Außenwirtschaftsverordnung im Jahr 2021. Für Hoch- und Zukunftstechnologien (unter anderem Künstliche Intelligenz, autonomes Fahren, Robotik, Halbleiter, Cyber-Sicherheit, Luft- und Raumfahrt) wurden Meldepflichten bei Beteiligungen an deutschen Unternehmen durch ausländische Unternehmen außerhalb der EU ab 20 Prozent (teilweise bereits ab 10 Prozent) beschlossen. Im Vordergrund stand dabei der Schutz von deutschen Sicherheitsinteressen (Wirtschaftswoche, 2021).

5.2 Hamburger Hafen, Containerterminal Tollerort

Im September 2021 haben die Hamburger Hafen und Logistik AG (HHLA) und die weltweit zweitgrößte chinesische Reederei China Ocean Shipping Company (COSCO) einen Beteiligungsvertrag über 35 Prozent an dem mehrheitlich der Hansestadt Hamburg gehörenden Containerterminal Tollerort unterschrieben.

Wie in Abschnitt 4.4.2 beschrieben, war für die Umsetzung des unterschriebenen Vertrages ein „sektorübergreifendes Prüfverfahren" durch die zuständigen deutschen Behörden erforderlich. Auch die im Abschnitt 4.4.3 beschriebene Einbindung der EU mit Empfehlungsrecht wurde hier relevant.

Nicht nur das deutsche Wirtschaftsministerium, sondern alle in das Prüfverfahren involvierten Ministerien hatten sich gegen diese ADI ausgesprochen, ebenso die EU im Rahmen der in dem Kapitel beschriebenen Einbindung. Ministerien und EU vereinte die Sorge, dass ein staatlich kontrolliertes Unternehmen aus der VR China Zugriff auf deutsche kritische Infrastruktur erhält und der Hafen Hamburg durch einen der bereits heute wichtigsten Kunden erpressbar wird. Auch die in das Prüfverfahren nicht involvierten USA sahen den Vorgang und die daraus entstehenden Abhängigkeiten kritisch.

Aus unterschiedlichen Veröffentlichungen über die angegebene Quelle hinaus wird der Vorgang rund um den Hafen Hamburg mit „Nord Stream 2" verglichen und der Abhängigkeit gerade Deutschlands von Russland bei der Energieversorgung.

Anders sahen das der 2022 regierende Hamburger Erste Bürgermeister Peter Tschentscher und die Unternehmensführung der HHLA, die den Vorgang ausdrücklich befürworteten (Buchen, 2022).

Ende Oktober 2022 hat dann der deutsche Bundeskanzler und ehemalige Hamburger Bürgermeister Olaf Scholz einer Beteiligung von maximal

24,99 Prozent und damit einem geringeren als ursprünglich angestrebten Umfang (35 Prozent) zugestimmt. Durch diesen Kompromiss werde gemäß Wirtschaftsministerium ein strategische Beteiligung Chinas am Terminal verhindert und der Erwerb auf eine reine Finanzbeteiligung reduziert (Norddeutscher Rundfunk, 2022).

Folgende Abbildung 5.3 zeigt die Investitionen von chinesischen Unternehmen in europäische Häfen inklusive der in den Hafen Hamburg.

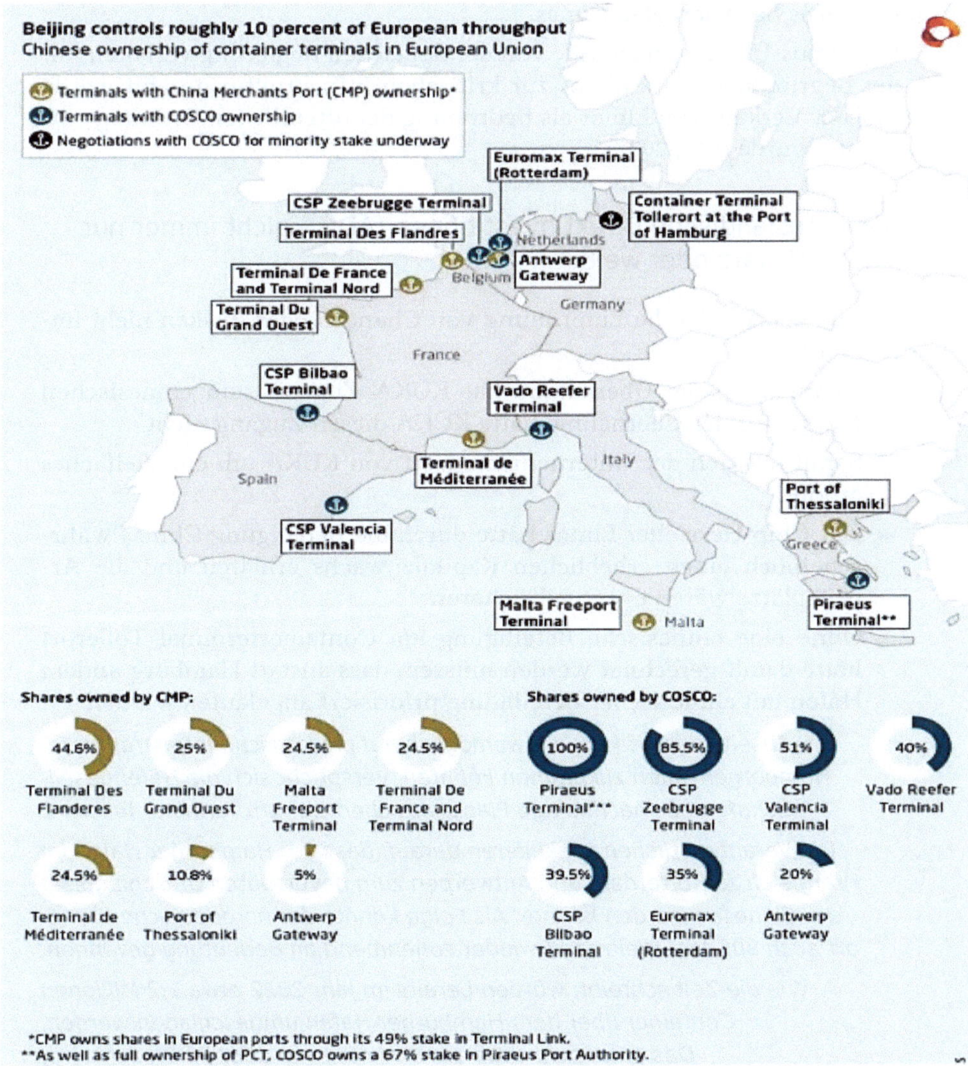

Abb. 5.3: Chinesische Investitionen in europäische Häfen (Kaufner & Hoenig, 2022)

5.3 Elmos AG

Parallel zu dem im Unterkapitel 5.2 beschriebenen und mittlerweile abgeschlossenen Prüfverfahren zu dem Verkauf von Anteilen an dem Containerterminal Tollerort an die staatliche chinesische Reederei Cosco Ende Oktober 2022 kam es zu einem weiteren Prüfverfahren zu der Übernahme der Chip-Fertigung des Dortmunder Unternehmens Elmos AG durch ein schwedisches Tochterunternehmen des chinesischen Konzerns Sai Microelectronics.

Die Elmos-Übernahme wurde von der deutschen Regierung verboten mit der Begründung, dass Elmos zur kritischen Infrastruktur gezählt werde und der Verkauf von Elmos als Bedrohung der öffentlichen Ordnung eingestuft wurde (ntv, 2022).

5.4 Ausländische Direktinvestitionen (ADI) – nicht immer nur schwarz oder weiß

Gerade bei ADI ist die Einordnung von Chancen oder Risiken nicht immer eindeutig:

- Denn durch die Übernahme hat KUKA Zugang zum chinesischen Markt, vor der Übernahme hatte KUKA diesen Zugang nicht.
- Somit hat sich der Unternehmenswert von KUKA um ein Vielfaches erhöht.
- Der Chip-Hersteller Elmos hätte durch die Beteiligung Chinas wahrscheinlich einen erheblichen Kapitalzuwachs erhalten und die Arbeitsplätze wären eventuell sicherer.
- Ohne eine chinesische Beteiligung am Containerterminal Tollerort hätte damit gerechnet werden müssen, dass anstatt Hamburg andere Häfen mit chinesischer Beteiligung priorisiert angelaufen werden.

„Abseits der Risiken, die womöglich auf die kritische Infrastruktur im Hamburger Hafen zukommen könnten, verspricht sich die Hafengesellschaft eine „nachhaltige Planungssicherheit" am Terminal Tollerort.

Die Verantwortlichen spekulieren darauf, dass der Hamburger Hafen im Vergleich zu Rotterdam und Antwerpen zum bevorzugten Umschlagplatz der Chinesen werden könnte. Als Folge könnte der norddeutsche Standort auch auf dem Weltmarkt wieder zunehmend an Bedeutung gewinnen.

Wie die Zeit schreibt, würden bereits im Jahr 2022 etwa 1,2 Millionen Container über dem Hamburger Hafen umgeschlagen werden. Das entspricht etwa einem Anteil von über 30 Prozent. [...]

Sollte Cosco der Zuschlag beim Tollerort-Terminal nicht ermöglicht werden, wird befürchtet, dass chinesische Unternehmen auf andere Häfen ausweichen könnten, um ihre Waren nach Europa zu bringen."

(Reimann, 2022).

Es ist daher in jedem Einzelfall wichtig, sich ein eigenes umfassendes Bild aus den unterschiedlichsten Perspektiven zu machen und nicht nur einseitig zu denken.

5.5 Zusammenfassung

Durch die Übernahme der KUKA AG durch die chinesische Midea-Group wurden Sorgen auch der deutschen Bundesregierung akut, welche Auswirkungen chinesische Direktinvestitionen (ADI) auf Deutschland und deutsche Unternehmen haben können.

Selbstverständlich sind Investitionen oder Übernahmen von Dritten – egal ob aus Deutschland, aus Europa, aus der VR China oder aus anderen Ländern – gerade für das übernommene Unternehmen mit Veränderungen verbunden. Bei ausländischen Direktinvestitionen kommt noch die Konkurrenz zwischen unterschiedlichen Nationen und/oder unterschiedlichen Wirtschaftssystemen hinzu.

Wo, von wem und in welchem Umfang sind ausländische Direktinvestitionen gern gesehen und sinnvoll? Ab wann sind nationale (Sicherheits-) Interessen gefährdet? Kann und sollte eine Einschränkung von ausländischen Direktinvestitionen erfolgen – national und/oder weltweit? Auf alle diese Fragen gibt es keine eindeutigen Antworten, die für alle Situationen gelten können.

Ob allerdings Einschränkungen – wie die Änderung der deutschen Außenwirtschaftsverordnung – im Sinne der Globalisierung und der globalen Marktmechanismen eine Lösung sein können, muss mindestens bezweifelt werden.

Bei allen nachvollziehbaren Sorgen sei abschließend noch einmal darauf hingewiesen, dass die KUKA AG ohne die ausländische Direktinvestition (ADI) der Media-Group sich wohl nie die jetzt aufgerufenen Wachstumsziele (weltweites Wachstum und Umfang von Innovationen) hätte setzen können.

Die weiteren Entwicklungen aus der im Jahr 2022 erfolgten chinesischen Beteiligung am Hamburger Hafen bleiben allerdings insgesamt abzuwarten.

Aufgabe 5.1

Machen Sie sich mit der Midea-Group (Guangdong Midea Electric Co., Ltd., 2022) vertraut.

Was sind die relevanten Informationen zu dem Konzern?

Aufgabe 5.2

Recherchieren Sie im Internet, warum die ELMOS-Übernahme gestoppt wurde.

6 Lieferketten, Supply Chain Management und die Verantwortung von Transnationalen Unternehmen für ihre eigenen Lieferketten

Transnationale Unternehmen (TNCs) sind weltweit aufgestellt, in Hinblick auf die gesamte eigene Wertschöpfungskette, aber auch in Hinblick auf die eigenen weltweit aufgeteilten Lieferketten.

Nach Abschluss dieses Kapitels

- können die die Begriffe „Wertschöpfungs-" und „Lieferkette" sowie „Supply Chain Management" erklären und voneinander abgrenzen
- wissen Sie, was unter „Make-or-Buy"-Entscheidungen sowie einer „Just in Time"-Produktion zu verstehen ist
- kennen Sie die Vor- und Nachteile von (weltweit) aufgeteilten Lieferketten und können auch das aktuelle Umfeld in Bezug auf notwendige Anpassungen bewerten
- kennen Sie den rechtlichen Rahmen für TNCs und wissen, ob es verbindliche, weltweit einheitliche rechtliche Regeln beziehungsweise Vorgaben für TNCs gibt
- haben Sie verstanden, welche Verantwortung TNCs im Rahmen der Corporate Social Responsibility (CSR) übernehmen wollen
- können Sie Beispiele benennen und erläutern, in denen TNCs den Empfehlungen und Leitlinien sowie ihrer Verantwortung aus ihrer eigenen CSR nicht gerecht werden.

6.1 Wertschöpfungs- und Lieferketten im Allgemeinen

Wertschöpfungsketten innerhalb eines Unternehmens sind – wie auf unterschiedliche Lieferanten aufgeteilte Lieferketten – erst einmal unabhängig davon zu sehen, ob es sich um ein ausschließlich im eigenen Land tätiges Unternehmen oder um ein Transnationales Unternehmen (TNC) handelt. Daher erfolgt zum Anfang dieses Kapitels eine kurze Einordnung der allgemein gültigen Begriffe.

Worin unterscheiden sich Wertschöpfungs- und Lieferketten (inkl. Supply Chain Management) eines Unternehmens und was ist darunter zu verstehen?

6.1.1 Wertschöpfungskette

Der Begriff „Wertschöpfungskette" oder „Wertekette" nach Michael E. Porter umfasst die Organisationsabläufe, die aus den wertschöpfenden

Aktivitäten eines Unternehmens resultieren. Porter unterteilt diese in Primäraktivitäten und Unterstützungsaktivitäten (Werner, 2020, S. 17).

Abbildung 6.1 zeigt das Modell nach Porter mit seinen einzelnen Komponenten.

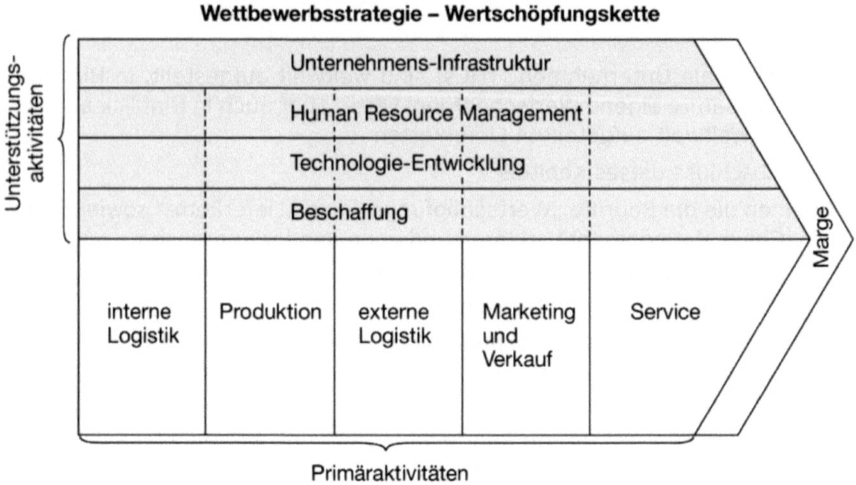

Abb. 6.1: Wertschöpfungskette nach Michael E. Porter (Gabler Wirtschaftslexikon, n. d.)

Porter unterscheidet dabei auch zwischen internen und unternehmensübergreifenden Wertschöpfungsketten. Die durch ein Unternehmen selbst abgedeckten Bereiche stehen in enger Verzahnung zu den Beiträgen externer Partnerinnen und Partner zum Wertschöpfungsprozess,

- im Eingangsbereich zu den Lieferanten,
- im Ausgangsbereich zu den Vertriebskanälen und den Kundinnen und Kunden.

Weitere unterstützende Bereiche (beispielsweise Rechtsabteilung, Treasury oder Finanzen) werden in Porters Modell vernachlässigt (Werner, 2020, S. 17).

Bei TNCs spielen die weltweit verteilten Partnerinnen und Partner eine wesentliche Rolle.

6.1.2 Lieferketten und Supply Chain Management

Supply Chain Management und Wertschöpfungskette können dadurch voneinander abgegrenzt werden, dass sich der erste Ansatz auf die Versorgung, Entsorgung und das Recycling ausrichtet. Somit umfasst ein Supply Chain Managemant die physische Verfügbarkeit, die Beseitigung,

Verwendung oder die Verwertung von Waren und Dienstleistungen. Diese Aktivitäten sind von Informations- und Geldströmen umgeben.

Die Wertschöpfungskette hingegen legt ihren Fokus auf wertsteigernde oder wertvernichtende Einflussfaktoren. Das können Aspekte wie das Image oder das Design sein. Laut Werner sind dies Größen für das Supply Chain Management nur von untergeordneter Bedeutung (Werner, 2020, S. 17).

Die Verantwortung von TNCs für jeden einzelnen Baustein ihrer Lieferketten und das Lieferkettensorgfaltspflichtengesetz wird uns in diesem Kapitel erneut begegnen.

Nach Porter entstehen für Unternehmen Differenzierungs- oder Kostenvorteile, wenn die einzelnen Bausteine der Wertschöpfungskette auch im Vergleich mit der Konkurrenz optimiert werden (Werner, 2020, S. 17). Transnationale Unternehmen (TNCs) haben hier vielfältigste Möglichkeiten, denn diese können weltweit nicht nur auf die Fähigkeiten und Ressourcen der eigenen Tochtergesellschaften zurückgreifen, sondern haben aufgrund ihrer weltweiten Aufstellung auch bessere Kontakte zu externen Zuliefererunternehmen rund um die Welt.

Zu den Optimierungsmöglichkeiten in den einzelnen Bereichen auch eines TNCs gehören auch „Make-or-Buy“-Entscheidungen und die Ausprägung einer „Just in Time“-Produktion. Beide werden in den folgenden zwei Abschnitten vorgestellt.

6.1.3 „Make-or-buy“-Entscheidungen

Jedes Unternehmen steht regelmäßig vor „Make-or-Buy“-Entscheidungen, der Entscheidung zwischen der Eigenfertigung oder dem Fremdbezug von Leistungen (Outsourcing).

Während in den Jahren vor der Corona-Pandemie, vor der Blockade des Suez-Kanals durch die Havarie der „Ever Given“, aber auch vor dem Einmarsch Russlands in die Ukraine im Februar 2022 ein deutlicher Trend zu „Buy“ erkennbar war, werden neue Entscheidungen seitdem wieder deutlich vorsichtiger getroffen, frühere Entscheidungen werden in Frage gestellt und vielfach korrigiert (vergleiche Unterkapitel 6.3 in diesem Teil des Buchs sowie 1.9 „De-Globalisierung, aktuelle Entwicklungen“ im ersten Teil des Buchs „Globalisierung und Global Governance“.

Wenn Unternehmen „Make-or-Buy“-Entscheidungen treffen, geht es von für die eigene Produktion benötigten Materialien (beispielsweise Rohstoffe) bis hin zu ganzen Fertigungsprozessen. Aber auch ein Fremdbezug von Dienstleistungen (beispielsweise Reparatur- und Wartungsleistungen) bis hin zu fertigen Produkten, die gar nicht oder nur wenig verändert weiterverkauft werden, sind Gegenstand solcher Entscheidungen.

Im Fokus steht bei „Make or Buy“ immer die am besten geeignete Schnittstelle zu den internen Prozessen im Unternehmen; damit geht es auch um mehr als um den reinen Kosten- und Konkurrenzdruck. Es gilt vielmehr auch andere Aspekte zu berücksichtigen, wie beispielsweise die Fragen, ob

- das notwendige Know-how im eigenen Unternehmen verfügbar ist,
- man schnell genug auf verkürzte Produktlebenszyklen mit schnellen Modellwechseln reagieren kann,
- Nachhaltigkeits- und Umweltaspekte angemessen berücksichtigt werden,
- es ethisch und moralisch vertretbar ist, in bestimmten Ländern produzieren zu lassen oder zuzukaufen.

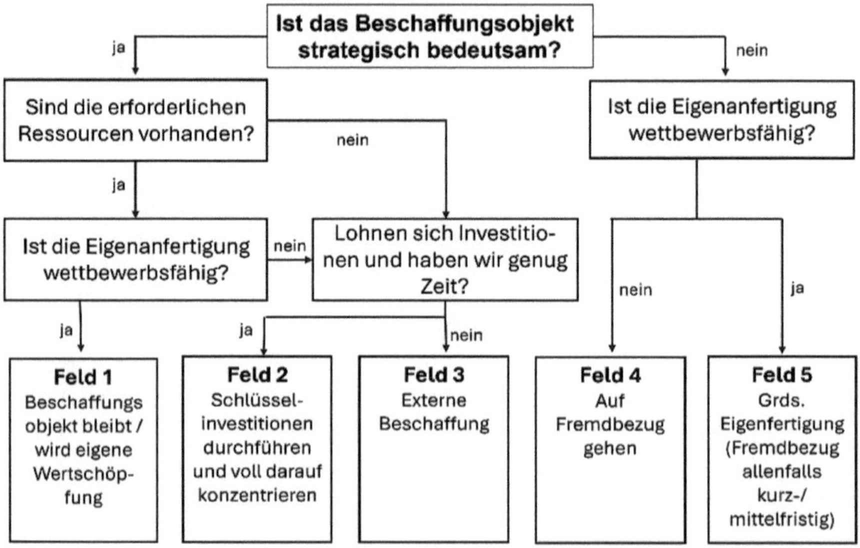

Abb. 6.2: Entscheidungsbaum für „Make-or-Buy“-Entscheidungen (Arnolds et al., 2022, S. 236)

Während für Randbereiche der eigenen Produktion eine Entscheidung für „Buy“ leichter fallen kann, sollten solche Entscheidungen für strategisch wichtige Kernbereiche deutlich vorsichtiger getroffen werden (Arnolds et al., 2022, S. 233ff.).

Daraus ergibt sich ein möglicher Entscheidungsbaum, der in der vorangegangenen Abbildung 6.2 dargestellt ist.

Laut Werner (in Arnolds) sind die Felder 1 und 2 die Kernkompetenzen des Unternehmens, deren Optimierung erfordert konzentrierte Aufmerksamkeit.

Hier sollte eigentlich keine Fremdvergabe erfolgen.

Feld 3 sieht die enge Kooperation mit Partnerunternehmen vor, die über die notwendigen Kompetenzen sowie über Innovationskraft verfügen und gleichzeitig flexibel die notwendigen Kapazitäten zur Verfügung stellen können.

Eine Fremdvergabe bietet sich hier an.

Feld 4 umfasst den reinen Fremdbezug, bei Feld 5 sind beide Varianten möglich (Arnolds et al., 2022, S. 237).

Auf die Vorteile und Nachteile / Risiken aus der (weltweiten) Aufteilung von Lieferketten wird in Unterkapitel 6.2 weiter eingegangen. Neben der qualitativen Bewertung dieser Vor- und Nachteile / Risiken ist selbstverständlich eine kostenrechnerische Bewertung als Grundlage für eine Entscheidung „Make or Buy“ erforderlich beziehungsweise sinnvoll. Dafür gibt es die unterschiedlichsten Modelle, die teilweise auch versuchen, qualitative Aspekte kostenrechnerisch zu bewerten. Auf diese Modelle wird hier nicht weiter eingegangen.

6.1.4 „Just in Time“-Produktion

Hat sich ein Unternehmen für den Fremdbezug von Leistungen („Buy“) entschieden, müssen die Zulieferungen von Dritten zu dem Zeitpunkt erfolgen, zu dem diese in dem eigenen Unternehmen benötigt werden.

Geschieht dies zeitlich und von den Mengen her punktgenau und werden keine oder nur sehr geringe Lagerbestände als Reserve vorgehalten, spricht man von einer „Just in Time“-Produktion. Ziel sind dabei vor allem möglichst geringe Lagerhaltungskosten. Vielfach haben Unternehmen aber auch gar nicht den Platz für größere Lager oder es soll vermieden werden, dass Lagerbestände verderben oder aus anderen Gründen nicht mehr weiterverwendet werden können.

Gerade nur eingeschränkt vorhandene Lagerkapazitäten waren auf der (relativ) kleinen Insel Japan in der Automobilindustrie der Grund, eine „Just in Time“-Produktion in den 1970er-Jahren zu entwickeln und umzusetzen (Frankfurter Allgemeine Zeitung, 2019).

Je geringer die Entfernung zwischen zwei Unternehmen ist, desto geringer sind zumindest die mit dem Transport verbundenen Risiken. Aber unabhängig davon ist eine gute Planung zwingend erforderlich, der Zulieferer muss eine ausgesprochen hohe Verlässlichkeit haben und Lieferketten dürfen nicht beeinträchtigt oder unterbrochen werden (vergleiche Unterkapitel 6.3).

Der folgende Film erklärt noch einmal die „Just in Time"-Produktion auch am Beispiel der japanischen Automobilindustrie.

> „Just in Time"-Produktion
>
> https://www.faz.net/aktuell/wirtschaft/erklaervideo-was-ist-eine-just-in-time-produktion-16064004.html

6.2 Weltweite Aufteilung von Lieferketten im Rahmen der Globalisierung

Im ersten Teil dieses Buchs „Globalisierung und Global Governance" wurde bereits deutlich, dass *ein* wesentlicher Grund für eine zunehmende Globalisierung der Verfall von Transport- und Kommunikationskosten war.

Diese Entwicklung war auch der Grund, warum immer mehr Unternehmen ihre eigenen Lieferketten national, international bis hin zu weltweit aufgeteilt haben. Denn allein eine preisgünstigere Produktion beispielsweise von Bauteilen in Asien reicht für eine tatsächliche Verlagerung von Teilen der eigenen Produktion nicht aus, wenn die Kostenvorteile durch exorbitante Lieferkosten wieder kompensiert werden oder es immer wieder zu Ausfällen des zuliefernden Unternehmens kommt.

Ein Gefühl für die Dimensionen von globalisiertem Transport vermittelt die folgende Abbildung 6.3 eines Autotransportschiffes in Bremerhaven. Aktuell können die größten Autoschiffe der Welt rund 9.000 Autos transportieren.

Für die Dimensionen von heutigen Containerschiffen, dem wichtigsten Transportmittel im weltweiten Handel, sei auf Abbildung 1.10 im ersten Teil dieses Buchs „Globalisierung und Global Governance" verwiesen.

Auch ist die schnelle, problemlose und preiswerte Kommunikation via Mail oder Telefon zwischen auftraggebenden und auftragnehmenden Unternehmen eine wesentliche Grundlage für länderübergreifende Vertragsbeziehungen.

Abb. 6.3: Autotransportschiff in Bremerhaven (Sommer / picture alliance, 2016)

Die „internationale Beschaffung“ ist dabei gleichzusetzen mit Importen und hat eher einen kurzfristigen, operativen Charakter. Demgegenüber geht „Global Sourcing“ in die strategische Ausrichtung von Unternehmen hinein und umfasst beispielsweise die weltweite Expansions-, Standort- und Absatzpolitik oder die Realisierung von Materialkostenvorteilen im Ausland (Arnolds et al., 2022, S. 340).

Am Beispiel des „iPhone 13 Pro“ von Apple wird aus Abbildung 6.4 deutlich, dass allein schon die einzelnen Gerätebauteile aus der ganzen Welt und von den unterschiedlichsten Unternehmen stammen, die auf diese Komponenten spezialisiert sind.

Dazu kommt die eigentliche Zusammensetzung der einzelnen Komponenten zu einem fertigen iPhone. Diese findet zum überwiegenden Teil durch das taiwanesische Unternehmen Foxconn (Hon Hai Precision Industry Co., Ltd.) in dessen chinesischem Werk in der Stadt Zhengzhou mit bis zu 300.000 Mitarbeitenden statt. Aufgrund der starken Einschränkungen in der VR China durch die Corona-Pandemie und hohen Infektionszahlen, aber auch durch die zunehmenden geopolitischen Spannungen mit der VR China wurde ein weiteres Werk von Foxconn in Indien deutlich aufgewertet und dessen Produktionskapazitäten deutlich ausgebaut. Neben bislang dort produzierten älteren Modellen sollen zukünftig auch neuere Modelle in Indien hergestellt werden (Handelsblatt, 2023).

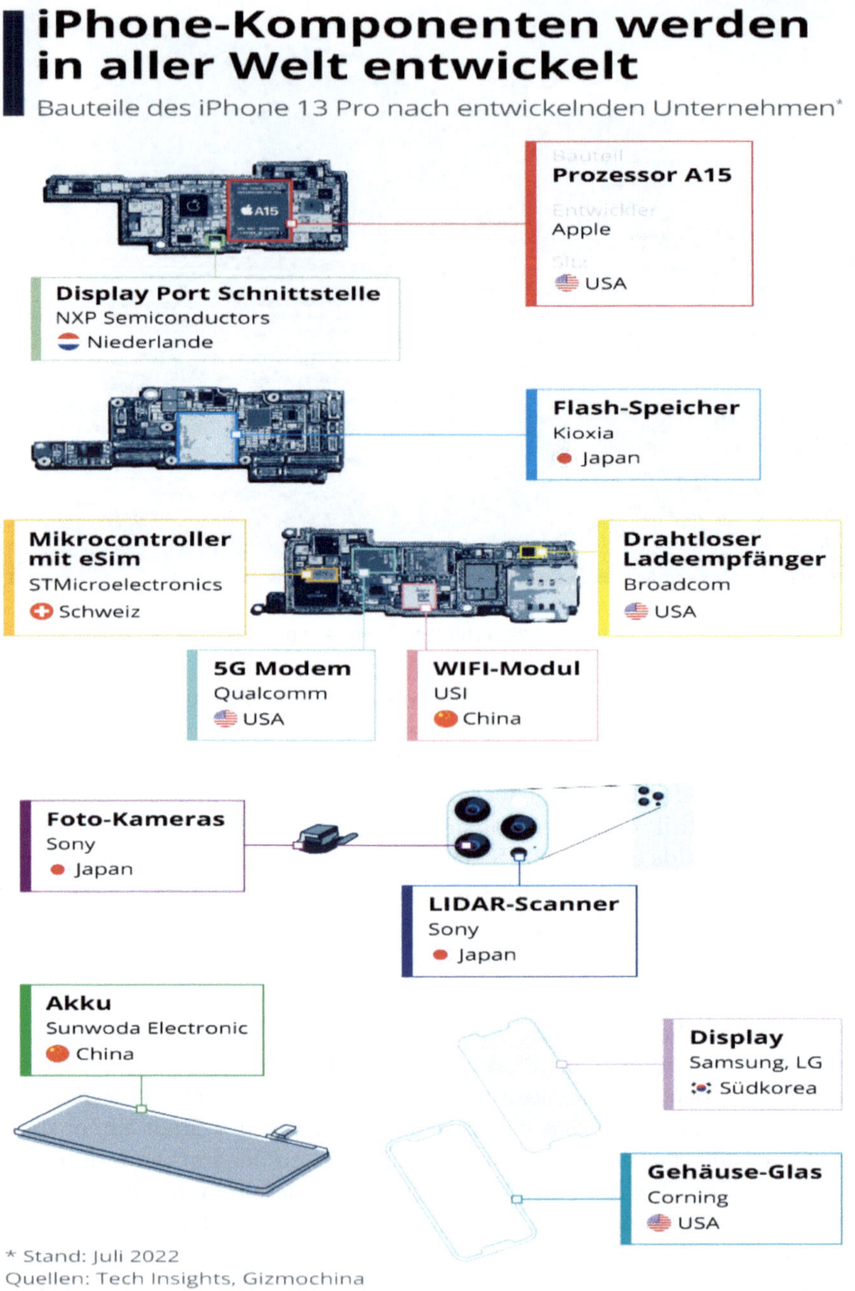

Abb. 6.4: Weltweite Aufteilung der Produktion von Bauteilen des iPhone 13 Pro (Janson, 2022a)

Die Aufteilung der Lieferketten allein auf günstigere Produktionskosten abzustellen wird den vielfältigen Zielen der Unternehmen nicht gerecht. Daher lohnt ein Blick auf diese unterschiedlichen Ziele über eine Betrachtung der Vorteile in Abschnitt 6.2.1, ohne anschließend die Risiken / Nachteile in Abschnitt 6.2.2 zu vernachlässigen.

Auffällig ist dabei, dass sich diese Vor- und Nachteile auch nahezu eins zu eins auf die Vor- und Nachteile von ausländischen Direktinvestitionen (ADI) anwenden lassen.

6.2.1 Ausgewählte Vorteile der (weltweiten) Aufteilung von Lieferketten

Die Aufteilung von Lieferketten bringt Unternehmen vielfältige Vorteile:

- Kostensenkung durch günstigere Einstandspreise, beispielsweise durch niedrigere Lohn-, Energie- oder Umweltschutzkosten ausländischer Lieferanten
- Reduzierung der Abhängigkeiten von nationalen Lieferanten oder Ausübung von Druck auf heimische Anbieter, um Verhandlungsspielräume zu erweitern
- Verbesserte Qualität durch leistungsfähige(re) ausländische Lieferanten
- Zugang zu im Inland nicht vorhandenen innovativen Technologien
- Zugang zu im Inland nicht oder nur in nicht ausreichenden Mengen verfügbaren Rohstoffen, Produkten, Dienstleistungen oder Spezialistinnen und Spezialisten
- Erhöhte Flexibilität durch Ausweitung auf möglichst flexible Lieferanten
- Schnellere Produktentwicklungsabläufe durch ein weltweites Netzwerk leistungsorientiert arbeitender Lieferanten
- Aufbau einer Basis für eine spätere eigene Fertigung im Ausland (inklusive Kennenlernen der Märkte, der politischen Rahmenbedingungen, der Kulturen)
- Risikostreuung durch die Auswahl mehrerer Lieferanten in unterschiedlichen Ländern

(Arnolds et al., 2022, S. 342ff.).

6.2.2 Ausgewählte Risiken der (weltweiten) Aufteilung von Lieferketten

Den zuvor genannten Vorteilen stehen allerdings auch einige Risiken gegenüber:

- Politische Risiken, die mit der Regierung des Landes zu tun haben, aus denen ein Lieferant kommt; beispielsweise politische Instabilität,

Putsch(-versuche), politisch motivierte Handelshemmnisse und vieles mehr.

- Logistische Risiken, wie beispielsweise Produktionsausfälle beim zuliefernden Unternehmen oder (weltweit) unterbrochenen Lieferketten wie in Zeiten der Corona-Pandemie oder der Havarie der „Ever Given" im Suez-Kanal.
- Rechtsunsicherheit in Bezug auf individuelle nationale Regularien und mögliche Verstöße gegen geltendes Recht.
- Unterschiedliche Kulturen, die in der Interaktion von Menschen zu Missverständnissen und Konflikten führen können.
- Währungsrisiken, sofern die Geschäfte in einer anderen Währung als der eigenen abgewickelt werden.
- Qualitätsrisiken mit einem zu hohen Ausschuss und – wenn die mindere Qualität nicht rechtzeitig bemerkt wird – Reputationsrisiken für das einkaufende Unternehmen.
- Erschwerter Informations- und Kommunikationsfluss gegenüber persönlich geprägten Geschäftsverbindungen, gerade bei unterschiedlichen Sprachen, unterschiedlichen Kulturen und räumlicher Entfernung.
- Gefahr des Know-how-Verlustes, wenn vorher selbst produzierte Bauteile nicht mehr im eigenen Unternehmen produziert werden und Know-how-Träger sukzessive abwandern.
- Risiken im Verhalten der Lieferanten, beispielsweise in Bezug auf die Einhaltung von Zusagen.

(Arnolds et al., 2022, S. 342 ff.).

6.3 Beeinträchtigung von Lieferketten, De-Globalisierung

Die weltweiten Probleme mit Lieferketten – beispielsweise aufgrund der Corona-Pandemie, aufgrund der Havarie des Containerschiffes „Ever Given" im Suezkanal oder aufgrund des Einmarschs Russlands in die Ukraine im Februar 2022 – wurden im Unterkapitel 1.9 „De-Globalisierung, aktuelle Entwicklungen" des ersten Teil dieses Buchs „Globalisierung und Global Governance" beschrieben.

Von TNCs unterschätzte oder bewusst in Kauf genommene Risiken aus der weltweiten Aufteilung der eigenen Lieferketten haben in den letzten Jahren eine gänzlich neue Bedeutung gewonnen.

Diese Probleme stellen auch „Make-or-Buy"-Entscheidungen oder eine „Just-in-Time"-Produktion vor neue Herausforderungen. Entscheidungsparameter wurden oder werden in vielen TNCs im Sinne einer Risikominimierung, mindestens aber einer Risikooptimierung neu gewichtet. Geringen Kosten aus hohen „Buy“-Anteilen oder aus einer „Just-in-Time“-Produktion ohne Reserven in Form einer eigenen Lagerhaltung stehen nun erlebte Produktionsausfälle bis hin zu Standortstilllegungen gegenüber.

Zu welchen Veränderungen diese nicht neuen, aber wie mit einer Lupe deutlich gewordenen Risiken führen können, zeigt der folgende kurze Film.

https://www.ardmediathek.de/video/plusminus/just-in-time-produktion-vor-dem-aus/das-erste/Y3JpZDovL2Rhc2Vyc3RlLmRlL3BsdXNtaW51cy9lMDU4OTFkMy0yNDFiLTQ4MTktYmE3ZC04YzE3ODM1YjFjZTQ

Arbeitsgemeinschaft der öffentlich-rechtlichen Rundfunkanstalten der Bundesrepublik Deutschland, ARD (2022)

6.4 Rechtlicher Rahmen für Transnationale Unternehmen (TNCs) und für die Selbstverpflichtungen von TNCs

Da TNCs in vielen Ländern tätig sind, sind die unterschiedlichsten politischen Systeme, nationalen Gesetze und Vorschriften der einzelnen Länder zu beachten. Auf diese Vielfalt wird hier nicht umfassend und länderspezifisch eingegangen, einzelne Beispiele dazu finden sich jedoch in diesem Buch wieder (u. a. das Prüfverfahren für ausländische Direktinvestitionen in Deutschland auf der Basis des Außenwirtschaftsgesetzes und der deutschen Außenwirtschaftsverordnung in Abschnitt 4.4.2 oder Steuervermeidung durch die Ausnutzung unterschiedlicher Steuersysteme im Abschnitt 6.5.5).

Dazu kommen weltweit gültige Vorgaben für alle Arten von Unternehmen, nicht nur für TNCs. Hier seien beispielsweise die Kriterien der Weltgesundheitsorganisation (World Health Organisation, WHO) für gesunde Kinderernährung genannt.

Auch gelten die bereits im ersten Teil dieses Buchs „Globalisierung und Global Governance“ im Abschnitt 2.2.5 vorgestellte UN-Initiative Global Compact, die darauf aufbauenden Sustainable Development Goals (SDGs, Ziele für nachhaltige Entwicklung), aber auch die Corporate Social Responsibility (CSR) nicht nur für TNCs. Auf diese sowie auf das Lieferkettensorgfaltspflichtengesetz wird im Folgenden in Bezug auf TNCs weiter eingegangen.

Speziell für TNCs sind darüber hinaus

- die Bemühungen der „UN-Kommission für Transnationale Unternehmen“ um ein Abkommen zu verbindlichen Regeln für TNCs, sowie

- die „OECD-Leitsätze für Multinationale Unternehmen“ – und auch für TNCs (Organization for Co-operation and Development, OECD, 2011)

zu nennen, auf die ebenfalls im Folgenden weiter eingegangen wird.

Letztendlich gibt es allerdings bis heute kein weltweit gültiges Abkommen, das absolut *verbindliche internationale Regelungen für TNCs* umfasst. Damit bleibt es jedem TNC bis heute selbst überlassen, welchen Stellenwert beispielsweise die Einhaltung von Menschenrechten oder der Umweltschutz im eigenen Unternehmen sowie in den weltweit ausgerichteten Lieferketten hat.

6.4.1 UN-Kommission für Transnationale Unternehmen (TNCs)

Bestrebungen, weltweit verbindliche Regeln für TNCs im Zusammenhang mit der Einhaltung von Menschenrechten und dem Umweltschutz zu implementieren, gibt es seit den 1970er-Jahren:

- Im Jahr 1973 nahm eine „UN-Kommission für Transnationale Unternehmen“ ihre Arbeit auf, um einen verbindlichen Verhaltenskodex für TNCs zu verabschieden. Entwicklungsländer präferierten eine rechtlich verbindliche Lösung, sozialistische Staaten wollten Unternehmen im Staatseigentum ausgeschlossen sehen, Industrieländer und TNCs selbst wollten nur eine freiwillige Lösung.

  Die Verhandlungen wurden 1992 ohne Ergebnis eingestellt.
- Seit 2014 gibt es wieder einen Prozess unter Führung der UN, um doch noch zu einem verbindlichen Abkommen zu kommen.

In beiden Fällen waren Auslöser TNCs, die mit ihrem Verhalten gegen Menschenrechte verstoßen oder den Umweltschutz nicht beachtet hatten (Polotzek, 2018).

In den Verhandlungen ist auch im Jahr 2024 kein Ende absehbar und die Positionen der beteiligten Länder sind ausgesprochen heterogen. Damit wurde das anfangs beschriebene Ziel der weltweit einheitlichen und verbindlichen Regelungen für TNCs bis heute nicht erreicht.

Erwähnenswert ist noch das dreimal jährlich erscheinende Journal „Transnational Corporations“ der UN, das als Forschungszeitschrift Themen im Zusammenhang mit TNCs (hier wieder „Multinationale Unternehmen“ genannt) behandelt. Beispielsweise geht es auch um die Auswirkungen von Direktinvestitionen auf Entwicklungsländer (United Nations Conference on Trade and Development, UNCTAD, 2024c).

6.4.2 Responsible Business Conduct – OECD-Leitsätze für Multinationale Unternehmen (und auch für TNCs)

Die Organisation für wirtschaftliche Zusammenarbeit und Entwicklung (OECD) differenziert in ihren „Leitsätzen für Multinationale Unternehmen“ nicht zwischen Multinationalen und Transnationalen Unternehmen. Die Leitsätze sprechen zwar von MNCs, sie bilden jedoch die Erwartungen an ein „Verantwortungsvolles unternehmerisches Handeln" (**R**esponsible **B**usiness **C**onduct, RBC) durch MNCs und TNCs aus.

Die erstmals im Jahr 1976 vorgestellten Leitsätze wurden in den Jahren 2000 und 2011 umfassend überarbeitet und erweitert. Im Wesentlichen geht es darum, dass die OECD-Mitgliedsländer nicht mehr als einzelne Staaten ihre Erwartungen an MNCs/TNCs formulieren, sondern länderübergreifend einheitliche Anforderungen (RBCs) definiert haben. Neben ausländischen Direktinvestitionen (ADI) geht es auch um die Zusammenarbeit von Unternehmen mit ihren ausländischen Zulieferern.

Neben den heute 38 Mitgliedsländern, die gemeinsam mit Schlüsselpartnern für über 80 Prozent des Welthandels stehen, haben sich weitere Länder den Leitsätzen angeschlossen. Die Teilnehmer des G8-Gipfels im Jahr 2007 in Heiligendamm haben in ihrer Abschlusserklärung Unternehmen sowie Schwellen- und Entwicklungsländer aufgefordert, sich an diese Leitsätze zu halten.

Über nationale Kontaktstellen sollen die OECD-Leitsätze gefördert werden, diese sind Anlaufstelle für die Meldung von Verstößen einzelner TNCs gegen die Leitsätze. Dass Verstöße über eine „dialogorientierte und konsensuale" Mediation außergerichtlich beigelegt werden sollen, zeigt wiederum die auch hier nur gering ausgeprägte Verbindlichkeit.

In jährlichen Treffen tauschen sich die Kontaktstellen mit Unternehmensvertretern, Gewerkschaften und NGOs zu aktuellen Themen aus, jährlich wird ein Bericht zu den Leitsätzen veröffentlicht (Organization for Co-operation and Development, OECD, n. d. b).

Der wiederum nicht verbindliche Charakter wird durch die Veröffentlichung der deutschen Kontaktstelle, dem Bundesministerium für Wirtschaft und Klimaschutz, deutlich:

> *„Die OECD-Leitsätze für multinationale Unternehmen sind das wichtigste umfassende internationale Instrument zur Förderung verantwortungsvollen unternehmerischen Handelns. Sie enthalten Verhaltensgrundsätze in den Bereichen Menschenrechte, Soziales, Umwelt, Korruptionsbekämpfung, Steuern, Verbraucherinteressen, Berichterstattung, Forschung und Wettbewerb.*
>
> *Die OECD-Leitsätze sind Empfehlungen der OECD-Mitgliedstaaten an multinationale Unternehmen. Sie sind rechtlich nicht verbindlich, entsprechen allerdings der Erwartung der Bundesregierung an das Verhalten deutscher Unternehmen bei ihren grenzüberschreitenden Aktivitäten. Bei mutmaßlichen Verstößen gegen die Leitsätze kann bei den Nationalen Kontaktstellen Beschwerde gegen multinationale Unternehmen eingereicht werden."*
>
> *(Bundesministerium für Wirtschaft und Klimaschutz, 2021, S.1)*

Der folgende Erklärfilm der OECD stellt noch einmal die „OECD-Leitsätze für Multinationale Unternehmen" dar (auf Englisch):

> OECD-Leitsätze für Multinationale Unternehmen (englisch)
> (Organization for Co-operation and Development, OECD, n. d.c)

6.4.3 UN-Initiative Global Compact als Selbstverpflichtung auch von TNCs

Die UN-Initiative „Global Compact" aus dem Jahr 2000 und auch die an dieser Initiative geübte Kritik wurde bereits im ersten Teil dieses Buchs „Globalisierung und Global Governance", dort im Abschnitt 2.2.5 vorgestellt.

Auch wenn die Inhalte nicht wiederholt werden sollen, dient die folgende Darstellung der zehn Prinzipien des „Global Compact" noch einmal der Einordnung der Selbstverpflichtung gerade der rund 25.500 Unternehmen (inklusive vieler TNCs) und Organisationen aus Zivilgesellschaft, Politik und Wissenschaft aus knapp 170 Ländern, die Stand 2024 der Initiative beigetreten waren (United Nations Global Compact, n. d.).

„Die Zehn Prinzipien des UN Global Compact

Menschenrechte

1. Unternehmen sollen den Schutz der internationalen Menschenrechte unterstützen und achten.

2. Unternehmen sollen sicherstellen, dass sie sich nicht an Menschenrechtsverletzungen mitschuldig machen.

Arbeitsnormen

3. Unternehmen sollen die Vereinigungsfreiheit und die wirksame Anerkennung des Rechts auf Kollektivverhandlungen wahren.

4. Unternehmen sollen für die Beseitigung aller Formen von Zwangsarbeit eintreten.

5. Unternehmen sollen für die Abschaffung von Kinderarbeit eintreten.

6. Unternehmen sollen für die Beseitigung von Diskriminierung bei Anstellung und Erwerbstätigkeit eintreten.

Umwelt

7. Unternehmen sollen im Umgang mit Umweltproblemen dem Vorsorgeprinzip folgen.

8. Unternehmen sollen Initiativen ergreifen, um größeres Umweltbewusstsein zu fördern.

9. Unternehmen sollen die Entwicklung und Verbreitung umweltfreundlicher Technologien beschleunigen.

Korruptionsprävention

10. Unternehmen sollen gegen alle Arten der Korruption eintreten, einschließlich Erpressung und Bestechung."

(United Nations Global Compact, n. d.).

Daraus wird deutlich, dass es zwischen den zehn Prinzipien der UN-Initiative „Global-Compact" und den OECD-Leitsätzen für Multinationale Unternehmen erhebliche Überschneidungen beziehungsweise Übereinstimmungen gibt.

Auch die folgende Abbildung 6.5, mit den auf den zehn Prinzipien aufbauenden Sustainable Development Goals (SDGs, Ziele für nachhaltige Entwicklung) soll noch einmal in Erinnerung rufen, welche Ziele die Unterzeichnenden des „Global Compacts" erreichen beziehungsweise fördern wollen.

Abb. 6.5: Sustainable Development Goals, Ziele für eine nachhaltige Entwicklung (United Nations Global Compact, n. d.)

6.4.4 Wirtschaftsethische Ansätze

Es sollte eigentlich eine Selbstverständlichkeit für das Management auch von TNCs sein, sich für die Erreichung der von der OECD oder von der UN definierten Ziele im eigenen Unternehmen einzusetzen und die Verantwortung dafür zu übernehmen. Kritisch wird es jedoch, wenn eine Gewinnmaximierung oder Verlustminimierung durch diese Ziele beeinträchtigt wird.

Es gibt genügend wirtschaftsethische Ansätze, die sich mit der Verantwortung von Unternehmen und damit auch von TNCs auseinandersetzen. Begriffe wie

„Gesinnung“	(Immanuel Kant),
„Verantwortung“	(Max Weber oder Hans Jonas),
„Glück für möglichst viele“	(z. B. Utilitarismus nach John Stuart Mill und Jeremy Benthams),
„Gerechtigkeit“	(John Rawls),
„Tugenden“	(beginnend mit Aristoteles), oder
„Werte“	(„Wertemanagement“ nach Josef Wieland)

geben schon Hinweise, welche Werte auch für TNCs eine Rolle spielen sollten.

Dass eine nur kurzfristig ausgerichtete Gewinnorientierung nicht die Lösung sein kann, zeigt das „Wertemanagement“ nach Wieland. Hier geht es unter anderem um die Frage, welche ethischen Werte auch TNCs beachten müssen, um langfristig am Markt bestehen zu können („long term license to operate“). Wer diese „Lizenz“ verliert, wird von den anderen Marktteilnehmenden (inklusive Öffentlichkeit, Politik, Kundinnen und Kunden) nicht mehr akzeptiert und scheidet wegen fehlendem Erfolg bis hin zu einer Insolvenz aus dem Marktgeschehen aus.

Wirtschaftsethische Ansätze werden hier nicht weiter vertieft und sind Büchern über wirtschaftsethische Ansätze vorbehalten. In dem folgenden Abschnitt 6.4.5 wird allerdings die „Corporate Social Responsibility (CSR)“ näher betrachtet.

Dass alle Selbstverpflichtungen offensichtlich nicht ausreichen, zeigt dann das „Lieferkettensorgfaltspflichtengesetz“ in Abschnitt 6.4.6.

6.4.5 Corporate Social Responsibility (CSR) auch von TNCs

Der folgende Abschnitt wurde im Wesentlichen aus dem Buch „Herausforderungen des Internationalen Managements“ (Puhlmann & Rath, 2022, S. 40ff.) übernommen.

Die Corporate Social Responsibility (CSR) wird vom Bundesministerium für Arbeit und Soziales wie folgt definiert:

> „Unter ‚Corporate Social Responsibility‘ oder kurz CSR ist die gesellschaftliche Verantwortung von Unternehmen im Sinne eines nachhaltigen Wirtschaftens zu verstehen. CSR ist die Verantwortung von Unternehmen für ihre Auswirkungen auf die Gesellschaft.
>
> Dies umfasst soziale, ökologische und ökonomische Aspekte, wie sie etwa in international anerkannten Referenzdokumenten zur Unternehmensverantwortung ausgeführt sind, insbesondere in der ILO-Grundsatzerklärung über Unternehmen und Sozialpolitik, den OECD-Leitsätzen für multinationale Unternehmen, den UN-Leitprinzipien für Wirtschaft und Menschenrechte, im UN Global Compact oder in der ISO 26000.

> Konkret geht es beispielsweise um faire Geschäftspraktiken, mitarbeiterorientierte Personalpolitik, den sparsamen Einsatz von natürlichen Ressourcen, den Schutz von Klima und Umwelt sowie ernst gemeintes Engagement vor Ort und Verantwortung auch in der Lieferkette."
>
> (Bundesministerium für Arbeit und Soziales, n. d. a)

Auf zwei der in der Definition als „Referenzdokumente" bezeichneten Erklärungen / Vereinbarungen wurde bereits in den vorangegangenen Abschnitten eingegangen:

- die OECD-Leitsätze für multinationale Unternehmen (und auch für TNCs),
- die UN-Initiative „Global Compact".

Auf die ebenfalls benannten

- ILO-Grundsatzerklärung über Unternehmen und Sozialpolitik,
- UN-Leitprinzipien für Wirtschaft und Menschenrechte, und
- ISO 26000

wird hier nicht weiter eingegangen.

Einige der 17 Ziele aus Abbildung 6.5 sind nur erreichbar, wenn auch TNCs weltweit ihren Beitrag leisten, beispielsweise durch

- faire Geschäftspraktiken,
- eine Personalpolitik, die sich an den Mitarbeitenden orientiert,
- sparsamen Einsatz von natürlichen Ressourcen,
- Schutz von Klima und Umwelt,
- ernst gemeintes Engagement vor Ort, und
- Verantwortung auch für die gesamte eigene Lieferkette.

(Bundesministerium für Arbeit und Soziales, n. d. a).

Und auch wenn in Abschnitt 6.4.4 betont wurde, dass wirtschaftsethische Ansätze nicht vertieft werden, geht es bei den oben u.a. genannten Begriffen wie „Fairness" oder „Verantwortung" um eine moralische und ethische Verpflichtung auch von TNCs im Rahmen ihrer Geschäftspraktiken.

2014 wurde eine CSR-Richtlinie vom Europäischen Parlament und den Mitgliedstaaten der EU beschlossen, die mehr Verbindlichkeit in die eigentliche Selbstverpflichtung bringt und regelmäßig aktualisiert wird. Unternehmen mit mehr als 500 Beschäftigten und Sitz in der EU sind nach der Richtlinie verpflichtet, über Nachhaltigkeitsaspekte zu berichten. Grundlage für die Berichte auch von TNCs sind deren CSR-Strategien im engen Zusammenhang mit ihrem eigentlichen Kerngeschäft. In Deutschland wurde die Richtlinie 2017 in nationales Recht umgesetzt.

Schwerpunkte der Berichtspflicht sind u.a. Anti-Korruptions-Aspekte, Einhaltung von Menschenrechten sowie Kontrolle der Auswirkungen auf Umwelt-, Sozial- und Beschäftigtenbelange in der Lieferkette und damit wiederum Aspekte aus den in den vorherigen Abschnitten vorgestellten Leitsätzen.

Durch die Nutzung einheitlicher Standards bei der Erstellung der Berichte werden auch TNCs in ihrem Umgang mit Nachhaltigkeit für alle interessierten Stakeholdergruppen vergleichbar. Daraus können Wettbewerbsvorteile bei einer konsequenten und erfolgreichen Ausrichtung entstehen, umgekehrt aber auch Wettbewerbsnachteile beispielsweise bei Versäumnissen oder Verstößen.

Die meisten Nachhaltigkeitsberichte, auch in Deutschland, werden nach den Standards der Multi-Stakeholder-Initiative und der Global Reporting Initiative (GRI) erstellt. Für kleinere Unternehmen oder Unternehmen mit einer kurzen Wertschöpfungskette oder sehr kleinem Budget gelten die Standards des weniger komplexen Deutschen Nachhaltigkeitskodexes (Bundesministerium für Arbeit und Soziales, n. d. b).

Die bisherige Selbstverpflichtung für die Einhaltung der oben genannten Aspekte – nicht nur im eigenen Unternehmen, sondern auch in den umfassenden Lieferketten – wurde im Jahr 2021 gesetzlich in dem „Lieferkettensorgfaltspflichtengesetz“ geregelt.

Auf dieses Gesetz wird im folgenden Abschnitt 6.4.6 näher eingegangen.

6.4.6 Lieferkettensorgfaltspflichtengesetz

Auch der folgende Abschnitt wurde im Wesentlichen aus dem Buch „Herausforderungen des Internationalen Managements“ (Puhlmann & Rath, 2022, S. 43ff.) übernommen.

Mit dem Lieferkettensorgfaltspflichtengesetz werden die bisherigen Selbstverpflichtungen auch von TNCs aus ihrer jeweiligen Corporate Social Responsibility (CSR) heraus nunmehr gesetzlich geregelt.

Ein solches Gesetz zeigt, dass

- Selbstverpflichtungen allein nicht mehr als ausreichend eingestuft wurden,
- mangels weltweit verbindlicher Regeln auch für TNCs Deutschland einen nationalen Weg beschritten hat.

Das Gesetz soll dafür sorgen, dass die in den vorherigen Abschnitten beschriebenen Leitsätze und Erwartungen in der gesamten Lieferkette auch von TNCs – vom Rohstoff bis zum fertigen Produkt – tatsächlich beachtet werden.

Laut dem Bundesministerium für wirtschaftliche Zusammenarbeit und Entwicklung ...

- ... gibt es erstmals klare Anforderungen für unternehmerische Sorgfaltspflichten,
- ... haben Unternehmen die Verantwortung für die gesamte Lieferkette (abgestuft nach dem Einflussvermögen auf den Verursacher der Menschenrechtsverletzung sowie nach den unterschiedlichen Stufen in der Lieferkette),
- ... gibt es erstmals eine externe Überprüfung der Einhaltung des Gesetzes durch das Bundesamt für Wirtschaft und Ausfuhrkontrolle,
- ... werden Menschenrechte besser geschützt. Betroffene können ihre Rechte vor deutschen Gerichten geltend machen und nun auch Beschwerde beim Bundesamt für Wirtschaft und Ausfuhrkontrolle einreichen.

Das Gesetz trat am 1.1.2023 für Unternehmen mit mindestens 3.000 Beschäftigten in Kraft und am 1.1.2024 für Unternehmen mit mindestens 1.000 Beschäftigten (Bundesministerium für wirtschaftliche Zusammenarbeit und Entwicklung, BMZ, 2024b).

Der folgende Film erklärt das „Gesetz für faire Lieferketten".

> https://www.youtube.com/watch?v=p97L2PPWpDw
>
> Bundesministerium für wirtschaftliche Zusammenarbeit und Entwicklung, BMZ (2024c)

6.5 Beispiele für die Verletzung von Leitsätzen und Erklärungen

Weltweit unterschiedliche politische Systeme, Rechts- und/oder Steuersysteme stellen einen Anreiz dar, diese Unterschiede im Eigeninteresse bestmöglich auszunutzen. Dies gilt insbesondere

- für TNCs, da diese über die Welt verteilte Tochtergesellschaften haben und damit regionale Vorteile über ihre Töchter vor Ort besser ausnutzen können;
- für Digitalunternehmen, deren weltweit erbrachte Leistungen sich nicht immer problemlos regional zuordnen lassen.

  Auf die wesentlichen fünf Digitalunternehmen weltweit, die sogenannten „Big 5" Microsoft (Microsoft Corporation), Apple (Apple Inc.), Facebook (als Teil der Meta Platforms Ireland Limited), Google (Google LLC als Teil des Alphabet-Konzerns) sowie Amazon (Amazon.com, Inc.) wird in Kapitel 7 vertiefend eingegangen.

Die ab Abschnitt 6.5.1 folgenden Beispiele haben nicht den Anspruch, jedwede negative Facette von TNCs bis ins letzte Detail offenzulegen oder einzelne TNCs bloßzustellen. Es soll lediglich ein Eindruck vermittelt werden, wie und in welcher Form die Leitsätze und Erwartungen aus internationalen Vereinbarungen und Initiativen durch TNCs unterlaufen beziehungsweise nicht ausreichend beachtet werden.

6.5.1 Verletzung von Menschenrechten

Für die Frage, wann es zu einer Verletzung von Menschenrechten kommt, ist die „Allgemeine Erklärung der Menschenrechte“, die 1948 durch die Vereinten Nationen beschlossen wurde (Resolution 217 A, III) die Basis. Sie soll den größtmöglichen Schutz aller Menschen auf der Welt gewährleisten und bildet in 30 Artikeln unter anderem das Recht auf Leben oder das Verbot von Folter ab (Vereinte Nationen, 1948).

Menschenrechte werden in der Erklärung wie folgt definiert:

> „Alle Menschen sind frei und gleich an Würde und Rechten geboren. Sie sind mit Vernunft und Gewissen begabt und sollen einander im Geist der Solidarität begegnen.“ (Vereinte Nationen, 1948)

Aus dieser Definition und den 30 Artikeln leitet sich auch ab, wann von einer Verletzung dieser Rechte gesprochen wird.

Wesentliche Verletzungen in Lieferketten auch von TNCs führt beispielsweise das Oxford Committee for Famine Relief (OXFAM, Oxforder Komitee zur Linderung von Hungersnot) auf (OXFAM Deutschland, 2024):

- mangelnde Sicherheitsstandards/mangelnder Gesundheitsschutz am Arbeitsplatz,
- Kinderarbeit,
- Verhaftungen und Entlassungen von Gewerkschaftsmitgliedern,
- Löhne unterhalb des Existenzminimums und weitere Arbeitsrechtsverletzungen zum Beispiel bei der Herstellung von Kleidung,
- Folter,
- Landgrabbing inklusive Zwangsumsiedlungen,
- Einsatz von Pestiziden und anderen Giften inklusive Verschmutzung u. a. von Gewässern,
- Diskriminierung von und Gewalt gegen Frauen,
- gewaltsame Niederschlagung von Protesten,
- Finanzierung von Bürgerkriegen durch den Verkauf von Rohstoffen auch an deutsche Unternehmen,
- Einschränkungen / Behinderungen in der (freien) Pressearbeit
- und vieles mehr.

Menschenrechtsverletzungen durch TNCs selbst oder innerhalb deren Lieferketten finden in allen Wirtschaftszweigen statt, die meisten Fälle betreffen jedoch den Rohstoffsektor (Öl, Gas, Kohle, Mineralien) und die Textilindustrie (Massoud, 2018, S. 20 sowie OXFAM Deutschland, 2024).

Die Leitsätze aus der in Abschnitt 6.4.3 vorgestellten UN-Initiative „Global Compact" unterteilt die hier insgesamt vorgestellten „Menschenrechte" in

- die Leitsätze eins und zwei zu „Menschenrechten", sowie
- die Leitsätze drei bis sechs zu „Arbeitsnormen",

die hier jedoch nicht differenziert betrachtet werden.

Als frühere Beispiele für internationale Menschenrechtsverletzungen werden unter anderem folgende häufig genannt:

- 1973: Dem Kommunikationsunternehmen International Telephone and Telegraph Corporation (ITT) wurde eine finanzielle Beteiligung am Sturz des chilenischen Staatspräsidenten Salvador Allende vorgeworfen. Dieser Vorfall war auch der Grund für die Gründung der „UN-Kommission für Transnationale Unternehmen".
- 1984: Die Umweltkatastrophe von Bhopal (Indien) mit einem Austritt mehrerer Tonnen giftiger Stoffe in einem Chemiewerk – mit tausenden Toten aus dem direkten Kontakt mit der Gaswolke, unzähligen Verletzten (mit Erblindungen, Hirnschäden, Lähmungen, Herzleiden und anderen Krankheiten) sowie Fehlbildungen an Neugeborenen und Wachstumsstörungen bei heranwachsenden Kindern.

  Bis heute ist das Gelände kontaminiert, und die heutige Muttergesellschaft, der weltweit zweitgrößte US-amerikanische Chemiekonzern Dow Chemical Company weigert sich, eine Sanierung vorzunehmen.

  (Massoud, 2018, S. 21ff).

Einen nachdenklich stimmenden Überblick gibt OXFAM zu den „Menschenrechtsverletzungen für Profite deutscher Konzerne", wo in tabellarischer Form das jeweils betroffene Land (in dem die Menschenrechtsverletzung stattfand), der Sektor (beispielsweise Bergbau oder Landwirtschaft), die Branche (beispielsweise Rohstoffe oder Lebensmittel), die beteiligten deutschen Unternehmen, die jeweilige Quelle mit Beleg und eine Kurzbeschreibung der Menschenrechtsverletzung vorgestellt wird (OXFAM Deutschland, 2024).

Beispielhaft für menschenrechtsverletzende Arbeitsbedingungen zeigt folgende Abbildung 6.6 die Arbeitsbedingungen bei der Rohlederverarbeitung in Bangladesch.

Abb. 6.6: Rohlederverarbeitung in Bangladesch (Schwab, 2022)

Abschließend soll Abbildung 6.7 als Beispiel verdeutlichen, wie in den einzelnen Stationen der Lieferkette eines T-Shirts Menschenrechte nicht ausreichend berücksichtigt beziehungsweise missachtet werden.

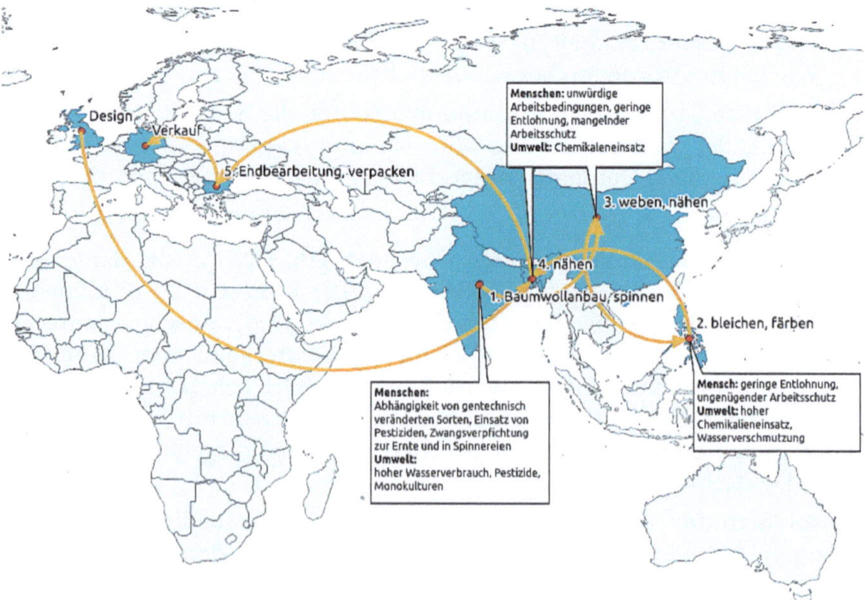

Abb. 6.7: Menschenrechtsverletzungen auf dem Produktionsweg eines T-Shirts (Liberación e. V., n. d.)

Die Technische Universität München beschreibt die in der Abbildung 6.7 dargestellten Menschenrechtsverletzungen wie folgt:

„Aralsee: Baumwollanbau

- Über 60% der Fläche des Sees sind durch den hohen Wasserverbrauch beim Baumwollanbau in den letzten Jahrzehnten ausgetrocknet.
- Die großen Mengen eingesetzter Pestizide belasten die Böden.
- Kinderarbeit auf den Baumwollfeldern ist kein Einzelfall.

Indien: Spinnerei

- »Sumangali«-System in Südindien: Töchtern aus armen Familien werden nach Beendigung einer ca. 3-jährigen Arbeitszeit etwa 500-800 Euro versprochen, die als Mitgift für die Hochzeit dienen sollen. Die Arbeit ist Zwangsarbeit von bis zu 12 Stunden, inklusive Nachtarbeit. Die Töchter werden in Unterkünften der Spinnereien eingesperrt und erhalten die versprochene Geldsumme oft nicht.

China: Färben

- Textilfabriken leiten ihr umweltschädliches Abwasser oft ungeklärt in die Flüsse.
- Die Gesundheit der Arbeiter*innen und die Qualität des Trinkwassers leiden darunter.

Bangladesch: Näherei

- Arbeit unter unwürdigen Bedingungen mit Löhnen unter dem Existenzminimum.
- Beschäftigte sind zu 80% Frauen, die bis zu 100 Stunden/Woche arbeiten müssen.
- Kaum Arbeitsschutz und kein Recht, sich zu organisieren.

Europa: Verkauf

- Vom Ladenpreis eines T-Shirts erhält die Näherin nur 0,6% als Lohn.
- 71% gehen an Markenunternehmen und Einzelhandel in Europa."

(Technische Universität München, n. d.)

6.5.2 Verletzung des Umweltschutzes

Auch zu den Leitsätzen 7 bis 9 „Umwelt" aus der UN-Initiative Global Compact gibt es die vielfältigsten Beispiele für eine nicht ausreichende Beachtung durch TNCs, auch im Widerspruch zu den eigenen Leistungsversprechen. Aus Abschnitt 6.5.1 wurde bereits deutlich, dass Umweltverschmutzungen häufig die Verletzung von Menschenrechten auslösen und in engem Zusammenhang zueinander stehen.

Wie aus Abbildung 1.1 (S. 119) erkennbar, ist die Nestlé S.A. eines der wichtigsten und größten TNCs im Bereich der Nahrungsmittel. Mit rund

2.000 zum Konzern gehörenden Marken und rund 270.000 Mitarbeitenden weltweit wurden 2023 ein Umsatz von rund 93 Milliarden Schweizer Franken und ein Gewinn von 16,1 Millionen Schweizer Franken erwirtschaftet (Statista, 2024c).

Nicht zuletzt wegen dieser Größe und bekannter Einzelmarken wie Nespresso steht Nestlé besonders im Blickpunkt der Öffentlichkeit und wird vielschichtig kritisiert.

Die Nestlé S.A. schreibt in ihrem Nachhaltigkeitsbericht für das Jahr 2021:

> *„Wir wollen Tag für Tag und mit vereinten Kräften einen positiven Beitrag für eine gemeinsame Wertschöpfung leisten. Unser Unternehmenssinn: die Kraft guter Ernährung für ein besseres Leben aller nutzen – heute und für zukünftige Generationen.*
>
> *Dieser Unternehmenssinn treibt uns an. Wir möchten, dass unsere Entscheidungen nicht nur für uns und unsere Aktionäre gut sind, sondern auch für die Gesellschaft und den Planeten.“*
>
> *(Nestlé, n. d.a)*

Auf der gleichen Internetseite gibt Nestlé mit der Abbildung 6.8 einen Überblick über die eigenen „globalen Schwerpunktthemen und Verpflichtungen“.

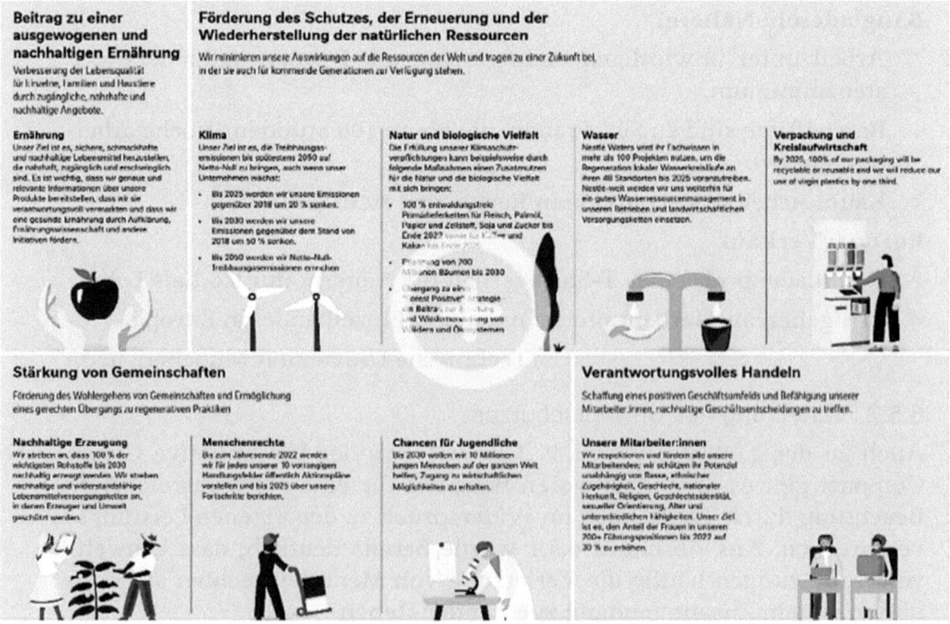

Abb. 6.8: Die eigenen globalen Schwerpunktthemen und Verpflichtungen aus Sicht von Nestlé (Nestlé, n. d.a)

Was gut klingt, wird vielfach kritisiert – sei es in Bezug auf die Aluminiumkapseln der Nestlé-Tochter Nespresso oder in Bezug auf die folgenden zwei Aspekte, die Konsumierende veranlassen, Alternativen zu den Produkten von Nestlé zu suchen.

Wasser

Hier steht der Kauf von Wasserrechten durch Nestlé, in diesem Fall der „Nestlé Waters" in vielen Ländern auch mit Wasserknappheit, seit Jahren in der Kritik. Das Wasser wird von Nestlé aus Quellen abgepumpt, gereinigt und über eigene Marken wie „Nestlé Pur Life" weltweit als Tafelwasser verkauft. Die Wasserknappheit in den entsprechenden Ländern auch mit Dürreperioden wird dadurch verschärft (Glose, 2019).

Nestle bewertet das eigene Handeln für die 48 Standorte genau entgegengesetzt und hebt die eigene Verantwortung für Wasser sowie eigene Initiativen besonders hervor:

> *„Ursprung des Lebens – und eine Lebensaufgabe*
>
> *Wie wir natürliche Quellen und ihre Wassereinzugsgebiete bewahren.*
>
> *Unsere Überzeugung: Wer Wasser nutzt und vertreibt, trägt Verantwortung. Und Verantwortung tragen heißt: etwas tun. Haben wir genug getan? Sicher nicht. Wir arbeiten weiter daran, stets noch mehr zu tun.*
>
> *Nur 0,0009 Prozent des weltweiten Wasserverbrauchs entfallen auf Nestlé, das entspricht umgerechnet einem Fingerhut auf 1.000 Badewannen. Mit diesen 0,0009 Prozent stellen wir Essen und Trinken für Millionen Menschen her und füllen Mineral- und Tafelwässer in Flaschen ab. Das meiste dieses Wassers stammt aus natürlichen Quellen und grundwasserreichen Gebieten – Ressourcen, die wir gemeinschaftlich mit den Menschen und Institutionen vor Ort auch für kommende Generationen erhalten werden."*
>
> *(Nestle, n. d.b)*

Laut Nestlé waren im Jahr 2023 bereits 23 der 43 Standorte nach internationalen Standards zertifiziert, und durch spezielle Initiativen vor Ort sollen nicht nur der Wasserbestand, sondern auch die umliegende Natur geschützt werden (Nestle, n. d.b).

Palmöl

Ähnliche Kritik an Nestlé unter anderem von Greenpeace gab es an der Nutzung von Palmöl beispielsweise für den Schokoriegel Kitkat oder die Saucen des Tochterunternehmens Maggi. Für die Gewinnung von Palmöl sind Ölpalmen-Plantagen erforderlich, für die vielfach die Rodung von großen Regenwaldflächen notwendig war und ist.

Hier hatte Nestlé die konsequente Ausrichtung der eigenen Lieferketten auf eine nachhaltige Palmölgewinnung zugesagt (Glose, 2019).

Abbildung 6.9 zeigt eine Brandrodung im brasilianischen Regenwald.

Abb. 6.9: Brandrodung im brasilianischen Regenwald (Herrberg & Ebert, 2022)

Laut Nestlé stammten im Jahr 2019 jedoch nur 79 Prozent des verwendeten Palmöls aus „verantwortungsvoller Beschaffung“ und nur bei 62 Prozent konnte das Palmöl bis zur Plantage zurückverfolgt werden. Im Jahr 2020 stammten nur 70 Prozent aus „verifiziert entwaldungsfreiem Anbau“ (Nestlé, 2022c).

Besonders auffällig ist bei beiden Beispielen der Versuch von Nestlé, die eigene Bedeutung herunterzuspielen: So liegt der Anteil von Nestlé nach eigenen Angaben

- am weltweiten Verbrauch von Wasser nur bei 0,0009 Prozent (Nestlé, n. d.),
- am weltweiten Verbrauch von Palmöl bei 0,66 Prozent (Nestlé, 2022c).

Beurteilung von Nestlé, nicht Verurteilung

Bilden Sie sich immer selbst ein Urteil, hier über transnationale Unternehmen wie Nestlé. Nestlé ist sicherlich nicht perfekt, aber nicht alles ist nur schwarz oder weiß, gut oder böse, richtig oder falsch.

Nestlé hat beispielsweise nicht nur in Krisengebieten zahlreiche Arbeitsplätze geschaffen. Einer der bekanntesten Indices für Nachhaltigkeit, der Dow-Jones-Nachhaltigkeitsindex (Dow Jones Sustainability Index), bewertet Nestlé auch als weltweit nachhaltigsten Konzern in der Lebensmittelindustrie.

Ähnlich gute Positionen erreicht Nestlé auch in anderen Indices mit weit über dem Durchschnitt liegenden Werten.

„[...] Nestlé ist im Bereich Lebensmittel gemäss Dow-Jones-Nachhaltigkeitsindex weltweit der nachhaltigste Konzern.

Das Unternehmen hat die Richtlinien zum Schutz der Menschenrechte in seinen Lieferketten verankert. Im Bereich Ernährung und Gesundheit wird Nestlés Vorreiterrolle besonders gelobt. Im Bereich Umwelt honoriert der Index die Selbstverpflichtung des Unternehmens, Produkte und Prozesse so umwelt- und sozialverträglich wie möglich zu gestalten.

In der Schweiz beispielsweise schloss sich Nestlé mit lokalen Landwirten zusammen und eröffnete die grösste landwirtschaftliche Biogasanlage des Landes. Hier entsteht aus Kuhmist Ökostrom für den Abfüllbetrieb der Mineralwassermarke Henniez und das Schweizer Stromnetz.

Im Gegenzug erhalten die Partnerlandwirte einen umweltfreundlichen Dünger, der den Boden weniger belastet als herkömmliche Düngemittel. [...]"

(Sieber, 2021. S. 28)

6.5.3 Exkurs „Greenwashing"

Wenn man über das Umweltbewusstsein von TNCs spricht, stellt sich die Frage, ob die Erklärungen und Versprechen von Unternehmen auch tatsächlich zutreffen. Ist das nicht der Fall oder ist das tatsächliche Handeln sogar umweltschädlich, spricht man von „Greenwashing" (sich grün waschen).

Für Greenwashing gibt es die unterschiedlichsten Ausprägungen, die auch aus dem jährlich von der Deutschen Umwelthilfe verliehenen Preis „Goldener Geier" für die „dreistete Umweltlüge" deutlich werden wie beispielsweise für das Jahr 2022

- die „UnterwegsNachBesser"-Kampagne von Nestlé, in der mit Slogans wie "Wir finden Plastik okay: wenn's weniger wird" wirbt.
- der CO_2-neutrale Versand von Briefen, Päckchen und Paketen mit DHL „GoGreen", klimaneutral für einen weltweiten Versand!?
- Capri-Sun von der Capri Sun GmbH, die die jährlich rund 6 Milliarden verkauften Trinktütchen weltweitmit der grünen Zukunfts-Vision „das nachhaltigste und leckerste Kindergetränk der Welt." bewirbt. Konkrete Pläne, wie das Unternehmen die anfallenden rund 27.000 Tonnen Wegwerfmüll vermeiden will fehlen, darüber hinaus besteht der Trinkbeutel aus Neu- und nicht aus Recyclingmaterial.
- das "CO_2-kompensierte Heizöl" von AVIA, das über „Klimakompensationsprojekte" Heizöl umweltfreundlich erscheinen lässt.

(Deutsche Umwelthilfe e. V., 2024)

Die unterschiedlichen Arten von Greenwashing zeigt die Abbildung 6.10. Die Einteilung resultiert aus einer im Jahr 2007 von einem US-amerikanischen Marktforschungsinstitut durchgeführten Produktanalyse in amerikanischen Supermärkten mit in 98 Prozent der Artikel gefundenen Indizien für Greenwashing.

Abb. 6.10: Sieben Ausprägungsformen von Greenwashing (Bio@oekom – Gesellschaft für ökologische Kommunikation mit beschränkter Haftung, 2021)

6.5.4 Korruption

Auch für den Leitsatz 10 der UN-Initiative „Global Compact" „Korruptionsbekämpfung" lohnt zum Beginn dieses Abschnittes ein Blick auf die Definition von Korruption, hier die des Bundeskriminalamtes:

> „Missbrauch eines öffentlichen Amtes, einer Funktion in der Wirtschaft oder eines politischen Mandats zugunsten eines Anderen, auf dessen Veranlassung oder in Eigeninitiative, zur Erlangung eines Vorteils für sich oder einen Dritten, mit Eintritt oder in Erwartung des Eintritts eines Schadens oder Nachteils für die Allgemeinheit (Täter in amtlicher oder politischer Funktion) oder für ein Unternehmen (betreffend Täter als Funktionsträger in der Wirtschaft)." (Bundeskriminalamt, 2024b)

Ein Schwerpunkt im Zusammenhang mit Korruption ist die Rüstungsindustrie, hier der Verkauf von Waffen durch Rüstungskonzerne an ausländische Staaten auch über die Bestechung von (politischen) Entscheidungsträgern.

Transparency International Deutschland mahnte hier bereits im Jahr 2022 ein Rüstungsexportkontrollgesetz an und nennt einige Beispiele zu Korruptionsfällen mit Beteiligung deutscher Unternehmen, wie

- den Verkauf von Fregatten durch ThyssenKrupp Marine Systems an Südafrika im Jahr 1998
- den Verkauf von U-Booten durch die Ferrostahl GmbH an Griechenland im Jahr 2000
- den Verkauf von Korvetten durch ThyssenKrupp Marine Systems an Israel im Jahr 2012
- den Verkauf von Eurofightern durch Airbus SE an Österreich

Transparency International Deutschland hob dabei besonders hervor, dass es um sehr hohe Aufträge häufig im Milliarden-Euro-Bereich geht, in einem wegen hoher Vertraulichkeit wenig transparenten Industriezweig weltweit (Transparency International Deutschland e. V., 2022).

Ein weiteres Beispiel für Korruption durch weltweit tätige Unternehmen ist die Siemens „Schmiergeldaffäre" (1998 bis 2003).

Im dritten Teil dieses Buchs „Die Europäische Union im Prozess der Globalisierung" wird im Unterkapitel 4.7 ein Überblick über die Korruption weltweit, in Europa, in der EU und in den Organen der EU gegeben.

6.5.5 Steuerflucht, Steuervermeidung

Zum Abschluss dieses Kapitels soll ein weiteres negatives Phänomen der Globalisierung, die Vermeidung von Steuern bis hin zur Steuerflucht, näher betrachtet werden – auch wenn dieses Phänomen nicht explizit Bestandteil beispielsweise der Leitsätze aus der UN-Initiative „Global Compact" ist.

Hier nutzen insbesondere TNCs

- die Möglichkeiten der Globalisierung und gerade bei TNCs die Vielzahl der ausländischen Tochtergesellschaften in den unterschiedlichsten Ländern,
- die im internationalen Vergleich unterschiedlichen Steuergesetzgebungen, sowie
- einen fehlenden, weltweit einheitlichen Rechtsrahmen im Steuerrecht,

um Kosten zu minimieren. Gleichzeitig nutzen sie die mit Steuergeldern finanzierte Infrastruktur der einzelnen Länder, wo sie tätig sind, wie das folgende Erklärvideo zeigt.

> YouTube. https://www.youtube.com/watch?v=YdwTI7RFdjU
> explainity GmbH. (2015)

Es gibt Länder, die sich als „Steueroasen" darauf spezialisiert haben, Finanzmittel steueroptimiert zu verwalten beziehungsweise anzulegen. Dadurch ermöglichen sie Anlegerinnen und Anlegern, die steuerlichen Regeln in ihren Heimatländern zu umgehen.

Die wichtigsten „Steueroasen" zeigt die Abbildung 6.11.

Hier geht es aber weniger um Steueroptimierung im Rahmen des normalen Geschäftsbetriebs von TNCs, sondern auch um Privatanleger. Dass TNCs nicht auf exotische Orte wie beispielsweise die Kaimaninseln zurückgreifen müssen, um im Rahmen ihrer normalen Geschäftstätigkeit Steuern bereits in der EU reduzieren zu können, zeigt die Abbildung 6.12. Hier werden die fünf europäischen Länder mit den höchsten Zugewinnen in der Körperschaftssteuer aus Steuerflucht im Jahr 2017 denen mit den höchsten Verlusten gegenübergestellt.

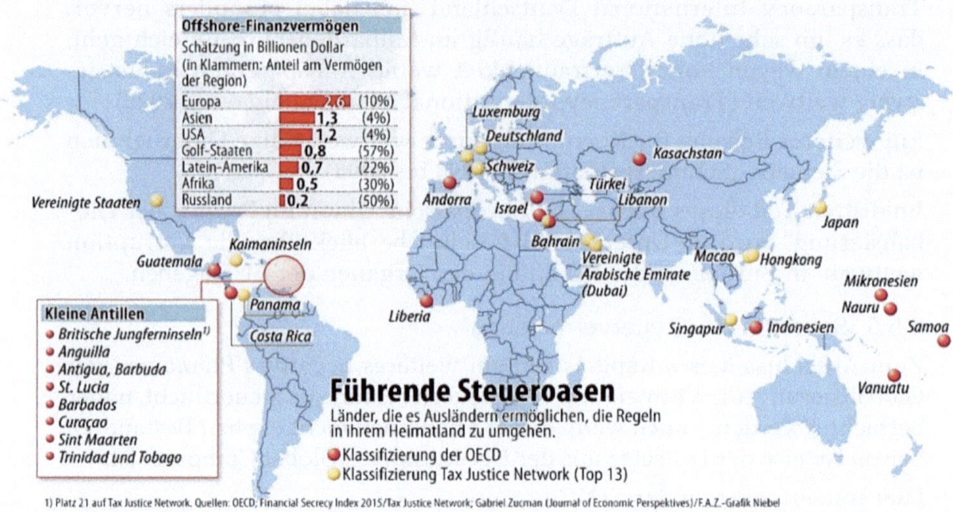

Abb. 6.11: Führende Steueroasen weltweit (Schubert & Theurer, 2016)

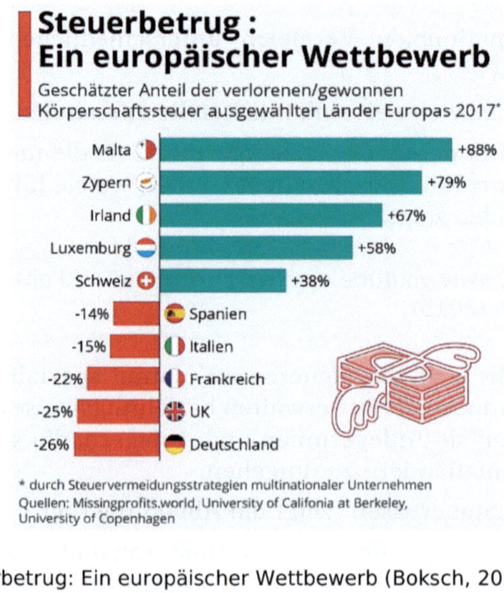

Abb. 6.12: Steuerbetrug: Ein europäischer Wettbewerb (Boksch, 2020)

Die durch die Steuerflucht von Unternehmen entstehenden Schäden sind immens. 2017 wurden weltweit etwa 700 Milliarden US-Dollar Gewinne von multinationalen Unternehmen in Steueroasen verschoben, jährlich entstehen daraus Schäden von rund 650 Milliarden US-Dollar (Boksch, 2020).

Abbildung 6.13 zeigt die Schäden durch Unternehmenssteuerflucht für ausgewählte Länder im Jahr 2016 absolut in Milliarden US-Dollar sowie in Prozent ihres Bruttosozialproduktes (BSP).

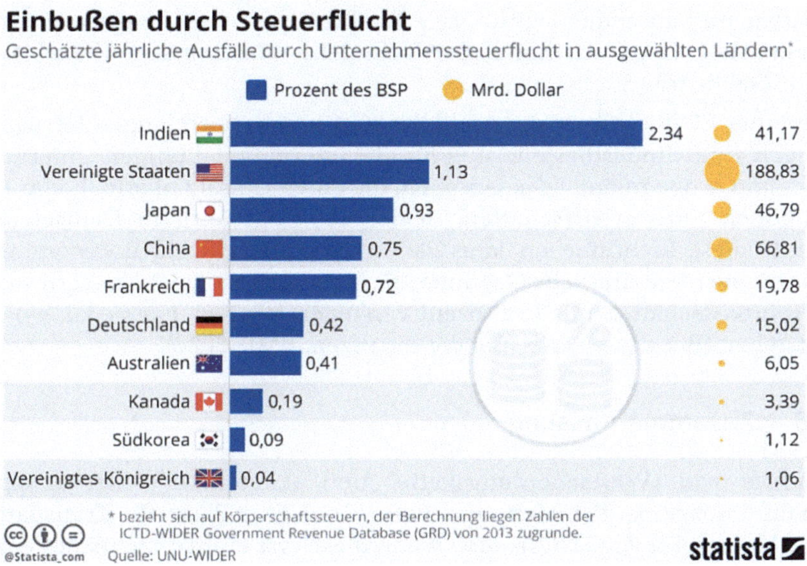

Abb. 6.13: Einbußen durch Steuerflucht in ausgewählten Ländern (Loesche, 2017)

In den Medien werden häufig Unternehmen wie Apple, Google, Amazon oder Starbucks genannt, wenn es um Beispiele für Steuervermeidung oder Steuerflucht geht. Gerade bei Unternehmen der Digitalwirtschaft fällt es einzelnen Ländern oder der EU schwer, die Geschäftstätigkeit einem bestimmten (steuerpflichtigen) Ort zuzuordnen.

Aber auch deutsche Unternehmen spielen eine deutlich wahrnehmbare Rolle: Alle 30 Dax-Konzerne nutzten im Jahr 2021 rund 3.800 Tochterunternehmen in sogenannten Steueroasen; allein bei der Bayer AG waren es 475. Alle Konzerne betonen dabei immer wieder, „Steuern im Einklang mit den jeweils geltenden Gesetzen zu bezahlen" (Norddeutscher Rundfunk, 2021).

Dass Unternehmen mit dieser Einschätzung in der Vergangenheit häufig recht bekommen haben, zeigt das Beispiel zu Amazon im Abschnitt 7.2.4. Dort wird allerdings auch auf das jüngere Urteil des Europäischen Gerichtshofes (EuGH) aus September 2024 eingegangen, in dem Apple zu Steuernachnachzahlungen in Milliarden-Euro-Höhe verurteilt wurde.

Steuervorteile für Unternehmen haben offensichtlich auch etwas mit den Interessen von einzelnen Staaten – wie in dem Beispiel denen von Luxemburg oder Irland – zu tun, Unternehmen wie Amazon im eigenen Land zu halten oder Unternehmen von einer Unternehmensansiedlung zu überzeugen.

Festzuhalten bleibt, dass Steuervermeidung an sich erst einmal nicht strafbar und durchaus legitim ist – für Privatpersonen genauso wie für Transnationale Unternehmen. Bei TNCs geht es allerdings um exorbitant hohe Geldbeträge.

Mit einer EU-Richtlinie aus dem Jahr 2021 wurde nach langen Verhandlungen eine Mindestbesteuerung für alle international tätigen Unternehmen und große inländische Gruppen, die einen Umsatz oberhalb von 750 Millionen Euro erwirtschaften, in der EU eingeführt. In Deutschland wurde diese Richtlinie im Jahr 2023 in deutsches Recht übernommen. Künftig werden sämtliche Gewinne, die ein internationaler Konzern weltweit erwirtschaftet, mit 15 Prozent versteuert werden, ganz egal, wo sie entstehen (Bundesministerium der Finanzen, BMF, 2024).

6.6 Zusammenfassung

Begriffe wie „Wertschöpfungskette“ und „Lieferkette“ oder „Supply Chain Management“ bilden eine wesentliche Grundlage für Transnationale Unternehmen (TNCs), auch wenn diese erst einmal nichts mit einer internationalen Ausrichtung zu tun haben müssen.

Während „Wertschöpfung“ die wertschöpfenden unternehmensinternen und -externen Prozesse umfasst, geht es bei „Lieferketten“ um die internen und externen Prozesse auch von TNCs in Zusammenarbeit mit deren Lieferanten und den Endverbrauchenden.

Ob es sich um einen internen oder externen Prozess handelt, wird auch im Rahmen von „Make-or-Buy“-Entscheidungen festgelegt, die Zeitpunkte für Belieferungen sowie der Umfang einer eigenen Lagerhaltung im Zusammenhang mit Entscheidungen rund um eine „Just in Time“-Produktion“.

Kommt es zu „Buy“-Entscheidungen, werden Lieferketten gerade bei TNCs weltweit aufgeteilt – mit allen daraus resultierenden Vorteilen und Risiken.

Während es für eine nationale Ausrichtung von Unternehmen meist klare nationale Gesetze, Richtlinien und damit Vorgaben gibt, ist dies weltweit nicht der Fall. Für TNCs gibt es über Empfehlungen und Leitlinien hinaus bis heute keine weltweit verbindlichen Regelungen, und jene können im Rahmen ihrer individuellen Corporate Social Responsibility (CSR) entscheiden, welche Rolle beispielsweise die Einhaltung von Menschenrechten oder der Umweltschutz in ihrem Unternehmen und ihren weltweiten Lieferketten einnimmt.

Verstöße gegen internationale Empfehlungen und Leitlinien gibt es, seit es international agierende Unternehmen gibt. Beispiele finden sich sowohl in diesem Kapitel als auch in dem folgenden wieder.

Aufgabe 6.1

Finden Sie Beispiele dafür, warum auch bei der für den Unternehmensbetrieb wichtigen Energie Make-or-buy-Entscheidungen möglich sind.

Aufgabe 6.2

Bei „Make-or-Buy"-Entscheidungen in der Automobilindustrie spielen Zulieferunternehmen und deren Leistungs- und Innovationsfähigkeit eine wesentliche Rolle.

Haben deutsche Zulieferunternehmen dabei eine (wesentliche) Bedeutung?

Aufgabe 6.3

Recherchieren Sie im Internet, was „Just-in-Sequence"-Produktion bedeutet und in welcher Branche diese vor allem eingesetzt wird.

Aufgabe 6.4

Definieren und erklären Sie CSR mit eigenen Worten.

Aufgabe 6.5

Machen Sie sich mit Menschenrechtsverletzungen deutscher Konzerne vertraut. Nutzen Sie dazu die genannte Tabelle von OXFAM, 2024 (siehe Literaturverzeichnis).

Aufgabe 6.6

Neben der Kritik an Nestlé in Bezug auf Wasser und Palmöl stehen auch die Aluminiumkapseln des Tochtergesellschaft Nespresso im Fokus von Umweltschützern.

- Welche Kritik gibt es an den Kapseln?
- Wie positioniert sich Nespresso dazu?

7 Ein Blick auf die fünf wichtigsten Unternehmen der Digitalwirtschaft („Big 5")

> Zum Abschluss dieses Buchteils wird noch einmal der Bogen zum ersten Kapitel gespannt, und dort zu den „weltweit zehn größten Unternehmen der Welt nach Marktkapitalisierung".
>
> Der Schwerpunkt hier liegt auf den fünf wichtigsten Unternehmen aus der Digitalwirtschaft, den sogenannten „Big 5".
>
> Nach Abschluss dieses Kapitels
>
> - wissen Sie, welche Unternehmen zu den „Big 5" gehören,
> - können Sie einordnen, ob einzelne Inhalte dieses Teil des Buchs auch oder insbesondere für die „Big 5" (beispielsweise Marktmacht oder Ausnutzung von Möglichkeiten zur Steuerreduzierung) gelten,
> - verstehen Sie, ob es Unterschiede zu anderen Transnationalen Unternehmen gibt.

7.1 Vorstellung der „Big 5"

Als „Big 5" bezeichnet man die folgenden wichtigsten Unternehmen aus der Digitalwirtschaft („Tech-Unternehmen") weltweit:

- Microsoft (Microsoft Corporation),
- Apple (Apple Inc.),
- Facebook (als Teil der Meta Platforms Ireland Limited),
- Google (Google LLC, als Teil des Alphabet-Konzerns), sowie
- Amazon (Amazon.com, Inc.).

Aus Abbildung 1.1 in Kapitel 1 (S. 117) wurde bereits deutlich, dass diese Unternehmen nicht nur die wichtigsten Unternehmen in der Digitalwirtschaft sind, sondern branchenübergreifend zu den zehn wichtigsten und größten Unternehmen weltweit gehören. Darüber hinaus sind alle fünf Unternehmen von ihrem Namen her so bekannt, dass sie auch zu den bekanntesten Marken weltweit gehören.

Auch wenn die „Big 5" ihren Unternehmenserfolg einem ursprünglichen und ausgesprochen erfolgreichen Kernprodukt verdanken, haben sie ihr Produktportfolio im Laufe der Jahrzehnte immer weiter ausgebaut und verzeichnen ein exorbitantes Wachstum. Beispielsweise

- hat Apple heute seinen Schwerpunkt im Verkauf von Smartphones, war ursprünglich aber als Hersteller von Computern bekannt.
- ist Amazon heute *der* globale E-Commerce-Konzern, hat seinen Ursprung aber im Online-Buchhandel.

Abb. 7.1: Einnahmequellen der „Big 5" Tech-Unternehmen 2016 – Betragsangaben in Milliarden US-Dollar (Desjardin, 2017)

Aufgrund der schnell wachsenden Konkurrenz aus der VR China erschließen die „Big 5" immer neue Geschäftsfelder, wie beispielsweise das Gesundheitswesen, und investieren große Beträge in ihre eigene Forschung und Entwicklung. beispielsweise in Schlüsseltechnologien wie „Künstliche Intelligenz" oder „Virtual Reality" (Bolkart et al., 2021, S. 34).

Wie diese Unternehmen ihr Geld verdienen, zeigt die rechte Seite der Abbildung 7.1. Auch wenn diese Abbildung das Geschäftsjahr 2016 wiedergibt, haben sich an den Relationen und Haupteinnahmequellen der fünf Unternehmen kaum Veränderungen ergeben.

7.2 Anwendung wesentlicher Inhalte dieses Buchs auf die „Big 5"

Die nachfolgenden Beispiele haben nicht den Anspruch auf Vollständigkeit. Auch sollen diese nicht einzelne „Big 5"-Unternehmen besser oder schlechter darstellen, da es sich ausschließlich um ausgewählte Beispiele zu einzelnen Aspekten handelt.

Die Beispiele sollen vielmehr aufzeigen, dass es in allen Facetten dieses Teils des Buchs Übereinstimmungen mit den „Big 5", mindestens mit einzelnen der fünf Unternehmen gibt.

7.2.1 Ausübung von Marktmacht durch die „Big 5"

Grundlage für die tatsächlich vorhandene Marktmacht der „Big 5" ist die zunehmende Digitalisierung von Beruf und Freizeit, beispielsweise festgemacht an

- dem Anstieg der Internetnutzer weltweit in den vergangenen Jahren (2023 nutzten rund 5,4 Milliarden Personen),
- der zunehmenden Mobilität des Internets über Smartphones (knapp 90 Prozent aller Smartphones waren 2019 mit dem Android-Betriebssystem von Google ausgestattet, 13 Prozent mit dem iOS-Betriebssystem von Apple),
- dem auch für die nächsten Jahre prognostizierten weiterem Wachstum des E-Commerce-Marktes, mit Online-Handelnden wie Amazon als Gewinner,
- der Aktivität des Großteils der weltweiten Bevölkerung in sozialen Netzwerken vor allem in Ostasien, Nordamerika, Nordeuropa und Südamerika, mit Facebook als hier führendem Unternehmen,
- den Entwicklungen auch in der Corona-Pandemie, hier gehörten die „Big 5" eher zu den Gewinnern,
- dem „Rohstoff" für einen zukünftigen Unternehmenserfolg, den Daten von Millionen von Nutzerinnen und Nutzern.

Nicht nur die oben aufgeführte Aufteilung der Betriebssysteme auf Google und Apple kann zum Teil bereits als Monopolstellung bezeichnet werden. Und auch wenn die Konzerne versuchen, ihre Interessen durch Lobbyarbeit insbesondere in der Politik zu schützen, geraten sie immer mehr in das Visier von internationalen Wettbewerbshütern wie dem amerikanischen Justizministerium oder der Europäischen Kommission (Bolkart et al., 2021).

Aus den folgenden zwei Abbildungen wird deutlich, dass die „Big 5" nicht nur über eine ausgesprochen starke Marktmacht verfügen, sondern diese auch für ihre Eigeninteressen (aus-)nutzen.

Der Blick auf die USA in Abbildung 7.2 zeigt anhand von vier Beispielen, dass die Wettbewerbsbehörden (US-Justizministerium, US-Handelskommission sowie einzelne US-Bundesstaaten) die „Big 5" zunehmend ins Visier nehmen.

Abb. 7.2: Beispiele für Kartellverfahren in den USA gegen die „Big 5" (Bolkart et al., 2021, S. 37)

Ein ähnliches Bild zeigt Abbildung 7.3 für Europa, wo gerade Microsoft und Google die „Rangliste" der Kartellstrafen anführen, sowohl in Bezug auf die Anzahl als auch in Bezug auf die kumulierten Strafen. Insgesamt versuchen die zuständigen EU-Behörden immer mehr, ihren Einfluss auch auf die „Big 5" zu erhöhen und die Spielregeln für die Digitalwirtschaft selbst zu bestimmen.

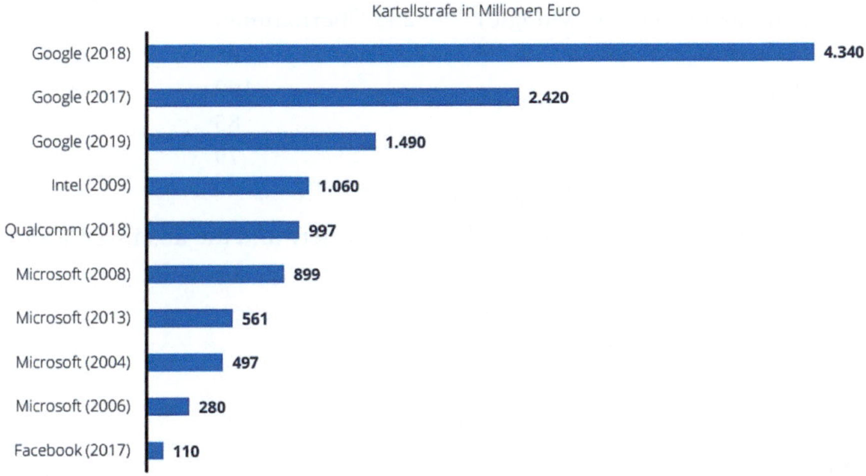

Abb. 7.3: Kartellstrafen der Europäischen Kommission gegen US-Tech-Unternehmen bis 2019 in Millionen Euro (Bolkart et al., 2021, S. 38)

Von besonderer und aktueller Bedeutung ist hier ein Urteil des Europäischen Gerichtshofs (EuGH) im September 2024. Durch den EuGH wurde eine Geldbuße über 2,4 Milliarden Euro, die von der Europäischen Kommission gegen Google wegen des Missbrauchs Googles beherrschenden Stellung durch Begünstigung des eigenen Preisvergleichsdiensts verhängt wurde, bestätigt. Die von Google und Alphabet eingelegten Rechtsmittel wurden zurückgewiesen (Europäischer Gerichtshof, EuGH, 2024a).

„2017 verhängte die Kommission eine Geldbuße von etwa 2,4 Mrd. Euro gegen Google, weil das Unternehmen seine beherrschende Stellung auf mehreren nationalen Märkten für Online-Suchdienste missbraucht habe, indem es den eigenen Preisvergleichsdienst gegenüber denjenigen der Wettbewerber begünstigt habe. Da das Gericht diesen Beschluss im Wesentlichen bestätigte, legten Google und Alphabet ein Rechtsmittel beim Gerichtshof ein.

Dieser weist das Rechtsmittel zurück und bestätigt damit das Urteil des Gerichts.“

(Europäischer Gerichtshof, EuGH, 2024a).

7.2.2 (Ausländische) Direktinvestitionen durch die „Big 5“

Auch bei der Übernahme von inländischen (hier US-amerikanischen) sowie internationalen Unternehmen zeigen die „Big 5“ ihre Stärke mit insgesamt 734 Übernahmen bis zum Jahr 2019.

Diese teilen sich wie folgt auf:

Alphabet (inklusive Google)	236 Übernahmen
Microsoft	225
Apple	109
Amazon	85
Facebook	79

Durchgängig haben die „Big 5“ damit

- Innovationen in ihren Unternehmen gefördert und die aus ihren Käufen integriert,
- ihr Produktportfolio erweitert,
- Mitbewerber vom Markt genommen,
- Talente akquiriert, und
- ihren eigenen Kundenstamm erweitert.

(Jones, 2019)

Folgende Tabelle 7.1 zeigt die wichtigsten Akquisitionen der „Big 5“ bis 2019 inklusive der damaligen Kaufpreise in Milliarden US-Dollar. Besonders bekannte Marken sind in Rot hervorgehoben.

Tab. 7.1: Die Big Five: Größte Akquisitionen von Technologieunternehmen (eigene Darstellung in Anlehnung an Jones, 2019)

	Übernahme von	Jahr der Übernahme	Kaufpreis in Mrd. US-Dollar
Microsoft	aQuantive	2007	6,3
	Skype	2011	9,5
	Nokia	2014	7,2
	LinkedIn	2016	26,2
	GitHub	2018	7,5
Amazon	Zoppos.com	2009	1,2
	Twitch	2014	1
	WholeFoods Market	2017	13,7
	Pill Pack	2018	1,2
	Ring	2018	1
Google (Alphabet)	YouTube	2006	1,7
	DoubleClick	2007	3,1
	Motorola	2012	12,5
	Nest	2014	3,2
	Looker	2019	2,6

Apple	Next	1996	0,4
	Anobit	2011	0,5
	Beats Electronic	2014	3
	Dialog Semiconductor	2018	0,6
Facebook (Meta)	Instagram	2012	1
	Onovo	2013	0,2
	LiveRail	2014	0,5
	Oculus	2014	2
	WhatsApp	2014	22

7.2.3 Corporate Social Responsibility (CSR) und deren Einhaltung durch die „Big 5“

Auch hier sollen nur zwei Beispiele zeigen, dass die „Big 5“ mindestens nicht besser agieren als andere Unternehmen, und dies trotz klarer Bekenntnisse zu einer eigenen Corporate Social Responsibility (CSR).

7.2.3.1 Amazon und die Kritik an den Arbeitsbedingungen

Amazon steht immer wieder in der Kritik wegen der Arbeitsbedingungen der eigenen Mitarbeitenden, wie die folgenden Artikel aus unterschiedlichen Jahren zeigen:

- „Amazon überwacht Mitarbeiter“ (Budras, 2014)
- „Ein System des Drucks – auf allen Ebenen“ (Gontek, 2020)
- „Debatte um Arbeitsbedingungen – Amazon entschuldigt sich“ (Zeit Online, 2021a)

Aus diesen Artikeln stammen auch die folgenden Informationen.

Die Kritik ist über die Jahre vielschichtig und geht in alle Bereiche – nicht nur in Deutschland, auch in vielen anderen Ländern. Auffällig ist dabei die Vielzahl der unterschiedlichsten Hinweise über die Jahre, beispielsweise:

- Minutengenaues Tracking auf Einzel-Mitarbeitenden-Ebene, wer wieviele Pakete bearbeitet (als Grundlage für Mitarbeitenden-Gespräche).
- Pausenzeiten und Toilettengänge gehen zu Lasten der Produktivität und sollen vermieden werden.
- Prämien für wenige Krankschreibungen.
- Überwachung beziehungsweise Anschein der Überwachung der Mitarbeitenden durch flächendeckende Kameras, beispielsweise in Logistik- oder Verteilzentren.

- Versuch, Auslieferungen mit Privat-PKW zu etablieren.
- Unterbesetzung.
- Kein Zugang für die Auslieferer in Corona-Zeiten zu den sanitären Einrichtungen.
- Ehemalige Führungskräfte bezeichnen Amazon als rücksichtslos und aggressiv.
- Entlassungen an sogenannten „Release-Days“ (=Freilassungstage), vermutet nicht nur auf der Basis von Leistungen, sondern auch bei zu häufigen Krankheiten.

Amazon sieht die Arbeitsbedingungen anders, stuft diese als „angemessen“ ein und hat in den vergangenen Jahren mehrere Offensiven dazu gestartet, beispielsweise

- Veröffentlichung im Jahr 2013 von über 1.000 Unterschriften von Mitarbeitenden aus Deutschland, dass die Vorwürfe zu den Arbeitsbedingungen von der Gewerkschaft *verdi* nicht stimmen.
- Erste Imagekampagne in Deutschland Ende 2013.
- 2019 Kampagne „Arbeitsbedingungen bei Amazon - Machen Sie sich selbst ein Bild“ mit positiven Berichten von Besucherinnen und Besuchern in den Logistik- und Verteilzentren.

Laut der Frankfurter Allgemeinen Zeitung (Benrath, 2018) zeichnet das Arbeitgeber-Bewertungsportal Kununu ein „überraschend positives Bild“, das wiederum von verdi als dubios bezeichnet wird, da es vielfach von ausgeschiedenen Saisonarbeitern verfasste Bewertungen waren.

Letztendlich bekennt sich Amazon im Rahmen der eigenen Nachhaltigkeitsansätze zu der Verantwortung gegenüber seinen Mitarbeitenden und zu der Einhaltung der Menschenrechte.

„Förderung der Menschenrechte

Wir glauben, dass jeder mit grundlegender Würde und Respekt behandelt werden sollte und die gleichen Chancen haben sollte, sich zu entfalten. Wir setzen uns dafür ein, dies für alle Menschen zu gewährleisten, die mit unserem Unternehmen verbunden sind – einschließlich unserer Mitarbeiter, der Menschen, die in unserer Lieferkette arbeiten, der Kunden und der Menschen, die in den Gemeinden leben, in denen wir tätig sind. […].

Wir verankern die Achtung der Menschenrechte in unseren Geschäftsaktivitäten und -beziehungen und arbeiten mit Partnern und Lieferanten zusammen, die sich ebenfalls zur Achtung der Menschen- und Arbeitsrechte verpflichten.

So wie wir uns für die Förderung der Rechte unserer Mitarbeiter einsetzen, verpflichten wir uns, mit unseren Lieferanten zusammenzuarbeiten, um die Achtung der Menschenrechte in ihren Betrieben und Lieferketten zu verankern und uns dabei zu helfen, unser Ziel zu erreichen, die grundlegende Würde aller zu unterstützen, mit denen wir zusammenarbeiten.

Unsere Menschenrechtsstrategie orientiert sich an führenden internationalen Standards und Rahmenwerken, die von den Vereinten Nationen (UN) und der Internationalen Arbeitsorganisation (ILO) entwickelt wurden. Wir verpflichten uns, die UN-Leitprinzipien für Wirtschaft und Menschenrechte (UNGPs), die Allgemeine Erklärung der Menschenrechte der Vereinten Nationen, die Kernkonventionen der ILO und die ILO-Erklärung über grundlegende Prinzipien und Rechte bei der Arbeit zu respektieren und zu unterstützen.“

(Amazon, 2024)

7.2.3.2 Facebook und die eigene Verantwortung für Veröffentlichungen von Nutzern

Neben gravierenden Vorwürfen beim Datenschutz (Verarbeitung, Nutzung und Sicherheit von Nutzerdaten) steht Facebook immer wieder in der Diskussion zu der Frage, welche Verantwortung Facebook für die Veröffentlichungen seiner Nutzenden aktuell übernimmt beziehungsweise welche Verantwortung Facebook eigentlich übernehmen müsste.

Neben moralischen Fragen stehen dabei auch wirtschaftliche Aspekte im Vordergrund. Beispielsweise gaben im Jahr 2020 mehrere große Unternehmen wie Adidas, Aviva, Intercontinental Hotels Group, Ford, Mars, Starbucks, Target und Unilever bekannt, dass sie ihre Anzeigen auf Facebook zeitweise aussetzen, um die „Stop Hate for Profit-Kampagne“ zu unterstützen. Die Bewegung warf Facebook vor, nicht genug gegen Hassbotschaften vorzugehen (Wakefield, 2020).

In den eigenen Gemeinschaftsstandards schreibt Facebook (Meta):

„[...] Meta weiß, wie wichtig es ist, dass Facebook ein Ort ist und bleibt, an dem die Menschen sicher und unbesorgt miteinander kommunizieren können. Deshalb nehmen wir unsere Aufgabe sehr ernst, den Dienst vor jeglicher Art von Missbrauch zu schützen. Aus diesem Grund haben wir Standards dazu erstellt, was auf Facebook gestattet bzw. nicht gestattet ist.

Diese Standards basieren sowohl auf dem Feedback von unseren Nutzerinnen und Nutzern als auch auf Empfehlungen von Experten in Bereichen wie Technologie, öffentliche Sicherheit und Menschenrechte. Um sicherzustellen, dass die Meinung aller Seiten gehört wird, gehen wir besonders sorgfältig vor, um Standards zu erstellen, die die unterschiedlichsten Ansichten und Perspektiven berücksichtigen, insbesondere von Menschen und Gemeinschaften, die ansonsten übersehen oder marginalisiert werden könnten. [...]“

(Facebook, n. d.a)

Darüber hinaus wird in den Facebook-(Meta)-Richtlinien eingegangen u.a. auf die eigenen Maßstäbe und Vorgehensweisen bei

- Gewalt und Anstiftung,
- gefährlichen Personen und Organisationen,
- Propagieren und Organisieren von Schaden und Verbrechen,
- reglementierten Gütern (bspw. Drogen, Waffen),
- Betrug und Täuschung,
- anstößigen Inhalten (Hassrede, Gewaltdarstellung, sexuelle Inhalte, grausame / taktlose Inhalte).

(Facebook, n. d.b)

Daraus könnte vermutet werden, dass Facebook auch angemessen vorgeht. Tatsächlich wird Facebook aber immer wieder vorgeworfen, nicht restriktiv genug zu sein, nicht genügend Sorgfalt anzuwenden und auch mit unterschiedlichen Maßstäben zu arbeiten.

7.2.4 Steueroptimierung / Steuervermeidung durch die „Big 5" am Beispiel von Amazon

Im Abschnitt 6.5.5 wurden Steueroptimierung und Steuervermeidung bis hin zu Steuerflucht als Auffälligkeit von multinationalen und transnationalen Unternehmen bereits im Allgemeinen beschrieben.

Auch auf die Einschätzung aller involvierten Konzerne, „Steuern im Einklang mit den jeweils geltenden Gesetzen zu bezahlen" (Norddeutscher Rundfunk, 2021) wurde dort hingewiesen.

Dass Unternehmen mit dieser Einschätzung in der Vergangenheit häufig recht bekommen haben, zeigt das folgende Beispiel zu Amazon aus der Frankfurter Allgemeinen Zeitung. Hier hat das zuständige EU-Gericht eine Entscheidung der EU-Wettbewerbskommission widerrufen.

Gleichzeitig zeigt dieses Beispiel aber auch, dass mindestens einzelne der „Big 5" mit allen Mitteln versuchen, ihre Steuerlast zu optimieren.

„Warum Amazon so wenig Steuern zahlt

Der Onlinehändler Amazon hat in Europa wieder kaum Steuern gezahlt – und der Versuch der EU-Kommission, daran etwas zu ändern, ist jetzt vor Gericht gescheitert, wie zuvor schon bei Apple. Woran liegt das?

Im vergangenen Juli war es Apple, jetzt ist es Amazon. Schon wieder hat die EU-Kommission in einem Steuer-Beihilfeverfahren vor Gericht eine herbe Niederlage erlitten.

Das zuständige EU-Gericht (EuG) kassierte am Mittwoch die 2017 ergangene Entscheidung der EU-Wettbewerbsbehörde, dass der Staat Luxemburg von Amazon Steuervergünstigungen in Höhe von 250 Millionen Euro plus Zinsen zurückfordern müsse.

Nach Auffassung des Gerichts hat die Kommission rechtlich nicht hinreichend nachgewiesen, dass ein auf den Onlinehändler zugeschnittener

> *Steuerbescheid der luxemburgischen Behörden die Steuerlast einer europäischen Amazon-Tochter zu Unrecht verringert hat.*
>
> *Nicht nur Amazon, sondern auch Luxemburg war gegen die Kommissionsentscheidung vor Gericht gezogen: Das Großherzogtum verzichtete gerne auf das Geld, um den Konzern im Land halten zu können. Amazon ist einer der größten Arbeitgeber des Landes.*
>
> *Irland hatte sich 2016 ähnlich verhalten und dagegen geklagt, von Apple 13 Milliarden Euro zurückfordern zu sollen – und 2020 recht bekommen.*
>
> *Amazon, Apple, aber auch Google, Starbucks und andere: Immer wieder steht der Verdacht im Raum, dass große internationale Konzerne – vor allem amerikanische Digitalunternehmen – ihre europäischen Firmensitze dort wählen, wo ihnen die Steuerbehörden besonders gewogen sind. Über die dort ansässigen Dachgesellschaften wickeln sie einen Großteil der EU-Umsätze ab und sparen so Steuern.*
>
> *Voraussetzung dafür sind in der Regel Vorabsprachen (Tax Rulings) mit den Steuerbehörden, die auf das jeweilige Unternehmen zugeschnitten sind. Gegen diese speziellen Absprachen ging die EU-Behörde seit 2013 immer wieder mit den Mitteln des Beihilferechts vor. [...]“*
>
> *(Mussler & Lindner, 2021)*

Das Urteil des Europäischen Gerichtshofs (EuGH) gegen Apple und zu Gunsten der Europäischen Kommission aus September 2024 zeigt allerdings, dass es auch andere Entscheidungen gibt.

Der EuGH hat das in dem vorherigen Zitat am Rande erwähnte Urteil aus dem Jahr 2020 aufgehoben und die Apple von Irland gewährten Steuervergünstigungen in Höhe von 13 Milliarden Euro nunmehr als staatliche Beihilfe eingestuft, die von Apple zurückzuzahlen beziehungsweise von Irland zurückzufordern sind (Europäischer Gerichtshof, EuGH, 2024b):

> *„Die Europäische Kommission hatte 2016 entschieden, dass Irland Gesellschaften des Apple-Konzerns von 1991 bis 2014 Steuervergünstigungen gewährt habe, die eine staatliche Beihilfe darstellten. Die Beihilfe betraf die steuerliche Behandlung von durch Tätigkeiten außerhalb der Vereinigten Staaten erwirtschafteten Gewinnen von Apple.*
>
> *Das Gericht erklärte den Beschluss der Kommission 2020 für nichtig, weil die Kommission nicht hinreichend nachgewiesen habe, dass den betreffenden Gesellschaften ein selektiver Vorteil verschafft worden sei.*
>
> *Der Gerichtshof hebt das Urteil des Gerichts auf ein Rechtsmittel hin auf und entscheidet endgültig über den Rechtsstreit. Anders als das Gericht bestätigt er den Beschluss der Kommission.“*
>
> *(Europäischer Gerichtshof, EuGH, 2024b)*

Auch die im Abschnitt 6.5.5 beschriebene EU-Mindestbesteuerung wird zu Veränderungen in dem Verhalten der „Big 5“ führen. In welche Richtung diese Veränderungen führen werden, bleibt allerdings abzuwarten.

7.3 Zusammenfassung

Die „Big 5" stehen für die wertvollsten und bekanntesten Unternehmen aus der Digitalbranche. Sie haben sich im Laufe der Jahrzehnte immer weiterentwickelt und ihr eigenes Produktportfolio sukzessive erweitert.

Die Frage, ob die in diesem Buchteil behandelten Besonderheiten für Multinationale und Transnationale Unternehmen auch oder insbesondere für die „Big 5" gelten, kann eindeutig mit Ja beantwortet werden.

Das gilt sowohl für die vorhandene Marktmacht und deren (Aus-)Nutzung im Eigeninteresse, für die Nutzung von Direktinvestitionen als Mittel für anorganisches Wachstum, aber auch für negative Aspekte wie Steueroptimierung, -reduzierung, -flucht sowie für Abweichungen von einer eigentlich vorhandenen Corporate-Social-Responsibility (CSR).

Nichtsdestotrotz haben die „Big 5" einen enormen Erfolg und eine grandiose Erfolgsgeschichte, vor der man nur „den Hut ziehen" kann. Je mehr Erfolg Unternehmen haben, desto eher geraten Sie auch in den Fokus von Neiderinnen und Neidern und je mehr werden sie auch in den Fokus der Betrachtungen genommen.

Aufgabe 7.1

Auch Apple stand insbesondere zwischen 2010 und 2015 in der Kritik zu den Arbeitsbedingungen in den chinesischen Unternehmen innerhalb der eigenen Lieferketten.

Was wurde Apple vorgeworfen?

Aufgabe 7.2

Facebook steht mit der Kritik an der nicht angemessen wahrgenommenen Verantwortung für die Veröffentlichung von Nutzern nicht allein dar.

Welche Veränderungen sind diesbezüglich bei Twitter bereits direkt nach der Übernahme durch Elon Musk im Jahr 2022 feststellbar?

Schlussbetrachtung

Durch die Globalisierung sind international agierende Konzerne entstanden, die viele bekannte Einzelmarken aus dem täglichen Leben in sich vereinen. Einzelne dieser großen Konzerne decken beispielsweise nahezu den gesamten Lebensmittel- und Drogeriebedarf in Deutschland ab.

Unabhängig von der Branche haben solche Konzerne eine erhebliche Markmacht, die im Rahmen von Preisverhandlungen genutzt wird, um eigene Ziele zu erreichen.

Nahezu jedes Unternehmen hat heute einen Bezug zum Ausland. Die Abgrenzung der in Bezug auf das Auslandsgeschäft unterschiedlich ausgeprägten Unternehmenstypen ist nicht immer einfach, gerade MNCs und TNCs werden häufig synonym genutzt.

Unterschiede gibt es vor allem in dem Grad der Selbstständigkeit von Tochtergesellschaften beziehungsweise der Zentralisierung von Entscheidungen sowie bei im Unternehmen akzeptierten oder nicht akzeptierten regionalen Unterschieden.

Dass es auch andere Wege als die von TNCs gibt, zeigen LIQUI MOLY und TRIGEMA, die in ihrem jeweiligen Bezug zum Ausland andere Wege als TNCs beschritten haben und mit ihrem eigenen Weg erfolgreich sind.

Unternehmen wie HP verdeutlichen wiederum, wie aus einem in einer Garage gestarteten Start-Up ein Transnationales Unternehmen entstehen kann. Die Beweggründe für ein solches Wachstum können dabei sehr unterschiedlich sein. Die Ansoff-Matrix stellt Wachstumsstrategien in den Vordergrund, die auch für Globalisierungsentscheidungen genutzt werden können. Die eklektische Theorie nach Dunning oder „OLI-Modell“ umfasst drei unterschiedliche Einzelansätze zum internationalen Wachstum.

Anorganisches Wachstum beschreibt das schnelle, weltweit ausgerichtete Wachstum von Transnationalen Unternehmen durch ausländische Direktinvestitionen (ADI). ADI bieten sowohl für Investoren als auch für die Zielunternehmen von ADI einige Chancen, sie bergen aber durchaus auch Risiken.

Gerade die Direktinvestitionen von chinesischen Unternehmen im Ausland werden überwiegend kritisch bewertet. Während dem Kauf der KUKA AG bereits eine längerfristige Betrachtung der Auswirkungen möglich ist, müssen die weiteren Entwicklungen aus der im Jahr 2022 erfolgten Beteiligung am Containerterminal Tollerort des Hamburger Hafen abgewartet werden.

„Wertschöpfungsketten“, „Lieferketten“ oder ein „Supply Chain Management“ sind im internationalen Umfeld genauso relevant wie „Make-or-

Buy"-Entscheidungen oder Entscheidungen rund um eine „Just-in-Time"-Produktion".

Gerade TNCs arbeiten mit einer Vielzahl von „Buy"-Entscheidungen, die zu weltweit aufgeteilten Lieferketten geführt haben – mit allen daraus resultierenden Vorteilen und Risiken. Die aktuellen Entwicklungen stellen viele „Buy"-Entscheidungen in Frage und geben einer angemessenen Lagerhaltung eine deutlich höhere Bedeutung.

Für TNCs gibt es über Empfehlungen und Leitlinien hinaus bis heute keine weltweit verbindlichen Regelungen. Verstöße gegen internationale Empfehlungen und Leitlinien gibt es genauso wie es Abweichungen von der eigenen Corporate Social Responsibility bis hin zu Menschenrechtsverletzungen gibt.

Alle in diesem Teil des Buchs behandelten Inhalte gelten auch für die „Big 5", insbesondere die (Aus-)Nutzung der eigenen Marktmacht, ein anorganisches Wachstum über Direktinvestitionen, aber auch für negative Aspekte wie Steueroptimierung oder Abweichungen von einer eigenen Corporate-Social-Responsibility (CSR).

Transnationale Unternehmen sind heute aus einer globalisierten Welt nicht mehr wegzudenken. Sie sind ein wesentlicher Treiber für die Globalisierung, bei der aus Sicht der Autoren die Vorteile genauso überwiegen wie bei den TNCs selbst.

Transnationale Unternehmen haben zudem erheblich zur weltweiten Wohlstandsmehrung und auch zum Wohlfühlgefühl unserer Gesellschaft beigetragen. Wer könnte sich eine heutige Welt ohne Smartphones und Lieferdienste – gerade in der westlichen Welt – noch vorstellen?

Zusammengefasst gibt es kein „schwarz oder weiß" bei der Bewertung von Transnationalen Unternehmen. Seien Sie daher kritisch, betrachten Sie unterschiedliche Sachverhalte aus vielerlei Perspektiven und bilden Sie sich immer Ihre eigene Meinung.

Während wir diesen Teil des Buchs in der Einleitung mit einem eher kritischen Zitat zu TNCs begonnen haben, soll das abschließende Zitat zeigen, welche Möglichkeiten TNCs bieten können. Dass der ehemalige Generaldirektor von Nestlé dabei von MNCs und nicht von TNCs spricht, zeigt abschließend auch noch einmal die nicht immer einfache Abgrenzung dieser beiden Unternehmensformen voneinander ...

„Wir wissen, dass es uns multinationalen Unternehmen möglich ist, auch 15 Milliarden Menschen in der Welt zu ernähren, wenn wir die richtigen Maßnahmen treffen."

(Helmut O. Maucher, ehemaliger Generaldirektor der Nestlé S.A.)

Anhang

Lösungen zu den Aufgaben

1.1

Mit den Suchworten „weltweit umsatzstärksten Bekleidungsunternehmen" finden Sie über Google unter anderem die Statistik „Weltexporte" mit den zehn umsatzstärksten Unternehmen der Welt im Mai 2021, mit beispielsweise LVMH Moët Hennessy Louis Vuitton, Nike und Adidas auf den ersten drei Rangstellen.

1.2

Marken: Volkswagen, Volkswagen Nutzfahrzeuge, ŠKODA, SEAT, CUPRA, Audi, Lamborghini, Bentley, Porsche und Ducati

- 114 Produktionsstätten in 19 europäischen Ländern und 10 Ländern in Nord- und Südamerika, Asien und Afrika
- 684 Tausend Mitarbeitende weltweit
- 9,2 Millionen Auslieferungen von Konzernfahrzeugen weltweit im Jahr 2023
- 322,3 Milliarden Euro Umsatz im Jahr 2023

(Volkswagen, 2024)

2.1

Schauen Sie sich hierzu die Gliederungspunkte 2.2 und 2.3 an.

2.2

Für die Umstellung der eigenen Produktion gibt es weltweit viele Beispiele aus Unternehmen der unterschiedlichsten Branchen.

So haben beispielsweise

- der Spirituosenhersteller Jägermeister oder die Brauerei Becks ihre Produktion auf Desinfektionsmittel umgestellt,
- der Automobilkonzern Tesla Beatmungsgeräte hergestellt,
- der Automobilkonzern Mercedes-Benz seine für die Fertigung eingesetzten 3D-Drucker für die Fertigung von Bauteilen der Medizintechnik bereitgestellt.

TRIGEMA hat – wie andere Unternehmen der Bekleidungsindustrie auch – zusätzlich zu der normalen Produktion Corona-Schutzmasken hergestellt und mit rund 2,3 Millionen Masken nicht nur einen Umsatzeinbruch oder Kurzarbeit vermieden, sondern einen deutlich höheren Umsatz als im Vor-Corona-Jahr 2019 erzielt (Westarp, 2020).

3.1

Laut Statista, 2024a (siehe Literaturverzeichnis) hat die HP Inc. im Jahr 2023 einen Umsatz von 53,7 Milliarden US-Dollar erzielt, der Gewinn lag bei 3,26 Milliarden US-Dollar. Es waren rund 58.000 Mitarbeitende weltweit für die HP Inc. tätig.

3.2

Art des Unternehmenswachstums:

a) organisch b) anorganisch c) organisch

d) anorganisch e) organisch f) organisch

4.1

Über die im Literaturverzeichnis angegebene URL findet man die Zusammenfassung der Verordnung. Der wesentliche Zweck: „Mit der Verordnung wird eine Möglichkeit für die Mitgliedstaaten der EU transparente, vorhersehbare und diskriminierungsfreie Mechanismen für die Überprüfung ausländischer Direktinvestitionen (ADI) aus Gründen der Sicherheit oder der öffentlichen Ordnung geschaffen."

5.1

Die Midea-Group zählt laut seiner eigenen Internethomepage „zu den global führenden Technologiekonzernen in den Bereichen Verbraucherelektronik und Klimatisierung, Robotik, industrielle Automation & Logistik".

Kernaussagen/-zahlen für 2023:

- über 166.000 Mitarbeitende
- in über 200 Ländern aktiv
- Umsatz 50 Milliarden US-Dollar
- Platz 278 in der Fortune Global 500-Liste der umsatzstärksten Unternehmen
- 34 Produktionszentren weltweit

(Midea-Group, 2024)

5.2

Schauen Sie hierzu beispielsweise unter

https://www.epochtimes.de/politik/ausland/elmos-chip-deal-mit-chinesischem-kaeufer-gestoppt-a4029289.html (Epoch Times, 2022)

6.1

Eine Make-or-buy-Entscheidung ist immer dann möglich, wenn für das Unternehmen auch ein „Make" möglich ist.

Dies ist im Energiebereich beim Einkauf von Öl oder Erdgas meist nicht der Fall; allerdings können Fotovoltaik-, Solarthermie oder Biogasanlagen nach einer Entscheidung für die notwendige Investition durchaus selbst von Unternehmen betrieben werden. Auch die eigene Gewinnung von Windkraft ist denkbar, wenn auch (aktuell noch) schwieriger umzusetzen.

6.2

Deutsche Zulieferunternehmen spielen in der Automobilbranche weltweit eine wesentliche Rolle.

Laut Statista war Bosch (Robert Bosch GmbH) aus Baden-Württemberg im Jahr 2023 der nach Umsatz weltweit größte Automobilzulieferer, die ZF Friedrichshafen AG ist auf dem 3. Platz zu finden, Continental auf dem 5. Platz (Berylls Strategy Advisors, 2024).

6.3

„Just-in-Sequence ist ein Prinzip vorrangig aus der Automobi-Produktion und bezeichnet eine zeitliche Vereinbarung mit den Zulieferern.

Während bei Just-in-Time die Waren geliefert werden, wenn sie benötig werden, berücksichtigt Just-in-Sequence bei der Anlieferung auch die Reihenfolge, in der das Material eingesetzt werden soll.“ (Produktion, 2017)

6.4

CSR: Corporate Social Responsibility / Es geht um die soziale Verantwortung des Unternehmens.

6.5

Die URL finden Sie unter OXFAM Deutschland 2024 im Literaturverzeichnis. Die Menschenrechtsverletzungen betreffen die unterschiedlichsten deutschen Unternehmen (inklusive deutscher TNCs) aus den unterschiedlichsten Branchen und mit den unterschiedlichsten Verletzungen von Menschenrechten.

6.6

Beispielsweise schreibt die Deutsche Umwelthilfe über Aluminiumkapseln:

„Recycling schwierig.

Dass ihre Produkte kein grünes Image besitzen, wissen die Kaffeekapselhersteller natürlich. Deshalb werben sie mit dem Recycling der Kapseln. Hierfür müssten die Mini-Verpackungen allerdings im Gelben Sack landen, was in der Regel jedoch verboten ist. Werden etwa Kaffeekapseln aus Aluminium doch einmal im Gelben Sack entsorgt, muss der nasse Kaffeesatz aufwändig verschwelt werden und es kommt zu hohen Materialverlusten. Besonders problematisch ist darüber hinaus, dass Kaffeekapseln in der Regel vollständig aus Neumaterial hergestellt werden.“ (Deutsche Umwelthilfe, n. d.)

Auch Nespresso stellt das Recycling der eigenen Kapseln in den Vordergrund, angefangen von Kapseln, die überwiegend aus recyceltem Aluminium bestehen sollen,

über weltweit mehr als 100.000 neu eingerichtete Sammelstellen einschließlich Haussammlungen, Postdienst und Abgabemöglichkeiten in den Nespresso-Shops,

bis hin zu Werbemaßnahmen zum Recycling, in denen Prominente damit werben „Ich recycle meine Nespresso-Kapseln, weil …“. (Nespresso, 2024)

Unter dem Strich bleibt aber die Empfehlung der deutschen Umwelthilfe, Kaffee nicht in Kapseln, sondern in größeren Mengen zu nutzen, mindestens aber die von anderen Kapselanbietern angebotenen wiederbefüllbaren Mehrwegkapseln zu verwenden. (Deutsche Umwelthilfe, n. d.).

7.1

Apple wurde zwischen 2010 und 2015 immer wieder kritisiert, die Arbeitsbedingungen gerade in chinesischen Zuliefererunternehmen nicht, beziehungsweise nicht ausreichend zu kontrollieren und damit Menschenrechtsverletzungen in den eigenen Lieferketten nicht zu unterbinden.

Den traurigen Höhepunkt bildete 2010 der Selbstmord von mindesten 13 Arbeitenden eines Zuliefererunternehmens aus der VR China. Im Jahr 2013 wurden die Arbeitsbedingungen in gleich drei Werken eines weiteren Zulieferers in China scharf kritisiert. Gleiches geschah auch im Jahr 2015 in Bezug auf menschenunwürdige Unterbringung und Arbeitsbedingungen von Arbeitenden in chinesischen Zulieferbetrieben (Handelsblatt, 2015).

7.2

Elon Musk hat direkt nach der vollzogenen Übernahme von Twitter deutlich gemacht, dass für ihn Meinungsfreiheit auf Twitter absolute Priorität hat. Innerhalb kürzester Zeit war ein gravierender Anstieg von rassistischen, frauenfeindlichen sowie Anti-LGBTQ-Beiträgen feststellbar (Fokus, 2022).

Diese Entwicklung hat sich bis heute nicht verändert, die vorher geltenden Standards auf Twitter wurden sukzessive außer Kraft gesetzt.

Teil 3
Die Europäische Union im Prozess der Globalisierung

Inhaltsverzeichnis Teil 3

Einleitung ... 217

1 Die Europäische Union – ein (kurzer) Überblick ... 218

1.1 Die Europäische Union im (kurzen) Überblick ... 218
1.1.1 Merkmale und Kennzahlen der Europäischen Union ... 219
1.1.2 Aktuelle EU-Beitrittskandidaten ... 220
1.1.3 Potenzielle EU-Beitrittskandidaten ... 220
1.1.4 Abgrenzung der EU zum Europäischen Wirtschaftsraum (EWR) und zu der Europäischen Freihandelszone (EFTA). 221
1.1.5 Finanzierung der Europäischen Union ... 224

1.2 Wesentliche Organe der Europäischen Union ... 224
1.2.1 Europäischer Rat in Brüssel (Belgien) ... 225
1.2.2 Rat der Europäischen Union in Brüssel (Belgien) ... 226
1.2.3 Europäisches Parlament in Brüssel (Belgien) und Straßburg (Frankreich) ... 226
1.2.4 Europäische Kommission in Brüssel (Belgien) ... 228

1.3 Europäische Währungsunion und Europäische Zentralbank ... 229
1.3.1 Entwicklung der Europäischen Währungsunion und Einführung des Euro ... 229
1.3.2 Europäische Zentralbank in Frankfurt am Main (Deutschland) ... 231

1.4 Europäischer Gerichtshof in Luxemburg ... 231

1.5 Werte der Europäischen Union ... 232

1.6 Gemeinsame Außen- und Sicherheitspolitik (GASP) der Europäischen Union ... 234

1.7 Die Europäische Union und die NATO ... 234

1.8 Zustimmung zur Europäischen Union und zum Euro in den EU-Mitgliedstaaten ... 235

1.9 Wesentliche Herausforderungen für die Europäische Union aus der Sicht der deutschen Bevölkerung ... 236

1.10 Prioritäten der Europäischen Union – Strategische Planung 2024 bis 2029 ... 237

1.11 Zusammenfassung ... 238

2 Die Europäische Union als ökonomischer Faktor in der Globalisierung ... 241

2.1 Wirtschaftliche Bedeutung der Europäischen Union ... 241

2.1.1 Binnenhandel innerhalb der Europäischen Union („Intra-EU-Handel") ... 241

2.2 Handelsabkommen mit Beteiligung der Europäischen Union ... 247

2.3 Zusammenfassung ... 249

3 Aktuelle Ereignisse und die jeweilige Rolle der Europäischen Union ... 251

3.1 Die Europäische Union und die Finanzmarktkrise ... 251

3.1.1 Die Rolle der EU in der Finanzmarktkrise ... 252

3.2 Die Europäische Union und die Staatsschuldenkrise in Griechenland ... 254

3.2.1 Die Rolle der EU in der Staatsschuldenkrise Griechenlands ... 254

3.3 Der Austritt Großbritanniens aus der Europäischen Union („Brexit") ... 255

3.3.1 Die Rolle der Europäischen Union während des Brexits ... 256

3.3.2 Die Europäische Union und Großbritannien nach dem Brexit ... 258

3.4 Die Europäische Union und die Vereinigten Staaten von Amerika (USA) unter Donald J. Trump und Joseph R. Biden ... 259

3.4.1 Die Rolle der Europäischen Union während der Präsidentschaft von Donald J. Trump ... 259

3.4.2 Die Rolle der Europäischen Union während der Präsidentschaft von Joseph R. Biden ... 260

3.4.3 Donald J. Trump als 47. (republikanischer) Präsident der USA ... 262

3.5 Populistische Entwicklungen in Mitgliedstaaten der Europäischen Union ... 262

3.5.1 Populistische Entwicklungen in Ungarn ... 264

3.5.2 Die Rolle der Europäischen Union in Bezug auf die Entwicklungen in Ungarn 264

3.6 Die Corona-Pandemie in der Europäischen Union 265

3.6.1 Die Rolle der EU während der Corona-Pandemie 265

3.7 Konflikte und Kriege in Europa 266

3.7.1 Der Einmarsch Russlands in die Ukraine 266

3.7.2 Die Europäische Union und der Ägäis-Konflikt zwischen der Türkei und Griechenland 270

3.7.3 Die Europäische Union und der Konflikt zwischen Serbien und dem Kosovo 271

3.7.4 Die Rolle der Europäischen Union im Konflikt zwischen Serbien und dem Kosovo 272

3.8 Die Europäische Union und die Entwicklungen rund um die VR China 273

3.9 Zusammenfassung 274

4 Wesentliche aktuelle Herausforderungen für die Europäische Union und deren Mitgliedsstaaten 276

4.1 Die Europäische Union und die internationale Lage 276

4.2 Die Europäische Union und die Sicherstellung der Energieversorgung 277

4.3 Die Europäische Union und Inflation 279

4.4 Die Europäische Union und der Klimawandel 281

4.5 Demografische Herausforderungen in der Europäischen Union 283

4.5.1 Entwicklung und aktuelle Situation in der Europäischen Union 283

4.5.2 Arbeitskräfte- und Fachkräftemangel in der EU 285

4.5.3 Attraktivität der Europäischen Union und einzelner EU-Mitgliedsstaaten 287

4.5.4 Maßnahmen der EU gegen den Arbeitskräfte- und Fachkräftemangel, der „Kampf um die besten Köpfe“ 288

4.6 Die Europäische Union und Digitalisierung 291

4.6.1 Aktuelle Situation in der EU bei der Digitalisierung 291

4.6.2 Maßnahmen und Ziele der EU bei der Digitalisierung 292

4.7 Die Europäische Union und Korruption 292
4.7.1 Korruption in den EU-Mitgliedstaaten 294
4.7.2 Korruption in den Organen der EU 295
4.7.3 Maßnahmen der EU gegen Korruption 296

4.8 Die Europäische Union und Steuervermeidung und Steuerflucht am Beispiel der globalen Mindeststeuer 296

4.9 Die Europäische Union und der Handelsschutz 297

4.10 Zusammenfassung 298

5 Global Governance – die Europäische Union in der Globalisierung 299

5.1 Die Europäische Union in internationalen Organisationen 299
5.1.1 Die Europäische Union und die Vereinten Nationen (UN) 299
5.1.2 Die Europäische Union und die Welthandelsorganisation (WTO) 300
5.1.3 Die Europäische Union und der Internationale Währungsfonds (IWF) 301
5.1.4 Die Europäische Union und die G7 302

5.2 Umsetzung von Gesetzen / Verordnungen im Zusammenhang mit Globalisierung in der Europäischen Union 303

5.3 Zusammenfassung 305

6 Weltweite Bedeutung von Unternehmen aus der Europäischen Union 307

6.1 Zusammenfassung 311

Schlussbetrachtung 313

Anhang 315

Einleitung

Die Europäische Union, in der wir leben, ist ein in der Welt einzigartiges Konstrukt.

Auf der einen Seite ist sie der größte wirtschaftliche Binnenmarkt der Welt, mit einer in weiten Teilen der EU gemeinsamen Währung. Sie ist ein Schwergewicht im weltweiten Handel und prägt die Globalisierung ähnlich wie die USA und die Volksrepublik China.

Auf der anderen Seite ist die EU jedoch auch geprägt durch Mitgliedstaaten mit den unterschiedlichsten historischen Entwicklungen, mit den unterschiedlichsten Volkswirtschaften und mit nicht immer einheitlichen Interessen.

Gerade aus dieser Heterogenität ihrer Mitgliedstaaten resultieren politische und wirtschaftliche Herausforderungen, deren Bewältigung genauso relevant für den Erfolg der Gemeinschaft sind wie der erfolgreiche Umgang mit den Entwicklungen in der gesamten Welt.

Die Stellung der EU im Prozess der Globalisierung wird im Mittelpunkt dieses letzten Teils dieses Buches stehen.

Um diese Stellung beurteilen zu können, ist ein Verständnis wichtig dafür, was die EU überhaupt ist, für welche Werte sie steht, wie die Mitgliedstaaten und deren Bürgerinnen und Bürger auf die EU und auch den Euro schauen, welche Stellung die EU im weltweiten Handel hat, welche jüngeren Herausforderungen die EU zu bewältigen hatte und welche Herausforderungen es noch gemeinsam mit allen Mitgliedstaaten zu bewältigen gilt.

Am Ende dieses Buchteils können Sie die Rolle der EU im Prozess der Globalisierung einordnen und für sich selbst die Frage beantworten, ob die EU in dem Saldo der Erfolge und Herausforderungen ein Erfolgsmodell ist.

Die Autoren haben für sich diese Frage mit einem eindeutigen „Ja" beantwortet: Die EU ist nicht allein die Summe der jeweiligen, sehr unterschiedlichen Volkswirtschaften, sie ist viel mehr. Keinem Mitgliedsstaat würde es ohne die Zugehörigkeit zur EU besser gehen, kein Mitgliedsstaat wäre allein in der Lage, eine angemessene Antwort auf die aktuellen Herausforderungen in der Welt zu geben, die in der Welt auch gehört und in den meisten Ländern dieser Welt auch respektiert wird.

Welche Bedeutung ein geeintes Europa bereits 1954 hatte und noch heute hat, fasst das Zitat des damaligen Bundeskanzlers Konrad Adenauer zusammen:

„Die Einheit Europas war ein Traum von wenigen. Sie wurde die Hoffnung für viele. Sie ist heute die Notwendigkeit für alle."

(Adenauer, 1954; zitiert nach Kühlem, n. d.)

1 Die Europäische Union – ein (kurzer) Überblick

Das folgende Kapitel gibt einen Überblick über die Europäische Union. Auch wenn die Europäische Union (EU) im konkreten Zusammenhang mit der Globalisierung im Mittelpunkt dieses Buchteils steht, sind grundlegende Kenntnisse über die EU dennoch unerlässlich.

Der Umfang dieses Kapitels – trotz des Ansatzes, dieses Kapitel kurz zu halten – zeigt die Komplexität und Vielfalt der EU.

Nach Abschluss dieses Kapitels

- kennen Sie die Geschichte der EU und der Europäischen Währungsunion im Überblick sowie deren aktuelle Mitgliedstaaten;
- können Sie die relevanten Organe der EU einordnen, kennen deren wesentlichen Aufgaben und das Zusammenspiel untereinander;
- wissen Sie, für welche Werte die EU stehen möchte und ob diese Werte für die Bevölkerung der EU überhaupt repräsentativ sind;
- kennen Sie die Merkmale der Gemeinsamen Außen- und Sicherheitspolitik (GASP);
- verstehen Sie, wie die Bevölkerung der EU auf diese schaut und die Zugehörigkeit zur EU sowie den Euro bewertet;
- wissen Sie, welche Herausforderungen die Bevölkerung der EU aktuell sieht.

1.1 Die Europäische Union im (kurzen) Überblick

Die Geschichte der Europäischen Union (EU) – von der Schumann-Erklärung im Jahr 1950 bis hin zur Euroeinführung am 1.1.2002 und dem Austritt Großbritanniens aus der EU Anfang des Jahres 2020 – soll hier nicht ausführlich erläutert werden. Für einen Überblick über die einzelnen Etappen auf dem Weg zur EU steht der Erklärfilm am Ende dieses Abschnittes zur Verfügung.

Relevant für diesen Teil des Buchs ist, was die Europäische Union heute gerade im Prozess der Globalisierung und inmitten der weltpolitischen Ereignisse verkörpert.

Das Europäische Parlament beschreibt die EU aus Sicht der Autoren sehr treffend wie folgt:

> *„Die Europäische Union (EU) ist eine in der Welt einmalige Konstruktion: Sie ist ein Zusammenschluss demokratischer europäischer Staaten, die sich die Wahrung des Friedens und das Streben nach Wohlstand als oberstes Ziel gesetzt haben.*

Sie ist kein Staat, der an die Stelle bestehender Staaten tritt. Sie ist aber auch mehr als andere internationale Organisationen. Die Union ist ein bewegliches Gebilde, ihre Geschichte ist von Prozessen der Vertiefung und Erweiterung gekennzeichnet.

Seit der Gründung der ersten europäischen Gemeinschaft 1951 haben sich Strukturen, Aufgaben und Mitgliederzahl kontinuierlich verändert."

(Europäisches Parlament, n. d. a)

Im Mittelpunkt der EU steht laut Artikel 26 Abs. 2 des Vertrags über die Arbeitsweise der Europäischen Union (AEUV) ein europäischer Binnenmarkt „ohne Binnengrenzen, in dem der freie Verkehr von Waren, Personen, Dienstleistungen und Kapital gemäß den Bestimmungen der Verträge gewährleistet ist".

Das heißt, neben der sicherlich auch wichtigen Reisefreiheit und der nicht mehr notwendigen Beschaffung von Reisezahlungsmitteln bei Reisen im Geltungsbereich des Euros, bildet vor allem die gemeinsame Ausrichtung der Wirtschaft einen Schwerpunkt der EU – sowohl für den Binnenhandel innerhalb der EU als auch für den Handel mit Staaten außerhalb der EU. Dieser wirtschaftliche Schwerpunkt wird im Mittelpunkt dieses Teils des Buches stehen.

1.1.1 Merkmale und Kennzahlen der Europäischen Union

Die EU steht für ein Bruttoinlandsprodukt (BIP) im Jahr 2023 von 16,9 Billionen Euro in den heute 27 Mitgliedstaaten (das heißt ohne Großbritannien) beziehungsweise für 14,4 Billionen Euro in der Eurozone. 4,1 Billionen Euro davon entfallen auf Deutschland, das das Ranking damit mit deutlichem Abstand anführt – Frankreich auf Platz 2 erwirtschaftete ein BIP von 2,8 Billionen Euro (Eurostat, 2024a).

Wie aus folgender Abbildung 1.1 zusätzlich ersichtlich ist,

- hat die EU 27 Mitgliedstaaten, davon 20 Staaten mit dem Euro als gemeinsamer Währung (Kroatien hat als erst einmal letztes Land den Euro am 1. Januar 2023 eingeführt),
- leben rund 450 Millionen Bürgerinnen und Bürger in der EU,
- gibt es 24 (Amts-)Sprachen aus den unterschiedlichen Mitgliedstaaten,
- ist der EU-Binnenmarkt der größte gemeinsame Wirtschaftsraum der Welt (siehe auch oben genanntes BIP).

Alle Staaten zusammen haben eine Fläche von rund 4,2 Millionen km^2 (Rat der Europäischen Union, 2020, S.22).

Die jeweilige Anzahl der Mitgliedstaaten ist auch die Erklärung beispielsweise für die aktuelle Abkürzung „EU27".

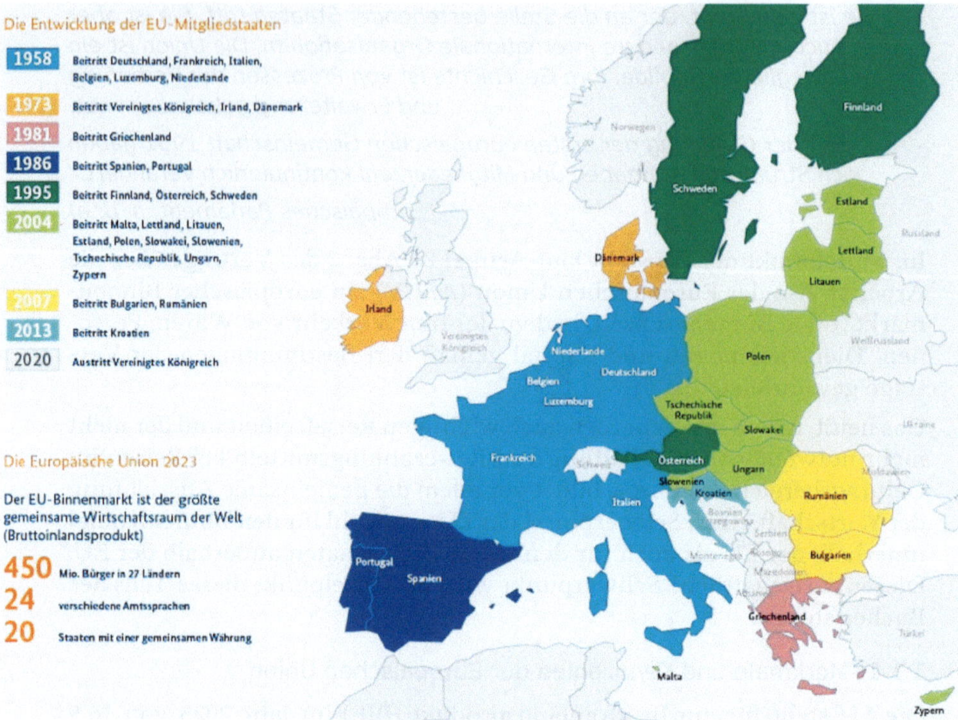

Abb. 1.1: Die Entwicklung der EU-Mitgliedstaaten im Zeitverlauf bis 2023 (Bundesministerium für Wirtschaft und Klimaschutz, 2024c)

1.1.2 Aktuelle EU-Beitrittskandidaten

Aktuelle EU-Beitrittskandidaten sind in alphabetischer Reihenfolge Albanien, Bosnien und Herzegowina, Georgien, Moldau, Montenegro, Nordmazedonien, Serbien, die Türkei und die Ukraine.

Diese Länder befinden sich „im Prozess der ‚Umsetzung' (oder Integration) der EU-Rechtsvorschriften in nationales Recht" (Europäische Union, n. d.a).

1.1.3 Potenzielle EU-Beitrittskandidaten

Potenzieller Beitrittskandidat ist der Kosovo. Solche Länder erfüllen noch nicht die Voraussetzungen für eine Mitgliedschaft in der EU (Europäische Union, n. d.a).

Auf den jeweiligen Stand zu den einzelnen Kandidaten wird an dieser Stelle nicht weiter eingegangen. Es sei nur erwähnt, dass die Dauer des jeweiligen Status höchst unterschiedlich ist.

1.1.4 Abgrenzung der EU zum Europäischen Wirtschaftsraum (EWR) und zu der Europäischen Freihandelszone (EFTA)

Neben der „Europäischen Union“ (EU) tauchen immer auch der „Europäische Wirtschaftsraum“ (EWR) und die „Europäische Freihandelszone“ (EFTA) bei wirtschaftlichen Fragen im europäischen Zusammenhang auf. Die Abgrenzung dieser Begrifflichkeiten findet sich in dem folgenden Zitat des Europäischen Parlaments wieder:

> *„Der Europäische Wirtschaftsraum (EWR) wurde 1994 mit dem Ziel eingerichtet, die EU-Bestimmungen über den Binnenmarkt auf die Länder der Europäischen Freihandelszone (EFTA) auszudehnen.*
>
> *Norwegen, Island und Liechtenstein gehören dem EWR an. Die Schweiz ist Mitglied der EFTA, gehört aber nicht zum EWR.*
>
> *Die EU und ihre EWR/EFTA-Partner (Norwegen und Island) sind zudem durch verschiedene „nördliche Politikbereiche“ und Foren mit Schwerpunkt auf den sich schnell entwickelnden nördlichen Ausläufern Europas und der gesamten Arktis verbunden.“*
>
> *(López & Razauskas 2024)*

1960 wurde die EFTA von damals sieben, nicht der EU angehörigen Staaten gegründet. Als Alternative zur EU-Mitgliedschaft standen die Ziele

- Erhöhung des Lebensstandards auch durch den Abbau von Handelshemmnissen unter den Mitgliedstaaten,
- Wirtschaftswachstum, und
- Vollbeschäftigung

im Vordergrund. Heute gehören der EFTA noch Norwegen, Island, die Schweiz und Liechtenstein an.

Mit dem EWR-Abkommen zwischen der EU und der EFTA (mit Ausnahme der Schweiz) aus dem Jahr 1994 wurde vereinbart, den EU-Binnenmarkt möglichst weitgehend auf die EFTA-Mitgliedstaaten auszuweiten. Es handelt sich dabei um mehr als ein bloßes Freihandelsabkommen, da die Rechte und Pflichten des EU-Binnenmarkts auf die EWR/ EFTA-Staaten ausgedehnt werden.

Abweichend zu der EU schafft das EWR-Abkommen jedoch keine verbindlichen Vorschriften für alle Bereiche des Binnenmarkts. Beispielsweise gibt es für die Zollunion oder die gemeinsame Handels-, Außen- und Sicherheitspolitik keine verbindlichen Vorschriften.

Das EWR-Abkommen gibt nicht durchgängig verbindliche Vorschriften für alle Bereiche des Binnenmarkts vor, beispielsweise gilt das für die Währungsunion in der EU sowie für die Gemeinsame Außen- und Sicherheitspolitik der EU (GASP).

Es gibt auch keinen Automatismus bei neuen Rechtsvorschriften in der EU. Vielmehr werden diese in einem gemeinsamen EWR-Ausschuss dahin gehend überprüft, ob sie in das EWR-Abkommen aufgenommen werden. Anschließend müssen in das Abkommen überführte Anpassungen noch durch Norwegen, Island und Liechtenstein in ihr nationales Recht überführt werden (López & Razauskas, 2024).

Das folgend Video gibt einen Überblick über die EFTA.

https://www.youtube.com/watch?v=Trbenu-NcnI
EFTAvideo (2021)

Abbildung 1.2 gibt einen Überblick über die jeweiligen Mitgliedstaaten von EU, EWR und EFTA und stellt auch die EU-Beitrittskandidaten dar.

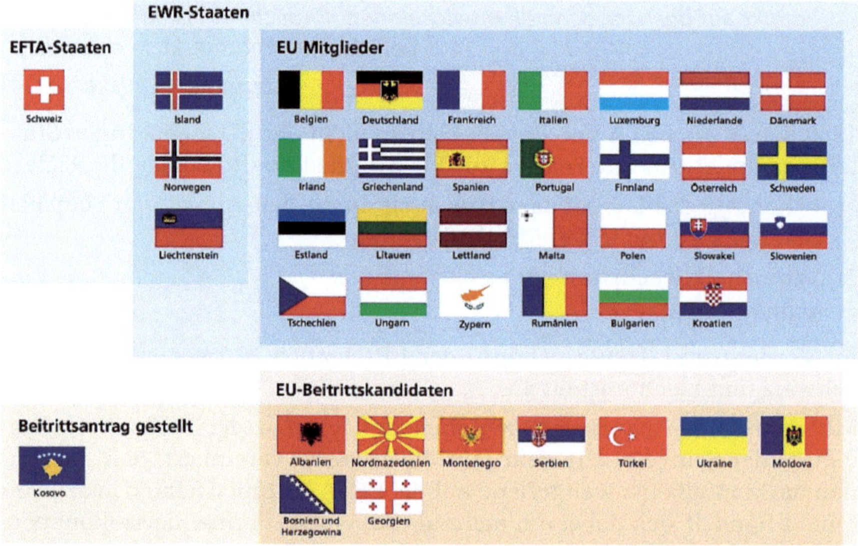

Abb. 1.2: EFTA, EWR und EU-Mitgliedstaaten (Schweizerische Eidgenossenschaft, 2024)

Der folgende Film fasst zum Abschluss noch einmal die Geschichte der Europäischen Union im Allgemeinen zusammen.

https://www1.wdr.de/mediathek/video-geschichte-der-europaeischen-union-102.html
Westdeutscher Rundfunk, WDR (2023)

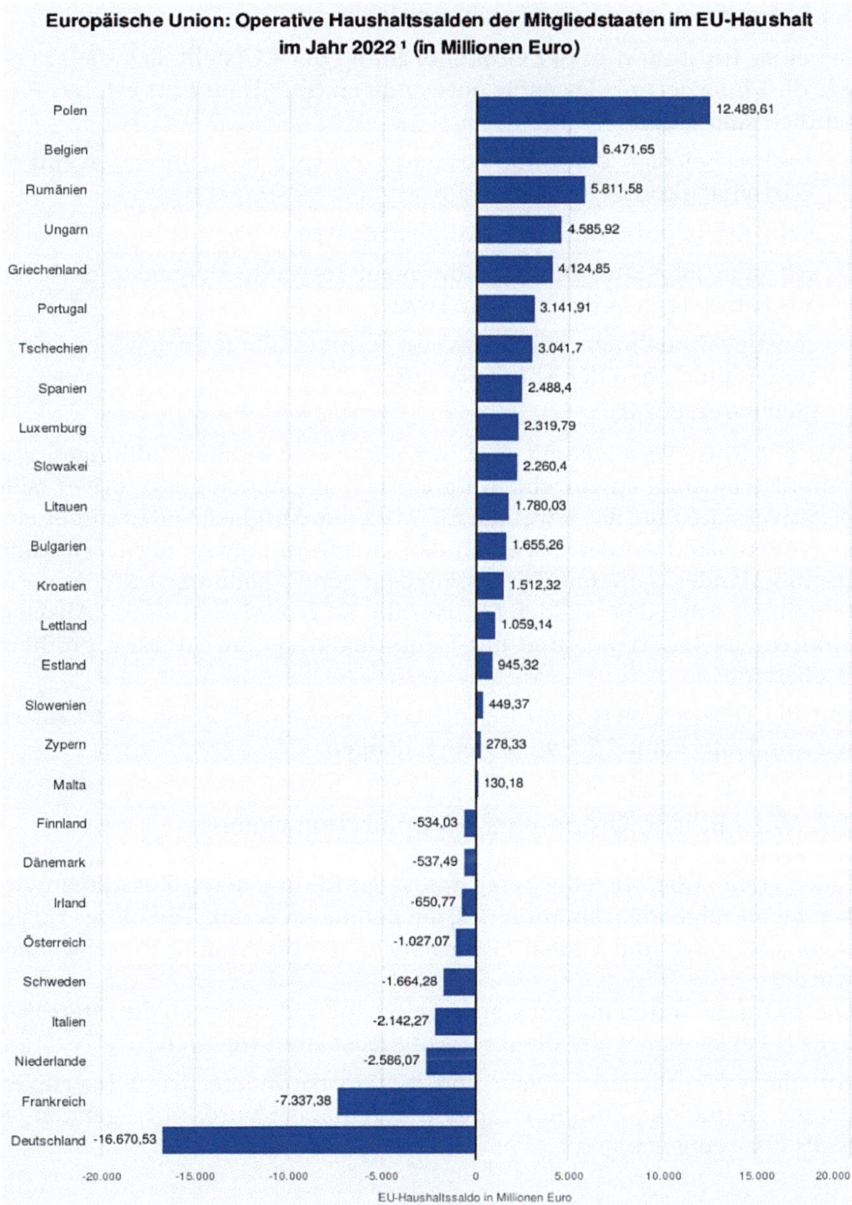

Abb. 1.3: „Geber-“ und „Nehmerländer“ in der EU (Europäische Kommission, 2023a)

1.1.5 Finanzierung der Europäischen Union

Bei einer Institution in der Größenordnung der EU stellt sich die Frage, wie die Finanzierung des dafür notwendigen (EU-)Haushalts erfolgt. Wesentlich sind dafür

- direkte Beiträge der Mitgliedstaaten entsprechend ihrer jeweiligen Wirtschaftskraft,
- Zölle auf Importe aus Nicht-Mitgliedstaaten,
- seit dem Jahr 2021 Beiträge, die nicht recycelte Verpackungsabfälle aus Kunststoff als Basis haben, sowie
- sonstige Einnahmen, beispielsweise geringe Anteile an den Mehrwertsteuereinnahmen der Mitgliedstaaten.

  (Schwarcz, 2024).

Aus der Mittelverwendung und hier insbesondere den Zahlungen aus dem EU-Haushalt an einzelne Mitgliedstaaten entsteht ein positiver oder negativer Saldo für das jeweilige EU-Mitglied. Mitgliedstaaten mit einem negativen Saldo werden „Geberländer", solche mit einem positiven Saldo „Nehmerländer" genannt. Die vorangegangene Abbildung 1.3 zeigt diese Einteilung anhand der Salden für das Jahr 2022, mit Polen als mit Abstand größtem „Nehmerland" und mit Deutschland als mit Abstand größtem „Geberland".

Auf die Diskussionen rund um die „Nehmerländer" Polen und Ungarn wird im Unterkapitel 3.5 weiter eingegangen.

1.2 Wesentliche Organe der Europäischen Union

Einen ersten Überblick über die Organe der EU und deren Zusammenwirken bietet folgende Abbildung 1.4, die bereits im ersten Teil dieses Buchs „Globalisierung und Global Governance" in Abschnitt 2.2.3 verwendet wurde.
Diese Organe treten im globalen Kontext auf und vertreten die Interessen der EU beziehungsweise die ihrer Mitgliedstaaten weltweit.

Auf die wesentlichen Organe und hier insbesondere deren jeweiligen Aufgaben und das Zusammenspiel untereinander wird im Folgenden jeweils kurz eingegangen.

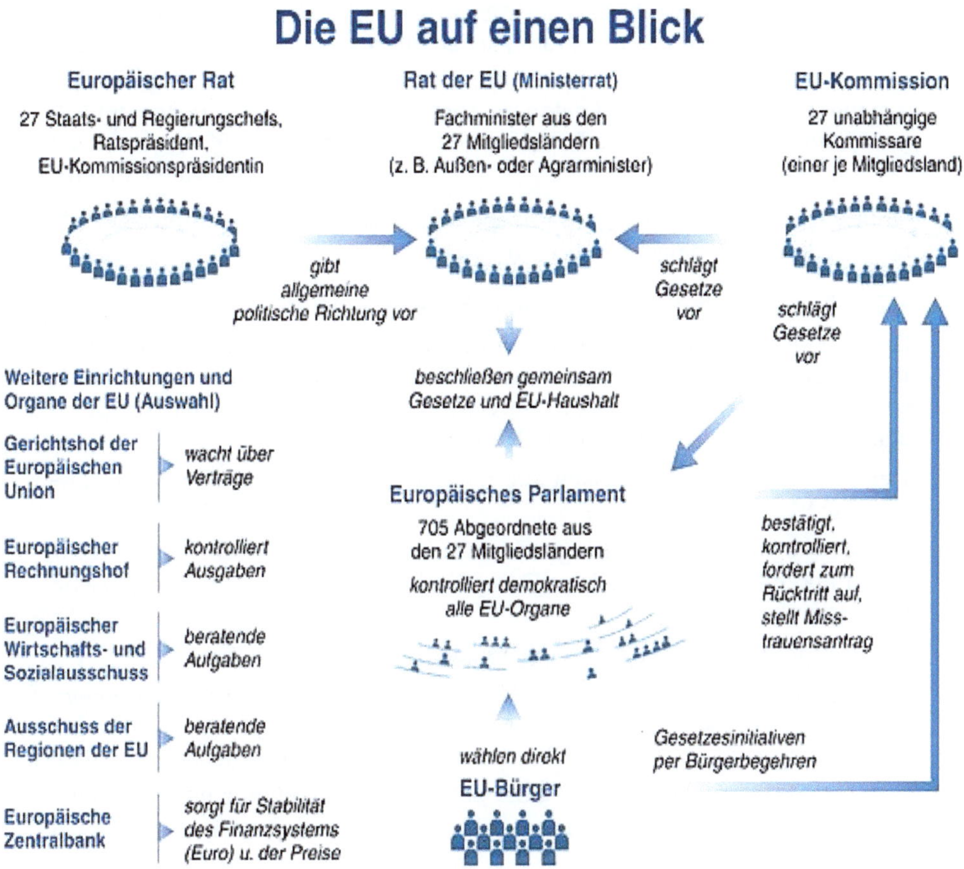

Abb. 1.4: Die EU im Überblick (dpa Infografik GmbH, 2021)

1.2.1 Europäischer Rat in Brüssel (Belgien)

Der Europäische Rat mit Sitz in Brüssel besteht aus der Präsidentin / dem Präsidenten des Europäischen Rates (seit 2024 António Costa aus Portugal), den Staats- und Regierungschefs der EU-Mitgliedstaaten und der Präsidentin / dem Präsidenten der Europäischen Kommission („EU-Kommission").

Der Rat tagt viermal im Jahr und hat als strategisches Organ der EU folgende Aufgaben:

> *„Er entscheidet über die allgemeine Ausrichtung der EU-Politik und ihre Prioritäten – ohne für die Erlassung von Rechtsvorschriften befugt zu sein,*
>
> *befasst sich mit komplexen oder sensiblen Themen, die auf einer niedrigeren Ebene der zwischenstaatlichen Zusammenarbeit nicht geklärt werden können,*

legt die gemeinsame Außen- und Sicherheitspolitik der EU fest und berücksichtigt dabei die strategischen Interessen der EU und Fragen der Verteidigungspolitik,

ernennt und bestimmt Kandidaten für bestimmte wichtige Positionen auf EU-Ebene, zum Beispiel die Europäische Zentralbank oder die Kommission."

(Europäische Union, n. d.b).

Nahezu jede Entscheidung im Europäischen Rat muss einstimmig getroffen werden (Europäische Union, n. d.b).

1.2.2 Rat der Europäischen Union in Brüssel (Belgien)

Der Rat der Europäischen Union mit Sitz in Brüssel setzt sich aus den jeweils für bestimmte Fachgebiete zuständigen Ministerinnen und Ministern (beispielsweise Finanzen, Umwelt, Energie, Justiz) aus den Mitgliedstaaten unter Teilnahme der EU-Kommission zusammen.

Der Vorsitz des Rates wechselt alle sechs Monate zwischen den Regierungen der EU-Mitgliedstaaten.

Für die meisten Entscheidungen ist eine Mehrheit erforderlich, eine Einstimmigkeit im Gegensatz zum Europäischen Rat nur selten (Europäische Union, n. d.c).

Die Hauptaufgaben des Rates der Europäischen Union sind:

„Abstimmung und Verabschiedung von EU-Rechtsvorschriften gemeinsam mit dem Europäischen Parlament auf Grundlage von Vorschlägen der Europäischen Kommission,

Koordinierung der politischen Maßnahmen der EU-Länder,

Entwicklung der Außen- und Sicherheitspolitik der EU auf Grundlage von Leitlinien des Europäischen Rates,

Abschluss internationaler Übereinkünfte zwischen der EU und anderen Staaten oder internationalen Organisationen,

Genehmigung des Haushaltsplans der EU gemeinsam mit dem Europäischen Parlament."

(Europäische Union, n. d.c)

Der Europäische Rat und der Rat der Europäischen Union sind (trotz der Namensähnlichkeit) nicht zu verwechseln mit dem Europarat, einer eigenständigen Institution mit Mitgliedstaaten über die der EU hinaus zum Schutz der Menschenrechte.

1.2.3 Europäisches Parlament in Brüssel (Belgien) und Straßburg (Frankreich)

Den Sitz des Europäischen Parlaments an den beiden Standorten zeigen die beiden folgenden Abbildungen 1.5 für den Standort im französischen Straßburg und 1.6 für den Standort im belgischen Brüssel.

Abb. 1.5: Europäisches Parlament in Straßburg, Frankreich (Europäische Union, 2024a)

Abb. 1.6: Europäisches Parlament in Brüssel, Belgien (Europäische Union, 2021)

Das Europäische Parlament ist die Interessenvertretung der Bürgerinnen und Bürger der EU. Die über 700 Abgeordneten werden alle fünf Jahre von den Bürgerinnen und Bürgern der EU-Mitgliedstaaten direkt gewählt (Rat der Europäischen Union, 2020, S. 16). Parlamentspräsidentin ist aktuell Roberta Metsola aus Malta, die 2024 in ihrem Amt bestätigt wurde.

Die Hauptaufgaben des Rates der Europäischen Union sind:

> *„1. Gesetze – es erlässt zusammen mit dem Rat der Europäischen Union Rechtsakte.*
>
> *2. Haushalt – es verabschiedet zusammen mit dem Rat der Europäischen Union einen mehrjährigen Finanzrahmen (den langfristigen Haushaltsplan der EU) und billigt den jährlichen EU-Haushalt.*
>
> *3. Kontrolle – es überwacht die ordnungsgemäße Verwendung der*

> *EU-Mittel und beaufsichtigt andere EU-Organe, insbesondere die Kommission. Das EP wählt den Präsidenten der Kommission und hat das Recht, die Kommission im Amt zu bestätigen und zu entlassen."*
>
> *(Rat der Europäischen Union, 2020, S. 16)*

1.2.4 Europäische Kommission in Brüssel (Belgien)

Den Sitz der Europäischen Kommission in Brüssel zeigt Abbildung 1.7.

Abb. 1.7: Europäische Kommission in Brüssel, Belgien (EQRoy/ Shutterstock, 2019)

Die Europäische Kommission ist für das Tagesgeschäft der EU zuständig und kann als einziges EU-Organ europäische Rechtsvorschriften vorschlagen (Initiativrecht).

Die Kommission schlägt auch den EU-Haushalt vor, der genauso wie die Gesetzesvorschläge dann gemeinsam vom Europäischen Parlament und dem Rat der Europäischen Union beraten und entschieden wird. Die Kommission vertritt die EU auf internationaler Ebene, ist Hüterin der EU-Verträge, führt die EU-Politik aus und teilt EU-Mittel zu.

Jeder EU-Mitgliedsstaat stellt ein Kommissionsmitglied. Kommissionspräsidentin ist aktuell Ursula von der Leyen aus Deutschland, die 2024 in ihrem Amt bestätigt wurde (Rat der Europäischen Union, 2020, S. 17).

Zum Abschluss dieses Unterkapitels fasst der folgende Film noch einmal zusammen, welche wesentlichen Institutionen es in der EU gibt und welchen Einfluss die Bürgerinnen und Bürger auf diese Institutionen haben.

https://www.bundesregierung.de/breg-de/themen/europa/eu-institutionen-1772276

Deutsche Bundesregierung (2020)

1.3 Europäische Währungsunion und Europäische Zentralbank

Die Europäische Währungsunion ist das zweite wesentliche Element der Europäischen Wirtschafts- und Währungsunion. Diese sollte in einem ab 1990 begonnenen Prozess zu einem noch engeren Zusammenschluss der EU-Mitgliedstaaten durch die gemeinsame Währung „Euro“ führen.

1.3.1 Entwicklung der Europäischen Währungsunion und Einführung des Euro

1999 startete die Währungsunion mit elf Staaten und wurde kontinuierlich auf die heute zwanzig Staaten erweitert. Während es den Euro Anfangs nur als Buchgeld für bargeldlose elektronische Zahlungen sowie Finanzmarkttransaktionen gab, wurde er am 1. Januar 2002 auch als Bargeld eingeführt und ist heute weltweit die am zweithäufigsten eingesetzte sowie die zweitstärkste Währung nach dem US-Dollar.

Die übrigen EU-Staaten sind verpflichtet, den Euro einzuführen, sobald sie die im Vertrag von Maastricht im Jahr 1993 festgelegten Kriterien, die sogenannten „Konvergenzkriterien“ (Preisstabilität, angemessene Höhe der langfristigen Zinsen, Haushaltsdisziplin, Wechselkursstabilität) erfüllen.

Lediglich das Königreich Dänemark kann bei Erfüllung der Konvergenzkriterien frei über den Beitritt zur Währungsunion entscheiden („Opt-out-Klausel”). Eine zweite Ausnahme bildet das Königreich Schweden, das eigentlich bereits zur Einführung verpflichtet wäre. Aufgrund eines ablehnenden Ergebnisses aus einer Befragung der Bevölkerung im Jahr 2003 gibt es jedoch bis heute im schwedischen Parlament keine Mehrheit zur Einführung des Euro (Deutsche Bundesbank, 2023).

Abb. 1.8: Die Eurozone im Zeitverlauf (Statistisches Bundesamt, Destatis, 2024)

Vorige Abbildung 1.8 zeigt die Entwicklung der Euro-Länder bis 2023, Kroatien hat am 1. Januar 2023 den Euro als zwanzigster Staat eingeführt.

Bis zum Jahr 2020 gab es im Euro-Raum eine durchschnittliche Inflationsrate von 1,7 Prozent, in Deutschland lag sie bei 2,2 Prozent (Deutsche Bundesregierung, 2022). Die Corona-Pandemie, vor allem jedoch der Einmarsch Russlands in die Ukraine am 24. Februar 2022 haben zu gravierend höheren Inflationsraten geführt, die sich dann im Verlauf des Jahres 2023 und im Jahr 2024 langsam wieder normalisiert haben.

Heute steht die Eurozone wie in der Abbildung 1.9 dargestellt da.

Abb. 1.9: Entwicklungsstand der Wirtschafts- und Währungsunion (Deutsche Bundesbank, 2023)

Zusätzlich zu der überwiegenden Anzahl der EU-Mitgliedstaaten ist der Euro auch offizielles Zahlungsmittel in weiteren Ländern.

1.3.2 Europäische Zentralbank in Frankfurt am Main (Deutschland)

Den Sitz der Europäischen Zentralbank in Frankfurt am Main zeigt Abbildung 1.10.

Abb. 1.10: Europäische Zentralbank in Frankfurt am Main (Tagesschau, 2022b)

Die Hauptaufgabe der Europäischen Zentralbank ist der Erhalt der Preisstabilität im Euro-Raum und der Erhalt des Euro-Wertes. Sie ist die Zentralbank der zwanzig Euro-Mitgliedstaaten, ihre Präsidentin ist Christine Lagarde aus Frankreich (Rat der Europäischen Union, 2020, S. 20).

Auf die folgenden besonderen Ereignisse aus der jüngeren Vergangenheit, auch mit geldpolitischen Herausforderungen für die Europäische Zentralbank in der Gegenwart, wird im weiteren Verlauf dieses Teils des Buchs weiter eingegangen:

- die Finanzmarktkrise,
- die Staatsschuldenkrise in Griechenland,
- die politischen Entwicklungen in einzelnen Mitgliedstaaten wie beispielsweise Ungarn und Polen,
- die Corona-Pandemie, sowie
- den Einmarsch Russlands in die Ukraine am 24. Februar 2022.

1.4 Europäischer Gerichtshof in Luxemburg

Den Sitz des Europäischen Gerichtshofes in Luxemburg zeigt die Abbildung 1.11.

Abb. 1.11: Europäischer Gerichtshof in Luxemburg (@Scheiber/IMAGO, 2021)

Mit Richterinnen und Richtern aus allen Mitgliedstaaten stellt der Europäische Gerichtshof sicher, dass die in der EU geltenden Gesetze auch überall in der EU gleichermaßen befolgt werden.

Der Gerichtshof ist auch zuständig, sofern eine Auslegung des Europäischen Rechts notwendig wird, für die Rechtsprechung bei von Staaten, Unternehmen und Einzelnen vorgebrachten Streitigkeiten mit Bezug zu den EU-Organen (Rat der Europäischen Union, 2020, S. 19).

1.5 Werte der Europäischen Union

Die Werte der EU basieren auf Grundprinzipien, die im Vertrag von Lissabon im Jahr 2007 sowie in der EU-Grundrechte-Charta verankert wurden. Diese sind im Einzelnen

- die unantastbare **Würde der Menschen** als Fundament der Grundrechte;
- **Freiheit**, im Sinne von Freizügigkeit innerhalb der EU sowie individuelle Freiheiten (beispielsweise Religionsfreiheit, Versammlungsfreiheit, freie Meinungsäußerung, Informationsfreiheit);
- **Gleichheit** (gleiche Rechte vor dem Gesetz sowie Gleichstellung von Frauen und Männern);
- **Demokratie** (inklusive Wahlrecht für die Bürgerinnen und Bürger);
- **Rechtsstaatlichkeit** auf Basis von Verträgen, die von den EU-Mitgliedstaaten freiwillig unterzeichnet wurden;
- **Menschenrechte**, vor allem das Recht auf den Schutz personenbezogener Daten, das Verbot jeglicher Diskriminierung sowie der Zugang zu Gerichten.

(Rat der Europäischen Union, 2020, S. 4f.)

Kennt man diese aus Sicht der EU relevanten Werte, stellt sich die Frage, ob die Bevölkerung in den EU-Mitgliedstaaten eine gleiche Sicht hat. Die Abbildung 1.12 – auf Basis von Daten aus 2019 (und damit vor der Corona-Pandemie und vor dem Einmarsch Russlands in die Ukraine) – zeigt, dass die Übereinstimmung hoch ist, allerdings mit Abweichungen. Die oben angeführten Werte der EU wurden in der Abbildung mit einem Pfeil markiert. Einzelne in der Abbildung aufgeführten Werte wie „Religion" oder „Selbstverwirklichung" finden sich bei den EU-Werten bei dem Recht auf Freiheit wieder.

Die „Würde des Menschen" ist ebenso auf diverse einzelne Werte verteilt.

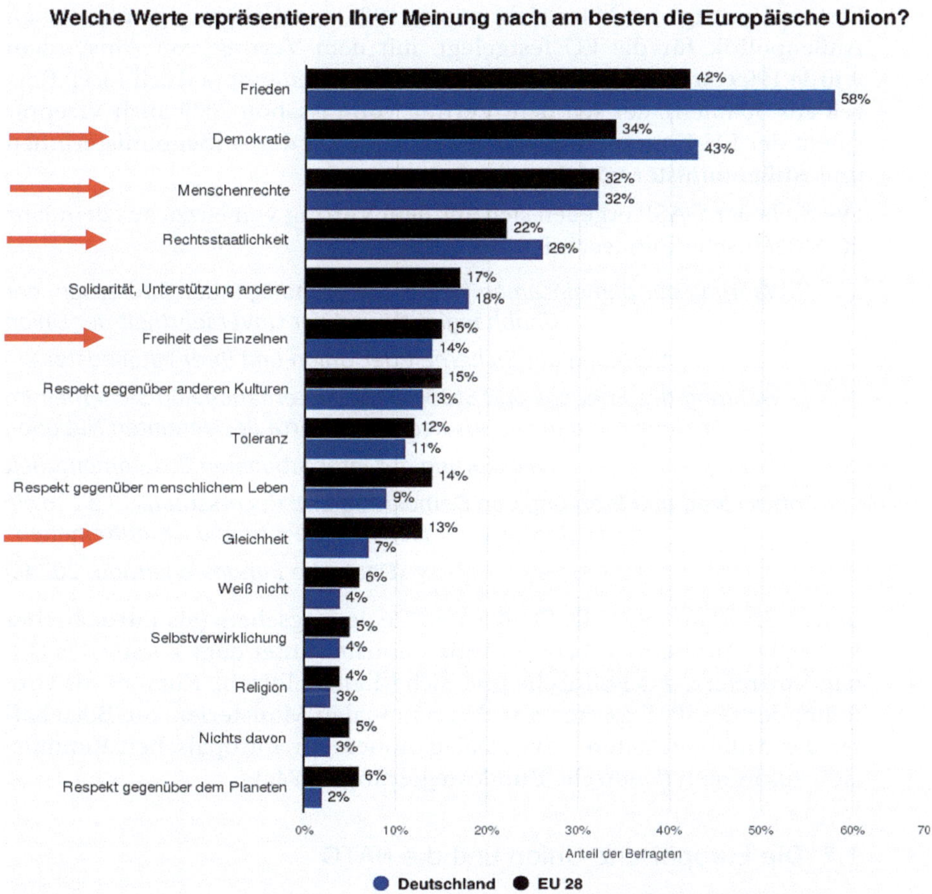

Abb. 1.12: Werte, die die Werte die Europäische Union am besten repräsentieren – aus Sicht der Bevölkerung der EU sowie aus Sicht der deutschen Bevölkerung im Jahr 2019 (Europäische Kommission, 2019)

Von besonderer Bedeutung ist in der Abbildung 1.12 der Wert „Frieden", der in der obigen Aufzählung der EU nicht vorkommt. Dass „Frieden" spätestens mit dem Einmarsch Russlands in die Ukraine am 24. Februar 2022 eine besondere Bedeutung gewonnen hat, wird an mehreren Stellen dieses Buchs aufgegriffen.

1.6 Gemeinsame Außen- und Sicherheitspolitik (GASP) der Europäischen Union

Seit 1954 gab es Versuche und unterschiedliche Ansätze, eine gemeinsame Außen- und Sicherheitspolitik in Europa zu verwirklichen.

Erst im Vertrag von Maastricht wurde 1992 das Ziel einer gemeinsamen Außenpolitik für die EU festgelegt, mit dem Vertrag von Amsterdam wurde 1999 ein Hoher Vertreter für die GASP benannt (aktuell Josep Borrell aus Spanien), der seit dem Vertrag von Lissabon 2009 auch Vizepräsident der EU-Kommission wurde und dem Rat der Außenministerinnen und Außenminister vorsitzt.

Die Ziele der GASP ergeben sich aus dem Vertrag von Nizza aus dem Jahr 2003 (Deutsche Bundesregierung, 2024c):

„Wahrung der gemeinsamen Werte, der grundlegenden Interessen, der Unabhängigkeit und der Unversehrtheit der Union

Stärkung der Sicherheit der Union und ihrer Mitgliedstaaten

Wahrung des Friedens und Stärkung der internationalen Sicherheit im Einklang mit den Grundsätzen der Charta der Vereinten Nationen

Förderung der internationalen Zusammenarbeit

Entwicklung und Stärkung von Demokratie und Rechtsstaatlichkeit sowie die Achtung der Menschenrechte und Grundfreiheiten"

(Deutsche Bundesregierung, 2024c)

In der GASP arbeiten die Staats- und Regierungschefs (als Europäischer Rat, siehe Abschnitt 1.2.1), die Außenminister unter dem Vorsitz des Hohen Vertreters, das Politische und Sicherheitspolitische Komitee als Gremium der GASP, Experten aus den nationalen Ministerien, die Botschafter der Mitgliedstaaten sowie Delegationen der Europäischen Kommission zusammen (Deutsche Bundesregierung, 2024c).

1.7 Die Europäische Union und die NATO

Ein Bestandteil der im vorherigen Unterkapitel beschriebenen Gemeinsamen Außen- und Sicherheitspolitik ist die Zusammenarbeit mit der NATO (North Atlantic Treaty Organization, Nordatlantik-Pakt).

Neben der Zusammenarbeit auf der Ebene NATO und EU sind von den 32 Mitgliedstaaten viele EU-Mitgliedstaaten.

Zuletzt haben Finnland (2023) und Schweden (2024) ihre Neutralität aufgegeben und sind der NATO beigetreten, Auslöser war der Einmarsch Russlands in die Ukraine im Februar 2022.

Von besonderer Bedeutung für NATO-Alliierte, die auch Mitglied der EU sind, ist gerade seit dem Einmarsch Russlands in die Ukraine nicht nur die Beistandspflicht gemäß Artikel 5 des NATO-Vertrages, sondern auch die Beistandsklausel der EU, festgeschrieben in Artikel 42.7 des EU-Vertrages (Bundesministerium der Verteidigung, 2024).

1.8 Zustimmung zur Europäischen Union und zum Euro in den EU-Mitgliedstaaten

Abbildung 1.13 zeigt die Zufriedenheit der Bevölkerung in der EU getrennt nach den EU-Mitgliedstaaten. Befragungszeitraum war September bis Oktober 2021 und damit während Corona-Pandemie.

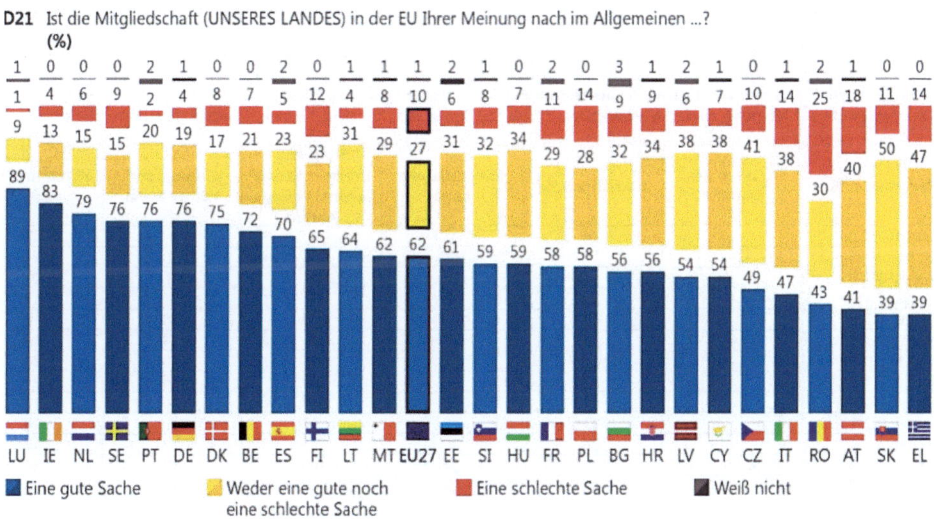

Abb. 1.13: Zufriedenheit in den Mitgliedstaaten mit der EU-Mitgliedschaft (Europäisches Parlament, 2021a, S. 14)

Die höchste Zustimmung gab es in Luxemburg, die niedrigste Zustimmung in Griechenland und der Slowakei. Die höchste Ablehnung war in Rumänien zu verzeichnen. Deutschland weist eine hohe Zustimmung und eine niedrige Ablehnung aus.

Die Einwertung als „Eine gute Sache" ist in Deutschland leicht rückläufig gegenüber 2020 ausgefallen (Europäisches Parlament, 2021a, S. 14).

Die Zustimmung der Bevölkerung zum Euro ist in der gesamten EU ebenfalls sehr hoch und lag im Jahr 2022 insgesamt bei rund 80 Prozent (Deutsche Bundesregierung, 2022).

1.9 Wesentliche Herausforderungen für die Europäische Union aus der Sicht der deutschen Bevölkerung

Für den weiteren Verlauf dieses Teil des Buchs ist wichtig, welche Herausforderungen es in der EU selbst und in der Welt mit Auswirkungen auf die EU gibt.

Tabelle 1.1 zeit die Ergebnisse einer regelmäßig durchgeführten Umfrage in der EU zu den wichtigsten Problemen für die EU in der Entwicklung vom Herbst des Jahres 2014 bis zum Frühjahr des Jahres 2024.

Tab. 1.1: Umfrage in der EU zu den wichtigsten Problemen für die Europäische Union 2014 bis Frühjahr 2024 (eigene Darstellung in Anlehnung an Europäische Kommission, 2024a)

Umfrage in der EU zu den wichtigsten Problemen für die Europäische Union bis 2024
Welches sind Ihrer Meinung nach die wichtigsten Probleme, denen die Europäische Union derzeit gegenübersteht?

Angaben in %	Krieg in der Ukraine	Einwanderung	Internationale Lage	Steigende Preise/Inflation/ Lebenshaltungs-kosten	Umwelt und Klimawandel	Wirtschaftliche Lage
Herbst 2014	-	24	-	-	7	**33**
Herbst 2015	-	**58**	-	-	6	21
Herbst 2016	-	**45**	-	-	8	20
Herbst 2017	-	**39**	-	-	12	17
Herbst 2018	-	**40**	-	-	16	18
Herbst 2019[2]	-	**34**	-	-	24	18
Winter '20/'21[4]	-	18	-	-	20	**35**
Winter '21/'22[5]	-	22	-	24	**26**	21
Sommer 2022[6]	-	13	28	**34**	20	19
Winter '22/23[5]	-	17	28	**32**	20	18
Sommer 2023	-	24	25	**27**	22	17
Herbst 2023	**28**	**28**	24	20	16	14
Frühjahr 2024	**35**	24	22	19	16	13

Aus der Tabelle wird deutlich, dass der Einmarsch Russlands in die Ukraine am 24. Februar 2022 und der dortige Krieg von der Bevölkerung als wesentlichstes aktuelles Problem gesehen wird.

Darauf wird u. a. im Abschnitt 3.7.1 weiter eingegangen.

1.10 Prioritäten der Europäischen Union – Strategische Planung 2024 bis 2029

Zum Abschluss dieses Kapitels soll noch ein Blick auf die Prioritäten der EU und deren strategische Planung geworfen werden. Eine Anpassung beziehungsweise eine Aktualisierung dieser Prioritäten erfolgt regelmäßig durch die Führungsspitzen der EU auf Basis „eines Dialogs zwischen der politischen Führung der EU, den Ministerinnen und Ministern der einzelnen Mitgliedstaaten, den EU-Institutionen und den Fraktionen im Europäischen Parlament“ (Europäische Union, n. d.d).

Zuletzt wurden die folgenden Prioritäten nach der Europawahl im Jahr 2024 aktualisiert.

„Ein freies und demokratisches Europa,
das europäische Werte in der EU hochhält,
das seinen Werten auch international gerecht wird.
Ein starkes und sicheres Europa,
das nach außen hin geschlossen auftritt und Einfluss hat,
das die Sicherheit und Verteidigung der EU stärkt und ihre Bürgerinnen und Bürger schützt,
das die Weichen für eine größere und stärkere Union stellt,
das Migration und Grenzmanagement umfassend angeht.
Ein wohlhabendes und wettbewerbsfähiges Europa,
das die Wettbewerbsfähigkeit der EU stärkt,
das beim grünen und digitalen Wandel liefert,
das für Innovation und Unternehmergeist einsteht,
das gemeinsam vorankommt“.
(Europäische Union, n. d.d)

1.11 Zusammenfassung

Das „einzigartige Konstrukt" Europäische Union ist heute aus Europa und der Welt nicht mehr wegzudenken und hat viele Facetten:

- Zum einen ist die wirtschaftliche Stärke der EU besonders hervorzuheben, die den Schwerpunkt des Kapitels 2 bilden wird.
- Zum anderen sind es aber auch die Heterogenität der EU-Mitgliedstaaten und der EU-Beitrittskandidaten sowie die auch daraus resultierenden durchaus komplexen Abstimmnotwendigkeiten.

Beides muss angemessen berücksichtigt werden, um als EU geschlossen vorgehen zu können und möglichst viele Interessen der Mitgliedstaaten und deren Bürgerinnen und Bürger nach innen und nach außen zu vertreten und die gemeinsamen Ziele zu erreichen.

Die komplexen Organe der EU, deren Zusammensetzung, eigene Entscheidungsspielräume und Zusammenspiel bilden dabei eine weitere Herausforderung.

Die auch von der Bevölkerung gesehenen wesentlichen Herausforderungen im Wandel der Zeit und die daraus gemeinsam mit den Mitgliedstaaten jeweils abgeleiteten Prioritäten für die nächsten Jahre zeigen, dass die EU die richtigen Prioritäten sieht und setzt.

Festzuhalten bleibt zum einen, dass die Zufriedenheit der Bevölkerung mit der EU in den einzelnen Mitgliedstaaten zwar unterschiedlich, insgesamt aber durchaus hoch ausgeprägt ist. Gleiches gilt für die gemeinsame Währung Euro, die zwischen den EU-Mitgliedstaaten und anderen Ländern Vieles erleichtert.

Festzuhalten bleibt zum anderen, dass die Summe aller Teile auch hier besser ist als die einzelnen Teile selbst. Mit der Bündelung der individuellen Stärken aller Mitgliedstaaten in dem „Konstrukt" EU wurde ein Partner geschaffen, der in der Welt gehört wird und neben den USA und der VR China auch in der Globalisierung wirtschaftlich mithalten kann. Gleiches hätte kein EU-Mitgliedsstaat in dieser Ausprägung und einer sich ständig wandelnden Welt erreichen können.

Auch hierauf wird in den folgenden Kapiteln weiter eingegangen.

Aufgabe 1.1

Warum gibt es zwei Standorte für das Europäische Parlament?

Welche Kritik muss sich die EU dafür gefallen lassen?

Aufgabe 1.2

In welchen Ländern - über die meisten EU-Mitgliedstaaten hinaus - ist der Euro ebenfalls offizielle Währung?

Aufgabe 1.3

Wie hat sich die Inflation in Deutschland in den letzten Jahren bis 2023 entwickelt?

Aufgabe 1.4

Auf weitere Organe wie den Europäischen Rechnungshof, den Europäischen Datenschutzbeauftragten, den Europäischen Bürgerbeauftragten, das Europäische Amt für Betrugsbekämpfung, die Europäische Investitionsbank, die Ausschüsse der EU sowie den Europäischen Auswärtigen Dienst wird hier nicht weiter eingegangen.

Machen Sie sich mit den Aufgaben dieser Organe kurz vertraut.

Aufgabe 1.5

Was besagt der Artikel 5 des NATO-Vertrags?

2 Die Europäische Union als ökonomischer Faktor in der Globalisierung

Die EU ist nicht nur ein bedeutender ökonomischer Faktor in der Welt der Globalisierung. Vielmehr hat auch der barrierefreie Handel zwischen den EU-Mitgliedstaaten zu einem deutlichen Anstieg des Außenhandels der einzelnen EU-Mitgliedstaaten geführt.

Nach Abschluss dieses Kapitels

- können Sie „Intra-EU-Handel" und „Extra-EU-Handel" voneinander abgrenzen und wissen um die Bedeutung auch des Binnenhandels,
- können Sie die Stellung der EU im weltweiten Handel auch im Vergleich zu den USA und der VR China einordnen und bewerten,
- haben Sie einen Überblick über die weltweiten Handelsabkommen der EU.

2.1 Wirtschaftliche Bedeutung der Europäischen Union

Ein wesentlicher Baustein für den wirtschaftlichen Erfolg der EU und vor allem der EU-Mitgliedstaaten ist eine gemeinsame Wirtschafts- und Handelspolitik.

Die wirtschaftliche Bedeutung der EU in der Globalisierung erkennt man im weltweiten Vergleich des Außenhandels ihrer Mitgliedstaaten mit Dritten (Nicht-EU-Mitgliedstaaten, „Extra-EU-Handel"). Der Binnenhandel zwischen den EU-Mitgliedstaaten („Intra-EU-Handel"), der einen wesentlichen Teil des Handels der jeweiligen EU-Mitgliedstaaten ausmacht, darf dabei jedoch nicht vergessen werden.

Die EU mit ihren Institutionen vertritt nicht nur die Interessen ihrer Mitgliedstaaten, sondern ist vielfach auch der Vertragspartner in weltweiten Handelsabkommen mit anderen Staaten und Staatengemeinschaften.

Daher wird in dem folgenden Abschnitt zuerst der Binnenhandel zwischen den EU-Mitgliedstaaten vorgestellt. Im direkten Anschluss folgt die weltweite Einordnung der EU ohne den Binnenhandel und ein Blick auf die EU-Handelsabkommen.

2.1.1 Binnenhandel innerhalb der Europäischen Union („Intra-EU-Handel")

Der Binnenhandel der EU (Intra-EU-Handel) erfasst den Außenhandel der EU-Mitgliedstaaten untereinander. Mit dem Binnenhandel werden wesentliche Vorteile der EU genutzt, der freie Verkehr von Waren, Dienstleistungen, Kapital und Personen zwischen den Mitgliedstaaten. Handelshemmnisse wie beispielsweise Zölle wurden nahezu vollständig abgebaut, viele EU-Mitgliedstaaten haben mit dem Euro eine einheitliche Währung ohne Währungsrisiken, die Transportwege sind kurz und damit die Transportkosten gering.

Welche gravierende Bedeutung der Binnenhandel in der EU für alle Mitgliedstaaten hat, wird aus dem Vergleich der Jahre 1993 und 2021 deutlich. Während 1993 die 12 Mitgliedstaaten der damaligen Europäischen Gemeinschaft Warenausfuhren in andere Mitgliedstaaten über umgerechnet 671 Milliarden Euro abwickelten, waren es im Jahr 2021 mit 27 EU-Mitgliedstaaten 3,5 Billionen Euro (Europäisches Parlament, 2023a).

Zum Vergleich steht die später noch Abbildung 2.3 mit der Entwicklung der Warenexporte aus EU- und Euro-Staaten zur Verfügung („Extra-EU-Handel").

Abbildung 2.1 zeigt für die Exportseite im Jahr 2019 in Prozent, wie stark EU-Mitgliedstaaten den „Intra-EU-Handel" nutzen. Von knapp 47 Prozent in Zypern bis zu rund 85 Prozent in der Slowakei ist die Spannbreite zwar sehr groß, jedoch durchgängig und für alle EU-Mitgliedstaaten auf einem hohen bis sehr hohen Niveau.

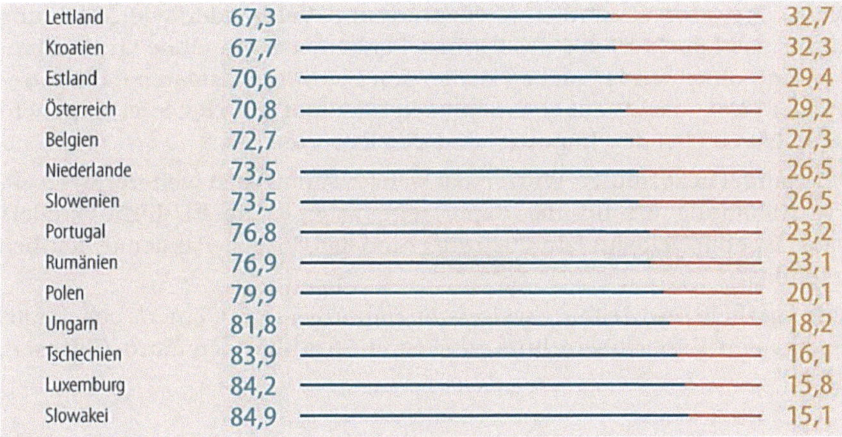

Abb. 2.1: Anteil des EU-Binnenhandels nach Mitgliedstaaten in 2019 (Europäisches Parlament, 2024)

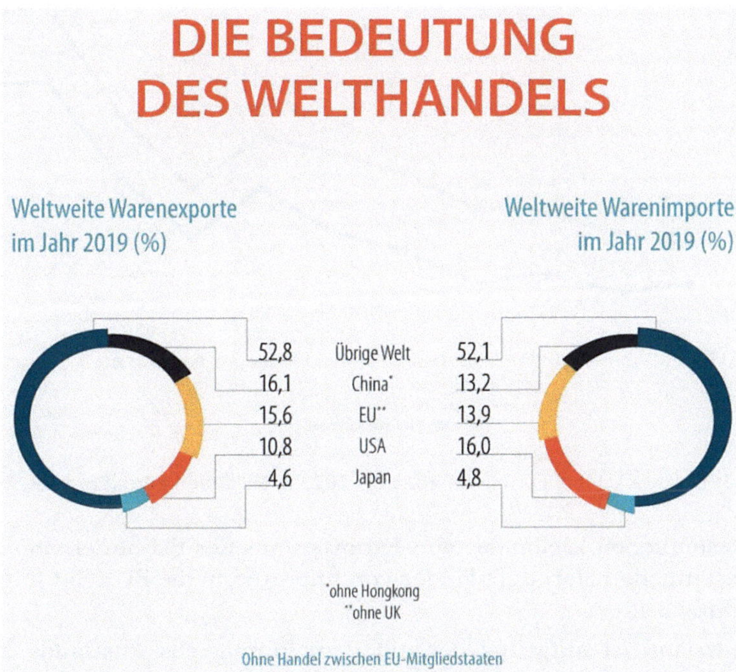

Abb. 2.2: Anteil der EU am Welthandel im Jahr 2019 (Europäisches Parlament, 2024)

Die EU hat eine wesentliche Bedeutung im Welthandel, wie Abbildung 2.2 für das Jahr 2019 vor der Corona-Pandemie zeigt. Ohne Großbritannien und ohne den Handel zwischen den EU-Mitgliedstaaten („EU-Intra-Handel") liegt die EU auf einem mit den USA und der VR China vergleichbaren Niveau bei den Importen und den Exporten.

Der Handel in absoluten Werten hat sich kontinuierlich weiterentwickelt, wie Abbildung 2.3 für die Exportseite zeigt (ohne EU-Intra-Handel). Dabei ist eine Delle im Jahr 2020 aufgrund der Corona-Pandemie deutlich erkennbar.

Eine parallele Entwicklung weisen die Importe aus, mit einem sich daraus ergebenden Exportüberschuss von rund 70 Milliarden Euro (Eurostat, 2024c).

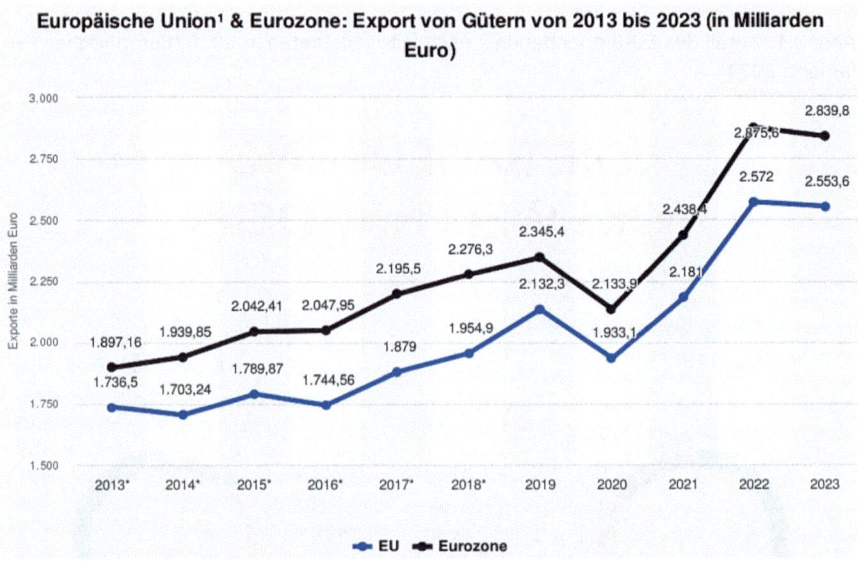

Abb. 2.3: Exporte EU und Euro-Zone 2013 bis 2023 in Milliarden Euro (Eurostat, 2024b)

Die wesentlichen Zielländer von Exporten aus der EU beziehungsweise die wesentlichen Herkunftsländer von Importen in die EU zeigt folgende Abbildung 2.4.

Für Russland ist aufgrund der mit dem Einmarschs Russlands in die Ukraine am 24. Februar 2022 auch von der EU verhängten Sanktionen ab 2022 mit einem deutlichen Rückgang der Importe und Exporte zu rechnen. Gleiches ist für Großbritannien nach dem Austritt aus der EU bereits feststellbar, wie noch im Unterkapitel 3.3 deutlich werden wird.

Auf das Verhältnis der EU zu Russland wird in Abschnitt 3.7.1 weiter eingegangen.

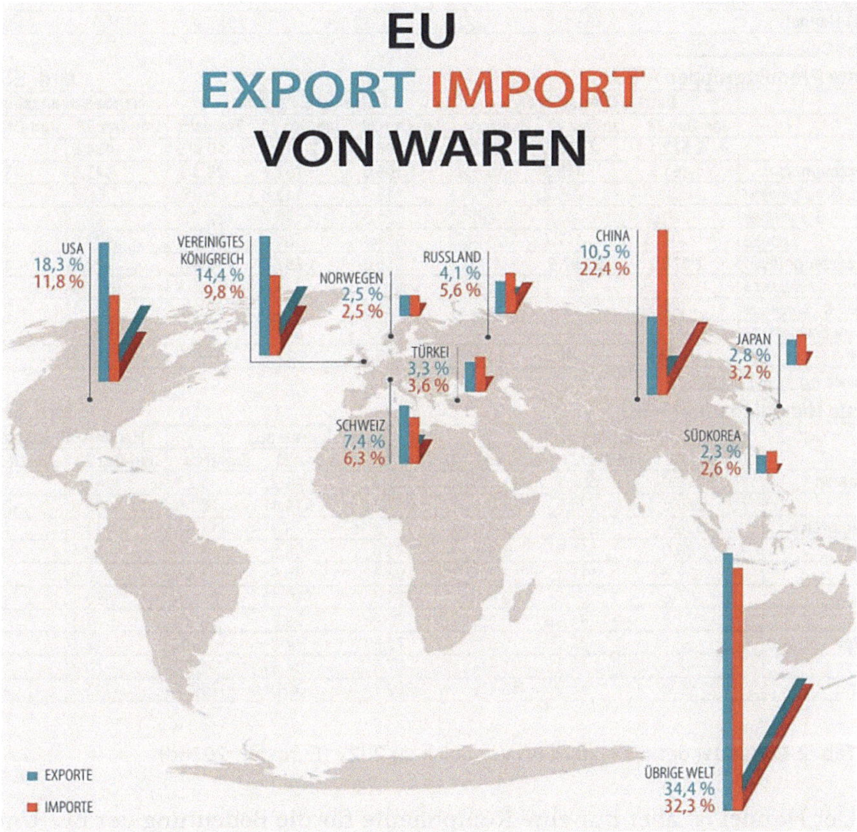

Abb. 2.4: EU-Exporte und -Importe von Waren nach Ziel- und Herkunftsländern in 2020 (Europäisches Parlament, 2024)

Zusammengefasst gibt folgende Tabelle 2.1 einen Überblick über die Werte des Jahres 2023 im Vergleich zum Jahr 2022 für

- den Intra- und Extrahandel der EU,
- die wichtigsten Produktgruppen bei den Exporten und den Importen der EU, sowie
- die wichtigsten Handelspartner nach Exporten und Importen der EU.

Handel der EU – nicht saisonbereinigte Daten **Mrd. EUR**

Handelsströme	Dez 22	Dez 23	Zuwachs	Jan-Dez 22	Jan-Dez 23	Zuwachs
Extra-EU-Ausfuhren	220,1	200,1	-9,1%	2 572,1	2 553,6	-0,7%
Extra-EU-Einfuhren	231,6	184,5	-20,3%	3 006,7	2 512,8	-16,4%
Extra-EU-Handelsbilanzsaldo	-11,5	15,7		-434,6	40,8	
Intra-EU-Handel	332,1	292,3	-12,0%	4 253,2	4 101,3	-3,6%

Quelldatensatz: ext_st_eu27_2020sitc

Wichtigste Produktgruppen – EU **Mrd. EUR**

	Extra-EU-Ausfuhren			Extra-EU-Einfuhren			Handelsbilanzsaldo	
	Jan-Dez 22	Jan-Dez 23	Zuwachs	Jan-Dez 22	Jan-Dez 23	Zuwachs	Jan-Dez 22	Jan-Dez 23
Gesamt	**2 572,1**	**2 553,6**	**-0,7%**	**3 006,7**	**2 512,8**	**-16,4%**	**-434,6**	**40,8**
Primärerzeugnisse:	**461,5**	**415,5**	**-10,0%**	**1 105,0**	**792,4**	**-28,3%**	**-643,5**	**-376,9**
Nahrungsmittel	205,0	205,2	0,1%	148,6	143,8	-3,2%	56,4	61,4
Grundstoffe	76,2	67,9	-10,9%	125,3	96,7	-22,8%	-49,1	-28,8
Energie	180,4	142,4	-21,1%	831,1	551,9	-33,6%	-650,8	-409,5
Industrieerzeugnisse:	**2 075,2**	**2 097,9**	**1,1%**	**1 855,0**	**1 697,5**	**-8,5%**	**220,2**	**400,4**
Chem. Erzeugnisse	551,9	521,9	-5,4%	363,1	324,2	-10,7%	188,8	197,7
Maschinen & Fahrzeuge	952,9	1 024,4	7,5%	828,8	811,8	-2,1%	124,1	212,6
Andere Erzeugnisse	570,4	551,6	-3,3%	663,0	561,5	-15,3%	-92,7	-9,9
Sonstige	**35,4**	**40,2**	**13,6%**	**46,7**	**22,9**	**-51,0%**	**-11,3**	**17,2**

Quelldatensatz: ext_st_eu27_2020sitc

Wichtigste Handelspartner – EU **Mrd. EUR**

	EU-Ausfuhren nach			EU-Einfuhren aus			Handelsbilanzsaldo	
	Jan-Dez 22	Jan-Dez 23	Zuwachs	Jan-Dez 22	Jan-Dez 23	Zuwachs	Jan-Dez 22	Jan-Dez 23
Ver. Staaten	509,0	502,1	-1,4%	359,3	344,2	-4,2%	149,7	157,9
China	230,5	223,5	-3,0%	627,3	514,4	-18,0%	-396,8	-291,0
Ver. Königreich	328,9	334,7	1,8%	217,3	179,8	-17,3%	111,5	154,9
Schweiz	188,0	188,5	0,3%	145,6	138,3	-5,0%	42,4	50,3
Türkei	99,6	111,3	11,7%	98,9	95,5	-3,4%	0,8	15,8
Norwegen	67,6	61,0	-9,8%	161,0	119,1	-26,0%	-93,4	-58,2
Japan	71,6	64,0	-10,6%	70,0	70,2	0,3%	1,6	-6,2
Südkorea	60,1	57,1	-5,0%	72,3	72,8	0,7%	-12,1	-15,7
Indien	47,5	48,3	1,7%	67,7	64,9	-4,1%	-20,3	-16,5
Russland	55,0	38,3	-30,4%	202,7	50,6	-75,0%	-147,6	-12,3

Tab. 2.1: Handel der EU – 2023 im Vergleich zu 2022 (Eurostat, 2024d)

Der Handel ist aber nur eine Komponente für die Bedeutung der EU. Um nur ein weiteres Merkmal zu nennen, ist die EU

- mit 31 Prozent weltweit der größte Investor, was den Direktinvestitionsbestand im Ausland betrifft;
- mit 25 Prozent der zweitgrößte Empfänger von ausländischen Direktinvestitionen.

(Europäischer Rat, Rat der Europäischen Union, Generalsekretär, 2024a)

Auf die vielfältigen Handelsabkommen der EU wird im folgenden Unterkapitel weiter eingegangen.

2.2 Handelsabkommen mit Beteiligung der Europäischen Union

Betrachtet man die Handelsabkommen mit Beteiligung der EU, geht es nicht nur um Freihandelsabkommen. Die EU selbst klassifiziert ihre Abkommen und deren jeweiligen Ziele wie folgt:

„Wirtschaftspartnerschaftsabkommen (WPA) fördern die Entwicklung der Handelspartner aus Afrika, dem Karibischen Raum und dem Pazifischen Ozean.

Freihandelsabkommen (FHA) ermöglichen eine gegenseitige Marktöffnung mit Industrieländern und Schwellenländern, indem ein bevorzugter Zugang zu den Märkten gewährt wird.

Assoziierungsabkommen stützen umfassendere politische Übereinkünfte.

Die EU schließt auch nichtpräferenzielle Handelsabkommen im Rahmen von umfassenderen Übereinkünften, wie Partnerschafts- und Kooperationsabkommen (PKA)."

(Europäischer Rat, Rat der Europäischen Union, 2024b)

Mit eigenen Handelsabkommen verfolgt die EU zwei wesentliche Ziele:

Abb. 2.5: Ziele von EU-Handelsabkommen (Europäischer Rat, Rat der Europäischen Union, 2024a)

Eine Besonderheit ist, dass die EU-Mitgliedsländer die Zuständigkeit für die Handelspolitik und damit auch für den Abschluss von Handelsabkommen auf die EU übertragen haben. Das heißt:

„Die Handelspolitik fällt in die ausschließliche Zuständigkeit der EU. Dies bedeutet, dass die EU – nicht die Mitgliedstaaten – Rechtsvorschriften über Handelsfragen erlässt und Handelsabkommen abschließt."

(Europäischer Rat, Rat der Europäischen Union, 2024c)

Durch die unterschiedlichen Beteiligten auf Seiten der EU – von den involvierten Organen der EU bis hin zu den Mitgliedsländern – ist der Prozess von den Verhandlungen bis zum Inkrafttreten von Handelsabkommen vielschichtig und dauert Jahre, durchaus auch mehrere Jahrzehnte. Folgende Abbildung 2.6 zeigt diesen Prozess schematisch – startend auf der linken Seite der Abbildung, Fortsetzung dann auf der rechten Seite.

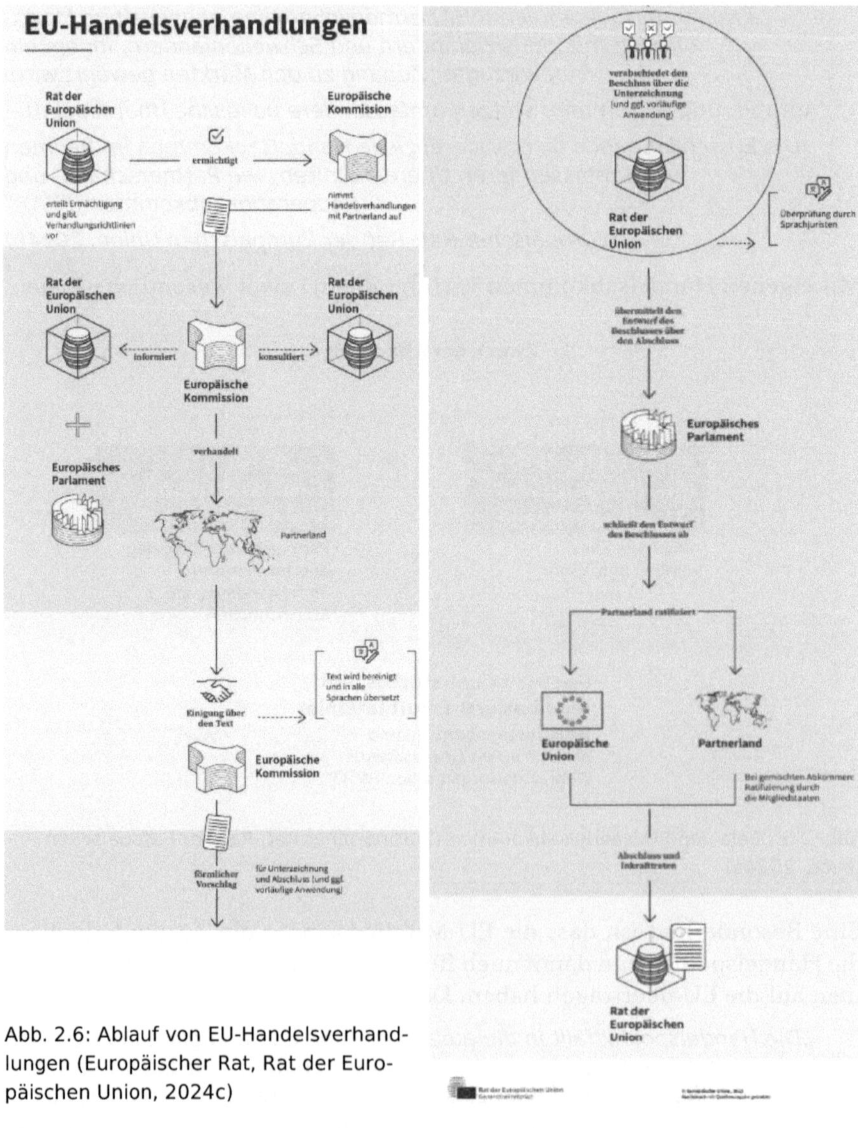

Abb. 2.6: Ablauf von EU-Handelsverhandlungen (Europäischer Rat, Rat der Europäischen Union, 2024c)

Auf alle Handelsabkommen oder auch nur auf alle Freihandelsabkommen einzeln einzugehen, würde den Rahmen dieses Buchs sprengen. Für Interessierte sei die folgende Seite „Freihandelsabkommen der EU“ des Bundesministeriums für Wirtschaft und Klimaschutz empfohlen.

https://www.bmwk.de/Redaktion/DE/Artikel/Aussenwirtschaft/freihandels-abkommen-der-eu.html
(Bundesministerium für Wirtschaft und Klimaschutz, 2024)

Eine Besonderheit sind die zum Zeitpunkt der Fertigstellung dieses Buchs zumindest mit einer politischen Einigung im Dezember 2024 abgeschlossenen Verhandlungen zwischen der EU und den Mercosur-Staaten über ein gemeinsames Handelsabkommen.

Nach über 20 Jahre Verhandlungen wurde mit der Wahl des brasilianischen Präsidenten Lula da Silva eine Hauptforderung der EU nach mehr Umweltschutz erfüllt. Gleichzeitig wächst die Bedeutung Südamerikas für die EU-Mitgliedstaaten seit dem Einmarsch Russlands in die Ukraine auch weiterhin deutlich.

Die weiteren Entwicklungen bis hin zu einer tatsächlichen Unterzeichnung eines Abkommens müssen jedoch abgewartet werden. Denn dafür wäre eine Zustimmung aller EU-Mitgliedsstaaten erforderlich, und mit Italien und Frankreich gibt es gleich zwei Staaten, die das Abkommen ablehnen.
Aber auch ohne die Widerstände von Italien und Frankreich wäre mit einer Unterzeichnung des Abkommens frühestens im zweiten Halbjahr 2025 zu rechnen (Tagesschau, 2024b).

2.3 Zusammenfassung

Die EU ist mit ihren Mitgliedstaaten ein Schwergewicht in der Globalisierung und im weltweiten Handel. Unter den Top 3 neben den USA und der VR China, sowohl auf der Export- als auch auf der Importseite, ist die EU ein gefragter Partner vieler Staaten.

Dazu kommt ein Binnenhandel zwischen den Mitgliedstaaten (Intra-EU-Handel), der zusätzliche Wohlstandseffekte gewährleistet und für einige EU-Mitgliedstaaten eine weitaus höhere Bedeutung hat als der Handel mit Dritten (Extra-EU-Handel).

Über viele und vielschichtige Handelsabkommen stellt die EU sicher, dass die eigene Bedeutung nicht nur erhalten bleibt, sondern möglichst noch ausgebaut wird.

Aufgabe 2.1

Warum wurden Handelshemmnisse wie beispielsweise Zölle nur „nahezu vollständig abgebaut"?

Finden Sie Ausnahmen.

Aufgabe 2.2

Warum war die Wahl des brasilianischen Präsidenten da Silva ein wesentlicher Meilenstein für das Handelsabkommen zwischen der EU und den Mercosur-Staaten?

3 Aktuelle Ereignisse und die jeweilige Rolle der Europäischen Union

In dem folgenden Kapitel geht es um wesentliche Ereignisse in Europa und der Welt, die bis heute Auswirkungen auf die EU haben.

Dabei werden nicht alle Facetten detailliert vorgestellt und bewertet, es geht vielmehr um einen Überblick und die Rolle der EU in den jeweiligen Situationen.

Da die Finanzmarktkrise und die griechische Staatsschuldenkrise Auswirkungen bis heute haben, werden auch diese etwas „älteren" Ereignisse zu Beginn des Kapitels kurz dargestellt.

Nach Abschluss des Kapitels kennen Sie diese wesentlichen aktuellen Ereignisse und können deren Auswirkungen auf die EU und die jeweilige Rolle der EU in dieser Zeit einordnen.

3.1 Die Europäische Union und die Finanzmarktkrise

Der Höhepunkt der Finanzmarktkrise ist mittlerweile rund 17 Jahre her. Aufgrund der Auswirkungen bis heute, die im Unterkapitel 4.3 näher beschrieben werden, soll die Krise dennoch dieses Kapitel der „aktuellen Ereignisse" einleiten.

Die Finanzmarktkrise begann im Jahr 2007 mit einer Immobilienkrise in den USA und entwickelte sich zu einer globalen Banken- und Wirtschaftskrise.
Der Immobilienmarkt in den USA war aufgebläht,

- zum einen durch Kredite an Privatpersonen in einer langanhaltenden Niedrigzinsphase ohne angemessenes Eigenkapital, ausreichendes Einkommen und ausreichende Sicherheiten;
- zum anderen künstlich durch zusätzliche Transaktionen zwischen Banken, die in Pakete zusammengefasste Hypotheken immer wieder kauften und verkauften, um so über Margen ihre Ergebnisse zu verbessern.

Die Transaktionen zwischen den Banken in den USA, aber auch mit Banken aus anderen Ländern, haben die ohnehin schon hohen Risiken aus den Grundgeschäften (Finanzierung und Absicherung einer Hauskauf-/Hausbaufinanzierung) um ein Vielfaches erhöht. Sie waren der Grund dafür, dass auch EU-Mitgliedstaaten in Mitleidenschaft gezogen wurden, unterstützt durch eine damals nicht ausreichende Finanzaufsicht und Regulatorik in der EU bei unterschiedlichsten Rahmenbedingungen in den einzelnen EU-Mitgliedstaaten.

Am 9. August 2007 kam es dann zu einem deutlichen Anstieg der Zinsen für Interbankenkredite. Die vielfach „auf Pump" finanzierten Transaktionen zwischen den Banken verteuerten sich schlagartig und führten zu existentiellen Problemen – mit hohen Verlusten und Insolvenzen von Banken weltweit.

Ein wesentliches Ereignis war im September 2008 der oft auch als Höhepunkt der Finanzmarktkrise eingestufte Zusammenbruch der US-amerikanischen Großbank *Lehman Brothers*, der aufgrund ihrer Bedeutung und Geschäftsverbindungen viele Banken weltweit massiv gefährdete.

In der Folge führte die Krise zu einer Verteuerung von Krediten an Unternehmen, der Senkung der Produktion und zu Insolvenzen von Unternehmen sowie zu Entlassungen von Mitarbeitenden. Das durch Entlassungen fehlende Einkommen, steigende Finanzierungszinsen spätestens bei Auslauf von Festzinsvereinbarungen, ein vielfach durch Kredite finanzierter Konsum sowie über Jahre real stagnierende Löhne führten zu Zwangsverkäufen von privaten Häusern und Wohnungen.

Die ohnehin schon hohe Staatsverschuldung vieler Länder stieg durch die Krise und auch durch notwendige Unterstützungsleistungen (Kredite, Bürgschaften, Verstaatlichung von Banken) weltweit gravierend an. Einige Staaten wie die USA oder Griechenland waren von einem Staatsbankrott bedroht. Der Euro als gemeinsame Währung von sehr unterschiedlich durch die Krise betroffenen Staaten war massiv gefährdet (Dijsselbloem, 2018, S. 23ff).

Auf die Staatsschuldenkrise in Griechenland wird im folgenden Unterkapitel eingegangen.

3.1.1 Die Rolle der EU in der Finanzmarktkrise

Die EU-Mitgliedstaaten waren durch die Finanzmarktkrise sehr unterschiedlich betroffen. Während beispielsweise Deutschland die Krise gut verarbeiten und auch anderen EU-Mitgliedstaaten helfen konnte, hatten andere Staaten erhebliche Schwierigkeiten, wie beispielsweise Griechenland, Portugal, Spanien oder Irland.

Genau genommen war die EU auf eine Unterstützung ihrer Mitgliedstaaten in einem solchen Fall nicht vorbereitet – weder rechtlich noch organisatorisch. Neben der direkten Unterstützung durch einzelne EU-Mitgliedstaaten, auch zur Sicherstellung der Einlagensicherheit für die eigene Bevölkerung mit Geldanlagen im Ausland, wurden durch die EU während der Krise folgende Maßnahmen ergriffen:

- Bilaterale Darlehen der EU an einzelne EU-Mitgliedstaaten zu Anfang und im Verlauf der Krise.

- Gründung des Europäischen Stabilisierungsmechanismus (EFSM) im Jahr 2010 als zeitlich erster Mechanismus zur finanziellen Unterstützung von insolventen Mitgliedstaaten mit bis zu 60 Milliarden Euro.
- Gründung der European Financial Stability Facility S. A. (EFSF) ebenfalls im Jahr 2010 zur finanziellen Unterstützung von in Schwierigkeiten geratenen EU-Mitgliedstaaten gemeinsam mit dem Internationalen Währungsfonds (IWF).
- Gründung des Europäischen Stabilitätsmechanismus (ESM) als Bündelung der Aufgaben des EFSM und der EFSF im Jahr 2012.

(Mezyk, 2019, S. 35ff)

Eine wesentliche Aufgabe hatte neben der EU die Europäische Zentralbank (EZB). Über

- deutliche Zinssenkungen,
- die Senkung der Sicherheitsanforderungen gegenüber nationalen Banken,
- den Erwerb von Wertpapieren erst von den EU-Mitgliedstaaten selbst, im weiteren Verlauf auch von Kommunen und öffentlichen Unternehmen über verschiedene Ankaufsprogramme, und
- die Mitwirkung bei Unterstützungsmaßnahmen in der sogenannten „Troika“ gemeinsam mit dem IWF und der EU-Kommission

wurde sichergestellt, dass ausreichend Liquidität für die Bewältigung der Krise jederzeit zur Verfügung stand (Mezyk, 2019, S. 243ff).

Beginnend noch während der Krise und bis heute anhaltend wurde eine umfassende Neuordnung der Regulatorik des Finanzsektors durch die EU vorgenommen, mit der die Stabilität des EU-Binnenmarktes für Finanzdienstleistungen sichergestellt werden soll.

Neben einer stärkeren Überwachung des Finanzmarktsektors durch die dafür verantwortlichen nationalen Institutionen und durch die EU-Institutionen wurden zahlreiche Regelungen durch die EU-Kommission vorgeschlagen und auch überwiegend umgesetzt. Dazu gehörte

- eine Vereinheitlichung der Bankenregulierungssysteme, genauso wie
- die Gründung von neuen europäischen Finanzaufsichtsbehörden,
- ein einheitliches Regelwerk für alle Banken in Europa,
- eine Neuausrichtung der Einlagensicherung,
- die verpflichtende Erstellung und Pflege von Abwicklungs- und Sanierungsplänen
- und vieles mehr.

(Europäische Kommission, 2014)

Gerade die Wertpapier-Ankaufsprogramme der EZB wurden und werden stark kritisiert. Insbesondere die Risiken aus den vielfach heute immer noch im Bestand befindlichen Wertpapieren bergen erhebliche Risiken nicht nur aufgrund der Bonität der unterschiedlichsten Schuldnerinnen und Schuldner. Darauf wird in Unterkapitel 4.3 weiter eingegangen.

Der folgende kurze Film erklärt noch einmal die Finanzmarktkrise und deren Gründe.

https://www.youtube.com/watch?v=dCD6CtcKnhA
Tagesschau (2018)

3.2 Die Europäische Union und die Staatsschuldenkrise in Griechenland

Eine Folge der Finanzmarktkrise war die Ende 2009 beginnende Staatsschuldenkrise in Griechenland, die mit einem Staatsbankrott Griechenlands hätte enden können und existenzbedrohende Auswirkungen auf den Euro als gemeinsame Währung hatte.

Wie bei der Finanzmarktkrise liegt der Höhepunkt der griechischen Staatsschuldenkrise schon einige Jahre zurück. Aber auch hier gibt es Auswirkungen bis heute.

Letztendlich ging es um die Staatsverschuldung Griechenlands und den Zustand der griechischen Wirtschaft im Zusammenhang mit einer griechischen Rezession. Ob dabei mehr die Finanzierung der Rettungspakete für die eigenen Banken sowie die Unterstützung der eigenen Bevölkerung im Zusammenhang mit der Finanzmarktkrise oder mehr der allgemeine Zustand der griechischen Politik und Wirtschaft ausschlaggebend für die Krise war, soll hier nicht weiter beleuchtet werden. Gleiches gilt für die einzelnen Facetten dieser Krise sowohl für Griechenland als auch für die EU und den Euro, es geht auch nicht um die lückenlose Darstellung aller Abstimmungen und die einzelnen Hilfsprogramme.

Vielmehr soll die Rolle der EU und anderer Beteiligten deutlich werden.

3.2.1 Die Rolle der EU in der Staatsschuldenkrise Griechenlands

Als Lösung für die Krise einigten sich Griechenland, die Euro-Mitgliedstaaten, die EU, die Europäische Zentralbank und der Internationale Währungsfonds (IWF) auf mehrere Hilfsprogramme bei gleichzeitig strengen haushaltspolitischen Auflagen gegenüber Griechenland. Die Hilfsprogramme für Griechenland umfassten rund 280 Milliarden Euro an direkten Krediten der EU-Mitgliedstaaten, über die Rettungsschirme EFSF (Europäische Finanzstabilisierungsfazilität) und ESM (Europäischer Stabilitätsmechanismus) und teils über den Internationalen Währungsfonds (IWF).

Mit diesen Auflagen sollten Staatsschulden abgebaut und Reformen umgesetzt werden, mit gravierenden Auswirkungen auf Griechenland und die griechische Bevölkerung. Mit deutlichen Kürzungen von Renten, ebenfalls deutlichen Erhöhungen von Steuern sowie der Entlassung von zahlreichen Beamten aus dem Staatsdienst sollten beispielsweise die Staatsausgaben verringert werden. In der Folge stiegen Arbeitslosigkeit und Auswanderung deutlich an, die Proteste der Bevölkerung nahmen deutlich zu (Dijsselbloem, 2018, S. 47ff).

Insgesamt wurden in Griechenland im Zeitverlauf deutliche Fortschritte erreicht, wobei die Corona-Pandemie sowie die Auswirkungen des Einmarsch Russlands in die Ukraine auf die Energiekosten wiederum intensive Spuren hinterlassen haben beziehungsweise hinterlassen.

Was nach der Staatsschuldenkrise bleibt, sind ein gespaltenes Verhältnis Griechenlands und der Griechen zur EU sowie – wie bei der Finanzmarktkrise – die Auswirkungen der Inflation auf die damals zur Finanzierung ausgegebenen Wertpapiere (siehe Unterkapitel 4.3).

Der folgende kurze Film gibt einen Überblick über die Staatsschuldenkrise in Griechenland.

> https://www.youtube.com/watch?v=hFjqhFs5DlA
> Tagesschau (2017)

3.3 Der Austritt Großbritanniens aus der Europäischen Union („Brexit")

Mit dem Volksentscheid vom 23. Juni 2016 hat sich die Bevölkerung Großbritanniens mit knapper Mehrheit für einen Austritt aus der EU ausgesprochen. Im Jahr 2017 wurde der EU förmlich mitgeteilt, dass Großbritannien austreten möchte. In langen Verhandlungen danach wurden die Austrittsbedingungen festgelegt (Adam, 2019, S. 85ff).

Nach einer Übergangszeit hat mit Großbritannien eines der bedeutendsten Länder der EU diese am 31. Dezember 2020 verlassen; bedeutend, was den Bevölkerungsanteil und den Anteil an der Wirtschaftsleistung an der EU betrifft.

Welche wirtschaftspolitischen Auswirkungen dieser Austritt für die EU aber auch für Großbritannien selbst haben wird, wird sich erst langfristig zeigen. Dennoch kann man schon heute feststellen, dass die einzelnen Länder Großbritanniens sowie die Bevölkerung in Bezug auf den Brexit bis heute gespalten sind (Adams, 2019, S. 262ff). Diese zunehmende Spaltung hat sich schon bei der damaligen Abstimmung gezeigt, siehe folgende Abbildung 3.1.

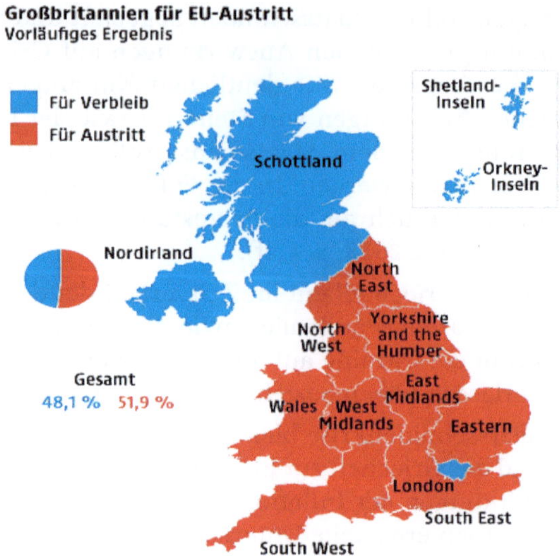

Abb. 3.1: Brexit - Abstimmungsergebnisse (APA/Telegraph, 2016)

3.3.1 Die Rolle der Europäischen Union während des Brexits

Wie bei der Finanzmarktkrise und der Staatsschuldenkrise in Griechenland war und ist die EU beim Brexit direkt betroffene Partei.

Die EU hat Großbritannien im Rahmen des Brexits Kooperation angeboten und zugesagt, Großbritannien keine unnötigen Hürden in den Weg zu stellen. Umgekehrt hat die EU in den Verhandlungen zu einem gemeinsamen Abkommen die Grundlagen der EU, die Funktionsfähigkeit ihrer Institutionen sowie ihre politischen und wirtschaftlichen Prinzipien genauso in den Vordergrund gestellt, wie die auch weiterhin an die EU zu entrichtenden, vertraglich vereinbarten Beiträge bis zum endgültigen Ausscheiden Großbritanniens aus der EU. Sonderregelungen wurden von Anfang an ausgeschlossen, genauso sollten die Regularien der EU durch den Austritt nicht in Frage gestellt oder gefährdet werden (Adams, 2019, S. 194ff.).

Bis zum Schluss der Verhandlungen war die „irische Frage", der Umgang mit der Grenze zwischen Nordirland und der Republik Irland der kritischste Verhandlungspunkt (Adam, 2019, S. 314).

Die folgende Abbildung 3.2 zeigt den zeitlichen Ablauf des Brexits.

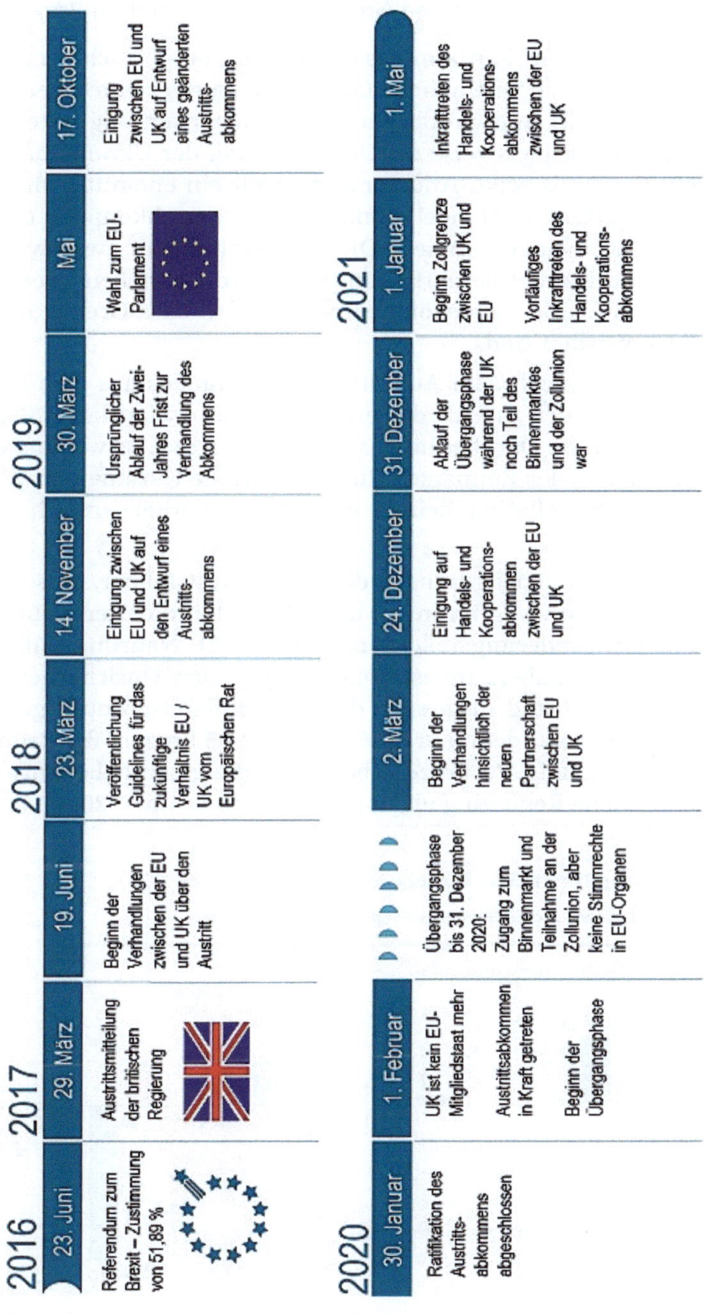

Abb. 3.2: Zeitlicher Ablauf des Brexits (CMS Legal, 2024)

3.3.2 Die Europäische Union und Großbritannien nach dem Brexit

Nach dem Austritts Großbritanniens aus der EU musste auch der gemeinsame Handel auf neue vertragliche Grundlagen ausgerichtet werden. Einerseits sind die EU und Großbritannien immer noch eng miteinander verbunden, was beispielsweise die Unterstützung der Ukraine nach dem Einmarsch Russlands zeigt. Andererseits regelt ein endgültig am 1. Mai 2021 in Kraft getretenes Handels- und Kooperationsabkommen die neue Zusammenarbeit beider Parteien. Dieses gewährleistet zwar weiterhin keine Zölle und Handelsbeschränkungen. Allerdings haben Großbritannien und die EU ihre Außenzölle beibehalten, so dass Grenzkontrollen notwendig geworden sind.

Letztendlich ist es nach dem Austritt Großbritanniens aus dem EU-Binnenmarkt immer noch zu früh, die langfristigen wirtschaftlichen Auswirkungen zu bewerten. Darüber hinaus ermöglichen die Auswirkungen der Corona-Pandemie, der Einmarsch Russlands in die Ukraine und die daraus resultierende Inflation keinen objektiven „vorher-/-nachher"-Vergleich.

Allerdings ist rund vier Jahre nach dem Brexit feststellbar, dass das Ziel der Reduzierung von Migrantinnen und Migranten nicht erreicht wurde (mit einem Einwanderungsrekord im Jahr 2022), Nahrungsmittel sich deutlich verteuert haben, Investitionen wegen den Unsicherheiten zurückgegangen sind und insgesamt das Bruttoinlandsprodukt gesunken ist. Laut Umfragen aus dem Jahr 2023 bewerten 63 Prozent der Briten den Brexit nicht als Erfolg, 70 Prozent bewerten die eigentliche Umsetzung durch die britische Regierung als ungenügend (Biesinger, 2024).

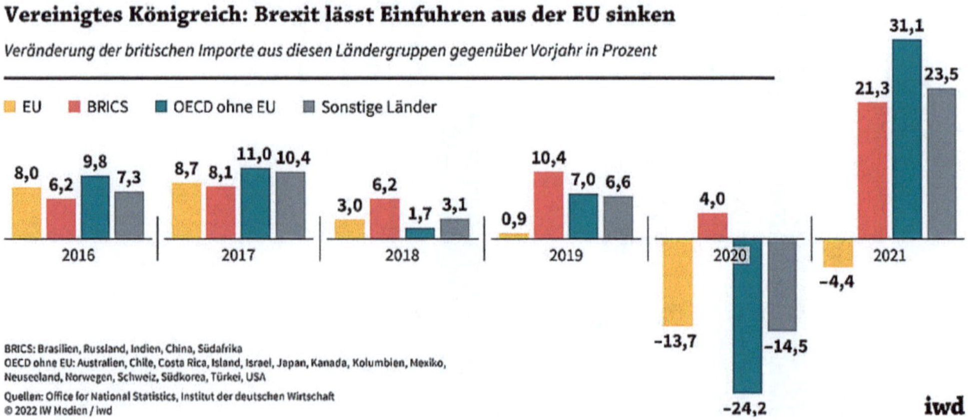

Abb. 3.3: Auswirkungen des Brexits auf die Importe Großbritanniens 2016 bis 2021 (Busch, 2022)

Eine erwartete Handelsumlenkung Großbritanniens weg von der EU hin zu anderen Staaten und Regionen verdeutlicht folgende Abbildung 3.3. Das Jahr 2020 zeigt die generellen Auswirkungen der Corona-Pandemie, das Jahr 2021 einen weiteren Rückgang der Importe aus der EU gegenüber deutlichen Erholungen der Importe aus anderen Regionen.

Während Schottland auch weiterhin den Austritt aus Großbritannien und den Wiedereintritt in die EU präferiert, ist der Handel der nun wieder verstärkt getrennten direkten Nachbarn Nordirland und Republik Irland bis 2021 deutlich gewachsen.

Der folgende kurze Film gibt anhand von Beispielen Eindrücke über die Auswirkungen des Brexit nach zwei Jahren.

> https://www.zdf.de/nachrichten/heute-in-europa/zwei-jahre-nach-dem-brexit-100.html
>
> Zweites Deutsches Fernsehen, ZDF (2023)

3.4 Die Europäische Union und die Vereinigten Staaten von Amerika (USA) unter Donald J. Trump und Joseph R. Biden

Im ersten Teil dieses Buchs wurde bereits die Ausrichtung der USA unter deren ehemaligen Präsidenten Donald J. Trump und unter Joseph R. Biden vorgestellt.

Gerade die Führung unter dem 45. US-Präsidenten Trump hat zu erheblichen Verwerfungen bei der Globalisierung und zu erheblichen Spannungen auch mit der EU sowie einzelnen Ländern der EU geführt. Zölle und Sanktionen gegenüber eigentlich Verbündeten wie der EU im Allgemeinen oder beispielsweise Deutschland im Speziellen, Subventionen für US-Unternehmen, aber auch der Austritt der USA aus internationalen Abkommen wie dem Pariser Klimaabkommen haben der Weltwirtschaft und der Globalisierung einigen Schaden zugefügt (Welfens, 2020, S. 185ff).

Der 46. US-Präsident Biden hat zwar grundsätzlich einen anderen Weg als sein Vorgänger eingeschlagen, was die Zusammenarbeit mit der EU und die weltweite Ausrichtung der USA betrifft. Auf das von ihm initiierte Inflationsbekämpfungsgesetz (Inflation Reduction Act), das von der EU deutlich kritisiert wird, wird in Abschnitt 3.4.2 weiter eingegangen.

3.4.1 Die Rolle der Europäischen Union während der Präsidentschaft von Donald Trump

Die wesentliche Herausforderung für die EU und die EU-Mitgliedstaaten war die Unberechenbarkeit von Trump, mit der er im Wahlkampf sogar geworben hatte. Dieses ganz besondere Wahlversprechen hat er während seiner gesamten Präsidentschaft eingelöst.

Letztendlich war es für die EU daher wichtig, sich den ständig ändernden Rahmenbedingungen in der Zusammenarbeit mit den USA anzupassen und jeweils angemessen zu reagieren. Mit Sätzen Trumps wie „Die EU ist schlimmer als China, nur kleiner“ wurde allen Mitgliedsländern schnell deutlich, in welche Richtung die Handelspolitik von Trump gehen würde.

Unterstützt wurde die Kritik an Trumps Handelspolitik durch viele US-amerikanische Unternehmen und die Mehrheit der Bevölkerung, die weiterhin Freihandel befürworteten und heute immer noch befürworten (Janusch, 2019, S. 171ff).

Wie bei anderen Ereignissen hatte und hat die EU nicht nur eine koordinierende Rolle, was die Interessen der einzelnen EU-Mitgliedstaaten betrifft. Dies gilt für eigene Sanktionen als Antwort auf die von Trump beschlossenen Sanktionen gegenüber der gesamten EU, aber auch gegenüber einzelnen EU-Mitgliedstaaten wie beispielsweise Deutschland.

Allerdings trat die EU auch direkt als Verhandlungspartner von Trump auf und hat vieles erreicht. Beispielsweise einigten sich der damalige EU-Kommissionspräsident Jean-Claude Juncker und Trump im Juli 2018 ...

> *„[...] auf die Einleitung ‚einer neuen Phase in den Beziehungen zwischen den Vereinigten Staaten und der Europäischen Union – einer Phase enger Freundschaft, starker Handelsbeziehungen, von denen beide Seiten profitieren werden, der besseren Zusammenarbeit für Sicherheit und Wohlstand weltweit und des gemeinsamen Kampfes gegen den Terrorismus.‘ “*
>
> *(Europäische Kommission, 2018)*

Bis zu der Wahl von Joseph Biden blieb das Verhältnis zwischen den USA und der EU jedoch eine „Achterbahnfahrt ohne Schienen“.

3.4.2 Die Rolle der Europäischen Union während der Präsidentschaft von Joseph Biden

Sieht man von Donald Trumps Regierungszeit ab, waren die USA nach dem Zweiten Weltkrieg über Jahrzehnte ein immer verlässlicher (Handels-)Partner für Europa und – nach deren Gründung – für die EU.

Wie Abbildung 2.4 verdeutlicht hat, sind die USA der größte Importeur von Gütern aus der EU und der zweitgrößte Exporteur von Gütern in die EU nach der VR China. Dazu kommt die gerade in der jetzigen Zeit wesentliche Stärke der größten Militärmacht der Welt, die in vielen Ländern der EU präsent ist und die Ausrichtung der NATO im Wesentlichen bestimmt.

Aber auch in den Beziehungen von verlässlichen Partnern gibt es kritische Aspekte, so auch während der Präsidentschaft von J. Biden. Während er im Großen und Ganzen das Verhältnis der USA zur EU und die Rolle der USA in internationalen Abkommen wieder normalisiert hat, gibt es Themen, wo er den Wohlstand der USA und deren wirtschaftliche Entwicklung über die Interessen anderer stellt. Bis zu einem gewissen Grad muss dies die selbstverständliche Aufgabe einer Regierungschefin / eines Regierungschefs oder auch der EU sein – solange die im ersten Teil dieses Buchs „Globalisierung und Global Governance" beschriebenen Rahmenbedingungen einer Global Governance berücksichtigt und eingehalten werden.

Mit dem von Biden initiierten Inflationsbekämpfungsgesetz (Inflation Reduction Act) sollen US-amerikanische Unternehmen, in den USA produzierende ausländische Unternehmen und dabei besonders Unternehmen, die in den USA produzierte Güter in der eigenen Produktion weiterverwenden, durch Subventionen und Steuererleichterungen massiv unterstützt werden. Damit will Biden

- die eigene Wirtschaft von anfälligen Lieferketten unabhängiger aufstellen,
- die eigene Wirtschaft ankurbeln,
- neue Arbeitsplätze schaffen,
- den Klimaschutz in den USA deutlich unterstützen, und
- das Staatsdefizit der USA reduzieren.

Die Finanzierung erfolgt u. a. durch neue Steuern für große Unternehmen.

Kritik an diesem Gesetz gibt es von der EU im Allgemeinen und besonders von den Regierungschefs Frankreichs (Emmanuel Macron) und Deutschlands (Olaf Scholz) im Speziellen. Hauptkritikpunkte sind dabei die Abschottung der USA durch protektionistische Maßnahmen, die Förderung der eigenen Wirtschaft zu Lasten von Dritten und die befürchtete Abwanderung von Unternehmen aus der EU in die USA.

Die EU hat vor, mit einem Sonderfonds (EU-Souveränitätsfonds) auf das Inflationsbekämpfungsgesetz zu antworten und damit ihrerseits protektionistische Maßnahmen umzusetzen. Auch eine Klage gegen die USA bei der Welthandelsorganisation (WTO) wird von der EU in Erwägung gezogen.

Festzuhalten bleibt, dass *beide* Initiativen die Globalisierung, den freien Handel und die Wohlstandsmehrung daraus für die gesamte Welt behindern. Festzuhalten bleibt auch, dass die EU beispielsweise mit dem Europäischen „Green Deal" bereits aus dem Jahr 2019 mit über 600 Milliarden Euro vor allem umweltbewusste Unternehmen in der EU unterstützen will und somit auch mit Subventionen arbeitet (Körner, 2023).

Protektionistische Maßnahmen der USA und der EU gegeneinander aufzurechnen und die Maßnahme eines Partners mit einer Gegenmaßnahme zu beantworten, kann für die Globalisierung, den weltweit freien Handel und vor allem die Beziehungen zwischen den beiden Partnern USA und Europa nicht die Lösung sein.

Der folgende kurze Film erklärt das Inflationsbekämpfungsgesetz, das auch Klima- und Sozialpaket genannt wird, sowie die Reaktion der EU darauf.

> https://multimedia.europarl.europa.eu/de/video/eprs-eu-response-to-the-us-inflation-reduction-act_EP147441
>
> Europäisches Parlament (2023b)

3.4.3 Donald J. Trump als 47. (republikanischer) Präsident der USA

Auf die erneute Präsidentschaft von Donald J. Trump als 47. Präsident der USA wurde bereits im Abschnitt 2.3.1.3 des ersten Teils dieses Buchs eingegangen. Letztendlich bleiben auch die weiteren Entwicklungen in der Zusammenarbeit zwischen den USA und der EU sowie zwischen den USA und der NATO abzuwarten.

Es bleibt auch abzuwarten, wie eine neue deutsche Bundesregierung ab dem Jahr 2025 mit den USA zusammenarbeiten und Deutschland insgesamt ausrichten wird.

3.5 Populistische Entwicklungen in Mitgliedstaaten der Europäischen Union

Während mit Großbritannien ein demokratischer Staat, für den die Werte der EU auch weiterhin eine hohe Bedeutung haben, die EU verlassen hat, sind die populistischen Entwicklungen in einigen EU-Mitgliedstaaten anders einzuordnen. Dabei soll nicht außeracht gelassen werden, dass auch beim Brexit populistische Strömungen u. a. durch die United Kingdom Independence Party (UKIP) unter ihrem Vorsitzenden Nigel Farage deutlich erkennbar waren und das Ergebnis des Referendums maßgeblich beeinflusst haben.

Die Entwicklungen in anderen Staaten der EU zeigen, dass dort nicht nur das Wohl des eigenen Landes in den Vordergrund gestellt wird, was für jede gewählte Regierung ein wesentliches Ziel sein muss. Vielmehr werden die Grundfesten der Demokratie sowie eine Rechtsstaatlichkeit und damit auch die Werte der EU sowie die EU als Ganzes in Frage gestellt. Dies geschieht zunehmend, wenn auch mit deutlichen Unterschieden in einzelnen EU-Mitgliedstaaten.

Als Schlüsselereignis wird dabei häufig die Flüchtlingskrise im Jahr 2015 genannt, die zu einer Entfremdung der westlichen EU-Mitgliedstaaten wie Deutschland und den EU-Mitgliedstaaten in Ost- und Mitteleuropa wie Ungarn und Polen geführt hat (Stegherr, 2022, S. 179ff).

Letztendlich sind populistische Entwicklungen in einigen EU-Mitgliedstaaten feststellbar, wie beispielsweise in Ungarn und Polen, aber auch in Italien, Frankreich, Schweden und Deutschland. Ein deutlicher „Rechtsruck", mit teilweise deutlich zunehmenden Stimmgewinnen von rechten Parteien bei Wahlen, wie beispielsweise

- der ungarischen Fidesz,
- der polnischen PiS-Partei,
- der französischen Rassemblement National,
- der italienischen Fratelli d'Italia,
- der schwedischen Schwedendemokraten, oder
- der deutschen AFD (insbesondere in den neuen Bundesländern),

ist das Ergebnis. Vielfach werden dabei die EU und deren eigentlich gemeinsamen Werte nicht nur in Frage gestellt, sondern überwiegend deutlich abgelehnt. Eine Spaltung der EU wird immer deutlicher erkennbar.

Allerdings zeigt die italienische Premierministerin Giorgia Meloni (Fratelli d'Italia), dass es auch ein Miteinander mit der EU geben kann. Mit einem deutlichen Zuwachs bei der Europawahl 2024 konnte Meloni ihre Verhandlungsposition in der EU noch einmal ausbauen. Anders die AFD, die vor der Europawahl selbst aus der rechtsausgerichteten Fraktion „Identität und Demokratie" im EU-Parlament ausgeschlossen wurde (Siefert, 2024).

Im Extremfall zeigen rechtsextremistische Parteien bis hin zu der Identitären Bewegung, die aus Frankreich auf Deutschland und Österreich übergegriffen ist, dass eine Bedrohung durch muslimische Einwanderinnen und Einwanderer zu einer vollständigen Ablehnung der Regierungen und Regierungssysteme bis hin zu Umsturzgedanken geführt hat (Stegherr, 2022, S. 22ff.).

Die populistischen Entwicklungen in Ungarn haben in den letzten Jahren zu deutlichen Reaktionen der EU geführt, daher wird auf diese im Folgenden kurz eingegangen.

Auch in Polen wurde unter der PIS-Partei der Einfluss auf die Medien stetig erhöht, gleichzeitig wurde das Justizwesen über Jahre zu Lasten einer Unabhängigkeit der Justiz von der Regierung umgebaut. Mit der Wahl des früheren EU-Ratspräsidenten Donald Tusk zum Ministerpräsidenten Polens Ende 2023 hat die Einhaltung von Demokratie und Rechtsstaatlichkeit sowie eine gute Zusammenarbeit Polens mit der EU jedoch wieder die notwendige Priorität erhalten.

3.5.1 Populistische Entwicklungen in Ungarn

Seit Viktor Orbán Ministerpräsident von Ungarn ist, hat die von ihm geführte Regierung schrittweise und über Jahre hinweg die Grundprinzipien der EU, vor allem die Unabhängigkeit der Justiz und der Medien ausgehöhlt.

Darüber hinaus ist Ungarn das EU-Mitgliedsland mit der deutlichsten Nähe zu Russland seit dessen Einmarsch in die Ukraine.

3.5.2 Die Rolle der Europäischen Union in Bezug auf die Entwicklungen in Ungarn

Nach jahrelangen ergebnislosen Verhandlungen der EU mit Ungarn hat die EU ab 1.1.2021 auf der Basis einer Empfehlung in dem Bericht über die erste Befragung aller EU-Mitgliedstaaten zur Rechtsstaatlichkeit einen sogenannten „Rechtsstaatsmechanismus" eingeführt. Damit wurde in der EU ein Verfahren zur Kürzung von EU-Mitteln etabliert, wenn Mitgliedstaaten gegen den Grundwert der Rechtsstaatlichkeit verstoßen.

Ungarn hatte gegen diesen Mechanismus Klage beim Europäischen Gerichtshof (EuGH) eingereicht, die mittlerweile abgelehnt wurde. Es gibt darüber hinaus inzwischen mehrere Urteile des EuGH zu der nicht mehr ausreichenden Rechtsstaatlichkeit in Ungarn sowie zu der dort nicht mehr ausreichenden Gewaltenteilung.

Ungarn verstößt damit nicht nur gegen geltendes EU-Recht, sondern ignoriert weiterhin wesentliche Grundprinzipien der EU (Europäisches Parlament, 2021b). Ungarn sieht das anders und sieht auch keine Zuständigkeit des EuGH. Gegen Ungarn laufen durch die EU initiierte Verfahren, Gelder in Milliardenhöhe wurden eingefroren. Von einigen anderen EU-Mitgliedstaaten wird die Umsetzung des beschlossenen Mechanismus durch die EU gegenüber Ungarn als zu zögerlich bewertet und kritisiert.

Letztendlich gibt es unter der jetzigen Regierung nur noch die Möglichkeit, dass Ungarn nachgibt und insbesondere die Gewaltenteilung wiederherstellt, die EU auf ihre demokratischen Grundprinzipien verzichtet oder Ungarn aus der EU austritt.

Auffällig ist darüber hinaus die Nähe Ungarns zu Russland – im Gegensatz zur EU. Ungarn bezieht, auch nach dem Einmarsch Russlands in die Ukraine im Februar 2022, einen Großteil seiner Energie aus Russland, mittlerweile ausgesprochen günstigen Konditionen. Damit das auch so bleibt, machte Orbán von Anfang an Stimmung gegen EU-Sanktionen gegenüber Russland und für Friedensverhandlungen zu russischen Bedingungen. Im Jahr 2024 nutzte Orbán die EU-Ratspräsidentschaft Ungarns für eine sogenannte „Friedensmission" mit Besuchen bei Xi Jinping in Peking, bei Wladimir Putin in Moskau und bei Donald Trump in den USA. Dabei erweckte er den Eindruck, dass er aus der EU-Ratspräsidentschaft heraus handeln würde, vertrat dabei jedoch nicht die EU-Positionen. Die EU machte mehrfach deutlich, dass Orbán nicht im Namen der EU unterwegs war und boykottierte die Ratspräsidentschaft Ungarns genauso wie einige der anderen EU-Länder (Tagesschau, 2024a).

3.6 Die Corona-Pandemie in der Europäischen Union

Die weltweiten Auswirkungen der Corona-Pandemie in Bezug auf die Unterbrechung von Lieferketten, Schließung von ganzen Unternehmen und der Abschottung von einzelnen Ländern wurde bereits in dem Buchteil „Globalisierung und Global Governance“ beschrieben und sollen hier nicht wiederholt werden.

Der Umgang der einzelnen EU-Mitgliedstaaten mit der Corona-Pandemie war sehr unterschiedlich in Bezug auf Maßnahmen wie beispielsweise (Ein-)Reiseverbote, Quarantänemaßnahmen, Kontaktbeschränkungen oder Schließung von nicht systemrelevanten Unternehmen (Hüther et al., 2021, S. 126ff).

3.6.1 Die Rolle der EU während der Corona-Pandemie

Die EU selbst hatte in der Pandemie vor allem eine koordinierende Funktion in Zusammenarbeit mit den EU-Mitgliedstaaten

- bei der Eindämmung und Bekämpfung des Virus über Notfallmaßnahmen, und
- bei der Abfederung der wirtschaftlichen Auswirkungen sowie der Erholung nach der Corona-Pandemie in der EU, aber auch über die EU hinaus.

(Europäischer Rat, Rat der Europäischen Union, 2024d)

Im Einzelnen hatte die EU vor allem folgende Prioritäten:

„- Eindämmung der Ausbreitung des Virus
- Absicherung der Versorgung mit medizinischer Ausrüstung
- Förderung der Forschung im Bereich Therapien und Impfstoffe
- Unterstützung für Arbeitsmarkt, Unternehmen und Wirtschaft [...]
- Entwicklung, Herstellung und Bereitstellung von COVID-19-Impfstoffen
- Teststrategien und Anerkennung von Tests
- grenzüberschreitende Ermittlung von Kontaktpersonen
- Quarantänevorschriften
- interoperable digitale Impfbescheinigungen.“

(Europäischer Rat, Rat der Europäischen Union, 2024d)

Die Wahrnehmung der Rolle der EU durch die Bevölkerung war bei einer Befragung in den einzelnen EU-Mitgliedstaaten im Jahr 2020 jedoch sehr unterschiedlich, wie folgende Abbildung 3.4 zum Abschluss dieses Unterkapitels zeigt.

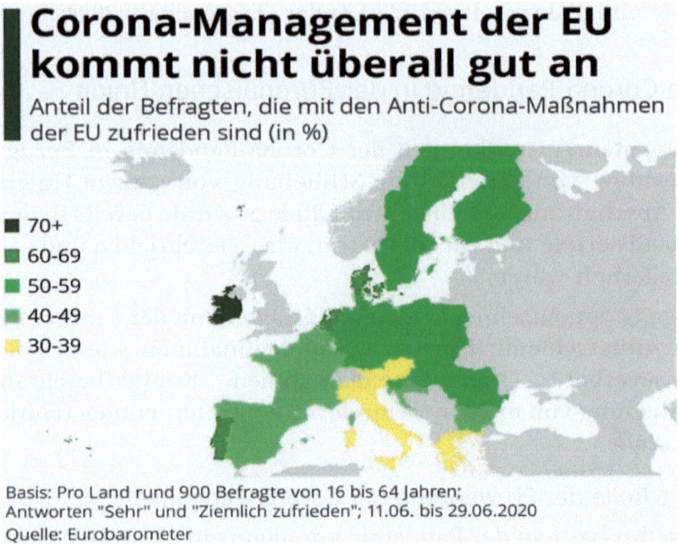

Abb. 3.4: Zufriedenheit der Bevölkerung im Jahr 2020 mit dem Corona-Management der EU (Janson, 2020)

3.7 Konflikte und Kriege in Europa

Nach Jahrzehnten des Friedens in Europa – und damit auch in der EU – stand das Jahr 2022 für ein Ende dieser besonders wertvollen Zeit.

Neben dem Einmarsch Russlands in die Ukraine am 24. Februar 2022 flammten im Jahr 2022 zwei weitere Konflikte in Europa mit Bedeutung für die EU wieder auf,

- der Konflikt zwischen der Türkei und Griechenland sowie
- der Konflikt zwischen Serbien und dem Kosovo.

3.7.1 Der Einmarsch Russlands in die Ukraine

Der Einmarsch Russlands in die Ukraine hat gravierende Auswirkungen, vor allem auf die Menschen in der Ukraine, die die Schrecken des Krieges vor Ort erleben müssen und millionenfach ihre Heimat auf der Flucht verlassen haben.

Die Auswirkungen auf die Weltwirtschaft und auf die EU können und sollen nicht auf eine Stufe mit dem Leid der Menschen gestellt werden. In Hinblick auf die Ausrichtung dieses Buchs werden die folgenden Ausführungen jedoch die wirtschaftlichen Auswirkungen beleuchten. Dabei soll der Krieg nicht einen Schwerpunkt dieses Buchs bilden, und es wird auch nicht jede Facette berücksichtigt.

Zusammengefasst markiert der durch Russland begonnene Krieg tatsächlich eine „Zeitenwende", in Bezug auf

- den nicht mehr vorhandenen Frieden in Europa,
- die weitestgehend isolierte Stellung Russlands in der weltweiten Staatengemeinschaft, ausgehend von einem von Russland zerstörten Vertrauen,
- die Sicherstellung der Welternährung, beispielsweise wegen der gefährdeten Getreideexporte Russlands und der Ukraine,
- die negativen Auswirkungen auf die Weltwirtschaft,
- die (wirtschaftlichen) Beziehungen zwischen der EU und Russland, inklusive
- einer Neuausrichtung der EU – weg von Handelsbeziehungen mit Russland hin zu anderen Partnern,
- einer Neuausrichtung Russlands – verstärkt beispielsweise in Richtung der anderen BRICS-Staaten (Brasilien, Indien, VR China und Südafrika) sowie der BRICS+,
- die Präsenz von Unternehmen aus der EU in Russland und deren weggebrochenen oder aufgegebenen Geschäftsverbindungen mit Russland (oder auch deren nicht aufgegebene Geschäftsverbindungen),
- die zwischenzeitlich gefährdete Versorgung der EU mit Öl, Gas und Kohle – inklusive einer daraus resultierenden Forcierung des Energiewandels hin zu erneuerbaren, klimafreundlichen Energiequellen,
- die Beitritte der traditionell neutral gewesenen EU-Staaten Finnland und Schweden zur NATO und die Sicherheit aller NATO-Mitgliedstaaten,
- und vieles mehr.

(Welfens, 2022, S. 2ff)

3.7.1.1 Die Rolle der Europäischen Union während des Krieges in der Ukraine

Neben der Vertretung der Interessen der EU als Ganzes hat die EU hier die besondere Herausforderung, dass einzelne EU-Mitgliedstaaten oder Beitrittskandidaten auch heute noch und trotz des Einmarschs Russlands sehr enge Beziehungen zu Russland pflegen. Besonders seien hier Ungarn als EU-Mitgliedsstaat (siehe auch Abschnitt 3.5.2) und Serbien als EU-Beitrittskandidat genannt.

Darüber hinaus ist die Abhängigkeit der EU-Mitgliedstaaten von den Energieimporten aus Russland sehr unterschiedlich,

- von vor dem Einmarsch vollständigen Abhängigkeiten (beispielsweise Bulgarien),
- über gravierende Abhängigkeiten vor dem Einmarsch (beispielsweise Deutschland, Österreich oder Italien),
- bis hin zu der sofortigen Einstellung von Importen (beispielsweise durch die baltischen Staaten Estland, Lettland und Litauen).

Die Rolle der EU war und ist daher auch vielschichtig. Von

- der Abstimmung und Umsetzung von gemeinsamen Sanktionsmaßnahmen gegenüber Russland,
- über die Koordinierung und Umsetzung von Unterstützungsmaßnahmen für die Ukraine,
- über eine enge Zusammenarbeit mit der NATO,
- über die Koordinierung und Umsetzung von Unterstützungsmaßnahmen für EU-Mitgliedstaaten im Zusammenhang mit deren Energieversorgung,
- bis hin zu der Beteiligung an der Erschließung neuer Energieherkunftsquellen (Länder und Regionen) in Ergänzung zu den Bemühungen der Mitgliedstaaten.

(Welfens, 2022, S. 25ff.)

3.7.1.2 Das wirtschaftliche Verhältnis der Europäischen Union zu Russland

Erdöl war das mit Abstand wichtigste Exportgut Russlands im Jahr 2022 (rund 45 Prozent), gefolgt von Kohle (rund 8 Prozent) und Gas (rund 7 Prozent). Aber auch (Edel-)Metalle, Diamanten und Düngemittel spielen eine Rolle. Getreide ist für die Welternährung wichtig, der Export von Getreide ist für die russische Wirtschaft jedoch eher von untergeordneter Bedeutung (Statista, 2022, S. 44).

Vor dem Einmarsch Russlands in die Ukraine und bereits ohne die gestoppte Inbetriebnahme der Pipeline „Nord Stream 2“ bezog die EU im 1. Halbjahr 2021 knapp 47 Prozent aus Russland (bezogen auf Importe aus Nicht-EU-Ländern), bei Erdöl waren es rund 25 Prozent und bei Steinkohle rund 57 Prozent (Welfens, 2022, S. 82ff.).

Russland sah sich bereits vor dem Einmarsch in die Ukraine und spätestens seit der völkerrechtswidrigen Annexion der ukrainischen Halbinsel Krim im Jahr 2014

- den unterschiedlichsten Sanktionen
- der unterschiedlichsten Länder
- aus den unterschiedlichsten Gründen

gegenüber.

Durch den Einmarsch kam es zu weiteren Sanktionen u. a. für Finanzmarkttransaktionen für Russland insgesamt, russische Unternehmen, Oligarchen, Politikerinnen und Politiker und deren Angehörige bis hin zu Preisobergrenzen für Gas durch die EU. Umgekehrt gab es Liefereinschränkungen und Lieferstopps für Öl und Gas durch Russland gegenüber einzelnen Staaten und die EU.

Insgesamt führten diese Veränderungen nicht nur zu einem deutlichen Anstieg der Öl- und Gaspreise, der auch der wesentliche Treiber einer Inflation war. Vielmehr war gerade im Jahr 2022 die Energieversorgung der EU sowohl von Unternehmen als auch von privaten Haushalten, Krankenhäusern oder öffentlichen Institutionen deutlich gefährdet.

Viele Unternehmen auch aus EU-Staaten haben ihr Russland-Engagement beendet und sich aus Russland zurückgezogen. Andere Unternehmen haben dies nicht getan und stehen deutlich in der Kritik. Einzelne Industriezweige, an erster Stelle die Rüstungsindustrie, erleben einen vorher nicht absehbaren Aufschwung – sei es wegen der Beteiligung an den Lieferungen von Kriegsmaterial in die Ukraine, sei es wegen der eigenen Aufrüstung nahezu aller Staaten in der EU.

Die EU arbeitet mit Hochdruck an einer Neuausrichtung ihrer Energiepolitik, hierauf wird in Unterkapitel 4.2 weiter eingegangen.

Neben dem Krieg in der Ukraine im herkömmlichen Sinne gibt es die unterschiedlichsten Facetten eines zunehmend auch hybriden Krieges. Beispielsweise gibt es immer wieder Cyberattacken gegenüber Staaten und Unternehmen, in diesem Umfang und in dieser Intensität bislang nicht erlebt, und mit Desinformationskampagnen über die sozialen Medien wird versucht, die öffentliche Wahrnehmung zu beeinflussen.

Aktuell haben sich die Preise für Öl und Gas aufgrund alternativ erschlossener Bezugsquellen auf etwas höherem Niveau stabilisiert, die langfristige Energieversorgung der EU scheint auf einem guten Weg zu sein.

Die russische Wirtschaft selbst steht erheblich unter Druck und wird voraussichtlich noch Jahrzehnte die Nachwirkungen zu verarbeiten haben. Aber auch die wirtschaftlichen Aussichten in der EU haben sich verschlechtert – es wird auch weiterhin von einem deutlich gebremsten, aber noch von einem Wachstum in der EU ausgegangen.

Letztendlich tobt weiterhin der Krieg in der Ukraine. Viele Länder – ob benachbarte EU-Länder oder benachbarte Länder, die ehemals Teil der Sowjetunion waren – haben erhebliche Sorgen um ihre eigene Sicherheit und wegen der weiteren Schritte Russlands.

Ob sich die wirtschaftlichen Beziehungen zu Russland jemals wieder vollständig erholen werden, sollte zumindest bezweifelt werden. Abhängigkeiten von Russland wie vor dem Einmarsch in die Ukraine sollten auf keinen Fall wieder entstehen.

3.7.2 Die Europäische Union und der Ägäis-Konflikt zwischen der Türkei und Griechenland

In dem Konflikt zwischen der Türkei und Griechenland stehen Inseln in der Ägäis wie beispielsweise Rhodos und Lesbos im Vordergrund, die zu Griechenland gehören, jedoch dicht vor der türkischen Küste liegen. Dabei geht es nur vordergründig um die Inseln selbst, viel wichtiger sind Gasvorkommen, die vor den Inseln vermutet werden.

Die Türkei wirft Griechenland vor, Militär auf den Inseln stationiert zu haben und damit gegen die Auflage zu verstoßen, unter der die Inseln nach dem Zweiten Weltkrieg Griechenland zugesprochen wurden. Die Türkei droht nicht nur mit einer militärischen Intervention, sondern stellt auch insgesamt den in den Verträgen nach dem Zweiten Weltkrieg festgelegten Status der Inseln in Frage.

Griechenland seinerseits widerspricht der Stationierung von Militär nicht, beruft sich aber auf das Selbstverteidigungsrecht und stuft das Verhalten der Türkei als Provokation ein. Mittlerweile hat Griechenland die Vereinten Nationen eingeschaltet.

Ähnlich kritisch ist der Konflikt zwischen der Türkei und Griechenland in Bezug auf Zypern; auch hier spielt ein großes Gasfeld eine wesentliche Rolle (Diefenthal, 2022).

3.7.2.1 Die Rolle der Europäischen Union im Ägäis-Konflikt

Aus Sicht der EU ist der Konflikt nicht nur deswegen heikel, weil ein weiterer Krieg in Europa droht. Denn Griechenland ist Mitgliedsland der EU, die Türkei ist – wenn auch schon seit vielen Jahren – EU-Beitrittskandidat. Darüber hinaus sind beide Länder Mitgliedstaaten der NATO.

Durch die Unterstützung Griechenlands u. a. durch die USA, Frankreich und Polen droht ein Konflikt, der über Griechenland und die Türkei hinausgehen würde.

Es bleibt nur eine diplomatische Lösung, bei der die EU eine wesentliche Rolle spielen muss (Diefenthal, 2022).

3.7.2.2 Die Europäische Union und das Erdbeben in der Türkei und Syrien im Februar 2023

Das Erdbeben in Syrien und in dem EU-Beitrittskandidatenland Türkei am 6. Februar 2023 (mit zahlreichen Nachbeben danach) zeigt, dass geopolitische Interessen keinesfalls die wesentlichen sind und auch nicht sein dürfen.

Auch die EU und deren Mitgliedstaaten haben entweder direkt oder über das EU-Katastrophenschutzverfahren Unterstützung für die Türkei und für Syrien angeboten und Soforthilfe geleistet.

Bis zum 18. Februar 2023

- hatten die meisten EU-Mitgliedstaaten Rettungsteams, Hilfsgüter, medizinische Teams und Notunterkünfte in das Katastrophengebiet geschickt,
- wurden über die sogenannte rescEU-Reserve ebenfalls Notunterkünfte bereitgestellt,
- hatte die EU für den unmittelbaren Bedarf 5,5 Millionen Euro an humanitärer Hilfe zur Verfügung gestellt.

(Europäische Kommission, 2023b)

Darüber hinaus haben die unterschiedlichsten Hilfsorganisationen auch aus der EU Spenden für die weitere Unterstützung beider Länder gesammelt.

Besonders hervorzuheben – mit Verweis auf den im Abschnitt 3.7.2 beschriebenen Ägäis-Konflikt zwischen der Türkei und Griechenland – ist die sofortige Hilfe durch Griechenland auf allen Ebenen, die nur wenige Stunden nach der Naturkatastrophe startete. Es wurden keine Bedingungen oder Forderungen gestellt, es ging einzig darum Nachbarn, Menschen in Not zu helfen.

Auch die Unterstützung seitens Schweden erfolgt ohne jegliche Bedingungen und Forderungen, beispielsweise im Zusammenhang mit der damaligen Blockade des NATO-Beitritts Schwedens durch die Türkei.

3.7.3 Die Europäische Union und der Konflikt zwischen Serbien und dem Kosovo

Auch auf dem Balkan ist ein seit Jahrzehnten schwelender Konflikt wieder akut geworden, der zwischen Serbien und dem Kosovo.

Der Kosovo ist seit 2008 ein autonomer Staat in Europa und potenzieller EU-Beitrittskandidat. Er gehörte allerdings früher zu Serbien und galt als kulturelles und religiöses Zentrum Serbiens. Noch heute wohnen neben Kosovo-Albanerinnen und -Albanern viele serbisch-stämmige Menschen im Kosovo.

Serbien, selbst EU-Beitrittskandidat, erkennt neben weiteren 77 UN-Mitgliedstaaten weder das Land Kosovo noch dessen Regierung an und ruft die dortige serbische Minderheit immer wieder zu Aufständen auf. Ein solcher fand im Dezember 2022 statt, wegen des Verbots serbischer Autokennzeichen im Kosovo und der Verhaftung eines ehemaligen serbischen Polizisten.

Die serbische Armee befindet sich im Alarmzustand, im Kosovo sind seit 1999 NATO-Truppen stationiert.

Abbildung 3.5 zeigt die geografische Lage der Balkanländer.

Abb. 3.5: Die geografische Lage Serbiens und des Kosovos auf dem Balkan (Huyer, 2023)

Serbien distanziert sich nicht offen von Russland, es gibt prorussische Demonstrationen in Serbien, und Serbien hat sich auch nicht an den Sanktionen gegenüber Russland beteiligt. Letztendlich hat Serbien auf den Kosovo eine vergleichbare Sicht wie Russland auf die Ukraine (Huyer, 2023).

3.7.4 Die Rolle der Europäischen Union im Konflikt zwischen Serbien und dem Kosovo

Die Ausgangslage mit Serbien als EU-Beitrittskandidat und dem Kosovo als potenziellem EU-Beitrittskandidat ist – wie schon der Konflikt zwischen Griechenland und der Türkei – für die EU besonders prekär. Dazu kommt eine prorussische Haltung Serbiens, abweichend von der Haltung der EU selbst und derjenigen der überwiegenden Mitgliedstaaten der EU.

Die USA und die EU rufen gemeinsam zur „größtmöglichen Zurückhaltung" auf und arbeiten mit beiden beteiligten Ländern an einer politischen Lösung (Huyer, 2023).

3.8 Die Europäische Union und die Entwicklungen rund um die VR China

Der Aufstieg der VR China von einem Entwicklungsland zu einem der wichtigsten Staaten weltweit, die Rolle der VR China in der Globalisierung, deren Positionierung im Rahmen einer Global Governance sowie (außen-)politische, wirtschaftliche und kulturelle Herausforderungen im Zusammenhang mit der VR China wurden im Abschnitt 2.3.2 des Buchteils „Globalisierung und Global Governance" vorgestellt.

Der Umfang von Direktinvestitionen durch chinesische Unternehmen in der EU, deren Auswirkungen sowie der Genehmigungsprozess auch in Zusammenarbeit mit der EU finden sich im Buchteil „Transnationale Unternehmen" in den Kapitel 4 und 5 wieder.

Von dem Bild einer Wirtschaftsmacht auf der einen Seite über auf der anderen Seite

- Menschenrechtsverletzungen,
- den Konflikt im südchinesischen Meer,
- die Taiwan-Frage,
- Korruption,
- die Schaffung von Abhängigkeiten durch Direktinvestitionen durch Unternehmen oder im Zusammenhang mit der Neuen Chinesischen Seidenstraße,
- die Positionierung der VR China in Klimafragen,
- und Einiges mehr

sind die Besonderheiten der VR China so vielfältig, dass diese fast als Zusammenfassung dieses Buchs dienen könnten.

Hier soll jedoch der Fokus auf der EU und deren Verhältnis zur VR China liegen, beispielsweise:

- Wie positioniert sich die EU zu Menschenrechtsverletzungen, wo die Wahrung von Menschenrechten doch eine ihrer Prioritäten ist?
- Wie wird vermieden, dass noch stärker ausgeprägtere Abhängigkeiten von der VR China ähnlich der bei der Energieversorgung von Russland entstehen?
- Wie können bereits vorhandene Abhängigkeiten schrittweise reduziert werden?
- Wie kann es eine für beide Seiten stabile und wertvolle Zusammenarbeit in Bezug auf die Globalisierung geben?

Tatsächlich sind die Verflechtungen zwischen der VR China und der EU heute so stark, dass eine umfassende Strategie von Seiten der EU zwingend notwendig ist. Dies gilt für Wirtschaftsfragen genauso wie für geopolitische und innenpolitische Aspekte.

Die wirtschaftliche Bedeutung der VR China für die EU wurde bereits aus Abbildung 2.4 deutlich, aber auch für die VR China hat der Handel mit der EU eine herausragende Bedeutung. Beide Seiten können nicht kurzfristig die gemeinsamen Beziehungen auf komplett neue oder andere Beine stellen, es bestehen gegenseitig deutliche Abhängigkeiten.

Die Gefahren dieser Abhängigkeiten hat u. a. die Corona-Pandemie aufgezeigt. Eine breite Risikostreuung, die Reduzierung der Abhängigkeiten von der VR China und die stetige Überwachung der Lieferketten muss daher im Fokus der EU stehen. Abhängigkeiten beispielsweise bei Arzneimitteln müssen zwingend reduziert werden, bei weltweit seltenen Rohstoffen wie den Seltenen Erden wird dies schon deutlich schwieriger.

Dabei muss im Auge behalten werden, dass sich auch die VR China unabhängiger aufstellen und ihrerseits vorhandene Risiken mehr streuen und dadurch reduzieren möchte.

Handelspolitische Basis für die wirtschaftlichen Beziehungen zwischen der EU und der VR China sind bislang ausschließlich die Regelungen der Welthandelsorganisation. Ein bilaterales Handelsabkommen existiert noch nicht, würde aber gegenseitig viele Hemmnisse wie Zölle oder Subventionen für die heimische Wirtschaft reduzieren und den Welthandel fördern. Vor allem Menschenrechtsverletzungen, die Haltung bei Klimafragen oder der nicht ausreichende Schutz von geistigem Eigentum verhindern aktuell jedoch ein solches Abkommen.

Ein vollständiger Rückzug aus den gemeinsamen, über Jahrzehnte gewachsenen Verbindungen ist für beide Seiten keine Lösung. Es ist daher auch eine diplomatische Aufgabe für die EU und deren Organe, den Dialog beispielsweise zu Menschenrechtsfragen, zu vorhandenen Konflikten wie dem rund um Taiwan oder in Hinblick auf den Klimaschutz immer wieder zu suchen (Flach & Teti, 2021).

Aktuell wird diese Diplomatie zusätzlich erschwert durch die – wenn auch schwankende – Nähe der VR China zu Russland nach dem Einmarsch Russland in die Ukraine.

3.9 Zusammenfassung

Während die Globalisierung auch für die EU und deren Mitgliedstaaten lange Jahre eine Einbahnstraße des Erfolgs war, gab es spätestens mit der Finanzmarktkrise auch in der jüngeren Vergangenheit immer wieder einschneidende negative Ereignisse, die bis heute nachwirken beziehungsweise heute noch existieren.

Die fast zwei Jahrzehnte zurückliegende Finanzmarktkrise oder die Staatsschuldenkrise in Griechenland haben bis heute Auswirkungen, die keinesfalls zu vernachlässigen sind.

Von finanz- und (wirtschafts-)politischen Ereignissen bis hin zu einem Krieg mitten in Europa und weiteren gefährlichen Konflikten ist das Spektrum der Bedrohungen und Herausforderungen für die EU sehr breit – für einzelne Länder und Regionen, für die EU und Europa und im Falle von Kriegen und Konflikten besonders für die betroffene Bevölkerung. Auch die Gefährdung der Grundprinzipien Rechtsstaatlichkeit und Demokratie durch einzelne Mitgliedsländer sowie durch einen zunehmenden Populismus in vielen EU-Mitgliedsländern stellt die EU vor wesentliche Herausforderungen.

Die EU hat sich bei jeder dieser Herausforderungen positioniert und eine aktive Rolle übernommen. Sie hat es dabei immer wieder geschafft, alle EU-Mitgliedstaaten, mindestens aber die Mehrzahl zu vereinen. Allein das ist bereits eine Leistung, die bei der Heterogenität der Mitgliedstaaten positiv zu bewerten ist.

Allerdings werden die aktive Rolle der EU und die Ergebnisse immer sehr unterschiedlich bewertet, beispielsweise ist diese Bewertung von Seiten der EU-Bevölkerung während der Corona-Pandemie durchwachsen. Auch das Vorgehen der EU gegen Ungarn und bis vor kurzem auch gegen Polen wird von anderen EU-Mitgliedstaaten als zu zögerlich empfunden.

Einige der vorgestellten Ereignisse lassen sich von ihrer wirtschaftlichen Tragweite her in der Entwicklung des Bruttoinlandsproduktes (BIP) der EU ablesen, insbesondere für die Einbrüche während der Finanzmarktkrise und für das erste Jahr der Corona-Pandemie. Bei anderen werden die Auswirkungen erst langfristig erkennbar sein.

Eine besondere Rolle spielt das Verhältnis zu der VR China, mit allen damit verbundenen Herausforderungen.

Letztendlich ist ein friedliches und stabiles Europa eine wesentliche Grundlage für den zukünftigen auch wirtschaftlichen Erfolg der EU in einer globalisierten Welt. Besonders herausfordernd sind für die EU Situationen, in denen sich EU-Mitgliedstaaten oder EU-Beitrittskandidaten und/oder NATO-Mitgliedstaaten aus Europa in Konflikt miteinander befinden.

Aufgabe 3.1

In Abbildung 1.13 wird für Griechenland die von allen EU-Mitgliedstaaten niedrigste Zustimmung zur EU ausgewiesen („Die EU ist eine gute Sache").

Wo vermuten Sie die Ursache(n)?

Aufgabe 3.2

Wie war und ist die Positionierung Schottlands im Rahmen des Brexits?

4 Wesentliche aktuelle Herausforderungen für die Europäische Union und deren Mitgliedsstaaten

Die in Kapitel 3 vorgestellten aktuellen Ereignisse haben bis heute Auswirkungen auf die EU. Das gilt auch für die zeitlich etwas ältere Finanzmarktkrise und die Staatsschuldenkrise Griechenlands.

Darüber hinaus gibt es weitere Herausforderungen für die EU, wie beispielsweise den gemeinsamen Umgang mit dem Klimawandel.

Nach Abschluss dieses Kapitels

- kennen Sie die wesentlichen aktuellen Herausforderungen für die EU,
- können Sie beurteilen, wie die EU sich positioniert und welche Aktivitäten sie ergriffen hat beziehungsweise ergreift,
- wissen Sie, warum die Auswirkungen der Finanzmarktkrise und der Griechenlandkrise gerade in der aktuellen Zeit für die EU weiterhin kritisch sind.

4.1 Die Europäische Union und die internationale Lage

In Kapitel 3 wurden u. a. internationale Konflikte und Kriege beschrieben, wie der Konflikt zwischen Serbien und dem Kosovo, der Konflikt in der Ägäis zwischen der Türkei und Griechenland sowie der Einmarsch Russlands in die Ukraine. Auch der Konflikt im südchinesischen Meer, der drohende Einmarsch der VR China in Taiwan und der im Oktober 2023 wieder aufgeflammte Nah-Ost-Konflikt zählen hier dazu.

Die EU vertritt dort die Interessen der EU-Mitgliedsstaaten sehr unterschiedlich, sei es diplomatisch, durch mit den EU-Mitgliedsstaaten abgestimmte Sanktionen oder durch eine enge Zusammenarbeit mit der NATO.
Die jeweiligen Rollen der EU wurden bei den einzelnen Ereignissen erläutert und sollen hier nicht noch einmal wiederholt werden.

In diesem Zusammenhang sei jedoch noch einmal auf das Unterkapitel 1.10, mit den im Jahr 2024 zuletzt festgelegten Prioritäten der EU, verwiesen.

4.2 Die Europäische Union und die Sicherstellung der Energieversorgung

Der Einmarsch Russlands in die Ukraine im Februar 2022 gefährdet die Energieversorgung und die Energiesicherheit in den EU-Mitgliedsstaaten in vorher kaum vorstellbarem Umfang. Die sehr unterschiedlichen Ausgangspositionen der EU-Mitgliedsstaaten wurden bereits in Abschnitt 3.7.1 kurz dargestellt.

Die Ausgangslage für die EU als Ganzes wird aus der Abbildung 4.1 deutlich, die die strategischen Allianzen und Ankerpartner der EU in der Energiepolitik *vor dem Einmarsch Russlands in die Ukraine* zeigt. Wie schnelllebig die heutige Zeit ist, zeigt das Wort „Neukartierung", dass mit dem 24. Februar 2022 veraltet war.

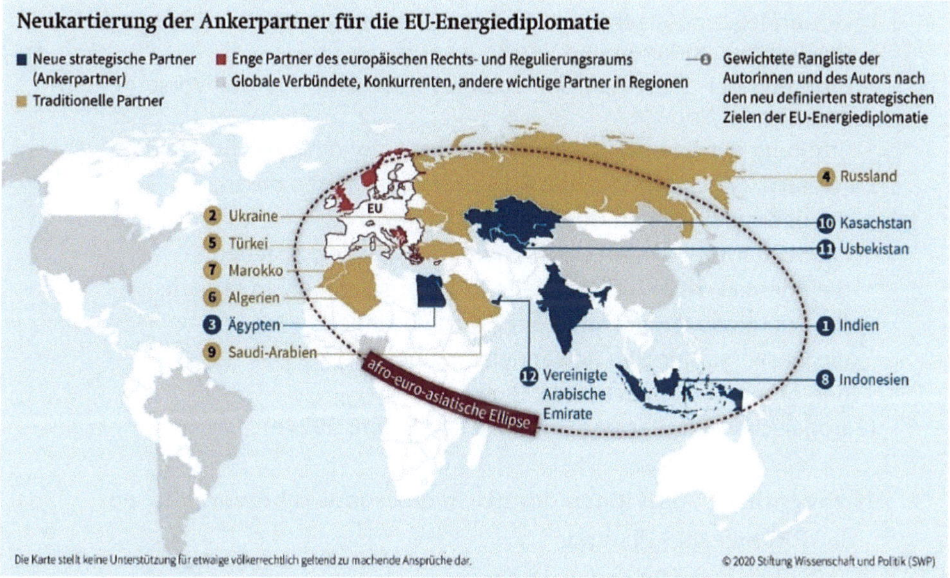

Abb. 4.1: EU-Klimapolitik vor dem Einmarsch Russlands in die Ukraine (Pastukhova et al., 2020)

Es wird deutlich, dass Russland und die Ukraine zu den traditionellen Partnern mit einer hohen Bedeutung gehörten; der Umfang der Energieimporte der EU aus Russland wurde bereits in Abschnitt 3.7.1 vorgestellt. Umgekehrt traten Länder wie beispielsweise Katar hier nicht in Erscheinung, Flüssigerdgaslieferungen (Liquefied Natural Gas, LNG) beispielsweise aus den USA waren umweltpolitisch gesehen kein präferierter Weg.

Während Russland nach dem Einmarsch in die Ukraine nicht mehr zu den Partnern der EU gehört, sind Lieferungen aus der Ukraine durch den dort tobenden Krieg gravierend gefährdet. Einzelne EU-Mitgliedsstaaten und die EU haben viel dafür getan, um durch die Intensivierung von vorhandenen Bezugsquellen sowie der Erschließung von neuen Bezugsquellen eine neuausgerichtete Sicherheit in der Energieversorgung in Unabhängigkeit von Russland zu erreichen sowie die extrem gestiegenen Energiepreise wieder zu normalisieren.

Die jeweiligen Aktivitäten der einzelnen EU-Mitgliedsstaaten sollen hier nicht im Fokus stehen, es geht vielmehr um die Vorstellung der wesentlichen Aktivitäten der EU mit den folgenden Zielen:

„Bei der Reaktion der EU auf die Energiekrise werden die folgenden Hauptziele verfolgt:

- Gewährleistung erschwinglicher und wettbewerbsfähiger Energiepreise für Verbraucherinnen und Verbraucher in der EU,
- Stärkung der Sicherheit der Energieversorgung und der Vorsorgemaßnahmen für Notfälle,
- Stärkung der Energie-Resilienz und der Autonomie der EU-Länder.

Zu diesem Zweck arbeiten die EU-Länder zusammen daran,

- die übermäßig hohen Gaspreise zu begrenzen,
- die Solidarität zu verbessern und Bezugsquellen zu teilen,
- die Energiekosten für Haushalte und Unternehmen zu senken,
- die Energieabhängigkeiten der EU zu verringern,
- die Gasversorgung zu gewährleisten und
- den grünen Wandel zu beschleunigen.“

(Europäischer Rat, Rat der Europäischen Union, 2024e)

Als wesentliche Aktivitäten der EU sind besonders hervorzuheben:

- der REPowerEU-Plan zur
  - Senkung des Energieverbrauchs,
  - Erzeugung sauberer Energie, und
  - Diversifizierung der europäischen Energieversorgung durch
    - mehr Importe von Flüssigerdgaslieferungen (LNG),
    - mehr Pipelinegas aus anderen Staaten,
    - neue strategische Partnerschaften beispielsweise mit Kasachstan, Ägypten und Israel.
- Mindestverpflichtungen der EU-Mitgliedsstaaten zu Gasspeicherfüllmengen und zur Senkung des Gasverbrauchs,
- Maßnahmen zur Verringerung des Stromverbrauchs und Vorschläge

zur Umleitung von Übergewinnen von Energiekonzernen an Industrie und Haushalte,
- Maßnahmen zur gemeinsamen Gasbeschaffung und Preisbegrenzungsmechanismen.

(Europäische Kommission, n. d.)

Die Maßnahmen der EU werden in dem folgenden Film zusammengefasst:

> https://multimedia.europarl.europa.eu/fr/video/eprs-repowereu-ensuring-europes-energy-security_EP144050 Europäisches Parlament (2023c)

4.3 Die Europäische Union und Inflation

Durch die bereits im Jahr 2021 zunehmenden, von Russland ausgelösten Engpässe in der Energieversorgung, aber auch durch weltweite Lieferkettenprobleme haben seit 2021 erhebliche Preissteigerungen eingesetzt – nicht nur bei der Energieversorgung, sondern vielfach darauf aufbauend in allen Bereichen von Lebensmitteln bis hin zum Schulgeld für die Kinder. Diese Entwicklung zeigt sich in der Inflationsrate im Zeitverlauf.

Die monatliche Entwicklung der Inflationsrate in der EU von Juni 2022 bis Juni 2024, gemessen an der Veränderung der Verbraucherpreise gegenüber dem Vormonat, zeigt folgende Abbildung 4.2.

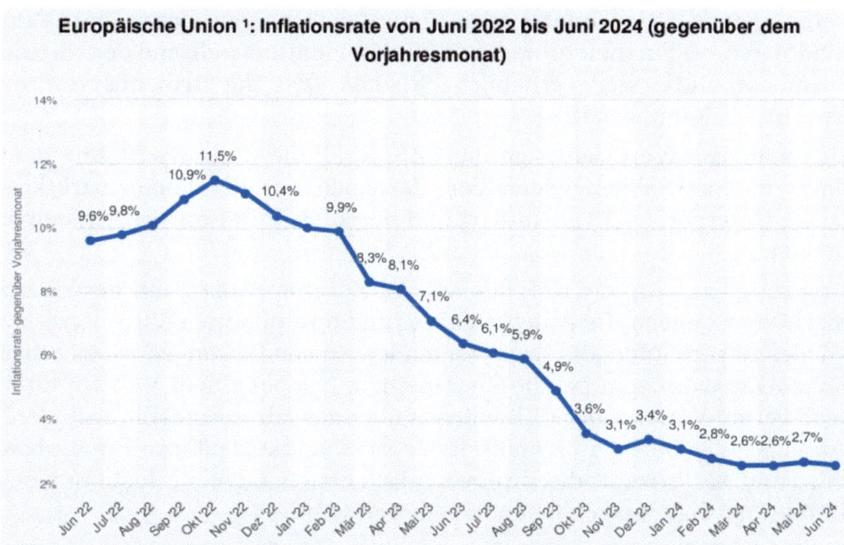

Abb. 4.2: Inflationsrate in der EU von Juni 2022 bis Juni 2024 gegenüber dem Vorjahresmonat (Eurostat, 2024e)

Der Dezemberwert ist dabei der höchste Anstieg, den es seit der Gründung der EU gab. Zum Vergleich: im Dezember 2020 lag die Inflationsrate noch bei 0,3 Prozent.

Die Teuerung ist in den EU-Mitgliedsstaaten ist aktuell sehr unterschiedlich und lag im Juni 2024 zwischen 0,5 Prozent in Finnland und 5,4 Prozent in Belgien (Eurostat, 2024f). Da dies – auf deutlich höherem Niveau – auch in 2022 der Fall war, waren Art und Umfang der nationalen Maßnahmen in den EU-Mitgliedsstaaten je nach Situation individuell: beispielsweise über Zahlungen an unterstützungsbedürftige Haushalte, (befristete und unbefristete) Steuererleichterungen, Rabatte auf Kraftstoffe, Fahrpreisvergünstigungen (u. a. in Deutschland das befristete neun Euro-Ticket) oder unterstützende Maßnahmen bei der Energieversorgung.

Auf die Maßnahmen der hier im Mittelpunkt stehenden EU in Folge der Energiekrise wurde bereits im Unterkapitel 4.2 eingegangen. Wichtig ist aber darüber hinaus noch ein Blick auf das Vorgehen der Europäischen Zentralbank (EZB).

Um den Preissteigerungen entgegenzuwirken, haben Zentralbanken weltweit und auch die EZB mehrfach die Leitzinsen angehoben; ein eigentlich bewährtes Mittel, um normale inflatorische Tendenzen in den Griff zu bekommen.

Während sich Anleger über wieder steigende Zinsen für ihre Einlagen freuen, haben Menschen mit Immobilieneigentum oder Interesse daran einen anderen Blickwinkel. Knapper Wohnraum wurde auch so in den vergangenen Jahren immer teurer, zusätzlich bergen auslaufende Zinsbindungen bei Finanzierungen von Wohneigentum während der Niedrigzinsphase mittlerweile erhebliche Risiken, was die Bedienbarkeit von Zins und Tilgung betrifft.

Unabhängig davon sieht sich die EZB durch die Zinsentwicklung allerdings einem Problem gegenüber, das noch aus der Finanzmarktkrise (siehe Unterkapitel 3.1) resultiert und durch die Inflation virulent geworden ist:

Ursprünglich hatte die EZB geplant, im Zusammenhang mit der Finanzmarktkrise angekaufte Anleihen über rund fünf Billionen Euro sukzessive wieder zu verkaufen, die stark steigenden Zinsen führen jedoch zu erheblichen Kursverlusten bei diesen Anleihen. Die bei einem Verkauf direkt realisierten Verluste der EZB würden über das Jahresergebnis auch deren Anteilseigner belasten. Anteilseigner ist u. a. die Deutsche Bundesbank mit rund 26 Prozent, die ihrerseits die entstehenden Verluste aus dem Bundeshaushalt ausgeglichen bekommen würde.

Behält die EZB die Anleihen alternativ bis zur Fälligkeit in ihrem Bestand, gibt es am Ende der Laufzeit nur dann keinen Verlust, wenn die Staaten und anderen Emittenten der Anleihen bei Fälligkeit in der Lage sind, ihre Schulden auch tatsächlich zu begleichen. Für diese Ausfallrisiken muss die EZB direkt ergebniswirksame Rückstellungen bilden, mit vergleichbaren finanziellen Auswirkungen wie bei Verkauf.

Egal, für welchen Weg sich die EZB entscheidet, ist ihr Reputationsverlust enorm, auch da Warnungen zu dem Ankaufsprogramm in den vergangenen Jahren von der EZB nicht beachtet wurden (Seppelfricke, 2022).

4.4 Die Europäische Union und der Klimawandel

Im Abschnitt 1.8.3 des Buchteils „Globalisierung und Global Governance" wurde bereits auf die zunehmenden Umweltbelastungen, den Klimawandel und die Klimaabkommen eingegangen.

Hier soll es nun um die Umsetzung des Pariser Klimaabkommens in der EU und deren Mitgliedsstaaten gehen. Die EU selbst beschreibt den Prozess wie folgt:

> *„Die EU und alle ihre Mitgliedstaaten haben das Übereinkommen von Paris unterzeichnet und ratifiziert und setzen sich nachdrücklich für dessen Umsetzung ein.*
>
> *In diesem Sinne haben die EU-Länder vereinbart, die EU bis 2050 zur ersten klimaneutralen Wirtschaft und Gesellschaft zu machen.*
>
> *Gemäß dem Übereinkommen hat die EU ihre langfristige Strategie für die Verringerung der Emissionen und ihre aktualisierten Klimaschutzpläne vor Ende 2020 vorgelegt und sich darin verpflichtet, die EU-weiten Emissionen bis 2030 gegenüber dem Niveau von 1990 um mindestens 55 % zu verringern.*
>
> *Die EU steht bei der Bekämpfung des Klimawandels an vorderster Front. Durch ihre mutigen Strategien und Maßnahmen setzt die EU globale Standards und fördert sie weltweit ehrgeizigen Klimaschutz."*
>
> *(Europäischer Rat, Rat der Europäischen Union, 2024f)*

Kritisch ist dabei die Haltung anderer wesentlicher Akteure in der Globalisierung. Denn beispielsweise wird der VR China, Indien oder den USA im Zusammenhang mit ihrer teilweise zurückhaltenden, teilweise blockierenden Ausrichtung der Vorwurf gemacht, der eigenen Wirtschaft einseitige Vorteile zu Lasten des Weltklimas zu verschaffen.

Wesentlich ist für die EU daher nicht nur eine eigene ehrgeizige Vorreiterrolle. Wesentlich ist auch, diplomatisch auf weniger ehrgeizige Akteure im Zusammenhang mit dem Klimawandel einzuwirken.

Abschließend zeigt folgende Abbildung 4.3 zusammengefasst den Weg der EU zur Klimaneutralität.

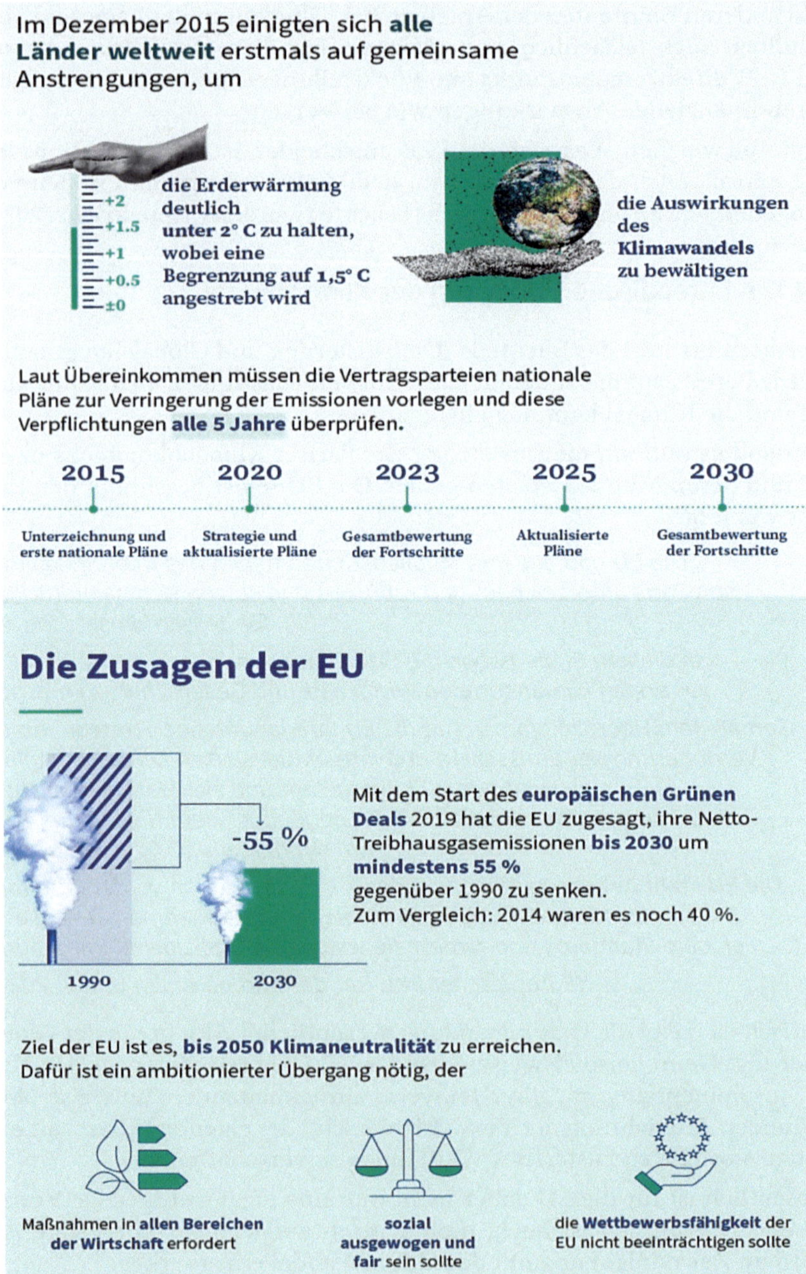

Abb. 4.3: Pariser Klimaabkommen. Die EU auf dem Weg zur Klimaneutralität (Europäische Union, 2024b)

4.5 Demografische Herausforderungen in der Europäischen Union

Nahezu alle EU-Mitgliedsstaaten haben bereits heute mit einem Fachkräftemangel zu kämpfen, wenn auch in den Staaten unterschiedlich ausgeprägt. Wenn es um Lösungsansätze geht, benötigt es einleitend eine Herleitung der Situation und der Entwicklungen.

- Mit welchen Herausforderungen hat die EU bereits heute zu kämpfen?
- Wie sieht der kurz- bis langfristige Trend aus?
- Wie attraktiv sind die EU-Mitgliedsstaaten im weltweiten Vergleich?
- Was tut die EU für ihre Mitgliedsstaaten, um die Attraktivität der Arbeitsplätze in der EU zu erhöhen?

4.5.1 Entwicklung und aktuelle Situation in der Europäischen Union

Der wesentliche Auslöser für einen bereits heute stark ausgeprägten und weiter zunehmenden Fachkräftemangel in der EU liegt in der demografischen Entwicklung der Bevölkerung.

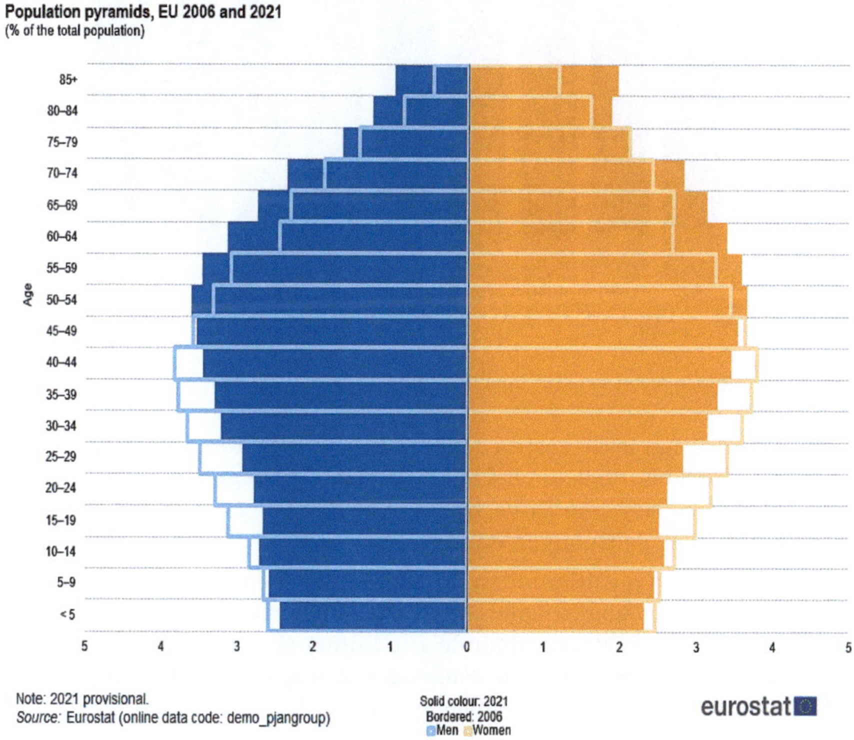

Abb. 4.4: Bevölkerungspyramide EU 2006 und 2021 in Prozent der Gesamtbevölkerung (Eurostat, 2022)

Abbildung 4.4 zeigt die demografische Entwicklung von 2006 zu 2021 für die Bevölkerung der EU, links für Männer, rechts für Frauen. Gelb/blau gefüllte Bereiche neben dem weiß umrandeten Balken (=Wert 2006) bedeuten mit der Sicht auf das Jahr 2021 einen Zuwachs in der jeweiligen Altersgruppe, weiße Bereiche einen Rückgang.

Der Zuwachs in den älteren Altersgruppen ist genauso deutlich erkennbar, wie der Rückgang in allen Altersclustern bis 44 Jahren.

Noch dramatischer ist der in folgender Abbildung 4.5 dargestellte Ausblick.

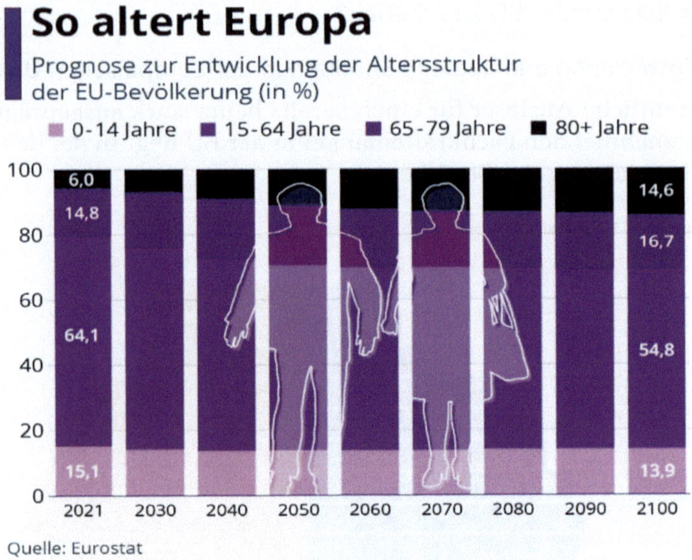

Abb. 4.5: Prognose Altersstruktur Bevölkerung EU (Janson, 2022b)

Kurz zusammengefasst zeigen beide Abbildungen die geburtenstarken Jahrgänge 1955 bis 1969, die bei einer deutlich gestiegenen Lebenserwartung sukzessive aus dem Erwerbsleben aussteigen sowie den Geburtenrückgang in allen Jahrgängen danach.

Neben den daraus resultierenden Problemen für die nationalen Altersversorgungssystemen wie beispielsweise die Deutsche Rentenversicherung – immer weniger Beitragszahlende für immer mehr Rentnerinnen und Rentner – ist über die Jahre ein Fachkräftemangel in der EU entstanden, auf den im Folgenden weiter eingegangen wird.

4.5.2 Arbeitskräfte- und Fachkräftemangel in der EU

Einerseits führt die aktuelle Situation und deren Entwicklung zu einer niedrigen Arbeitslosenquote, andererseits sind nicht alle weiterhin Arbeitssuchenden als (hoch-)qualifizierte Fachkräfte in den unterschiedlichsten Berufen einsetzbar. Dadurch geraten Unternehmen in erhebliche Probleme, bis hin zu der Ablehnung oder zeitlichen Streckung von Aufträgen.

Einen aktuellen Überblick über den Arbeitskräftemangel in der EU nach EU-Mitgliedsstaaten gibt Abbildung 4.6 für das Jahr 2022.

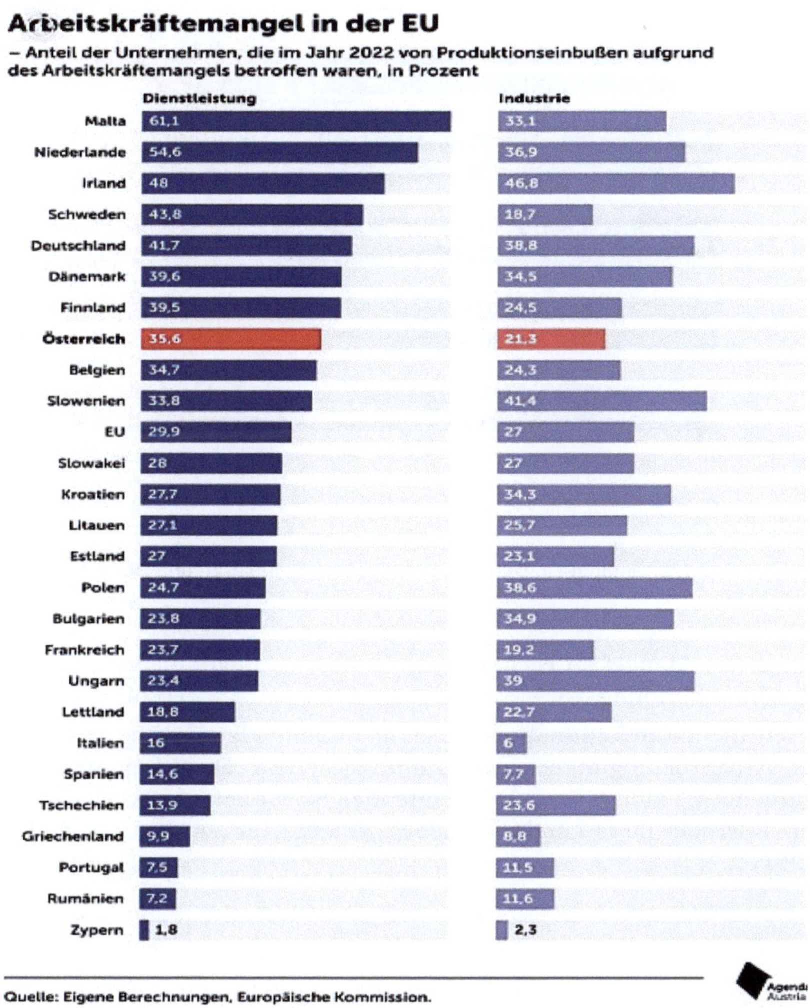

Abb. 4.6: Arbeitskräftemangel in der EU nach EU-Mitgliedsländern (Kurier, 2022)

Die Dramatik, über die erst einmal nur gering klingenden Prozentsätze hinaus, wird erst bei einem Blick auf die Entwicklung in Deutschland aus der folgenden Abbildung 4.7 deutlich. Die Hälfte aller Unternehmen können offene Stellen auch langfristig nicht mehr besetzen, dabei hilft die leichte Verbesserung gegenüber dem Vorjahr nur wenig.

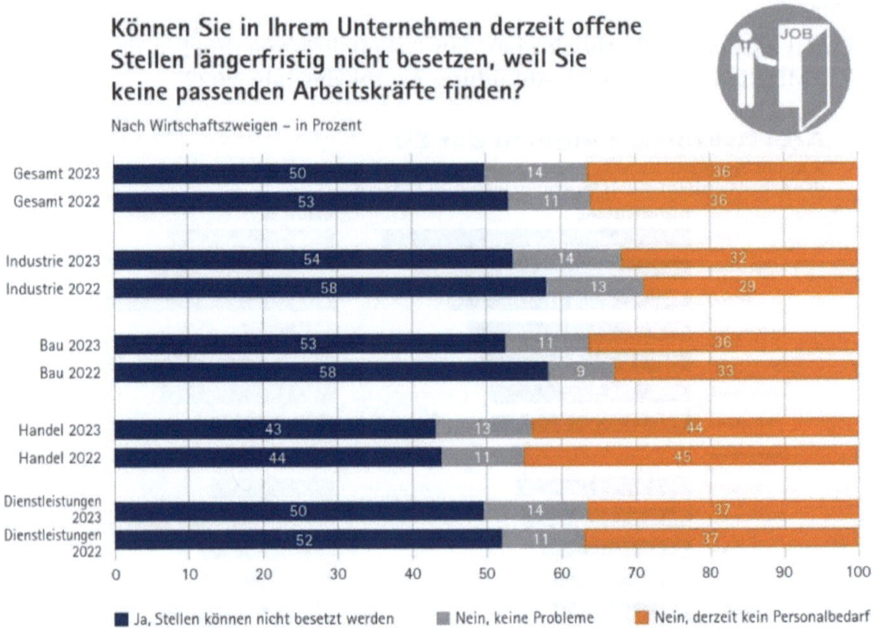

Abb. 4.7: Fachkräftemangel in Deutschland (Deutsche Industrie- und Handelskammer, 2023, S. 5)

Was dieser Mangel an Fachkräften für Auswirkungen haben wird, zeigt folgende Abbildung 4.8.

Durch die aktuelle Situation haben Mitarbeitende eine starke Position, was Arbeitsbedingungen und Bezahlung betrifft. Dazu kommt eine zunehmende Flexibilität von Mitarbeitenden bei Arbeitgeberwechseln nicht nur innerhalb ihres Landes, sondern zunehmend auch europaweit und weltweit.

Welche Folgen erwarten Sie zukünftig durch Arbeits- und Fachkräftemangel für Ihr Unternehmen?

Abb. 4.8: Auswirkungen Fachkräftemangel in Deutschland (Deutsche Industrie- und Handelskammer, 2023, S. 13)

4.5.3 Attraktivität der Europäischen Union und einzelner EU-Mitgliedsstaaten

Folgende Abbildung 4.9 zeigt die Attraktivität von Arbeitsmärkten weltweit in der Entwicklung von 2014 bis 2020 aus der Sicht von Arbeitnehmenden. Während 2014 noch fünf EU-Mitgliedsstaaten zu den attraktivsten Arbeitsmärkten der Welt gehörten, waren es 2020 mit Deutschland und Frankreich nur noch zwei.

Mit Großbritannien und der Schweiz waren zumindest noch zwei weitere europäische Staaten vertreten, die allerdings nicht (mehr) zur EU gehören.

Während Deutschland seinen Platz seit 2014 halten konnte, hat Frankreich deutlich an Attraktivität verloren. Umgekehrt haben die asiatischen Staaten sowie Australien und Neuseeland deutlich an Attraktivität gewonnen.

Der jeweilige Umgang mit der Corona-Pandemie hat wesentlich dazu beigetragen, dass Deutschland, Spanien, Italien, Frankreich und die USA gegenüber 2018 an Attraktivität verloren haben (Boksch, 2021).

Abb. 4.9: Attraktivität von Arbeitsmärkten weltweit 2014 bis 2020 (Boksch, 2021)

4.5.4 Maßnahmen der EU gegen den Arbeitskräfte- und Fachkräftemangel, der „Kampf um die besten Köpfe"

Die in den vorherigen Abschnitten dargestellte Entwicklung zeigt die Handlungsnotwendigkeiten nicht nur für einzelne Unternehmen oder Staaten. Aus der jeweils eigenen Bevölkerung heraus können offene Positionen nicht oder nicht mehr ausreichend besetzt werden. Man spricht daher auch von einem weltweiten „War for Talents", dem „Kampf um die besten Köpfe".

Neben den nationalen Aktivitäten der EU-Mitgliedsstaaten ist eine wesentliche Aufgabe der EU daher, den Arbeitsmarkt „EU" möglichst attraktiv und zukunftsfähig zu gestalten – um den Nachwuchs aus der eigenen Bevölkerung in der EU zu halten, vorhandene Arbeitskräfte fachlich weiterzuentwickeln und gleichzeitig noch attraktiver für Fachkräfte aus Drittstaaten zu werden. Diese Aufgabe ist vielschichtig.

Die EU unter Federführung der Europäischen Kommission geht gegen den Arbeitskräfte- und Fachkräftemangel mit einem Aktionsplan vor. Mit den folgenden zentralen Maßnahmen soll das Wachstumspotenzial der EU erschlossen, die Wettbewerbsfähigkeit erhöht und bessere Chancen für alle geschaffen werden (Europäische Kommission, 2024b).

Folgende fünf Bereiche bilden die Schwerpunkte (Europäische Kommission, 2024b):

- Unterstützung unterrepräsentierter Gruppen beim Eintritt in den Arbeitsmarkt
- Unterstützung von Kompetenzentwicklung sowie allgemeiner und beruflicher Bildung
- Verbesserung der Arbeitsbedingungen
- Verbesserung der Mobilität von Arbeitskräften und Lernenden innerhalb der EU auf einer gerechten Grundlage
- Anwerbung von Fachkräften aus Nicht-EU-Ländern

Natürlich erleichtert die Freizügigkeit innerhalb der EU es Arbeitnehmenden deutlich, in anderen EU-Mitgliedsstaaten zu arbeiten – ein eindeutiger Vorteil für den EU-Arbeitsmarkt. Dennoch sind gezielte Maßnahmen und Erleichterungen notwendig, auf die Wesentlichen wird im Folgenden eingegangen.

4.5.4.1 EU-Talentpool

Ende 2023 wurde von der Europäischen Kommission ein Gesetzentwurf für einen EU-Talentpool vorgelegt. Dieser Talentpool soll EU-weit Arbeits- und Fachkräften aus Drittstaaten mit Unternehmen in der EU online zusammenbringen. Im Mittelpunkt stehen die Berufe mit Arbeitskräftemangel in der EU.

Die Teilnahme am EU-Talentpool ist für die EU-Mitgliedsländer freiwillig. Falls sich die EU-Mitgliedsländer beteiligen, können ihre Unternehmen über nationale Kontaktpunkte Stellenausschreibungen einbringen, auf die sich registrierte Jobsuchende im Portal bewerben können. Ein automatisiertes Matching-Tool unterstützt diesen Prozess. Aktuell ist das Vorhaben nicht endverhandelt, mit einer Fortsetzung der Verhandlungen wird Ende 2024 gerechnet (Deutsche Industrie- und Handelskammer, 2024)

4.5.4.2 Förderprogramme der Europäischen Union für Aus- und Weiterbildung (Erasmus+)

Über Förderprogramme soll die Aus- und Weiterbildung EU-weit unterstützt und damit auch der Nachwuchs an die EU gebunden werden.

Am bekanntesten ist dabei das Förderprogramm Erasmus+. Während des Studiums oder der beruflichen Ausbildung wird ein Auslandsaufenthalt ermöglicht, bei dem eine Arbeitserfahrung oder ein Freiwilligeneinsatz im Ausland im Vordergrund steht (Europäische Kommission, n. d. b).

> *„Das EU-Programm bietet neue Möglichkeiten: es eröffnet die Chance, im Ausland zu studieren, eine Aus- oder Fortbildung zu absolvieren, Arbeitserfahrungen zu sammeln oder sich in der Freiwilligenarbeit zu engagieren, und fördert die Zusammenarbeit zwischen Bildungs- und Ausbildungsstätten und Jugendorganisationen."*
>
> *(Europäische Kommission, n. d. b)*

Über das Europäische Jugendportal werden darüber hinaus Arbeitsplätze in der EU, Praktika und Freiwilligentätigkeiten vermittelt.

4.5.4.3 Blaue Karte der Europäischen Union (Blue Card EU)

Mit der Richtlinie zu der erstmals im Jahr 2009 eingeführten Blue Card wurden im Jahr 2021 die Einreise- und Aufenthaltsbedingungen für hochqualifizierte Arbeitskräfte aus Drittstaaten weiter harmonisiert.

> *„Durch das EU-weite Zulassungssystem sollen – insbesondere in Branchen mit Fachkräftemangel – hochqualifizierte Arbeitskräfte angeworben und gehalten werden, konkret durch*
> - *die Festlegung integrativerer Zulassungskriterien*
> - *die Erleichterung der Mobilität innerhalb der EU*
> - *eine erleichterte Familienzusammenführung*
> - *vereinfachte Verfahren für anerkannte Arbeitgeber*
> - *die Gewährung eines weitreichenden Zugangs zum Arbeitsmarkt"*
>
> *(Europäischer Rat, Rat der Europäischen Union, 2024g)*

4.5.4.4 Weitere beispielhafte Maßnahmen der Europäischen Union

Neben der Blue Card hat die EU beispielsweise

- im Jahr 2016 eine Richtlinie für „die Einreise und den Aufenthalt von Drittstaatsangehörigen zu Forschungs- oder Studienzwecken, zur Absolvierung eines Praktikums, zur Teilnahme an Freiwilligendiensten, Schüleraustauschprogrammen oder für Bildungsprojekte und zur Ausübung einer Au-pair-Tätigkeit" erlassen;
- im Jahr 2014 eine Richtlinie für vielfach dringend benötigte Saisonarbeitskräfte aus Drittstaaten zu deren Einreise und Aufenthalt in der EU erlassen.

  Die Zulassungsvorschriften der Mitgliedstaaten wurden dadurch angeglichen und vereinfacht. Gleichzeitig werden Saisonarbeitskräfte aus Drittstaaten besser vor Ausbeutung und schlechten Arbeitsbedingungen geschützt, illegale Aufenthalte werden reduziert;
- ebenfalls im Jahr 2014 mit einer weiteren Richtlinie konzerninterne Entsendungen aus Drittstaaten in EU-Mitgliedsstaaten erleichtert.

  (Europäischer Rat, Rat der Europäischen Union, 2024g)

4.6 Die Europäische Union und Digitalisierung

Eine Digitalisierung ist in allen Bereichen des Lebens im Zusammenhang mit der Globalisierung u. a. deshalb zwingend notwendig, um weltweit wettbewerbsfähig zu bleiben und – in Bezug auf das vorherige Unterkapitel – attraktiv für Fachkräfte zu sein beziehungsweise sich gegenüber anderen Staaten und Regionen positiv hervorzuheben.

Auch in Bezug auf die Digitalisierung und die damit verbundenen Vorteile lohnt zuerst ein Blick auf die Ausgangssituation.

4.6.1 Aktuelle Situation in der EU bei der Digitalisierung

Der Stand der Digitalisierung in der EU und weiteren europäischen Ländern wird über den Digitalisierungsindex DESI (Digital Economy and Society Index, Index für digitale Wirtschaft und Gesellschaft) dokumentiert.

Für die EU insgesamt sowie für die Mitgliedsstaaten der EU zeigt Abbildung 4.10 folgendes Bild für das Jahr 2022.

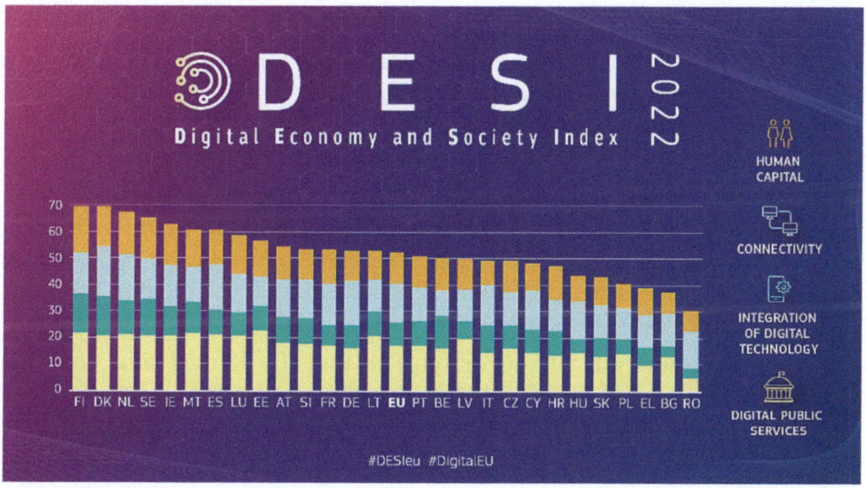

Abb. 4.10: Digitalisierungsindex für die EU und deren Mitgliedsstaaten (Europäische Kommission, 2024c).

Während gerade für skandinavische Länder ein hoher Digitalisierungsgrad ausgewiesen wird, ist Deutschland bereits im europäischen Vergleich nur im Mittelfeld zu finden, für Griechenland und einige Balkanstaaten werden die niedrigsten Indexwerte ausgewiesen (Europäische Kommission, 2024c).

4.6.2 Maßnahmen und Ziele der EU bei der Digitalisierung

Die EU beschreibt ihre Aktivitäten und Ziele im Zusammenhang mit der Digitalisierung wie folgt:

> *„Der digitale Wandel ist ein Schlüsselelement für die wirtschaftliche Entwicklung und strategische Autonomie der EU.*
>
> *Die EU ist in einer Reihe von Politikbereichen aktiv, um eine digitale Zukunft für Europa zu fördern.*
>
> *[...]*
>
> *Die Digitalisierung birgt das Potenzial, Lösungen für viele der Herausforderungen zu bieten, vor denen Europa und seine Bevölkerung stehen, und eröffnet Chancen, wie etwa*
>
> - *die Schaffung von Arbeitsplätzen,*
> - *die Förderung der Bildung,*
> - *die Steigerung von Wettbewerbsfähigkeit und Innovation,*
> - *die Bekämpfung des Klimawandels und die Verwirklichung eines grünen Wandels."*
>
> *(Europäischer Rat, Rat der Europäischen Union, 2024h)*

Die EU verfolgt dabei einen digitalen Wandel unter „Wahrung der Werte der EU und unter Gewährleistung der Grundrechte und der Sicherheit der Bürgerinnen und Bürger bei gleichzeitiger Stärkung der digitalen Souveränität Europas".

Wesentliches Element ist dabei das politische Programm der EU „Weg in die digitale Dekade" mit digitalen (Etappen-)Zielen und Etappenziele bis 2030. Das Programm ist in die vier Bereiche Kompetenzen, Wirtschaft, Staat und Infrastruktur gegliedert (Europäischer Rat, Rat der Europäischen Union, 2024h).

Ein Blick auf die weltweiten Fortschritte und die Rangstellen von EU-Mitgliedsstaaten zeigt, dass trotz des Rückenwindes durch die zwingenden Digitalisierungsnotwendigkeiten während der Corona-Pandemie alle Staaten der EU sowie die EU als Ganzes noch Einiges an Wegstrecke vor sich haben.

4.7 Die Europäische Union und Korruption

„Korruption" mit Bezug auf Transnationale Unternehmen wurde bereits im zweiten Teil dieses Buchs im Abschnitt 6.5.4 vorgestellt. Auch wenn die dortigen Inhalte nicht wiederholt werden sollen, sei auf der Basis der folgenden Definition noch einmal verdeutlicht, dass es um die missbräuchliche Erlangung von eigenen Vorteilen zu Lasten von Anderen geht.

> „Missbrauch eines öffentlichen Amtes, einer Funktion in der Wirtschaft oder eines politischen Mandats zugunsten eines Anderen, auf dessen Veranlassung oder in Eigeninitiative, zur Erlangung eines Vorteils für sich oder einen Dritten, mit Eintritt oder in Erwartung des Eintritts eines Schadens oder Nachteils für die Allgemeinheit (Täter in amtlicher oder politischer Funktion) oder für ein Unternehmen (betreffend Täter als Funktionsträger in der Wirtschaft)." (Bundeskriminalamt, 2024b)

Zuerst soll ein Blick auf den weltweiten Korruptionswahrnehmungsindex (Corruption Perceptions Index, CPI) 2023 in Abbildung 4.11 den Grad der in Politik und Verwaltung wahrgenommenen Korruption verdeutlichen. Je höher der ausgewiesene Wert, desto geringer ist dieser Grad der wahrgenommenen Korruption.

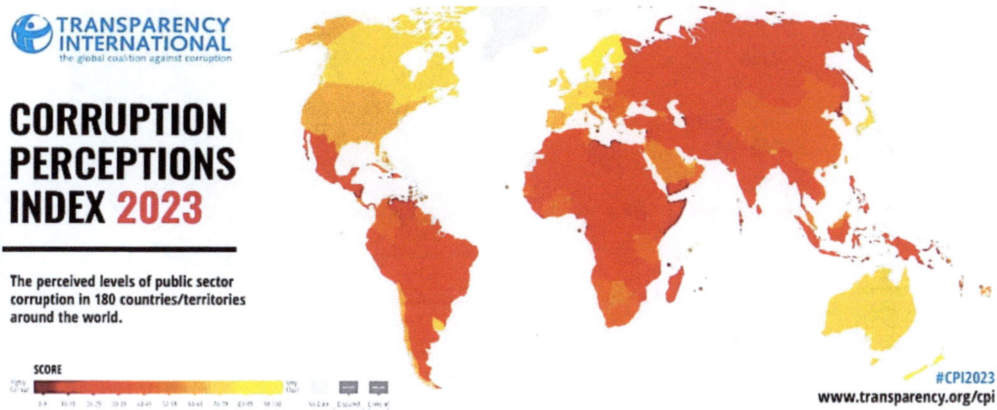

Abb. 4.11: Korruptionswahrnehmungsindex 2023 (Transparency International Deutschland e. V., 2024)

Dabei steht das Erstarken antidemokratischer Kräfte in einem Zusammenhang mit einem Anstieg von Korruption in den jeweiligen Ländern. Wo der Rechtsstaat, unabhängige Medien und zivilgesellschaftliche Gruppen geschwächt werden, dort blüht die Korruption. Umgekehrt führen erfolgreiche Bemühungen wie in der Ukraine, die dort auch heute noch stark ausgeprägte Korruption zu bekämpfen, zu steigenden, also besser werdenden Werten (Transparency International Deutschland e. V., 2024). Diese Tendenz wird uns auch bei dem folgenden Blick auf Europa und die Mitgliedsstaaten der EU begegnen.

Bei der Korruption in der EU wird im Folgenden unterschieden nach dem sehr unterschiedlichen Grad von Korruption in den EU-Mitgliedsstaaten sowie Korruption in den Organen der EU. In beiden Fällen widerspricht

Korruption in jeglicher Ausprägung dem in der EU priorisierten Wert der Rechtsstaatlichkeit.

4.7.1 Korruption in den EU-Mitgliedstaaten

Abbildung 4.12 zeigt in einem Auszug aus dem Korruptionswahrnehmungsindex für 2023 die jeweils drei Länder mit dem besten und schlechtesten Wert in Westeuropa und der EU.

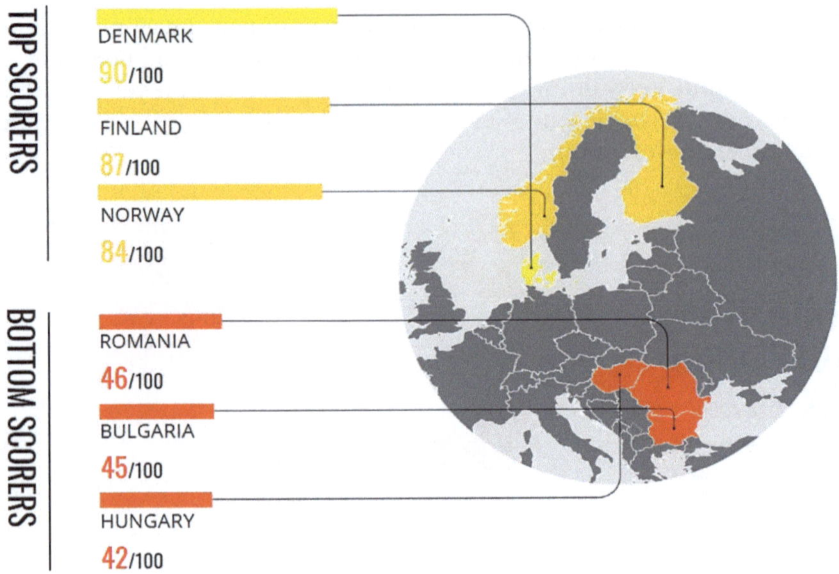

Abb. 4.12: Korruptionswahrnehmungsindex 2023 in Europa (Transparency International, 2024)

Neben den EU-Mitgliedsländern Dänemark und Finnland mit der weltweit am geringst wahrgenommenen Korruption liegen auch die EU-Mitgliedsländer Schweden, die Niederlande, Deutschland und Luxemburg unter den besten zehn Staaten weltweit. Mit Norwegen und der Schweiz gilt das ebenso für zwei weitere europäische Nicht-EU-Staaten. Rumänien, Bulgarien und Ungarn als EU-Mitgliedsländer belegen mit ihren niedrigen Werten weltweit die Plätze 63, 67 und 76.

Ein Blick auf die EU-Beitrittskandidaten zeigt ein noch schlechteres Bild, beispielsweise weisen Serbien und die Ukraine 36 Punkte (104. Rang) oder Bosnien-Herzogowina 35 Punkte (108. Rang) von 180 Ländern aus.

Insbesondere die Werte des EU-Mitgliedsland Ungarn und des EU-Beitrittskandidaten Türkei sind im Lauf der letzten zehn Jahre jedoch deutlich schlechter geworden. Als wesentliche Ursache sieht Transparency International Deutschland e. V. die Beschneidung der Unabhängigkeit der Justiz und der Medien sowie der Meinungsfreiheit der Bevölkerung.

Laut Transparency International, Deutschland e. V. „... finden sich insbesondere Staaten mit besonders starken rechtsstaatlichen und demokratischen Institutionen auf den vorderen Plätzen" (Transparency International, Deutschland e. V., 2024).

4.7.2 Korruption in den Organen der EU

Spätestens mit dem Fall der aus Griechenland stammenden Vizepräsidentin des Europäischen Parlaments *Eva Kaili* ist Korruption in den Organen der EU besonders in den Fokus geraten. Kaili wird vorgeworfen, vermutlich von Katar Geld und Geschenke erhalten zu haben, um politische und wirtschaftliche Entscheidungen im Interesse von Katar zu beeinflussen. Tatsächlich gab es in den letzten Jahren einige Entscheidungen zu Gunsten von Katar.

Die Ermittlungen gegen Kaili und weitere Beteiligte waren zum Zeitpunkt der Erstellung dieses Buchs nicht abgeschlossen, Anfang 2024 wurde ihre Immunität als ehemalige Vizepräsidentin des Europäischen Parlaments aufgehoben, um weitere Untersuchungen zu ermöglichen. Festzuhalten bleibt aber, dass dies nicht der erste und einzige Fall in Organen der EU gewesen ist. In früheren Fällen gab es bereits rechtsgültige Verurteilungen (Stöber, 2022).

Auch aus Deutschland gibt es Beispiele:

- So soll der AfD-Bundestagsabgeordnete *Petr Bystron* vor seiner Wahl in das Europäische Parlament Geld aus pro-russischen Quellen angenommen haben. Die Generalstaatsanwaltschaft München verdächtigt Bystron der Bestechlichkeit von Mandatsträgern und der Geldwäsche, muss ihre Ermittlungen aber ruhen lassen, bis die Immunität Bystrons durch das Europäische Parlament aufgehoben wird (Welt, 2024).
- Auch der Wahlkampf des Spitzenkandidaten der AfD für das Europäische Parlament *Maximilian Krah* wurde von Spionage- und Korruptionsaffären überschattet – ein langjähriger Assistent Krahs im Europaparlament wurde wegen Spionageverdachts für China verhaftet und auch gegen Krah wurden Vorwürfe laut, Geld von pro-russischen Quellen bezogen zu haben. Dass Krah die EU umbauen und das Europaparlament langfristig abschaffen will, sei nur am Rande erwähnt.
- Letztendlich war das Verhalten Krahs ein wesentlicher und letzter Grund für den Ausschluss der AfD aus der rechten EU-Fraktion (Meyer-Feist, 2024).

Besonders kritisch sind solche Fälle gerade auch deshalb, da die EU die Rechtsstaatlichkeit als wesentlichen eigenen Wert immer wieder in den Vordergrund stellt.

4.7.3 Maßnahmen der EU gegen Korruption

Im Kampf gegen Korruption ist das Europäische Amt für Betrugsbekämpfung – neben der Eigenkontrolle der Organe – besonders hervorzuheben. Dieses hat folgende Aufgaben:

> *„Das Europäische Amt für Betrugsbekämpfung (OLAF) untersucht Betrugsfälle zulasten des EU-Haushalts, Korruption und Fälle schweren Fehlverhaltens innerhalb der EU-Institutionen und entwickelt Strategien zur Betrugsbekämpfung. Trotz seiner Zugehörigkeit zur Europäischen Kommission ist das OLAF operativ unabhängig. […]*
>
> *Die privilegierten Partner des internen Untersuchungsteams des OLAF sind insbesondere*
>
> *- die Europäische Staatsanwaltschaft (EUStA);*
> *- Organe, Einrichtungen und sonstige Stellen der EU, mit denen die betreffende Person in Verbindung steht;*
> *- Eurojust und die Agentur der Europäischen Union für die Zusammenarbeit auf dem Gebiet der Strafverfolgung (Europol);*
> *- das Untersuchungs- und Disziplinaramt der Kommission (IDOC), das Verstöße gegen das Statut der Beamten der Europäischen Union durch Bedienstete der Kommission untersucht."*
>
> *(Europäische Kommission, n. d.c).*

Die Europäische Staatsanwaltschaft führt strafrechtliche Ermittlungen durch zu Betrugs- und Korruptionsfällen, die zum Nachteil der finanziellen Interessen der EU führen. Darüber hinaus bekämpft die Europäische Kommission Korruption sowohl in der EU als auch international (Europäische Kommission, n. d.c.).

Auch wenn die Vorgaben der EU zur Transparenz in den eigenen Organen wie dem Europaparlament und die oben aufgeführten Maßnahmen weitreichend klingen, bemängelt beispielsweise Transparency International seit Jahren fehlende Kontrollen und Sanktionen bei Verstößen (Stöber, 2022).

Am Ende hängt die Glaubwürdigkeit der EU an der konsequenten Bekämpfung von Korruption in den Mitgliedsstaaten, vor allem aber auch in den eigenen Organen.

4.8 Die Europäische Union und Steuervermeidung und Steuerflucht am Beispiel der globalen Mindeststeuer

Im zweiten Teil dieses Buchs „Transnationale Unternehmen" wurden im Abschnitt 6.5.5 die Bemühungen von global ausgerichteten Unternehmen, Steuern zu optimieren, beschrieben. Der Abschnitt hat gezeigt, dass Europa hier einige Möglichkeiten für Unternehmen bietet.

Im Abschnitt 7.2.6 des gleichen Buchteils wurde für den Konzern Amazon aufgezeigt, dass Konzerne dabei die steuerlich sehr unterschiedlichen Rahmenbedingungen in der Welt und in den EU-Mitgliedsstaaten genauso (aus-)nutzen, wie das wirtschaftliche Interesse einzelner Staaten, dass sich dort Unternehmen wie Amazon ansiedeln. Dort wurde auch deutlich, dass die EU-Kommission mit einer Klage im Zusammenhang mit Steuervergünstigungen Luxemburgs für Amazon vor dem Europäischen Gericht (EuG) gescheitert ist.

Im Rahmen einer von der OECD initiierten Einführung einer globalen Mindeststeuer für Unternehmen hat die EU Ende des Jahres 2021 ihren Mitgliedsstaaten einen Richtlinienentwurf vorgelegt. Nachdem Ungarn diese Richtlinie erst blockierte, gab es Ende 2022 eine Einigung in der EU über die Einführung einer Mindestbesteuerung für alle international tätigen Unternehmen und große inländische Gruppen, die einen Umsatz oberhalb von 750 Millionen Euro erwirtschaften. In Deutschland wurde diese Richtlinie im Jahr 2023 in deutsches Recht übernommen.

Künftig werden in 130 Ländern sämtliche Gewinne, die ein internationaler Konzern weltweit erwirtschaftet, mit 15 Prozent versteuert werden, gleich, wo sie entstehen (Bundesministerium der Finanzen, BMF, 2024).

Ein Richtlinienentwurf der EU zu einer Digitalsteuer, bei der Unternehmen auf ihre digitalen Umsätze drei Prozent Steuern zahlen sollten, wurde 2017 nicht angenommen.

4.9 Die Europäische Union und der Handelsschutz

Ein vieldiskutiertes Thema ist der Handelsschutz von einzelnen Staaten weltweit und auch der EU gegen internationale Handels- und Wettbewerbsverzerrungen. „Vieldiskutiert“ vor allem in Bezug auf

- einen möglichst freien Welthandel,
- die Frage nach der Verhältnismäßigkeit einzelner Maßnahmen, sowie
- die Frage nach der „Henne und dem Ei“ oder wer eigentlich zuerst angefangen hat. Denn vielfach sind Schutzmaßnahmen der EU oder einzelner Staaten die Antwort auf Handlungen der jeweils anderen Seite.

Handelspolitische Schutzinstrumente sind in der EU sehr vielschichtig und sehr vielseitig im Einsatz, sie werden durch die EU-Kommission eingesetzt und überwacht.

- Bei den **Maßnahmen gegen Einfuhren in die EU** geht es um Dumping und Subventionen für die eingeführten Waren aus Drittländern.
- Bei den **Maßnahmen gegen Ausfuhren** aus der EU geht es um von Dritten eingeleitete Handelsschutzuntersuchungen, die die EU über-

wacht und die Betroffenen Hersteller aus der EU leitet.

Über allem sollen dabei die Regularien der Welthandelsorganisation stehen, die einen Rahmen vorgeben (Europäische Kommission, n. d.d).

4.10 Zusammenfassung

Die EU steht vor vielen, sehr unterschiedlichen Herausforderungen.

Durch den von Russland begonnenen Krieg in der Ukraine muss beispielsweise die Energieversorgung für alle EU-Mitgliedsstaaten kurzfristig sichergestellt und langfristig neu ausgerichtet werden.

Es gibt auch schleichende Entwicklungen, wie die zunehmende Überalterung der Bevölkerung und einen daraus sich immer weiter verschärfenden Mangel an Arbeitskräften bis hin zu (hoch-)qualifizierten Fachkräften. Hier gilt es frühzeitig die richtigen Weichen zu stellen und die EU noch attraktiver für (hoch-)qualifizierte Fachkräfte und junge Menschen aufzustellen.

Nicht zuletzt stellen Phänomene wie beispielsweise Korruption (auch in den Organen der EU), Steuervermeidung / Steuerflucht und der Handelsschutz die EU vor immer neue Aufgaben.

Es ist eine wesentliche Aufgabe der EU, jede einzelne dieser Herausforderungen anzunehmen und anzugehen und gemeinsam mit den EU-Mitgliedsstaaten bestmögliche Lösungen zu finden.

Dabei muss die EU die häufig sehr unterschiedlichen Ausgangssituationen ihrer Mitgliedsstaaten berücksichtigen, um einen gemeinsamen Weg mit möglichst wenigen Kompromissen zu finden und diesen dann auch gemeinsam zu gehen.

Aufgabe 4.1

Recherchieren Sie zu der Abbildung 4.10 (S. 290) unter der für die Abbildung angegebenen Quelle, was sich hinter den vier auf der rechten Seite angegebenen Kategorien jeweils verbirgt.

Aufgabe 4.2

Welche drei Länder waren im Jahr 2023 bei der digitalen Wettbewerbsfähigkeit weltweit führend?

Wie schneidet Deutschland im weltweiten Vergleich bei der Digitalisierung ab?

Welche Länder liegen auf den drei letzten Plätzen?

5 Global Governance – die Europäische Union in der Globalisierung

Im ersten Teil dieses Buchs „Globalisierung und Global Governance" wurden die rechtlichen Grundlagen im Zusammenhang mit Globalisierung, die Veränderungen im Lauf der Zeit sowie die wesentlichen Institutionen vorgestellt.

In diesem Kapitel geht es um einen vertiefenden Blick auf das Verhältnis der EU zu ausgewählten internationalen Institutionen.

Nach Abschluss dieses Kapitels

- wissen Sie, wie die EU die Interessen ihrer Mitgliedsstaaten in der Zusammenarbeit mit wesentlichen internationalen Institutionen wahrnimmt,
- können Sie bewerten, wie internationale und weltweite Vereinbarungen in der EU beispielsweise in geltendes Recht umgesetzt werden.

5.1 Die Europäische Union in internationalen Organisationen

Da die EU kein eigenständiger Staat ist, sondern eine Staatengemeinschaft vieler einzelner Staaten, ist ihre Stellung in der internationalen Politik, aber auch in internationalen Organisationen eine andere als die von souveränen Staaten. Insbesondere geht es dabei um die Frage, wo die EU-Mitgliedsstaaten Vorrang haben und wo die (Institutionen der) EU.

Im Folgenden werden aus dem ersten Buchteil „Globalisierung und Global Governance" vier dort vorgestellte wesentliche Institutionen in Bezug auf Globalisierung noch einmal aufgegriffen, hier mit dem Schwerpunkt auf den jeweiligen, deutlich voneinander abweichenden Rollen und Aufgaben der EU.

5.1.1 Die Europäische Union und die Vereinten Nationen (UN)

Die Vereinten Nationen (United Nations, UN) und deren Aufgaben wurden im Abschnitt 2.2.1.1 des Buchteils „Globalisierung und Global Governance" vorgestellt.

Die Rolle der EU in den UN ist eine besondere, da sie zusätzlich zu ihren Mitgliedsstaaten auftritt, nicht nur reine Beobachterrechte hat und die Ausrichtung der UN mit beeinflusst.

Im Einzelnen ist die EU seit 1974 ständiger Beobachter in der UN-Generalversammlung, hat einen Beobachterstatus in den meisten Sonderorganisationen der UN, ist stimmberechtigtes Mitglied in drei Organen der UN und einzige nichtstaatliche Vertragspartei in über fünfzig Übereinkommen der UN.

Die Außenvertretung der EU – der Präsident des Europäischen Rates, der Hohe Vertreter der Union für Außen- und Sicherheitspolitik, die Europäische Kommission und die EU-Delegation – haben das Recht, zu Beginn der UN-Generalversammlungen für ihre Mitgliedsstaaten das Wort zu ergreifen und sich an der Generaldebatte zur Eröffnung der Generalversammlung zu beteiligen. Dadurch werden der Generalversammlung die Standpunkte der EU und ihrer Mitgliedstaaten dargelegt.

Im Vorfeld der UN-Generalversammlungen legt die EU ihre eigenen Prioritäten für die Tagung fest und berücksichtigt dabei die Agenda der UN und globale Fragen. Daraus abgeleitet dienen diese Prioritäten als Leitlinien für die Arbeit der EU im kommenden Jahr.

Die EU mahnt – wie viele andere Mitglieder auch – seit Jahren eine Modernisierung der UN an, insbesondere in Bezug auf eine nachhaltige Finanzierung ihrer Aufgaben sowie eine deutliche höhere Transparenz und Rechenschaftspflicht (Europäischer Rat, Rat der Europäischen Union, 2024i).

Im Juni 2024 wurden folgende Prioritäten bis September 2023 festgelegt:

> *„Die Maßnahmen der EU bei den Vereinten Nationen werden an folgenden übergeordneten Prioritäten ausgerichtet sein:*
>
> *- Neubekenntnis zu den Grundfesten einer regelbasierten internationalen Ordnung*
>
> *- Unterstützung des Weltfriedens und der internationalen Sicherheit*
>
> *- Förderung der nachhaltigen Entwicklung und Entwicklungsfinanzierung*
>
> *- Bewältigung der Dreifachkrise des Planeten*
>
> *- Stärkung des Vertrauens durch ein wirksameres multilaterales System"*
>
> *(Europäischer Rat, Rat der Europäischen Union, 2024i).*

5.1.2 Die Europäische Union und die Welthandelsorganisation (WTO)

Details zur WTO finden Sie im Abschnitt 2.2.1.4 des ersten Buchteils „Globalisierung und Global Governance".

Die Befugnisse der EU in der Zusammenarbeit mit der WTO sind die weitreichendsten in Bezug auf die in diesem Kapitel betrachteten Institutionen:

> *„Die gemeinsame Handelspolitik der EU ist einer der Bereiche, in denen die Union als solche uneingeschränkt und ausschließlich zuständig ist.*
>
> *Mit anderen Worten:*
>
> *Die EU tritt innerhalb der WTO als ein einziger Akteur auf und wird durch die Kommission und nicht durch die Mitgliedstaaten vertreten.*

Im Namen aller 27 Mitgliedstaaten handelt die Kommission Handelsabkommen aus und vertritt die Interessen der EU vor dem WTO-Streitbeilegungsgremium. Die Kommission hält regelmäßig Rücksprache mit dem Rat und dem Parlament und erstattet ihnen regelmäßig Bericht über die Inhalte und Strategien für die multilateralen Gespräche.

Dem Vertrag von Lissabon zufolge sind der Rat und das Parlament gemeinsam Gesetzgeber und haben in Angelegenheiten des internationalen Handels das gleiche Mitspracherecht."

(Igler, 2024)

In Bezug auf das oben erwähnte UN-Streitbeilegungsgremium zeigt Abbildung 2.6 aus dem ersten Buchteil „Globalisierung und Global Governance", dass die EU am zweithäufigsten nach den USA das Streitbeilegungsverfahrens bei Handelsstreitigkeiten nutzt – als Beschwerdeführerin, als Beklagte oder mit dem Status einer Drittpartei als Beobachterin bei Streitigkeiten zwischen anderen Parteien.

Wie schon bei der UN setzt sich die EU dafür ein, die WTO-Übereinkommen zu verbessern und zu präzisieren (Igler, 2024).

5.1.3 Die Europäische Union und der Internationale Währungsfonds (IWF)

Der IWF wurde im Abschnitt 2.2.1.2 des ersten Buchteils „Globalisierung und Global Governance" vorgestellt.

Die Rolle und die Befugnisse der EU in der Zusammenarbeit mit dem IWF sind die kompliziertesten. Während alle EU-Mitgliedsstaaten Mitglieder des IWF sind, ist die EU kein vollwertiges Mitglied und hat auch ansonsten keinen besonderen Status. Lediglich einzelne Organe der EU haben in einzelnen Organen und Ausschüssen des IWF einen Beobachterstatus.

Umgekehrt gibt es einige Felder, bei denen die EU ausschließlich verantwortlich ist oder zumindest teilweise:

Beispielsweise ist die EU über die Europäische Zentralbank (EZB) ausschließlich für die Wechselkurspolitik des Euro zuständig und nicht einzelne EU-Mitgliedsstaaten. Damit ist sie ein wesentlicher Ansprechpartner für den IWF bei seiner Aufgabe, die Wechselkurspolitik seiner Mitglieder zu überwachen.

Auch bei der finanziellen Unterstützung von in Not geratenen EU-Mitgliedsstaaten spielt die EU eine wesentliche Rolle, wie die in Unterkapitel 3.2 vorgestellte griechische Staatsschuldenkrise gezeigt hat – der IWF, die EU und die EZB hatten hier eng abgestimmt Griechenland unterstützt (Assakkali, 2017, S. 233ff).

Würde der IWF heute gegründet werden, hätte die EU sicherlich über ein gemischtes Abkommen, das sowohl die Kompetenzen und Befugnisse der

EU-Mitgliedsstaaten aber auch die der EU berücksichtigt, eine andere Rolle. Eine Änderung der vorhandenen Grundlagen des IWF gestaltet sich jedoch als schwierig, auch wenn die Rahmenbedingungen der EU eine Anpassung ermöglichen würden (Assakkali, 2017, S. 259).

5.1.4 Die Europäische Union und die G7

Die „Gruppe der 7“ (G7) wurde im Abschnitt 2.2.4.1 des ersten Buchteils „Globalisierung und Global Governance“ vorgestellt.

Seite 1977 nimmt die EU an den G7-Gipfeln teil, seit 1981 an allen dazugehörigen Arbeitssitzungen. Gegenüber den anderen Teilnehmenden sind die Befugnisse der EU eingeschränkt. Sie hat zwar die gleichen Rechte und Pflichten wie die anderen Teilnehmenden, darf jedoch keine Gipfel ausrichten und auch nicht den Vorsitz haben. Zu den Pflichten gehört, dass die Vereinbarungen aus dem jeweiligen Gipfelkommuniqué auch von der EU übernommen werden.

Bei dem letzten G7-Gipfel im Juni 2024 unter italienischem Vorsitz vertraten

- Ursula von der Leyen (Präsidentin der Europäischen Kommission) und
- Charles Michel als mittlerweile ehemaliger Präsident des Europäischen Rates

die EU (Europäischer Rat, Rat der Europäischen Union, 2024j).

Abb. 5.1: G7-Gipfel im Juni 2024 unter Beteiligung der EU (Europäischer Rat, Rat der Europäischen Union, 2024j)

5.2 Umsetzung von Gesetzen / Verordnungen im Zusammenhang mit Globalisierung in der Europäischen Union

Aus dem vorherigen Abschnitt wurde deutlich, dass es aus der Zusammenarbeit der EU mit internationalen Organisationen Absprachen, Vereinbarungen oder Abkommen gibt, die jedoch nicht immer automatisch für die EU und / oder deren Mitgliedsstaaten rechtlich wirksam sind.

Vielmehr bedarf es einer Übersetzung dieser teilweise verbindlichen, teilweise aber auch unverbindlichen Absprachen, Vereinbarungen oder Abkommen in EU-Recht, bis hin zu einem dann geltenden Recht in den einzelnen EU-Mitgliedsstaaten.

Als Rechtsakte der EU werden Verordnungen, Richtlinien, Beschlüsse, Empfehlungen und Stellungnahmen genutzt, die unterschiedlich auf das nationale Recht der EU-Mitgliedsstaaten wirken:

„Verordnungen

Eine Verordnung ist ein verbindlicher Rechtsakt, den alle EU-Länder in vollem Umfang umsetzen müssen. […]

Richtlinien

Eine Richtlinie ist ein Rechtsakt, in dem ein von allen EU-Ländern zu erreichendes Ziel festgelegt wird. Es ist jedoch Sache der einzelnen Länder, eigene Rechtsvorschriften zur Verwirklichung dieses Ziels zu erlassen. […]

Beschlüsse

Beschlüsse sind verbindlich und unmittelbar anwendbar für diejenigen, an die sie gerichtet sind (beispielsweise ein EU-Land oder ein einzelnes Unternehmen). […]

Empfehlungen

Empfehlungen sind nicht verbindlich. […] In einer Empfehlung können die Institutionen ihre Ansichten äußern und Maßnahmen vorschlagen, ohne dass dies für diejenigen, an die sich die Empfehlung richtet, rechtlich bindend wäre.

Stellungnahmen

In einer Stellungnahme können sich die Institutionen in unverbindlicher Form zu einem Sachverhalt äußern. Sie stellt für die Adressaten also keine rechtliche Verpflichtung dar und ist nicht verbindlich. Stellungnahmen können von den wichtigsten EU-Organen (Kommission, Rat, Parlament) sowie dem Ausschuss der Regionen und dem Europäischen Wirtschafts- und Sozialausschuss abgegeben werden. Im Zuge der Rechtsetzung legen die Ausschüsse Stellungnahmen aus ihrer jeweiligen regionalen, wirtschaftlichen oder sozialen Sicht vor. […]“

(Europäische Kommission, n. d.e).

Beispiele

- für **EU-Verordnungen** sind die zu der Nutzung von Künstlicher Intelligenz oder zu Exportkontrollen.
- für eine **EU-Richtlinien** ist die über die „Sorgfaltspflichten von Unternehmen im Hinblick auf Nachhaltigkeit", die in Deutschland mit dem „Lieferkettensorgfaltspflichtengesetz" umgesetzt wurde.
- für einen **EU-Beschluss** ist die zu der Einführung des Euro in Kroatien zum 1. Januar 2023.

Neben vielen sinnvollen Rechtsakten steht die EU aber auch in der Kritik für weniger sinnvolle, wie beispielsweise die Gurken-Verordnung oder Verordnungen zu Brot, Teebeutel, Traktorsitzen oder Seiltanz.

Die EU-Kommission muss die Parlamente der EU-Mitgliedsstaaten über Gesetzesinitiativen informieren, diese können Stellung beziehen. Lehnen mindestens ein Drittel die Mitgliedstaaten den Gesetzesentwurf ab, muss dieser erneut überprüft werden. Damit kann die Gesetzgebung durch die nationalen Parlamente kontrolliert und beeinflusst werden (Europäische Kommission, n. d.e).

Anhand von im Zusammenhang mit der Globalisierung wesentlichen Themenkomplexen wurde im Kapitel 4 beispielhaft verdeutlicht, wie eine Übersetzung in EU-Recht erfolgt (ist):

- der Umsetzung einer globalen Mindeststeuer in der Europäischen Union,
- der Umsetzung des Klimaschutzes und der Klimaschutzabkommen in der Europäischen Union.

Als weiteres Beispiel können im zweiten Teil dieses Buchs „Transnationale Unternehmen" im Unterkapitel 4.4 die rechtlichen Grundlagen für ausländische Direktinvestitionen in der Kette Welthandelsorganisation – Europäische Union – Deutschland nachvollzogen werden.

Tatsächlich gibt es unzählige weitere Beispiele, die den Rahmen dieses Buchs sprengen würden. Dieses Buch hat auch nicht den Anspruch, den Gesetzgebungsprozess lückenlos darzustellen, vielmehr soll ein Überblick gegeben werden.

5.3 Zusammenfassung

Die Europäische Union hat eine bedeutende Stellung in der Globalisierung und arbeitet eng mit den dort wesentlichen Institutionen zusammen.

Die Befugnisse der EU sind dabei sehr unterschiedlich ausgeprägt und gehen von einer Beobachterrolle bis hin zu einer alleinigen Vertretungsbefugnis anstelle ihrer Mitgliedsstaaten.

Für die Überführung von Vereinbarungen und internationalen Abkommen in EU-Recht und anschließend in das nationale Recht der EU-Mitgliedsstaaten gibt es abgestufte Wege, von Verordnungen mit direkt verbindlicher Wirkung für die EU-Mitgliedsstaaten bis hin zu Empfehlungen oder Stellungnahmen ohne rechtsverbindlichen Charakter.

Aufgabe 5.1

In Veröffentlichungen, so auch hier in einzelnen Zitaten, wird häufig von dem „Rat" als Vertretung der EU in internationalen Organisationen gesprochen.

Ist damit der Europäische Rat, der Rat der Europäischen Union oder gar der Europarat gemeint?

Aufgabe 5.2

Wie ist das Verhältnis zwischen EU-Recht und nationalem Recht?

Welches Recht hat Vorrang?

Aufgabe 5.3

Bei Rechtsakten im Zusammenhang mit der EU wird in den Nachrichten oft das Wort „Ratifizierung" verwendet.

Was ist damit gemeint?

6 Weltweite Bedeutung von Unternehmen aus der Europäischen Union

Dieses Buch wird abgeschlossen mit einem Blick nicht nur auf die größten (multinationalen und transnationalen) Unternehmen in der Europäischen Union, sondern auch auf Unternehmen in der EU, die eine weltweite Bedeutung haben.

Neben den „großen" spielen dabei auch Unternehmen mit dem Status „Hidden Champion" in der Welt eine bedeutende Rolle, die in ihrer Nische, mit ihren Produkten durchaus Weltmarktführende sein können. Alle diese Unternehmen aus der EU spielen im Rahmen der Globalisierung eine wesentliche Rolle.

Nach Abschluss dieses Kapitels

- kennen Sie wesentliche Unternehmen in Europa und in der EU nach Markenwert sowie ausgewählte Unternehmen aus der EU als Weltmarktführer in ihrer Branche, mit ihren Produkten,
- können Sie deren Größe und Bedeutung im weltweiten Vergleich einschätzen,
- wissen Sie am Beispiel von zwar kleineren, aber weltweit bedeutenden Unternehmen, dass Umsatz, Gewinn oder Markenwert nur ausgewählte Bewertungsmaßstäbe für die Bedeutung von Produkten und Unternehmen sind.

Im zweiten Teil dieses Buchs „Transnationale Unternehmen" wurden Transnationale Unternehmen (TNC) vorgestellt oder erwähnt. Vielfach ging es um Unternehmen aus der Digitalbranche, mit einem Schwerpunkt des Unternehmenssitzes in den USA.

Welche Bedeutung Unternehmen mit einem Sitz in Europa in der Welt haben, zeigt folgende Abbildung 6.1 für die zehn größten Unternehmen nach Markenwert 2021. Die Unternehmen mit einem Sitz in der EU sind blau hervorgehoben, alle Herkunftsländer dieser Unternehmen sind gleichzeitig auch Euro-Länder.

Im weltweiten Vergleich sei auf die Abbildung 1.1 aus dem ersten Teil dieses Buchs „Transnationale Unternehmen" verwiesen. Mit rund 2,3 Billionen US-Dollar lag die Apple Inc. im Jahr 2021 auf Platz 1. Um unter die Top 10 zu kommen, hätten Unternehmen aus der EU den Wert des zehntplatzierten taiwanesischen Unternehmens TSMC von rund 590 Milliarden US-Dollar schlagen müssen. Die abweichende Währung (hier: Euro in Abbildung 6.1) spielt hierbei keine Rolle.

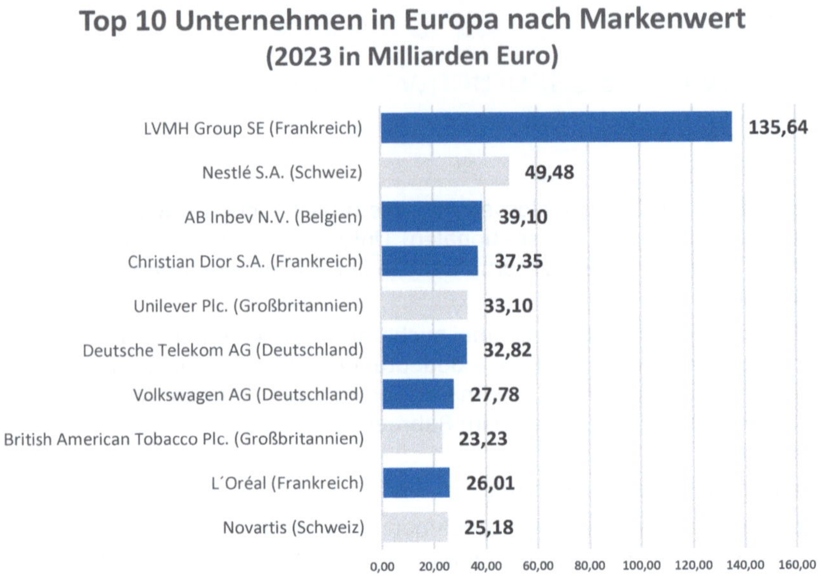

Abb. 6.1: Größte Unternehmen in Europa nach Markenwert 2023 in Milliarden Euro (eigene Darstellung in Anlehnung an European Brand Institute, 2023)

Eine Bewertung allein nach dem Markenwert ist jedoch nicht ausreichend, um die weltweite Relevanz von Unternehmen und Produkten aus der EU einzuschätzen.

Es gibt viele bekannte große Unternehmen aus der EU, die Weltmarktführer in ihrer jeweiligen Branche sind und in der Abbildung 6.1 nicht vorkommen.
Nur beispielsweise seien hier genannt

- die dänische Unternehmensgruppe A. P. Moller-Maersk Group („Maersk") mit diversen Geschäftsbereichen, vor allem aber seit 1996 größte Containerschiff-Reederei der Welt;
- die Airbus SE mit deutscher, französischer und spanischer Beteiligung, die zu den weltweit größten Konzernen der Luft- und Raumfahrtbranche zählt;
- der weltweit größte Chemiekonzern, die deutsche BASF SE;
- die italienische Amplifon S. p. A., weltweit führend auf dem Hörgeräteakustikmarkt.

Nicht unerwähnt sollen weniger bekannten Unternehmen in der EU bleiben, die mit ihren jeweiligen Produkten und in ihren jeweiligen Nischen eine weltweite Bedeutung haben und vielfach auch Weltmarkführende sind. In dem zweiten Teil dieses Buchs „Transnationale Unternehmen" wurde

u. a. die deutsche Claas-Gruppe (europäischer Marktführer bei Mähdreschern, Weltmarktführer beispielsweise bei Feldhäckslern) vorgestellt. Darüber hinaus seien nur beispielhaft genannt die

- niederländische ASML Holding N. V. als weltweit größter Anbieter von Lithographiesystemen für die Halbleiterindustrie.
- schwedische Höganäs AB als Weltmarktführer für Metallpulverlösungen.
- portugiesische Amorim-Gruppe als Weltmarktführer für Kork.

Auch die sogenannten „Hidden Champions“ spielen für die Bedeutung der EU im Rahmen der Globalisierung eine wesentliche Rolle.

> *„Als Hidden Champions (heimliche Gewinner) werden mittelständische Unternehmen bezeichnet, die in Nischen-Marktsegmenten Europa- oder Weltmarktführer geworden sind.*
>
> *Sie sind „heimliche Gewinner“, weil sie sowohl in der Öffentlichkeit kaum bekannt und in der Regel keine Aktiengesellschaften sind und so auch nicht von Analysten und Investoren beobachtet werden. Auch sind die von ihnen besetzten Nischenmärkte volumenmäßig meist so eng, dass sie von Konzernen nicht beachtet werden bzw. nicht mit diesen im Wettbewerb stehen.*
>
> *[...]*
>
> *Unternehmen dieser Kategorie sind (1) Unternehmen mit einem Jahresumsatz von unter 3 Mrd. Euro, (2) Nr. 1, 2 oder 3 in einem Marktsegment in Europa oder im Weltmarkt, und (3) in der Regel nicht börsennotiert, sondern inhabergeführt. Als solche sind sie weitgehend unbekannt.“*
>
> *(Haric, n. d.)*

Der Begriff wurde von Hermann Simon (1990) geprägt und hat sich in den letzten Jahren als Synonym für Wachstumsunternehmen in Deutschland durchgesetzt. Dieser Unternehmenstypus wird als Grund für den Exporterfolg der deutschen Wirtschaft gesehen.

Folgende Abbildung 6.2 zeigt, dass die EU im Mittelstand viele dieser „Hidden Champions“ hat. Die Anzahl für Deutschland verdeutlicht die Bedeutung des Mittelstandes für die eigene Wirtschaft. Auf Deutschland, Österreich und die Schweiz entfallen rund 50 Prozent der weltweiten „Hidden Champions“.

Zuletzt sei noch auf Käuferpräferenzen hingewiesen, wenn es um den Ruf und die Bedeutung von Autos aus Deutschland (auch wenn diese nachlassend ist), von Wein aus einigen EU-Ländern oder von Käse aus Holland geht.

Ein Blick auf die weltweit innovativsten Länder in Abbildung 6.3, auch als Resultat von innovativen Unternehmen in diesen Ländern, zeigt zum Abschluss dieses Kapitels fünf EU-Mitgliedsstaaten (und zwei weitere europäische Länder) unter den besten zehn im Jahr 2023. Auch hier sind die EU-Mitgliedsstaaten blau hervorgehoben.

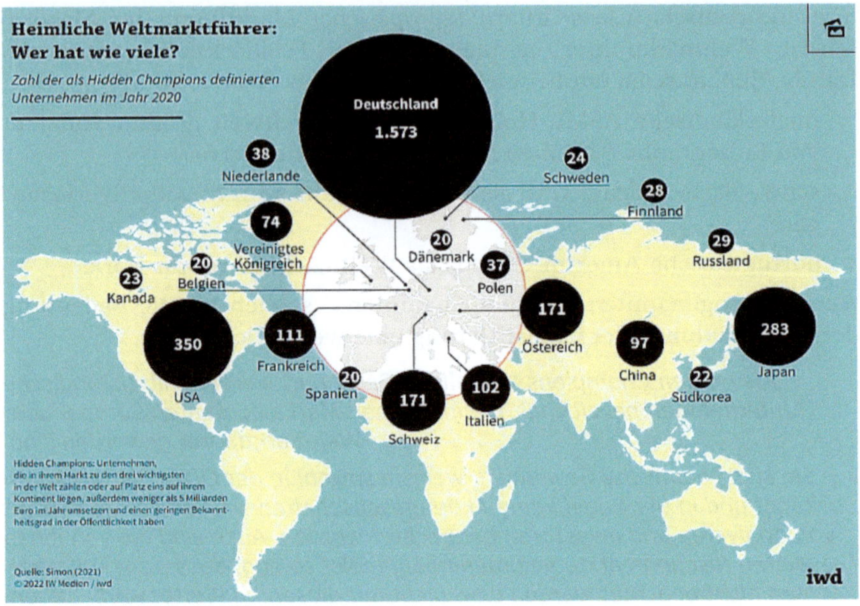

Abb. 6.2: „Hidden Champions" im Jahr 2020 weltweit (Schmiedendorf, 2022)

Abb. 6.3: Ranking der 10 innovativsten Länder weltweit nach dem Global Innovation Index 2023 (eigene Darstellung in Anlehnung an WIPO; Cornell University; Insead, 2024)

6.1 Zusammenfassung

Auch wenn sechs der europaweit größten Unternehmen nach Markenwert aus der EU kommen, sind die jeweiligen Werte weit unter denen der weltweit größten Unternehmen. Auch die Branchenzusammensetzung dieser Unternehmen ist in Europa und in der EU eine gänzlich andere, kein Unternehmen kommt aus der Digitalbranche.

Dennoch haben Unternehmen aus der EU eine weltweite Bedeutung, nur beispielsweise festgemacht an der Qualität der Produkte, aber auch an der Innovationsstärke von Unternehmen aus den EU-Mitgliedsstaaten, die sich in dem weltweiten Innovationsranking 2023 widerspiegelt.

Zudem spielen viele mittelständische und große Unternehmen aus der EU eine wesentliche Rolle im Rahmen der Globalisierung und sind vielfach Weltmarktführende in ihrer jeweiligen Branche. Dazu gehören auch die sogenannten „Hidden Champions“, die vielfach wenig bekannt, aber in ihrer Nische ausgesprochen erfolgreich sind.

Aufgabe 6.1

Recherchieren Sie die „Top 10" der Hidden Champions aus Deutschland.

Aufgabe 6.2

Recherchieren Sie, in welchen Branchen die Ihnen nicht bekannten Unternehmen aus Abbildung 6.1 tätig sind.

Schlussbetrachtung

Die EU ist heute aus Europa und der Welt nicht mehr wegzudenken. Das gilt sowohl für ihre wirtschaftliche Stärke, auf Augenhöhe mit den USA und der VR China. Es gilt darüber hinaus für ihren Umgang mit der Vielzahl von Herausforderungen, vor der sie steht.

Dabei birgt die Heterogenität der EU-Mitgliedsstaaten viele Chancen, aber auch daraus resultierende Risiken von innen bis hin zum Austritt Großbritanniens aus der EU. Dazu kommen die vielfältigsten und häufig negativen Veränderungen in der Welt, die nahezu immer auch Auswirkungen auf die EU haben.

Die von der EU selbst gewählten Prioritäten sind die richtigen, Anpassungen erfolgen in geeigneter Form. Nicht zuletzt deshalb ist die Zufriedenheit der Bevölkerung mit der EU und der gemeinsamen Währung Euro auch weiterhin sehr hoch. Unterschiedliche Blickwinkel und unterschiedliche Ausgangssituationen in den EU-Mitgliedsstaaten führen aber auch zu Kritik an der EU und zu Kritik an einem aus Sicht Vieler ausgeprägten (und teuren) Bürokratismus.

Von dem Binnenhandel untereinander profitieren alle EU-Mitgliedsstaaten und die Freizügigkeit für die meisten Waren, Dienstleistungen, Kapitalvermögen und Bürger erleichtert Vieles für alle.

Ihre eigene Stellung festigt die EU durch eine Vielzahl von Handelsabkommen, sie baut diese Stellung nach und nach immer weiter aus.

Allerdings bedrohen finanz- und (wirtschafts-)politische Ereignisse oder der Klimawandel die EU genauso wie der Krieg mitten in Europa und aufkeimende Konflikte mit Beteiligung von EU-Mitgliedsländern und / oder NATO-Staaten. Ein zunehmender Populismus in vielen EU-Mitgliedsländern stellt die EU darüber hinaus genauso vor wesentliche Herausforderungen wie das ganz besondere Verhältnis zu den USA und zur VR China (jeweils mit gegenseitigen Abhängigkeiten), die langfristige Sicherstellung der Energieversorgung, Maßnahmen im Umgang mit der zunehmenden Überalterung der Bevölkerung oder der Kampf gegen Korruption und Steuervermeidung / Steuerflucht.

Die EU stellt sich diesen Herausforderungen und schafft es immer wieder, alle EU-Mitgliedsländer, mindestens aber die Mehrzahl dafür zu vereinen und bestmögliche Lösungen zu finden.

Sie nutzt dabei auch ihre bedeutende Stellung in der Globalisierung und arbeitet eng mit den dort wesentlichen Institutionen zusammen.

Letztendlich ist ein friedliches und stabiles Europa eine wesentliche Grundlage für den zukünftigen, auch wirtschaftlichen Erfolg der EU in einer globalisierten Welt. Die EU selbst ist dafür ein wesentlicher, stabilisierender Faktor.

„Die Menschen wollen sehen, dass wir liefern, vorankommen. Die Jugend fordert das. Meine Kinder sagen mir zu Recht: Spielt nicht auf Zeit, sondern macht was draus."

(Ursula von der Leyen, Präsidentin der Europäischen Kommission, 2019)

In der Einleitung dieses Buchteils hatten wir bereits unsere Antwort als Autoren auf die Frage gegeben, ob die EU ein Erfolgsmodell ist. Es war ein eindeutiges „Ja!".

Wie ist nun Ihre Meinung am Ende dieses Buchs?

Wir wünschen Ihnen in einer globalisierten Welt, mit einer Europäischen Union als starkem Motor, alles Gute. Passen Sie in einer Zeit zunehmender Konflikte und auch einem Krieg wieder mitten in Europa auf sich und die Menschen, die Ihnen lieb und wichtig sind, auf.

Ihre

Gerhard Puhlmann & Irene Rath

Anhang

Lösungen zu den Aufgaben

1.1

Die Antwort auf diese Frage gibt das EU-Parlament selbst:

> *„Warum zieht das Parlament zwischen Brüssel und Straßburg hin und her?*
>
> *Die Regierungen der Mitgliedstaaten der EU beschlossen im Jahr 1992 einstimmig, die offiziellen Sitze der EU-Organe im EU-Vertrag festzulegen. [...]*
>
> *Der Beschluss von 1992 hatte wichtige Auswirkungen auf die Arbeitsweise des Parlaments: Der offizielle Sitz und der Ort, an dem die meisten Plenarsitzungen stattfinden, ist seitdem Straßburg, die Sitzungen der parlamentarischen Ausschüsse werden in Brüssel abgehalten, und das Sekretariat des Parlaments (sein Personal) ist offiziell in Luxemburg angesiedelt. Im Jahr 1997 wurde diese Regelung vollständig in den EU-Vertrag aufgenommen.*
>
> *Für jede Änderung des gegenwärtigen Systems wäre eine Änderung des Vertrags erforderlich, die von den Regierungen aller Mitgliedstaaten einstimmig vereinbart und von allen nationalen Parlamenten ratifiziert werden müsste."*
>
> *(Europäisches Parlament, n. d.b)*

Der wesentliche Kritikpunkt sind die doppelten Kosten, sowohl für den Standort als auch für nur dadurch entstehende Reisekosten.

Das EU-Parlament hat diese Kosten in einer eigenen Studie aus dem Jahr 2013 mit 103 Millionen Euro beziffert. Der Europäische Rechnungshof kam im Jahr 2014 auf eine Einschätzung von 109 Millionen Euro sowie 5 Millionen Euro Reisekosten.

1.2

Zusätzlich zu der überwiegenden Anzahl der EU-Mitgliedsstaaten ist der Euro auch offizielles Zahlungsmittel in folgenden Ländern:

- In Andorra, Monaco, San Marino, dem Vatikan, Kosovo und Montenegro (Europa).
- In den Überseegebieten Frankreichs St. Pierre und Miquelon (im Norden Amerikas), Guadeloupe, Martinique, Sankt Bartholomäus, Saint Martin und Inseln Mayotte (Karibik) sowie Réunion (Indischer Ozean).

(länderdaten,info, n. d.)

1.3

Recherchieren Sie die aktuelle Inflationsrate in Deutschland und deren Entwicklung im Internet, beispielsweise unter der im Literaturverzeichnis angegebenen Quelle Statistisches Bundesamt, Destatis (2024b).

1.4

Die Aufgaben der genannten Organe finden sich auf Seite 19 und 20 der im Verzeichnis angegebenen Quelle „Rat der Europäischen Union (2020)".

1.5

Artikel 5 des Nord-Atlantikvertrages:

> *„Die Parteien vereinbaren, dass ein bewaffneter Angriff gegen eine oder mehrere von ihnen in Europa oder Nordamerika als ein Angriff gegen sie alle angesehen werden wird; sie vereinbaren daher, dass im Falle eines solchen bewaffneten Angriffs jede von ihnen in Ausübung des in Artikel 51 der Satzung der Vereinten Nationen anerkannten Rechts der individuellen oder kollektiven Selbstverteidigung der Partei oder den Parteien, die angegriffen werden, Beistand leistet, indem jede von ihnen unverzüglich für sich und im Zusammenwirken mit den anderen Parteien die Maßnahmen, einschließlich der Anwendung von Waffengewalt, trifft, die sie für erforderlich erachtet, um die Sicherheit des nordatlantischen Gebiets wiederherzustellen und zu erhalten. [...]"*
>
> *(North Atlantic Treaty Organization, NATO, 2019).*

2.1

Ausnahmen gibt es, wenn die exportierten Waren in dem Zielland verboten sind (beispielsweise Cannabis aus den Niederlanden) oder wenn der Verbraucherschutz gefährdet wird.

Darüber hinaus sind bestimmte Wirtschaftszweige besonders sensibel, beispielsweise der Export von Rüstungsgütern.

2.2

Der Vorgänger von Lula da Silva, der ehemalige brasilianische Präsident Jair Bolsenaro, stand für eine klima- und naturfeindliche Politik. Beispielsweise wurden während der Regierungszeit Bolsenaros weit mehr Regenwaldflächen in Brasilien abgeholzt oder brandgerodet als jemals zuvor.

Da die EU das Zustandekommen des Abkommens auch von einem umweltfreundlichen Umgang mit dem Regenwald in Südamerika abhängig macht, lagen die Verhandlungen lange auf Eis. Da Silva steht für einen deutlich umweltfreundlicheren Kurs Brasiliens und war ein wesentlicher Treiber für die Wiederaufnahme der Verhandlungen zu dem Handelsabkommen.

Allerdings ist Brasilien auch Mitglied der BRICS / BRICS+ und damit auch ein gefragter Partner für die anderen Mitglieder, wie beispielsweise Russland, Indien oder die VR China.

3.1

Eine wesentliche Ursache ist die griechische Staatsschuldenkrise ab dem Jahr 2010. Um Griechenland vor dem Staatsbankrott zu retten und die Auswirkungen auf ganz Europa zu begrenzen gab es die beschriebenen drei Rettungspakete gemeinsam von der Europäischen Kommission, der Europäischen Zentralbank und dem Internationalen Währungsfonds.

Die mit den Hilfen verbundenen strengen Auflagen (beispielsweise Staatsbesitz privatisieren, Steuerhinterziehung reduzieren, Behörden verschlanken, Wirtschaft modernisieren und Rentensystem reformieren) haben zu erheblichen Belastungen der griechischen Bevölkerung geführt, u. a. mit einer stark ansteigenden Arbeitslosigkeit und einer Perspektivlosigkeit für die jüngere Bevölkerung.

Der Unmut insbesondere gegenüber der EU wurde durch zahlreiche Proteste der Bevölkerung deutlich.

3.2

Die Mehrheit der schottischen Bevölkerung hatte wie die Bevölkerung Nordirlands bei der Abstimmung im Juni 2016 gegen den Brexit gestimmt, Schottland ist jedoch durch das Gesamtabstimmungsergebnis in Großbritannien an die Brexit-Entscheidung gebunden.

Aufgrund der Ablehnung des Brexits erwägt die schottische Regierung eine zweite Volksabstimmung zu der Unabhängigkeit Schottlands von Großbritannien und der Rückkehr Schottlands in die EU, nachdem im Jahr 2014 die Unabhängigkeit Schottlands von Großbritannien von der Mehrheit der schottischen Bevölkerung abgelehnt wurde.

4.1

Unter

- „Human Capital“ werden vor allem die Kompetenzen der Internetnutzer bewertet,
- „Connectivity“ das Angebot und die Nachfrage nach Festnetz- und Mobilfunk-Breitbandnetzen,
- „Integration of digital Technology“ alles rund um die Nutzung und den Austausch von Daten (auch Quellen und Ort der gespeicherten Daten, Häufigkeit von Datenanalysen, Beitrag von Daten zum Unternehmenswert),
- „Digital Public Services“, wie Regierungen in ganz Europa digitale öffentliche Dienstleistungen erbringen.

  (Europäische Kommission, 2024c).

4.2

Das Länder-Ranking zur digitalen Wettbewerbsfähigkeit weltweit im Jahr 2023 zeigt folgendes Bild (International Institute for Management Development, IMD, 2023):

- Die ersten drei Plätze weltweit belegten 2023 die USA, Niederlande, Singapur.

- Deutschland lag im weltweiten Vergleich auf dem 23. Platz.
- Die letzten drei Plätze belegten Kolumbien, die Mongolei und das Schlusslicht Venezuela.

5.1

Der „Rat" ist die Kurzform für den Rat der Europäischen Union.

Die Mehrfachnutzung des Wortes „Rat" in dem Rat der Europäischen Union, dem Europäischen Rat und dem Europarat kann dabei verwirren. Die Aufgaben und die Zusammensetzung des Europarates und des Rats der Europäischen Union finden Sie in den Abschnitten 1.2.1 und 1.2.2.

Der Europarat ist kein Organ der EU (siehe Hinweis am Ende des Abschnitts 1.2.2).

5.2

In einer Grundsatzentscheidung des Europäischen Gerichtshofes im Jahr 1964 wurden Entscheidungen aus früheren Jahren bestätigt, das EU-Recht Vorrang vor dem nationalen Recht der EU-Mitgliedsländer hat (unmittelbare Wirkung).

Dadurch soll gewährleistet werden, dass das EU-Recht die Menschen in allen EU-Mitgliedsstaaten schützt.

Damit dürfen EU-Mitgliedsländer keine nationalen Gesetze erlassen, die dem EU-Recht widersprechen, ohne damit die Rechtsgrundlage der EU selbst in Frage zu stellen. Gibt es dennoch solche nationalen Gesetze, soll das EU-Recht bei den nationalen Gerichten des Mitgliedslandes Vorrang vor den nationalen Gesetzen haben (Eur-Lex, 2021).

5.3

Bei grundlegenden EU-Verträgen wie beispielsweise dem Vertrag von Lissabon müssen alle Staats- und Regierungschefs neuen Verträgen oder Anpassungen zustimmen.

Anschließend müssen diese in allen EU-Mitgliedsländern ratifiziert werden (d. h. diesen muss ausdrücklich zugestimmt werden), meist durch die jeweiligen Parlamente (Europäische Kommission, n. d.e).

Auch das Pariser Klimaabkommen, das von der EU und allen EU-Mitgliedsländer unterzeichnet wurde, wurde anschließend durch die EU-Mitgliedsländer ratifiziert.

6.1

Hier nennen die unterschiedlichsten Quellen auch die unterschiedlichsten „Hidden Champions" als die Führenden in Deutschland.

Beispielsweise nennt „Die Intiative für Existenzgründer – Deutschland startet" folgende zehn Unternehmen (Rakemann, 2024).

- Platz 1: Herrenknecht (Maschinen zum Tunnelbau)
- Platz 2: Lürssen (Fertigung von Mega-Yachten)
- Platz 3: Wilo (Pumpsysteme für Klimatechnik und Wasserversorgung)
- Platz 4: Otto Bock Holding (Rollstühle und Prothesen)
- Platz 5: Grimme Gruppe (Landmaschinen im Bereich Kartoffel-, Rüben- und Gemüsetechnik)
- Platz 6: Duravit (Badezimmermöbel wie Duschen, Toiletten oder Waschbecken)
- Platz 7: Peri (Bau- und Gerüstbauindustrie – Schalungs- und Gerüsttechnik)
- Platz 8: Kaeser Kompressoren (Druckluft-Systeme)
- Platz 9: Karl Storz (Endoskope und andere medizinische Geräte)
- Platz 10: Sto (Wärmedämmung)

6.2

- LVMH SE: Luxusgüter
- Nestlé S.A.: Nahrungsmittel
- AB Inbev N.V.: Brauerei
- Christian Dior S.A.: Luxusgüter
- Unilever Plc: Verbrauchsgüter (u. a. Produktion von Nahrungsmitteln, Kosmetika, Körperpflege-, Haushalts- und Textilpflegeprodukte)
- Deutsche Telekom AG: Telekommunikation
- Volkswagen AG: Automobil
- British American Tobacco Plc: Tabak
- L´Oréal: Kosmetik
- Novartis: Biotechnologie und Pharmazeutik

Abkürzungsverzeichnis

AB	Aktiebolag (Aktiengesellschaft im schwedischen Gesellschaftsrecht)
ADI	Ausländische Direktinvestitionen (auch FDI, Foreign Direkt Investment)
AEUV	Vertrag über die Arbeitsweise der Europäischen Union
AG	Aktiengesellschaft
ARD	Arbeitsgemeinschaft der öffentlich-rechtlichen Rundfunkanstalten der Bundesrepublik Deutschland
AWG	Außenwirtschaftsgesetz
AWV	Außenwirtschaftsverordnung
ASEAN	Association of Southeast Asian Nations (Verband Südostasiatischer Nationen)
ATTAC	Association pour une taxation des transactions financières pour l'aide aux citoyens (Vereinigung zur Besteuerung von Finanztransaktionen im Interesse der Bürgerinnen und Bürgern)
BDI	Bundesverband der Deutschen Industrie e. V.
BIP	Bruttoinlandsprodukt
BIZ	Bank für Internationalen Zahlungsausgleich (Bank for International Settlements)
BKA	Bundeskriminalamt
BMAS	Bundesministerium für Arbeit und Soziales
BMF	Bundesministerium der Finanzen
BMI	Bundesministerium des Innern und für Heimat
BMV	Bundesministerium der Verteidigung
BMWK	Bundesministerium für Wirtschaft und Klimaschutz
BMZ	Bundesministerium für wirtschaftliche Zusammenarbeit und Entwicklung
Brexit	British Exit (Austritt Großbritanniens aus der Europäischen Union)
BRI	Belt and Road Initiative (Neue Chinesische Seidenstraße), siehe auch OBOR
BRICS	Vereinigung der Staaten Brasilien, Russland, Indien, VR China, Südafrika

BRICS+	BRICS zuzüglich Erweiterungsrunde zum 1.1.2024 (Iran, Vereinigte Arabische Emirate, Ägypten, Äthiopien) sowie Januar 2025 (Indonesien)
BSP	Bruttosozialprodukt
CO_2	Kohlenstoffdioxid
CPI	Corruption Perceptions Index (Korruptionswahrnehmungsindex)
CSR	Corporate Social Responsibility (gesellschaftliche Unternehmensverantwortung)
DDR	Deutsche Demokratische Republik
DESI	Digital Economy and Society Index (Index für digitale Wirtschaft und Gesellschaft)
Destatis	(Deutsches) Statistisches Bundesamt
DFB	Deutscher Fussballbund
DIHK	Deutsche Industrie- und Handelskammer
dpa	Deutsche Presseagentur
DWT	deadweight tonnage (Tragfähigkeit von Schiffen)
e. K.	eingetragener Kaufmann
EFSF	Europäische Finanzstabilisierungsfazilität (European Financial Stability Facility S. A.)
EFSM	Europäischer Finanzstabilisierungsmechanismus (European Financial Stabilisation Mechanism)
EFTA	European Free Trade Association (Europäische Freihandelsassoziation)
ESM	Europäischer Stabilitätsmechanismus (European Stability Mechanism)
ESTAT	Statistisches Amt der Europäischen Union (auch Eurostat)
EU	Europäische Union
EU 27	Europäische Union mit der Anzahl der jeweiligen, aktuell 27 Mitgliedsstaaten (mit Großbritannien noch „EU 28“)
EuG	EU-Gericht
Eurostat	Statistisches Amt der Europäischen Union
e. V.	eingetragener Verein
EWR	Europäischer Wirtschaftsraum
EZB	Europäische Zentralbank
FAO	Food and Agriculture Organization of the United Nations (Ernährungs- und Landwirtschaftsorganisation der Vereinten Nationen)

FBI	Federal Bureau of Investigation (inländischer Geheimdienst der USA)
FDI	Foreign Direkt Investment (auch ausländische Direktinvestitionen, ADI)
FHA	Freihandelsabkommen (auch FTA, Free Trade Agreement)
FIFA	Fédération Internationale de Football Association
FTA	Free Trade Agreement (auch FHA, Freihandelsabkommen)
G7	Gruppe der Sieben
G20	Gruppe der Zwanzig
G77	Gruppe der 77 (heute 134)
GASP	Gemeinsame Außen- und Sicherheitspolitik
GATS	General Agreement on Trade in Services (Allgemeine Übereinkommen über den Handel mit Dienstleistungen)
GATT	General Agreement on Tariffs and Trade (Allgemeines Zoll- und Handelsabkommen)
GmbH	Gesellschaft mit beschränkter Haftung
GRI	Global Reporting Initiative
GTAI	Germany Trade & Invest – Gesellschaft für Außenwirtschaft und Standortmarketing mbH
HHLA	Hamburger Hafen und Logistik Aktiengesellschaft
HP	Hewlett-Packard
Hrsg.	Herausgeber
IBRD	International Bank for Reconstruction and Development (Internationale Bank für Wiederaufbau und Entwicklung)
ICSID	International Centre for Settlement of Investment Disputes (Internationales Zentrum zur Beilegung von Investitionsstreitigkeiten)
IDA	Internationale Development Association, Internationale Entwicklungsorganisation
ILO	International Labour Organization (Internationale Arbeitsorganisation)
i. d. R.	in der Regel
Ifc	International Finance Corporation (Internationale Finanz-Corporation)
IGB	Internationaler Gewerkschaftsbund
IMD	International Institute for Management Development
IMF	International Monetary Fund (auch IWF, Internationaler Währungsfonds)

Inc.	Incorporated (Gesellschaftsform US-amerikanischer Unternehmen)
ISO	International Organization for Standardization (Internationale Organisation für Normung)
ITT	International Telephone and Telegraph Corporation
iwd	Institut der deutschen Wirtschaft
IWF	Internationaler Währungsfonds (auch IMF, International Monetary Fund)
KGaA	Kommanditgesellschaft auf Aktien
km_2	Quadratkilometer
KOF	Konjunkturforschungsstelle (KOF-Index)
Kominform	Kommunistisches Informationsbüro
LGBTQ	Lesbian, Gay, Bisexual, Transgender, Queer (Kurzform für lesbische, schwule, bisexuelle, transsexuelle, transgender, queere, intersexuelle und asexuelle Menschen)
LLC	Limited Liability Company Structure (US-amerikanische Unternehmensform)
LNG	Liquefied Natural Gas (Flüssig-Erdgas)
Ltd.	Limited
MAGA	Make America great again
Mercosur	Mercado Común del Sur (Gemeinsamer Markt des Südens, bestehend aus Argentinien, Uruguay, Paraguay und Brasilien)
MI 5	Military Intelligence, Section 5 (inländischer Geheimdienst Großbritanniens)
MIGA	Multilateral Investment Guarantee Agency (Multilaterale Investitions-Garantie-Agentur)
MNCs	Multinational Corporations (Multinationale Unterne„men)
NABU	Naturschutzbund
NAFTA	North American Free Trade Agreement (Nordamerikanisches Freihandelsabkommen zwischen Kanada, Mexiko und den USA)
NATO	North Atlantic Treaty Organization (Nordatlantikpakt-Organisation)
n. d.	nicht datiert
NDR	Norddeutscher Rundfunk
NGOs	Non Governmental Organisations (Nichtregierungsorganisationen)

N. V.	Naamloze vennootschap (Aktiengesellschaft im niederländischen Gesellschaftsrecht)
OBOR	One Belt one Road (Neue Chinesische Seidenstraße), siehe auch BRI
OECD	Organisation for Economic Co-operation and Development (Organisation für wirtschaftliche Zusammenarbeit und Entwicklung)
OLAF	Office Européen de Lutte Anti-Fraude (Europäisches Amt für Betrugsbekämpfung)
OLI	Ownership Advantages (Eigentumsvorteile), Location Advantages (Standortvorteile), Internalization Advantages (Internalisierungsvorteile) – OLI-Modell nach Dunning
OXFAM	Oxford Committee for Famine Relief (Oxforder Komitee zur Linderung von Hungersnot)
PKA	Partnerschafts- und Kooperationsabkommen
PLC	Public Limited Company (börsennotierte Kapitalgesellschaft im britischen Gesellschaftsrecht)
Pte Ltd.	Private Limited Company (nicht börsennotierte Kapitalgesellschaft im britischen Gesellschaftsrecht)
QIA	Qatar Investment Authority
RBC	Responsible Business Conduct (verantwortungsvolles unternehmerisches Handeln)
RGW	Rat für gegenseitige Wirtschaftshilfe
RWE	Rheinisch-Westfälisches Elektrizitätswerk AG
S.A.	Société Anonyme (Aktiengesellschaft in Frankreich)
SE	Societas Europaea (Aktiengesellschaft in der Europäischen Union)
SGDs	Sustainable Development Goals (Ziele für nachhaltige Entwicklung)
SOZ	Shanghaier Organisation für Zusammenarbeit
S. p. A.	Società per azioni (Aktiengesellschaft im italienischen Gesellschaftsrecht)
SWR	Südwestdeutscher Rundfunk
SZR	Sonderziehungsrechte
TFA	Trade Facilitation Agreement (WTO-Abkommen über Handelserleichterungen)
TNCs	Transnational Corporations (Transnationale Unternehmen)
TRIPS	Agreement on Trade-Related Aspects of Intellectual Property Rights (Übereinkommen über handelsbezogene Aspekte der Rechte des geistigen Eigentums)

u. a.	unter anderem
UB	Unbedenklichkeitsbescheinigung
UKIP	UK Independence Party (politische Partei in Großbritannien)
UN / UNO	United Nations beziehungsweise United Nations Organization (Vereinte Nationen)
UNCTAD	United Nations Conference on Trade and Development (Konferenz der Vereinten Nationen für Handel und Entwicklung oder Welthandels- und Entwicklungskonferenz)
UNICEF	United Nations International Children's Emergency Fund (seit 1953: United Nations Children's Fund, Kinderhilfswerk der Vereinten Nationen)
UNRIC	United Nations Regional Information Centre (Regionales Informationszentrum der Vereinten Nationen)
USA	United States of America (Vereinigte Staaten von Amerika)
USMCA	United States-Mexico-Canada Agreement (NAFTA II)
USTR	Office of the United States Trade Representative
VR China	Volksrepublik China
WDR	Westdeutscher Rundfunk
WIS	Weltinstitut der Sparkassen
WHO	World Health Organization (Weltgesundheitsorganisation)
WIPO	World Intellectual Property Organization (Weltorganisation für geistiges Eigentum)
WPA	Wirtschaftspartnerschaftsabkommen
WTO	World Trade Organization (Welthandelsorganisation)
WWF	World Wide Fund for Nature (Organisation für Natur- und Artenschutz)
z. B.	zum Beispiel
ZDF	Zweites Deutsches Fernsehen

Literaturverzeichnis

Adam, R. G. (2019). BREXIT: Eine Bilanz. Springer. https://doi.org/10.1007/978-3-658-24590-0

Aktion Plagiarius e. V. (2021). Plagiarius Verleihung 2021 – Die Preisträger des Plagiarius 2021. https://www.plagiarius.com/index.php?ID=59

Amazon. (2024). Förderung der Menschenrechte. https://sustainability.aboutamazon.com/human-rights

Ansoff, H. I. (1957). Strategies for diversification. Harvard Business Review, 113–154.

APA/Telegraph. (2016). Großbritannien für EU-Austritt. OE24. https://www.oe24.at/welt/brexit-briten-verlassen-die-eu/240676542

Arbeitsgemeinschaft der öffentlich-rechtlichen Rundfunkanstalten der Bundesrepublik Deutschland, ARD. (2015). IWF: Wer sind die, was machen die, was wollen die?
YouTube https://www.youtube.com/watch?v=ApQSuSe1YG8

Arbeitsgemeinschaft der öffentlich-rechtlichen Rundfunkanstalten der Bundesrepublik Deutschland, ARD. (2022). Just-in-time-Produktion vor dem Aus? https://www.ardmediathek.de/video/plusminus/just-in-time-produktion-vor-dem-aus/das-erste/Y3JpZDovL2Rhc2Vyc3RlLmRlL3BsdXNtaW51cy9lMDU4OTFkMy0yNDFiLTQ4MTktYmE3ZC04YzE3ODM1YjFjZTQ

Arnolds, H., Heege, F., Röh, C. & Tussing, W. (2022). Materialwirtschaft und Einkauf: Grundlagen – Spezialthemen – Übungen (14., aktual. U. erweiterte Aufl.). Springer Gabler. https://doi.org/10.1007/978-3-658-30474-4

Assakkali, M. (2017). Europäische Union und Internationaler Währungsfonds (Beiträge zum ausländischen öffentlichen Recht und Völkerrecht). Springer. https://doi.org/10.1007/978-3-662-54363-4

Attac (n. d.). Attac-Selbstverständnis: Wer wir sind und was wir wollen. https://www.attac.de/das-ist-attac/selbstverstaendnis

Attac. (2006). Attac-Erklärung für eine demokratische Kontrolle der Finanzmärkte [PDF]. https://www.attac.de/fileadmin/user_upload/bundesebene/attac-strukturen/Attac_Erklaerung.pdf

Bank for International Settlements. [BIZ]. (2020). Entwicklung des durchschnittlichen Umsatzes pro Handelstag am weltweiten Devisenmarkt von 1989 bis 2019. Statista.
https://de.statista.com/statistik/daten/studie/239512/umfrage/umsaetze-pro-handelstag-am-weltweiten-devisenmarkt/

Benrath, B. (2018). So arbeitet es sich wirklich bei Amazon. Frankfurter Allgemeine Zeitung. [FAZ]. https://www.faz.net/pro/d-economy/studie-so-bewerten-mitarbeiter-den-arbeitgeber-amazon-15726368.html

Bergmoser + Höller Verlag AG. (2014). Der Zerfall der Sowjetunion 1990/91. In H. Pleines, Nach dem Ende der Sowjetunion (hrsg. Von der Bundeszentrale für politische Bildung). https://www.bpb.de/shop/zeitschriften/izpb/192802/nach-dem-ende-der-sowjetunion/

Berylls Strategy Advisors. (2024). Größte Automobilzulieferer nach weltweitem Umsatz in den Jahren 2022 und 2023. Statista. https://de.statista.com/statistik/daten/studie/261918/umfrage/umsatzstaerkste-automobilzulieferer-weltweit/

Bio @ oekom – Gesellschaft für ökologische Kommunikation mit beschränkter Haftung. (2021). Wie erkenne ich Greenwashing? https://www.biomagazin.de/beitrag/wie-erkenne-ich-greenwashing-258

Biesinger, G. (2024). Bilanz nach vier Jahren Brexit - Ernüchtertes Königreich. Tagesschau. https://www.tagesschau.de/ausland/europa/vier-jahre-brexit-bilanz-100.html

Bitkom Research. (2024). Schäden durch Datendiebstahl, Industriespionage oder Sabotage in Deutschland im Jahr 2023. Statista. https://de.statista.com/statistik/daten/studie/444719/umfrage/schaeden-durch-computerkriminalitaet-in-deutschen-unternehmen/

Boksch, R. (2020). Steuerbetrug: Ein europäischer Wettbewerb. Statista. https://de.statista.com/infografik/22246/geschaetzter-anteil-der-verlorenen-koerperschaftsteuer-in-eruopa/

Boksch, R. (2021). Die attraktivsten Arbeitsmärkte der Welt. Statista. https://de.statista.com/infografik/amp/24352/ranking-der-beliebtesten-arbeitsmaerkte-der-welt/

Bolkart, J., Graefe, L., Henrich, P. & Weidenbach, B. (2021). Apple und Microsoft: Aufstieg der Tech-Giganten: Statista DossierPlus zur Bedeutung von Google, Amazon, Facebook. Statista Research.

Börsch, A. (2020). COVID-19-Briefing: Peak Globalisation? Trends im Welthandel und die Konsequenzen der Corona-Krise. Deloitte. https://www2.deloitte.com/de/de/blog/covid-19-briefings/2020/covid-19-briefing-auswirkungen-auf-den-welthandel.html#

Brand, K. (2021). Nach Sturm auf das US-Kapitol: 650 Verfahren – und es werden immer mehr. Tagesschau. https://www.tagesschau.de/ausland/amerika/kapitol-sturm-aufarbeitung-101.html

Buchen, S. (2022). China auf Einkaufstour: Naive Hamburger? https://daserste.ndr.de/panorama/archiv/2022/China-auf-Einkaufstour-Naive-Hamburger,hamburgerhafen190.html

Budras, C. (2014). Ständige Kontrollen: Der totalüberwachte Mitarbeiter. Frankfurter Allgemeine Zeitung. https://www.faz.net/aktuell/karrierehochschule/buero-co/internet-versandhaendler-amazon-ueberwacht-mitarbeiter-13280561.html

Bundeskriminalamt [BKA]. (2024a). Was ist Cybercrime? https://www.bka.de/DE/UnsereAufgaben/Deliktsbereiche/Cybercrime/cybercrime_node.html

Bundeskriminalamt. (2024b). Korruption. https://www.bka.de/DE/UnsereAufgaben/Deliktsbereiche/Korruption/korruption_node.html

Bundesministerium der Finanzen [BMF]. (2021). IWF – Aufstockung der Sonderziehungsrechte um 650 Milliarden US Dollar. Scholz begrüßt historische Entscheidung des IWF. https://www.bundesfinanzministerium.de/Content/DE/Pressemitteilungen/Finanzpolitik/2021/08/2021-08-03-scholz-begruesst-historische-entscheidung-iwf.html

Bundesministerium der Finanzen [BMF]. (2022a). Gruppe der Sieben (G7). https://www.bundesfinanzministerium.de/Content/DE/Standardartikel/Themen/Internationales_Finanzmarkt/G7/was-ist-g7.html

Bundesministerium der Finanzen [BMF]. (2022b). Mitglieder der G20. https://www.bundesfinanzministerium.de/Content/DE/Standardartikel/Themen/Internationales_Finanzmarkt/G7-G20/G20-7292.html

Bundesministerium der Finanzen [BMF]. (2024). Fragen und Antworten zur globalen Mindestbesteuerung. https://www.bundesfinanzministerium.de/Content/DE/FAQ/faq-globale-mindestbesteuerung.html

Bundesministerium der Verteidigung [BMV]. (2024). Die Zusammenarbeit von EU und NATO. https://www.bmvg.de/de/themen/sicherheitspolitik/gsvp-sicherheits-verteidigungspolitik-eu/zusammenarbeit-nato-eu

Bundesministerium des Innern und für Heimat [BMI]. (2024). Cyberkriminalität. https://www.bmi.bund.de/DE/themen/sicherheit/kriminalitaetsbekaempfung-und-gefahrenabwehr/cyberkriminalitaet/cyberkriminalitaet-node.html

Bundesministerium für Arbeit und Soziales [BMAS]. (n. d.a). Nachhaltigkeit und CSR. https://www.csr-in-deutschland.de/DE/Was-ist-CSR/Grundlagen/Nachhaltigkeit-und-CSR/nachhaltigkeit-und-csr.html;jsessionid=E335D131D32FC85BA5DFDEA51BFA859A

Bundesministerium für Arbeit und Soziales [BMAS]. (n. d.b). Berichterstattung. Standards der CSR. https://www.csr-in-deutschland.de/DE/Unternehmen/CSR-Berichterstattung/Standards/standards-artikel.html

Bundesministerium für wirtschaftliche Zusammenarbeit und Entwicklung [BMZ]. (2024a). Gruppe der 77. https://www.bmz.de/de/service/lexikon/gruppe-der-77g77-14456

Bundesministerium für wirtschaftliche Zusammenarbeit und Entwicklung [BMZ]. (2024b). Menschenrechte schützen – Das Lieferkettengesetz. https://www.bmz.de/de/entwicklungspolitik/lieferkettengesetz

Bundesministerium für wirtschaftliche Zusammenarbeit und Entwicklung [BMZ]. (2024c). Das Lieferkettengesetz. https://www.youtube.com/watch?v=p97L2PPWpDw

Bundesministerium für Wirtschaft und Klimaschutz [BMWK]. (2021). Leitsätze für multinationale Unternehmen: Das Beschwerdeverfahren vor der deutschen nationalen Kontaktstelle für OECD-Leitsätze [PDF]. OECD. https://www.bmwk.de/Redaktion/DE/Downloads/F/bmwi-flyer-oecd-leitsatze2021-einreichung-einer-beschwerde-stand-1221pdf.pdf?__blob=publicationFile&v=4

Bundesministerium für Wirtschaft und Klimaschutz [BMWK]. (2024a). Im Fokus. Welthandel: WTO-Mitglieder vereinbaren Übergangslösung. https://www.bmwk.de/Redaktion/DE/Schlaglichter-der-Wirtschaftspolitik/2020/06/kapitel-1-2-welthandel-wto-mitglieder-vereinbaren-uebergangsloesung.html

Bundesministerium für Wirtschaft und Klimaschutz [BMWK]. (2024b). Investitionsprüfung. https://www.bmwk.de/Redaktion/DE/Artikel/Aussenwirtschaft/investitionspruefung.html

Bundesministerium für Wirtschaft und Klimaschutz [BMWK]. (2024c). Die Entwicklung der EU-Mitgliedsstaaten. https://www.bmwk.de/Redaktion/DE/Infografiken/Europa/eu-binnenmarkt-groesste-gemeinsame-wirtschaftsraum-der-welt.html

Bundesverband der deutschen Industrie e. V. [BDI]. (2022). Business 7 – Starker und Zuverlässiger Partner der G7. https://bdi.eu/artikel/news/business-7-starker-und-zuverlaessiger-partner-der-g7/

Bundesverband der Deutschen Industrie e. V. [BDI]. (2023). Ausländische Direktinvestitionen - Treibstoff für Arbeitsplätze und Wohlstand. https://bdi.eu/themenfelder/aussenwirtschaft/auslaendische-direktinvestitionen/#/artikel/news/treibstoff-fuer-arbeitsplaetze-und-wohlstand/

Bundeszentrale für politische Bildung [bpb]. (Hrsg.). (2023). Entwicklung des Warenhandels. https://www.bpb.de/kurz-knapp/zahlen-und-fakten/globalisierung/52543/entwicklung-des-grenzueberschreitenden-warenhandels/

Busch, B. (2022). Vereinigtes Königreich: Wirtschaft und Arbeitsmarkt sind geschwächt. iwd – Der Informationsdienst des Instituts der deutschen Wirtschaft. https://www.iwd.de/artikel/wirtschaft-und-arbeitsmarkt-des-vereinigten-koenigreichs-sind-geschwaecht-555701/

CLAAS KGaA mbH. (n. d.). Über Claas, Standorte. https://www.claas.com/de-de/ueber-claas/standorte

CMS Legal. (2024). BREXIT. https://cms.law/de/deu/insight/brexit

Commission on Global Governance. (1987). Report of the World Commission on Global Governance on Environment and Development: Our common future [PDF]. https://digitallibrary.un.org/record/139811?v=pdf#files

Commission on Global Governance. (1995). Our global neighborhood. http://www.gdrc.org/u-gov/global-neighbourhood/chap1.htm

CompaniesMarketCap.com. (2024). Größte Unternehmen der Welt nach Marktkapitalisierung im Jahr 2024 (in Milliarden US-Dollar; Stand: 5. August). Statista. https://de.statista.com/statistik/daten/studie/12108/umfrage/top-unternehmen-der-welt-nach-marktwert/

Darimont, B. (Hrsg.). (2020). Wirtschaftspolitik der Volksrepublik China. Springer Fachmedien. https://doi.org/10.1007/978-3-658-28305-6

Demmer, C. (2021). UN Global Compact: Panzerrohre unter blauer Flagge. Süddeutsche Zeitung. https://www.sueddeutsche.de/kolumne/un-global-compact-initiative-bluewashing-1.5469512

Desjardin, J. (2017). Chart: Here's how 5 tech giants make their billions. Visual Capitalist. https://www.visualcapitalist.com/chart-5-tech-giants-make-billions/

Deutsche Bundesbank. (2013). 1973: Das Ende von Bretton Woods – Als die Kurse schwanken lernten. Bundesbank Magazin 4/2013. https://www.bundesbank.de/de/aufgaben/themen/1973-das-ende-von-bretton-woods-als-die-kurse-schwanken-lernten-663622

Deutsche Bundesbank. (2023). Die Europäische Währungsunion. https://www.bundesbank.de/de/bundesbank/eurosystem/europaeische-waehrungsunion/die-europaeische-waehrungsunion-604386

Deutsche Bundesregierung. (2020). Die EU-Institutionen im Video. Europa verstehen in 100 Sekunden. https://www.bundesregierung.de/breg-de/themen/europa/eu-institutionen-1772276

Deutsche Bundesregierung. (2022). Wirtschafts- und Währungsunion. Seit 20 Jahren: Euro als Bargeld in Europa. https://www.bundesregierung.de/breg-de/service/archiv/20-jahre-euro-1574450

Deutsche Bundesregierung. (2024a). Die G7 – ein Überblick. https://www.bundesregierung.de/breg-de/themen/internationale-zusammenarbeit-g7-g20-/gruppe-der-7-387336

Deutsche Bundesregierung. (2024b). Die G20 – ein Überblick. https://www.bundesregierung.de/breg-de/themen/internationale-zusammenarbeit-g7-g20-/das-ist-g20-387324

Deutsche Bundesregierung. (2024c). Gemeinsame Außen- und Sicherheitspolitik (GASP). https://www.bundesregierung.de/breg-de/service/gemeinsame-aussen-und-sicherheitspolitik-gasp--450278

Deutsche Industrie- und Handelskammer. [DIHK]. (2023). DIHK-Report Fachkräfte 2023/2024. https://www.dihk.de/resource/blob/107882/f8e2f248f04aaf10e622d5a0fcb38df9/dihk-fachkraeftereport-2023-data.pdf

Deutsche Industrie- und Handelskammer. [DIHK]. (2024). Der EU-Talentpool: eine Lösung für Europas Fachkräftemangel?

https://www.dihk.de/de/aktuelles-und-presse/tdw/der-eu-talentpool-eine-loesung-fuer-europas-fachkraeftemangel--115658

Deutsche Umwelthilfe e. V. (2024). Goldener Geier 2024. https://www.duh.de/goldenergeier/2024/

Deutsche Umwelthilfe e. V. (n. d.). Verpackungen – Kaffeekapseln. https://www.duh.de/projekte/kaffeekapseln/

Deutscher Bundestag. (2022). Ausarbeitung: Investitionen aus China in deutsche Unternehmen: WD 5 – 3000 – 107/22 [PDF]. https://www.bundestag.de/resource/blob/914984/afb6d4d4fba98e81741748e3d262514a/WD-5–107-22-pdf-data.pdf

Diefenthal, W. (2022). Gasvorkommen entdeckt: Konflikt zwischen der Türkei und Griechenland brodelt – was bedeutet das. InFranken.de. https://www.infranken.de/ welt/gasvorkommen-entdeckt-konflikt-zwischen-der-tuerkei-und-griechen-land-brodelt-was-bedeutet-das-art-5569741

Dierig, C. (2022). Produktpiratrie im Maschinenbau - Kopiert wird nahezu alles – Nur zwei Länder fälschen mehr als Deutschland. Welt. https://www.welt.de/wirtschaft/article239107147/Produktpiraterie-Deutschland-gehoert-zu-den-groessten-Faelschern.html

Dijsselbloem, J. (2018). Die Eurokrise: Erfahrungsbericht eines Insiders. Springer. https://link.springer.com/book/10.1007/978–3-658–26464-2

Dixson-Declève, S. et al. (2022). Earth for All: Ein Survivalguide für unseren Planeten: Der neue Bericht an den Club of Rome, 50 Jahre nach „Die Grenzen des Wachstums“. (hrsg. v. Club of Rome, 3 Aufl.). oekom.

dpa Infografik GmbH. (2021). Die EU auf einen Blick. https://www.europaimunterricht.de/fileadmin/_processed_/2/0/csm_EU_Institutionen_auf_einen_Blick1_306092044b.jpg

Dreher, A. (2006). Does globalization affect growth? Evidence from a new index of globalization. Applied Economics, 38(10), 1091–1110.

EFTAvideo (2021). The European Free Trade Association (EFTA). https://www.youtube.com/watch?v=Trbenu-NcnI

Epoch Times (2022). Nach dem Hafen-Deal in Hamburg: Elmos: Chip-Deal mit chinesischem Käufer gestoppt. https://www.epochtimes.de/politik/ausland/elmos-chipdeal-mit-chinesischem-kaeufer-gestoppt-a4029289.html

EQRoy/Shutterstock (2019). EU-Kommission in Brüssel. Euractiv, https://www.euractiv.de/section/energie-und-umwelt/news/eu-kommission-setzt-umstrittene-gasprojekte-auf-foerderliste/

EUR-Lex (2021). Der Vorrang des EU-Rechts. https://eur-lex.europa.eu/DE/legal-content/summary/precedence-of-european-law.html

EUR-Lex (2022). Zusammenfassung des Dokuments: Verordnung (EU) 2019/452 zur Schaffung eines Rahmens für die Überprüfung ausländischer

Direktinvestitionen in der Europäischen Union. https://eur-lex.europa.eu/legal-content/DE/ALL/?uri=LEGISSUM%3A4391701#:~:

Europäische Kommission. (2014). Umfassende Reaktion der EU auf die Finanzkrise: Wichtige Schritte in Richtung solider Rahmenbestimmungen für den Finanzsektor in Europa und einer Bankenunion für den Euroraum. https://ec.europa.eu/commission/presscorner/detail/de/MEMO_14_57

Europäische Kommission. (2019). Welche Werte repräsentieren Ihrer Meinung nach am besten die Europäische Union? Statista. https://de.statista.com/statistik/daten/studie/2402/umfrage/werte-die-die-europaeische-union-repraesentieren/

Europäische Kommission. (2021). EU-Handelsabkommen. https://www.europarl.europa.eu/resources/library/images/20211202PHT18604/20211202PHT18604_original.jpg

Europäische Kommission. (2023a). Europäische Union: Operative Haushaltssalden der Mitgliedstaaten im EU-Haushalt im Jahr 2022 (in Millionen Euro). Statista. https://de.statista.com/statistik/daten/studie/38139/umfrage/nettozahler-und-nettoempfaengerlaender-in-der-eu/

Europäische Kommission. (2023b). EU-Katastrophenhilfe für Erdbebengebiet in der Türkei und in Syrien wird ausgeweitet. https://germany.representation.ec.europa.eu/news/eu-katastrophenhilfe-fur-erdbebengebiet-der-turkei-und-syrien-wird-ausgeweitet-2023-02-17_de

Europäische Kommission. (2024a). Welches sind Ihrer Meinung nach die wichtigsten Probleme, denen die Europäische Union derzeit gegenübersteht? Standard Eurobarometer 101, Tabellenanhang, Seite 55. Statista. https://de.statista.com/statistik/daten/studie/657041/umfrage/einschaetzung-der-wichtigsten-probleme-fuer-die-europaeische-union-eu/

Europäische Kommission. (2024b). Arbeits- und Fachkräftemangel: Was die EU dagegen tun will. Pressemitteilung. https://commission.europa.eu/news/tackling-labour-and-skills-shortages-eu-2024-03-20_de

Europäische Kommission. (2024c). Gestaltung der digitalen Zukunft Europas – Der Index für digitale Wirtschaft und Gesellschaft (DESI). https://digital-strategy.ec.europa.eu/de/policies/desi

Europäische Kommission. (n. d.a). EU-Maßnahmen zur Bewältigung der Energiekrise. https://commission.europa.eu/strategy-and-policy/priorities-2019-2024/european-green-deal/eu-action-address-energy-crisis_de

Europäische Kommission. (n. d.b). Erasmus+. https://germany.representation.ec.europa.eu/der-eu-leben-arbeiten-und-studieren/bildung-schule-studium-und-praktika_de#erasmus

Europäische Kommission. (n. d.c). Betrugsbekämpfung. https://commission.europa.eu/strategy-and-policy/fraud-prevention_de

Europäische Kommission. (n. d.d). Handelsschutz. https://policy.trade.ec.europa.eu/enforcement-and-protection/trade-defence_en

Europäische Kommission. (n. d.e). Arten von EU-Rechtsvorschriften. https://commission.europa.eu/law/law-making-process/types-eu-law_de

Europäische Union. (2021). Ein neues Haus für den EU-Souverän. Stuttgarter Zeitung. https://www.stuttgarter-zeitung.de/inhalt.eu-parlament-ein-neues-haus-fuer-den-eu-souveraen.6060b59e-e01a-4be1-8e11-f3d71cf33780.html

Europäische Union. (2024a). Sitz des EU-Parlaments in Straßburg. Die Bundesregierung. https://www.bundesregierung.de/breg-de/schwerpunkte/europa/europaparlament-kurz-erklaert-479720

Europäische Union. (2024b). Übereinkommen von Paris: der Weg der EU zur Klimaneutralität. https://www.consilium.europa.eu/de/infographics/paris-agreement-eu/

Europäische Union. (n. d.a). Beitritt zur EU. https://european-union.europa.eu/principles-countries-history/eu-enlargement_de

Europäische Union. (n. d.b). EU-Institution - Europäischer Rat. https://european-union.europa.eu/institutions-law-budget/institutions-and-bodies/search-all-eu-institutions-and-bodies/european-council_de

Europäische Union. (n. d.c). EU-Institution - Rat der Europäischen Union. https://european-union.europa.eu/institutions-law-budget/institutions-and-bodies/search-all-eu-institutions-and-bodies/council-european-union_de

Europäische Union. (n. d.d). Die Prioritäten der Europäischen Union für 2024–2029. https://european-union.europa.eu/priorities-and-actions/eu-priorities/european-union-priorities-2024-2029_de

Europäischer Gerichtshof [EuGH]. (2024a). Pressemitteilung Nr. 135/24 vom 10. September 2024. Urteil des Gerichtshofs in der Rechtssache C-48/22 P | Google und Alphabet / Kommission (Google Shopping). https://curia.europa.eu/jcms/upload/docs/application/pdf/2024-09/cp240135de.pdf

Europäischer Gerichtshof [EuGH]. (2024a). Pressemitteilung Nr. 135/24 vom 10. September 2024. Urteil des Gerichtshofs in der Rechtssache C-48/22 P | Google und Alphabet / Kommission (Google Shopping). https://curia.europa.eu/jcms/upload/docs/application/pdf/2024-09/cp240135de.pdf

Europäischer Gerichtshof [EuGH]. (2024b). Pressemitteilung Nr. 133/24 vom 10. September 2024. Urteil des Gerichtshofs in der Rechtssache C-465/20 P | Kommission / Irland u. a. https://curia.europa.eu/jcms/upload/docs/application/pdf/2024-09/cp240133de.pdf

Europäischer Gerichtshof [EuGH]. (2024b). Pressemitteilung Nr. 133/24 vom 10. September 2024. Urteil des Gerichtshofs in der Rechtssache C-465/20 P | Kommission / Irland u. a. https://curia.europa.eu/jcms/upload/docs/application/pdf/2024-09/cp240133de.pdf

Europäischer Rat, Rat der Europäischen Union (2024a). Die Rolle der EU im Welthandel. https://www.consilium.europa.eu/de/infographics/the-eu-s-role-in-global-trade/

Europäischer Rat, Rat der Europäischen Union (2024b). EU-Handelsabkommen. https://www.consilium.europa.eu/de/policies/trade-policy/trade-agreements/

Europäischer Rat, Rat der Europäischen Union (2024c). EU-Handelspolitik. https://www.consilium.europa.eu/de/policies/trade-policy/

Europäischer Rat, Rat der Europäischen Union (2024e). Energiepreise und Versorgungssicherheit. https://www.consilium.europa.eu/de/policies/energy-prices-and-security-of-supply/#EU

Europäischer Rat, Rat der Europäischen Union (2024f). Pariser Klimaschutzabkommen. https://www.consilium.europa.eu/de/policies/climate-change/paris-agreement/

Europäischer Rat, Rat der Europäischen Union. (2024d). Reaktion der EU auf die COVID-19-Pandemie. https://www.consilium.europa.eu/de/policies/coronavirus/

Europäischer Rat, Rat der Europäischen Union. (2024g). Wie die EU Migrationsbewegungen steuert. https://www.consilium.europa.eu/de/policies/eu-migration-policy/managing-migration-flows/#skilled

Europäischer Rat, Rat der Europäischen Union. (2024h). Eine digitale Zukunft für Europa. https://www.consilium.europa.eu/de/policies/a-digital-future-for-europe/

Europäischer Rat, Rat der Europäischen Union. (2024i). Die EU in der VN-Generalversammlung. https://www.consilium.europa.eu/de/policies/unga/

Europäischer Rat, Rat der Europäischen Union. (2024j). Internationales Gipfeltreffen. G7-Gipfel, Borgo Egnazia, Apulien, Italien, 13.-15. Juni 2024. https://www.consilium.europa.eu/de/meetings/international-summit/2022/06/26–28/

Europäisches Parlament. (2021a). Die Zukunft Europas: Spezial-Eurobarometer 517 [PDF]. https://europa.eu/eurobarometer/surveys/detail/2554

Europäisches Parlament. (2021b). Rechtsstaatsmechanismus: Schutz des EU-Haushalts und der europäischen Werte. https://www.europarl.europa.eu/topics/de/article/20201001STO88311/rechtsstaatsmechanismus-schutz-des-eu-haushalts-und-der-europaischen-werte

Europäisches Parlament. (2023a). 30 Jahre EU-Binnenmarkt: Vorteile und Herausforderungen. https://www.europarl.europa.eu/topics/de/article/20230112STO66302/30-jahre-eu-binnenmarkt-vorteile-und-herausforderungen-infografik

Europäisches Parlament. (2023b). EPRS - EU response to the US Inflation Reduction Act. https://multimedia.europarl.europa.eu/de/video/eprs-eu-response-to-the-us-inflation-reduction-act_EP147441

Europäisches Parlament. (2023c). EPRS - REPowerEU: Ensuring Europe's energy security? https://multimedia.europarl.europa.eu/fr/video/eprs-repowereu-ensuring-europes-energy-security_EP144050

Europäisches Parlament. (2024). Die EU und der Welthandel. https://www.europarl.europa.eu/topics/de/article/20180703STO07132/die-eu-und-der-welthandel-infografik

Europäisches Parlament. (n. d.a). Die Europäische Union. https://www.europarl.europa.eu/germany/de/europ%C3%A4isches-parlament/die-eu

Europäisches Parlament. (n. d.b). Warum zieht das Parlament zwischen Brüssel und Straßburg hin und her? https://www.europarl.europa.eu/news/de/faq/2/warum-wechselt-das-parlament-zwischen-brussel-und-strassburg

European Brand Institute (2023). Ranking der wertvollsten europäischen Unternehmen nach ihrem Markenwert im Jahr 2023. Statista. https://de.statista.com/statistik/daten/studie/202750/umfrage/wertvollsteunternehmen-in-europa/

Eurostat. (2022). Population pyramids, EU 2006 and 2021 (% of the total population). https://ec.europa.eu/eurostat/statistics-explained/index.php?title=File:Population_pyramids,_EU_2006_and_2021_(%25_of_the_total_population).png

Eurostat. (2024a). Europäische Union: Bruttoinlandsprodukt (BIP) in den Mitgliedstaaten der EU im Jahr 2023 (in Milliarden Euro und jeweiligen Preisen). Statista. https://de.statista.com/statistik/daten/studie/188776/umfrage/bruttoinlandsprodukt-bip-in-den-eu-laendern/explainity GmbH. (2015). Steuerflucht einfach erklärt [Video]. YouTube. https://www.youtube.com/watch?v=YdwTI7RFdjU

Eurostat. (2024b). Europäische Union & Eurozone: Export von Gütern von 2013 bis 2023. Statista. https://de.statista.com/statistik/daten/studie/15724/umfrage/export-von-guetern-aus-der-eu/

Eurostat. (2024c). Europäische Union & Eurozone: Import von Gütern von 2013 bis 2023. https://de.statista.com/statistik/daten/studie/15682/umfrage/import-von-guetern-in-die-eu/

Eurostat. (2024d). Dezember 2023 -Überschuss des Euroraums im internationalen Warenverkehr in Höhe von 16,8 Mrd. EUR. https://ec.europa.eu/eurostat/documents/2995521/18514482/6-15022024-AP-DE.pdf/

Eurostat. (2024e). Europäische Union: Inflationsrate von Juni 2022 bis Juni 2024. Statista. https://de.statista.com/statistik/daten/studie/252059/umfrage/inflationsrate-in-der-eu-nach-monaten/

Eurostat. (2024f). Europäische Union: Inflationsraten in den Mitgliedstaaten im Juni 2024. Statista. https://de.statista.com/statistik/daten/studie/217052/umfrage/inflationsraten-in-den-laendern-der-eu-monatswerte/

Facebook. (n. d.a). Gemeinschaftsstandards. Facebook. https://transparency.meta.com/de-de/policies/community-standards/Facebook. (2022b). Richtlinien. https://transparency.fb.com/de-de/policies/

Facebook. (n. d.b). Richtlinien. https://transparency.meta.com/de-de/policies/

Fitzgerald, B. (2021). How to dress like a Korean guy. DMarge. https://www.dmarge.com/how-to-dress-like-a-korean

Flach, L. & Teti, F. (2021). Die Zukunft der EU-China-Handelspolitik: Herausforderungen angehen und eigene Handelsinteressen selbstbewusst vertreten. Wirtschaftsdienst – Zeitschrift für Wirtschaftsfragen,101(11),849–853. https://www.wirtschaftsdienst.eu/inhalt/jahr/2021/heft/11/beitrag/die-zukunft-der-eu-china-handelspolitik-herausforderungen-angehen-und-eigene-handelsinteressen-selbstbewusst-vertreten.html

Focus. (2022). Nazi-Memes, fremdenfeindliche Beleidigungen: Kurz nach Musk-Deal explodieren rassistische Posts auf Twitter. https://www.focus.de/digital/nazi-memes-fremdenfeindliche-beleidigungen-kiurz-nach-musk-deal-explodieren-rassistische-posts-auf-twitter_id_173039626.html

Food and Agriculture Organization of the United Nations [FAO]. (2016). FAO policy series: Global Governance. YouTube [Video]. https://www.youtube.com/watch?v=CUWiW8RqWSM&t=1s

Frankfurter Allgemeine Zeitung. [FAZ]. (2019). Erklärvideo: Was ist eine Just-in-time Produktion? [Video]. https://www.faz.net/aktuell/wirtschaft/erklaervideo-was-ist-eine-just-in-time-produktion-16064004.html

Frankfurter Allgemeine Zeitung. [FAZ]. (2021). Klimakonferenz in Glasgow: Einigung auf Abkehr von Kohle und Regeln für Emissionshandel. https://www.faz.net/aktuell/wirtschaft/klima-nachhaltigkeit/klimakonferenz-einigt-sich-auf-abkehr-von-kohle-17633255.html

Frankfurter Allgemeine Zeitung. [FAZ]. (2022). Nach Gipfeltreffen: Türkei will Schanghai-Gruppe beitreten. https://www.faz.net/aktuell/politik/ausland/erdogan-tuerkei-will-shanghai-gruppe-beitreten-18324418.html

Fridays for Future (2024). Forderungen. https://fridaysforfuture.de/forderungen/

Gabler Wirtschaftslexikon. (2018). Definition: Was ist „Wertschöpfungskette“. https://wirtschaftslexikon.gabler.de/definition/wertschoepfungskette-50465/version-273684

Geinitz, C. (2022). Einigung bei Klimakonferenz: „Hoffnung und Frustration liegen nahe beieinander“. Frankfurter Allgemeine Zeitung. https://www.faz.net/aktuell/politik/ausland/klimakonferenz-cop27-die-ergebnisse-im-ueberblick-18474245.html

Global Carbon Project. (2023a). CO2-Emissionen weltweit in den Jahren 1960 bis 2022. https://de.statista.com/statistik/daten/studie/37187/umfrage/der-weltweite-co2-ausstoss-seit-1751/

Global Carbon Project. (2023b). Höhe der CO2-Emissionen nach ausgewählten Ländern weltweit im Jahresvergleich 1990 und 2022. Statista. https://de.statista.com/statistik/daten/studie/167864/umfrage/co-emissionen-in-ausgewaehlten-laendern-weltweit/

Glose, J. (2019). Warum Nestlé so unbeliebt ist. Handelsblatt. https://www.handelsblatt.com/unternehmen/handel-konsumgueter/lebensmittelkonzern-warum-nestle-so-unbeliebt-ist/26287122.html

Gold.de. (2022). Das Bretton-Woods-System. https://www.gold.de/bretton-woods-system/

Gontek, F. (2020). Tarifstreit bei Amazon: „Ein System des Drucks – auf allen Ebenen". Spiegel. https://www.spiegel.de/karriere/amazon-ein-mitarbeiter-erzaehlt-warum-er-gegen-schlechte-arbeitsbedingungen-streikt-a-fd4bcfce-ef1f-4acf-bfde-e2f015791282

Greenpeace. (n. d.). Das Meer ist kein Industriegebiet. https://green-wire.greenpeace.de/jetzt-unterwasserwelt-retten

Gruhlich, J. (2016). Transnationale Unternehmen und Geschlecht: Eine praxeologische Organisationsanalyse. Springer VS.

Gründel, M. (2023). Der "Inflation Reduction Act" – das Schreckgespenst der Europäer. Manager Magazin. https://www.manager-magazin.de/politik/weltwirtschaft/inflation-reduction-act-warum-die-europaeer-das-us-subventionsprogramm-so-sehr-fuerchten-a-f5e84e90-bfac-4d70-891c-89ca13f75d23

Gygli, S., Haelg, F., Potrafke, N. & Sturm, J.E. (2019). The KOF Globalisation Index – revisited. The Review of International Organizations, 14(3), 543–574.

Hamburger Hafen und Logistik Aktiengesellschaft [HHLA]. (n. d.). Wie von Geisterhand. https://hhla.de/unternehmen/tochterunternehmen/container-terminal-altenwerder-cta/so-funktioniert-cta

Handelsblatt. (2015). Arbeitsbedingungen: Schimmel, Wanzenbisse und eine 60-Stunden-Woche. Apple. https://www.handelsblatt.com/unternehmen/it-medien/apple-arbeitsbedingungen-schimmel-wanzenbisse-und-eine-60-stunden-woche/12489460.html

Handelsblatt. (2023). Apple-Zulieferer Foxconn will Investitionen in Indien verdoppeln. https://www.handelsblatt.com/technik/it-internet/auftragsfertiger-apple-zulieferer-foxconn-will-investitionen-in-indien-verdoppeln/29396368.html

Haric, P. (n. d.). Hidden Champions Definition: Was ist „Hidden Champions"? Gabler Wirtschaftslexikon. https://wirtschaftslexikon.gabler.de/definition/hidden-champions-54015

Hein, C. (2021). Stau im Suezkanal: Hoffnung auf eine schnelle Befreiung der „Ever Given“ schwindet. Frankfurter Allgemeine Zeitung. https://www.faz.net/aktuell/wirtschaft/auto-verkehr/ever-given-blokkiert-suezkanal-die-hoffnung-auf-schnelle-befreiung-schwindet-17267105.html

Herrberg, A. & Ebert, M. (2022). Amazonas: Rekordbrände fressen Regenwald auf. Tagesschau. https://www.tagesschau.de/ausland/amerika/brasilien-amazonas-brandrodung-101.html

Höfinghoff, T. (2008). Eine neue Weltfinanzordnung: Die Bretton-Woods Konferenz 1944. Frankfurter Zeitung. https://www.faz.net/aktuell/wirtschaft/eine-neue-weltfinanzordnung-bretton-woods-ii-1709712.html

Humanrights.ch – Menschenrechte Schweiz. (2016). (TNC): Worum geht es? Transnationale Unternehmen. https://www.humanrights.ch/de/ipf/menschenrechte/Allgemeine_wirtschaft/transnationale-unternehmen-tnc-worum

Huyer, J. (2023). Konflikt zwischen Kosovo und Serbien: Was steckt dahinter? Galileo. https://www.galileo.tv/life/konflikt-zwischen-kosovo-und-serbien-was-steckt-dahinter/

Hüther, M., Diermeier, M. & Goecke, H. (2021). Erschöpft durch die Pandemie: Was bleibt von der Globalisierung? Springer-Fachmedien. https://doi.org/10.1007/978-3-658-34345-3

Igler, W. (2024). Die Europäische Union und die Welthandelsorganisation. Europäisches Parlament. https://www.europarl.europa.eu/factsheets/de/sheet/161/die-europaische-union-und-die-welthandelsorganisation

International Institute for Management Development. [IMD]. (2023). Länder-Ranking zur digitalen Wettbewerbsfähigkeit weltweit im Jahr 2023. Statista. https://de.statista.com/statistik/daten/studie/1284906/umfrage/ laenderranking-zur-digitalen-wettbewerbsfaehigkeit-weltweit/

Internationaler Gewerkschaftsbund [IGB]. (2024). Internationaler Gewerkschaftsbund – Building Workers’ Power. https://www.ituc-csi.org/?lang=de

International Monetary Fund [IMF]. (2021). At a glance: The IMF’s firepower. https://www.imf.org/en/About/infographics/imf-firepower-lending

International Monetary Fund [IMF]. (2022). What is the IMF? https://www.imf.org/en/About/Factsheets/IMF-at-a-Glance

International Monetary Fund [IMF]. (2023a). Entwicklung der ausländischen Direktinvestitionen weltweit in den Jahren 1970 bis 2022. https://de.statista.com/statistik/daten/studie/1226692/umfrage/auslaendische-direktinvestitionen-weltweit/

International Monetary Fund [IMF]. (2023b). IMF lending. https://www.imf.org/en/About/Factsheets/IMF-Lending

International Monetary Fund [IMF]. (2024a). Entwicklung der weltweiten Devisenreserven von 1995 bis zum 3. Quartal 2023. Statista. https://de.statista.com/statistik/daten/studie/239732/umfrage/entwicklung-der-weltweiten-devisenreserven/

International Monetary Fund [IMF]. (2024b). IMF executive directors and voting power. https://www.imf.org/en/About/executive-board/eds-voting-power

International Monetary Fund [IMF]. (2024c). Länder mit dem höchsten BIP weltweit 2023. Statista. https://de.statista.com/statistik/daten/studie/157841/umfrage/ranking-der-20-laender-mit-dem-groessten-bruttoinlandsprodukt/

Janson, M. (2020). Corona-Management der EU kommt nicht überall gut an. Statista. https://de.statista.com/infografik/22293/befragte-die-mit-den-anti-corona-massnahmen-der-eu-zufrieden-sind/

Janson, M. (2022a). Mobilfunk: iPhone-Komponenten werden in aller Welt entwickelt. Statista. https://de.statista.com/infografik/27714/bauteile-des-iphone-13-pro-nach-herstellern/

Janson, M. (2022b). So altert Europa. Statista. https://de.statista.com/infografik/28255/prognose-zur-entwicklung-der-bevoelkerungsstruktur-der-eu-nach-altersgruppen/

Janusch, H. (2019). America First und das Ende des wohlwollenden Hegemonen: Handelspolitik unter Präsident Trump. In C. Daase & S. Kroll (Hrsg.), Angriff auf die liberale Weltordnung: Die amerikanische Außen- und Sicherheitspolitik unter Donald Trump (S. 171–190). Springer. https://doi.org/10.1007/978–3-658-23783-7

Jones, K. (2019). The Big Five: Largest acquisitions by tech company. Visual Capitalist. https://www.visualcapitalist.com/the-big-five-largest-acquisitions-by-tech-company/

Kaufner, T. & Hoenig, A. (2022). China-Beteiligung an Hafenterminal sorgt für Zwist. Produktion – Technik und Wirtschaft für die deutsche Industrie. https://www.produktion.de/schwerpunkte/industrie-politik/china-beteiligung-an-hafenterminal-sorgt-fuer-zwist-244.html

Kern, J. (2021). Guanxi im chinesischen Geschäftsleben – Erfolgreich verstehen und anwenden. Springer-Fachmedien. https://doi.org/10.1007/978-3-658-33781-0

Klawitter, N. (2020). Ölkrise 1973: Als Deutschland der Sprit ausging. Der Spiegel. https://www.spiegel.de/geschichte/oelkrise-1973-als-deutschland-der-sprit-ausging-a-00000000-0002-0001-0000-000173049380

Kleinert, H. (2019). Das geteilte Deutschland: Die Geschichte 1945–1990. Springer Fachmedien. https://doi.org/10.1007/978-3-658-21740-2

Kloepfer, I. (2009). Protektionismus: Das Ende der Offenheit – der Welthandel ist in Gefahr. Frankfurter Allgemeine Zeitung.

https://www.faz.net/aktuell/wirtschaft/wirtschaftspolitik/protektionismus-das-ende-der-offenheit-der-welthandel-ist-in-gefahr-1755128.html

Koch, E. (2022). Globalisierung: Wirtschaft und Politik. Chancen – Risiken – Antworten (3. Aufl.). Springer-Fachmedien. https://doi.org/10.1007/978-3-658-38179-0

Ködding-Zurmühlen, O. (2016). Neue Schutzstandards der Weltbank: Verwässerung statt Verbesserung. Deutsche Welle. https://www.dw.com/de/neue-schutzstandards-der-weltbank-verw%C3%A4sserung-statt-verbesserung/a-19460325

Körner, M. (2023). Wettlauf der Subventionen: Die EU ist nicht Opfer, sondern Auslöser. Die Welt. https://www.welt.de/wirtschaft/article243540431/Inflation-Reduction-Act-EU-ist-nicht-Opfer-sondern-Ausloeser-der-neuen-US-Subventionspolitik.html

Krause, S., Medele, K. & Weiberg, M. (2021). Moneten statt Moral? Deutsche Firmen in Katar. ARD Radio Recherche Sport. https://www.br.de/themen/sport/inhalt/recherche/moneten-statt-moral-deutsche-firmen-und-ihr-engagement-in-katar-100.html

Kreff, F., Knoll, E.-M. & Gingrich, A. (Hrsg.). (2011). Lexikon der Globalisierung. Transcript Verlag.

Kruse, N. (2020). Aus diesen Organisationen und Abkommen hat sich Donald Trump bereits zurückgezogen. Stern. https://www.stern.de/politik/ausland/aus-diesen-organisationen-hat-sich-donald-trump-bereits-zurueckgezogen-9273932.html

KUKA AG. (2021). KUKA erwartet positives Geschäftsjahr 2021 und definiert gemeinsam mit Midea langfristigen Wachstumsplan außerhalb der Börse – Squeeze-Out-Prozess eingeleitet. https://www.kuka.com/de-de/unternehmen/presse/news/2021/11/pressemitteilung-kuka-und-midea

KUKA AG. (2022). KUKA Smart Automation – Lösungen für neue Märkte. YouTube https://www.youtube.com/watch?v=KdwO0a-yKb0

KUKA AG. (2024a). Über KUKA. https://www.kuka.com/de-de/unternehmen/über-kuka

KUKA AG. (2024b). KUKA Innovation Award. https://www.kuka.com/de-de/future-production/konzernforschung/kuka-innovation-award

Kurier. (2023). Arbeitskräftemangel nimmt europaweit Fahrt auf. https://kurier.at/wirtschaft/karriere/arbeitskraeftemangel-nimmt-europaweit-fahrt-auf/402326484

Kühlem, K. (n. d.). Europäische Einigung. Internet-Publikation der Konrad-Adenauer-Stiftung. https://www.konrad-adenauer.de/politikfelder/seite/europaeische-einigung

Laenderdaten,info. (2024). Länder mit dem Euro. https://www.laenderdaten.info/waehrungen/eur-euro.php

Leimbach, A. (2024). Woran BioNTech nach Corona forscht. Tagesschau, Ressort Unternehmen. https://www.tagesschau.de/wirtschaft/unternehmen/biotechnologie-branche-nach-corona-100.html

Leyen, U. von der (2019). Rede zur Eröffnung der Plenartagung des Europäischen Parlaments, Ursula von der Leyen, Kandidatin für das Amt der Präsidentin der Europäischen Kommission. Europäische Kommission. https://ec.europa.eu/commission/presscorner/detail/de/SPEECH_19_4230

Liberación e. V. (n. d.). Menschenrechtsverletzungen und Umweltbelastung an der Tagesordnung. http://fairtradeatlas.net/exhib_tshirt_de.html

Libl, K. (2020). Wirtschafts- und Organisierte Kriminalität (3. Aufl.). Springer-VS. https://doi.org/10.1007/978-3-658-29095-5

LIQUI MOLY GmbH. (2022). LIQUI MOLY: Gute Nachrichten in schwierigen Zeiten. https://www.liqui-moly.com/de/de/presse/pressemeldungen/detail/liqui-moly-gute-nachrichten-in-schwierigen-zeiten-7912.html

LIQUI MOLY GmbH. (2024a). LIQUI MOLY – Autos lieben LIQUI MOLY - Seit Jahrzehnten ausgezeichnetes Motoröl made in Germany! https://www.liqui-moly.com/de/de/unternehmen/best-brand.html

LIQUI MOLY GmbH. (2024b). LIQUI MOLY - Eine Marke, die bewegt und begeistert. https://www.liqui-moly.com/de/de/unternehmen/ueber-uns.html

LIQUI MOLY. (2024c). Umsatz von LIQUI MOLY in den Jahren von 2014 bis 2023. Statista. https://de.statista.com/statistik/daten/studie/807061/umfrage/umsatz-von-liqui-moly/

Loesche, D. (2017). Steuerflucht. Einbußen durch internationale Steuerflucht von Konzernen. Statista. https://de.statista.com/infografik/9650/jaehrliche-steuerausfaelle-durch-steuerflucht-in-ausgewaehlten-laendern/

López, M. A., Razauskas, A. (2024). Der Europäische Wirtschaftsraum (EWR), die Schweiz und der Norden. Europäisches Parlament. https://www.europarl.europa.eu/factsheets/de/sheet/169/der-europaische-wirtschaftsraum-ewr-die-schweiz-und-der-norden

Martin, L. (Hrsg). (2021). International business development. Springer. https://doi.org/10.1007/978-3-658-33221-1

Massoud, S. (2018). Menschenrechtsverletzungen im Zusammenhang wirtschaftlichen Aktivitäten von transnationalen Unternehmen (Interdisciplinary Studies in Human Rights, Band 2). Springer. https://doi.org/10.1007/978–3-662–56780-7

Maucher, H. O. (n. d.). Zitat von Helmut O. Maucher. Gute Zitate. https://gutezitate.com/zitat/153138

Meadows, D. et al. (1972). Die Grenzen des Wachstums: Bericht des Club of Rome zur Lage der Menschheit. Deutsche Verlags-Anstalt

Meyer-Feist, A. (2024). Europawahl: Spitzenkandidat der AfD - Wohin mit dem Listenersten? Tagesschau. https://www.tagesschau.de/europawahl/parteien_und_programme/maximilian-krah-108.html

Mezyk, R. (2019). Die EU und die Finanzkrise: Die Emergenz eines neuen Systems der wirtschaftspolitischen Koordinierung in den Jahren 2010–2017. Springer. https://doi.org/10.1007/978–3-658–25102-4

Midea Group. (2024). Über Midea. https://www.midea.com/de/ueber-midea

Mohn, E. (n. d.). Zitate von Elisabeth Mohn. zitate.eu. https://www.zitate.eu/autor/elisabeth-mohn-zitate/284496

Muschter, R. (2024). Daten & Fakten zu den BRICS-Staaten. Statista. https://de.statista.com/themen/1196/bric-staaten/#topicOverview

Museum of HP Calculators. (n. d.). The HP Garage – the birthplace of Silicon Valley. https://www.hpmuseum.org/garage/garage.htm

Mussler, W. & Lindner, R. (2021). Steuerbeihilfeverfahren: Warum Amazon so wenig Steuern zahlt. Frankfurter Allgemeine Zeitung. https://www.faz.net/aktuell/wirtschaft/unternehmen/amazon-warum-der-onlinehaendler-so-wenig-steuern-zahlt-17339994.html

Naturschutzbund [NABU]. (2016). Fitness-Check für die EU-Agrarpolitik. https://blogs.nabu.de/naturschaetze-retten/fitness-check-gap/

Nespresso. (2024). RE-RE-RECYCLEBAR: Schritt für Schritt in eine nachhaltigere Zukunft. https://www.nespresso.com/de/de/doingiseverything/recycling#aluminium

Nestlé. (n. d.a). Deutschland in der Gesellschaft. Nestlé. https://www.nestle.de/verantwortung/nachhaltigkeitsbericht

Nestlé. (n. d.b). Wer Wasser nutzt, trägt Verantwortung. https://www.nestle.de/verantwortung/wasser

Nestlé. (n. d.c). Die Welt des Palmöls: Ein wertvoller Rohstoff mit vielen Herausforderungen. https://www.nestle.de/verantwortung/planet/palmoel

Norddeutscher Rundfunk [NDR]. (2021). Steueroasen: Wo deutsche Unternehmen ihr Geld versteuern [Video]. extra 3. https://www.ndr.de/fernsehen/sendungen/extra_3/Steueroasen-Wo-deutsche-Unternehmen-ihr-Geld-versteuern,extra19470.html

Norddeutscher Rundfunk [NDR]. (2022). Hamburger Hafen-Deal mit China: Bund erlaubt begrenzten Einstieg. https://www.ndr.de/nachrichten/hamburg/Hamburger-Hafen-Deal-mit-China-Bund-erlaubt-begrenzten-Einstieg,hhla446.html

North Atlantic Treaty Organization [NATO]. (2019). Der Nordatlantikvertrag. https://www.nato.int/cps/en/natohq/official_texts_17120.htm?selectedLocale=de

ntv. (2022). Nein an Investoren aus China: Regierung verbietet Verkauf von Elmos und ERS Electronic. https://www.n-tv.de/wirtschaft/Regierung-verbietet-Verkauf-von-Elmos-und-ERS-Electronic-article23705864.html

Office of the United States Trade Representative. [USTR]. (2024). 2024 Trade Policy Agenda and 2023 Annual Report of the President of the United States on the Trade Agreements Program. https://ustr.gov/sites/default/files/The%20Presidents%202024%20Trade%20Policy%20Agenda%20and%202023%20Annual%20Report.pdf. In Germany Trade and Invest [GTAI]. (2024). Handelsagenda 2024 baut auf Resilienz durch starke Arbeitnehmer. https://www.gtai.de/de/trade/usa/zoll/handelsagenda-2024-baut-auf-resilienz-durch-starke-arbeitnehmer--1738986#toc-anchor--1

Organisation for Co-operation and Development [OECD]. (2011). OECD Guideline for Multinational Enterprises [PDF]. https://www.oecd.org/daf/inv/mne/48004323.pdf

Organisation for Co-operation and Development [OECD]. (n. d.b). Leitsätze für verantwortungsvolles unternehmerisches Handeln. Responsible Business Conduct – OECD. http://mneguidelines.oecd.org/

Organisation for Co-operation and Development [OECD]. (n. d.c). Responsible business conduct, the new normal for a sustainable future. YouTube https://www.youtube.com/watch?v=PEJzF3X9eJ0&t=23s

Organization for Economic Co-operation and Development [OECD]. (2006). Entwicklung der weltweiten Transport- und Kommunikationskosten in den Jahren 1930 bis 2005. Statista. https://de.statista.com/statistik/daten/studie/1223062/umfrage/entwicklung-der-transport-und-kommunikationskosten/

Organization for Economic Co-operation and Development [OECD]. (2013). Glossary of statistical terms: Globalisation. https://stats.oecd.org/glossary/detail.asp?ID=1121

Organization for Economic Co-operation and Development [OECD]. (2020). The OECD - Creating Better Policies for Better Lives, Together. https://www.youtube.com/watch?v=6JstvTnZjHM

Organization for Economic Co-operation and Development [OECD]. (n. d.a). Wer wir sind. https://www.oecd.org/en/about.html

Osterholt, S. (2021). TRIGEMA-Chef Grupp: „Ich bleibe so lange, bis mein Ende gesetzt ist“ [Interview, online]. Wirtschaftswoche. https://www.wiwo.de/erfolg/management/trigema-chef-grupp-ich-bleibe-so-lange-bis-mein-ende-gesetzt-ist/26572466.html

Oxfam Deutschland. (2024). Menschenrechtsverletzungen für Profite deutscher Konzerne. https://www.oxfam.de/unsere-arbeit/themen/menschenrechtsverletzungen-fuer-profite

Pastukhova, M., Pepe, J. M. & Westphal, K. (2020). Die EU-Energiediplomatie – Aufwertung und Neuausrichtung für eine neue Ära [PDF]. Stiftung

Wissenschaft und Politik – SWP-Aktuell. 2020/A 65,1–8. https://www.swp-berlin.org/10.18449/2020A65/

Phoenix. (n. d.). Geschichte der Weltwirtschaft, Dossier „Weltwirtschaft" (1/5). https://www.phoenix.de/themen/dossiers/geschichte-der-weltwirtschaft-a-213897.html

Polotzek, L. (2018). Die UN verhandeln ein Abkommen zu Wirtschaft und Menschenrechten – Deutschland schweigt. Deutsche Gesellschaft für die Vereinten Nationen e. V. https://dgvn.de/meldung/die-un-verhandeln-ein-abkommen-zu-wirtschaft-und-menschenrechten-deutschland-schweigt

Produktion – Technik und Wirtschaft für die deutsche Industrie. (2017). Zulieferungslogistik: Just in Sequence. Vorteile und Potenziale. https://www.produktion.de/wirtschaft/just-in-sequence-vorteile-und-potenziale-342.html

Puhlmann, G. & Rath, I. (2022). Herausforderungen des internationalen Managements. UVK-Verlag. https://doi.org.10.36198/9783838558790

Raisch, S., Probst, G. & Gomez, P. (2010). Wege zum Wachstum (2. Aufl.). Gabler.

Rakemann, I. (2024). Die 10 Hidden Champions in Deutschland. Existenzgründer-Initiative Deutschland startet. https://www.deutschland-startet.de/top-10-hidden-champions/

Rat der Europäischen Union. (2020). Die Europäische Union - Zahlen und Fakten. https://www.consilium.europa.eu/media/45457/qc0420093den_002.pdf

Regionales Informationszentrum der Vereinten Nationen [UNRIC]. (2022). Die Charta der Vereinten Nationen. https://unric.org/de/charta/

Reimann, S. (2022). Pro und Kontra zur Cosco-Beteiligung an HHLA-Terminal. Deutsche Verkehrszeitung. https://www.dvz.de/rubriken/meinung/detail/news/debatte-darf-sich-cosco-am-tollerort-beteiligen.html

Reuters. (2016). Regierung gibt grünes Licht für KUKA-Übernahme. https://www.reuters.com/article/deutschland-firmen-KUKA-midea-idDEKCN10S0IY

Riegert, B. (2021). COVID-19: G7 bekennt sich zum globalen Impfen. Deutsche Welle. https://amp.dw.com/de/g7-bekennt-sich-zum-globalen-impfen/a-56630572

Sackmann, C. (2020). Nestlé, Unilever, Mars: Wir kaufen fast nur bei diesen acht Lebensmittelgiganten ein – ohne es zu merken. Focus online. https://www.focus.de/finanzen/boerse/lebensmittelgiganten-wir-kaufen-fast-nur-bei-diesen-acht-konzernen-ein-ohne-es-zu-merken_id_8489869.html

Scheiber, P. / IMAGO (2021). Europäischer Gerichtshof [Online-Foto]. DAZ – Deutsche Apotheker Zeitung. https://www.deutsche-apothekerzeitung.de/news/artikel/2021/07/15/eugh-auch-fuer-eu-versender-gibt-es-bei-der-werbung-grenzen

Schmiedendorf, B. (2022). Hidden Champions: Die Starken aus der zweiten Reihe. iwd – Informationsdient der deutschen Wirtschaft. https://www.iwd.de/artikel/hidden-champions-die-starken-aus-der-zweiten-reihe-424550/

Scholle. (2024). Industrieroboter – Umsatz wichtiger Hersteller weltweit 2022. https://de.statista.com/statistik/daten/studie/283520/umfrage/wichtigste-hersteller-von-industrierobotern-nach-umsatz/

Schott, J. (2019). USA und EU streiten am häufigsten. -Streitschlichtungsverfahren bei der Welthandelsorganisation. Institut der deutschen Wirtschaft [iwd]. https://www.iwd.de/artikel/wto-wie-geht-es-weiter-453081/

Schubert, C. & Theurer, M. (2016). Panama Papers: Hier liegen die Offshore Gelder auf der Welt. Frankfurter Allgemeine Zeitung. https://www.faz.net/aktuell/wirtschaft/panama-papers-wo-die-steueroasen-auf-der-welt-liegen-14164403/infografik-karte-fuehrende-14164530.html

Schwab, T. (2022). Menschenrechte mit Füßen getreten. Frankfurter Rundschau. https://www.fr.de/wirtschaft/menschenrechte-schuhproduktion-leder-lieferketten-91643099.html

Schwarcz, A. (2024). Einnahmen der Europäischen Union. Europäisches Parlament. https://www.europarl.europa.eu/factsheets/de/sheet/27/einnahmen-der-europaischen-union

Schweizerische Eidgenossenschaft. (2024). Schweizerische Europapolitik. Mitgliedstaaten. https://www.eda.admin.ch/dea/de/home/eu/europaeische-union/mitgliedstaaten-eu.html

Seppelfricke, P. (2022). Wertpapierkäufe der EZB: Hat sich die Zentralbank verzockt? Capital. https://www.capital.de/geld-versicherungen/wertpapierkaeufe-der-ezb--hat-sich-die-zentralbank-verzockt--32749736.html

Sieber, E. (2021). Nestlé – ein nachhaltiges Unternehmen? Basler Kantonalbank. file:///C:/Users/gerha/Downloads/BKB-Chancen-01-2021-Zeit-umzudenken.pdf

Siefert, A. (2024). Giorgia Meloni: Mit besten Grüßen nach Berlin, Paris und Brüssel. Zeit-Online. https://www.zeit.de/politik/ausland/2024-06/italien-europawahl-giorgia-meloni-fratelli-d-italia-wahlanalyse

Silver; J. / Pixabay. (2018). Containerschiff. In Bundesverband der Deutschen Industrie e. V. (BDI). BDI. Handels- und Wettbewerbsverzerrungen schaden der Wirtschaft. https://bdi.eu/artikel/news/handels-und-wettbewerbsverzerrungen-schaden-der-wirtschaft0/

Sommer, M. / Picture Alliance (2016). Das ist der größte Autoparkplatz der Welt. Welt. https://www.welt.de/motor/article156596917/Das-ist-der-groesste-Autoparkplatz-derWelt.html

Spiegel. (2022a). Wirtschaftsspionage und Hackerangriffe: FBI und MI5 warnen gemeinsam vor Bedrohung durch China. https://www.spiegel.de/netzwelt/netzpolitik/fbi-und-mi5-warnen-gemeinsam-vor-bedrohung-durch-china-a-efec625f-f972-4359-b9d0-6ad430ebafe6

Spiegel. (2022b). Katar wird größter RWE-Aktionär. Spiegel. https://www.spiegel.de/wirtschaft/unternehmen/katar-wird-groesster-rwe-aktionaer-a-348347cf-be21-4698-826e-c6cde0ae87ff

Ständige Vertretung der Bundesrepublik Deutschland bei den Vereinten Nationen. (2024). Aufbau der Vereinten Nationen. https://new-york-un.diplo.de/un-de/deutschlandvn/aufbau-der-vn/944724

Statista. (2013). Entwicklung der Transport- und Kommunikationskosten. https://de.statista.com/statistik/daten/studie/1223062/umfrage/entwicklung-der-transport-und-kommunikationskosten/

Statista. (2022). Russland – Dossier. file:///C:/Users/gerha/Downloads/study_id10204_russland-statista-dossier.pdf

Statista. (2024a). Statistiken zu HP Inc. https://de.statista.com/statistik/studie/id/7109/dokument/hewlett-packard-statista-dossier/

Statista. (2024b). Statistiken zur KUKA AG. Statista. https://de.statista.com/themen/2390/kuka-ag/

Statista. (2024c). Nestlé - Statistik-Report zu Nestlé. Statista. https://de.statista.com/statistik/studie/id/14410/dokument/nestle--statista-dossier/

Statistisches Amt der Europäischen Union [Eurostat]. (2018). Glossar: Ausländische Direktinvestitionen (ADI). https://ec.europa.eu/eurostat/statistics-explained/index.php?title=Glossary:Foreign_direct_investment_(FDI)/de&oldid=378288

Statistisches Bundesamt [Destatis]. (2024a). EU und Eurozone im Zeitverlauf. https://www.destatis.de/Europa/DE/Staat/EU-Staaten/_EU_EZ_Zeitverlauf.html

Statistisches Bundesamt [Destatis]. (2024b). Inflationsrate in Deutschland von 1992 bis 2023. Statista. https://de.statista.com/statistik/daten/studie/1046/umfrage/inflationsrate-veraenderung-des-verbraucherpreisindexes-zum-vorjahr/

Stegherr, M. (2022). Der Aufstand er Populisten: Die Krise des liberalen Westens und die nationalkonservative Wende Osteuropas. Springer. https://doi.org/10.1007/978-3-658–29607-0

Sternad, D. & Mödritscher, G. (2018). Qualitatives Wachstum: Der Weg zu nachhaltigem Unternehmenserfolg. Springer Gabler. https://doi.org/10.1007/978-3-658-18880-1

Stiglitz, J. (2004). Die Schatten der Globalisierung. Goldmann Verlag.

Stiglitz, J. (2008). Die Chancen der Globalisierung. Siedler Verlag.

Stöber, S. (2022). EU-Korruptionsskandal: Wie Staaten mit Bestechung Politik machen. Tagesschau. https://www.tagesschau.de/investigativ/korruption-einflussnahme-europa-101.html

Süddeutsche Zeitung. (2018). Zitate zum Wirtschaftsgipfel: Gabriel J. Felbermayr. https://www.sueddeutsche.de/wirtschaft/zitate-vom-wirtschaftsgipfel-gabriel-j-felbermayr-ifo-institut-1.4210543

Südwestdeutscher Rundfunk [SWR]. (n. d.). Gefährliche Plagiate & Produktpiraterie. YouTube. https://www.youtube.com/watch?v=3Um4PM5LHdw

Tagesschau. (2015). Griechenlands Weg in die Krise. https://www.tagesschau.de/wirtschaft/griechenland640.html

Tagesschau. (2017). #kurzerklärt: Warum kommt Griechenland nicht auf die Beine? YouTube. https://www.youtube.com/watch?v=hFjqhFs5DlA

Tagesschau. (2018). #kurzerklärt: Wie kam es zur Finanzkrise? YouTube. https://www.youtube.com/watch?v=dCD6CtcKnhA

Tagesschau. (2022a). Einigung über Flüssigerdgas: Katar liefert LNG an Deutschland. https://www.tagesschau.de/inland/innenpolitik/katar-lng-101.html

Tagesschau. (2022b). EZB erhöht Leitzins – aber nicht mehr so stark. https://www.tagesschau.de/wirtschaft/ezb-leitzinserhoehung-101.html

Tagesschau. (2023). BRICS-Erweiterung. Das neue Gegengewicht zum Westen. https://www.tagesschau.de/ausland/afrika/brics-gipfel-hintergrund-staaten-100.html

Tagesschau. (2024a). Orbans Besuch bei Putin und Xi: Von der Leyen ordnet Ungarn-Boykott an. https://www.zdf.de/nachrichten/politik/ausland/orban-eu-boykott-von-der-leyen-russland-ukraine-102.html

Tagesschau. (2024b). Pläne mit Mercosur-Staaten – Was das Freihandelsabkommen für die EU bedeutet. https://www.tagesschau.de/wirtschaft/mercosur-freihandelsabkommen-faq-100.html

taz. (2022). Vor der Fußball-WM in der Wüste: Ein Sündenfall für zwei. https://taz.de/Vor-der-Fussball-WM-in-der-Wueste/!5894077/

Technische Universität München. (n. d.). Hintergrundinfos zur Übung „Reise eines T-Shirts“ – Tipps zum Kleiderkonsum. https://www.hs.mh.tum.de/fileadmin/w00bbr/sportdidaktik/Forschung/Klima_bewegt_/Hintergrundinfos/Reise_eines_T-Shirts_HGI.pdf

Terre des Hommes Deutschland e. V. (n. d.). Globalisierung und Vielfalt. https://www.tdh.de/was-wir-tun/arbeitsfelder/globalisierung-und-vielfalt/

The Heritage Foundation; American Enterprise Institute. (2024). Höhe der Direktinvestitionen (FDI) von China in Europa, aufgeschlüsselt nach Branchenanteilen im Zeitraum 2005 bis 2023. Statista. https://de.statista.com/statistik/daten/studie/459230/umfrage/hoehe-der-direktinvestitionen-von-china-in-europa-wert-nach-branchen/

The World Bank Group. (2024). Who we are. https://www.worldbank.org/en/who-we-are

Transparency International Deutschland e. V. (2022). Erwartungen von Transparency Deutschland an ein Rüstungsexportkontrollgesetz [PDF]. https://www.bmwk.de/Redaktion/DE/Downloads/Stellungnahmen/Stellungnahmen-REKG/transparency-international-deutschland.pdf?__blob=publicationFile&v=8

Transparency International Deutschland e. V. (2024). Korruptionswahrnehmungsindex 2023. https://www.transparency.de/cpi

TRIGEMA. (2019). TRIGEMA: Seit 100 Jahren die Marke mit Verantwortung. YouTube https://www.youtube.com/watch?v=N01kK8bNn0g

TRIGEMA Inh. W. Grupp e. K. (2024). Das Unternehmen TRIGEMA. https://www.trigema.de/unternehmen/ueber-uns/

Umweltbundesamt. (2021). Beobachtete und erwartete Klimafolgen. https://www.umweltbundesamt.de/daten/klima/beobachtete-erwartete-klimafolgen

Umweltbundesamt. (2024). Trends der Lufttemperatur. https://www.umweltbundesamt.de/daten/klima/trends-der-lufttemperatur#steigende-durchschnittstemperaturen-weltweit

UNICEF Deutschland e. V. (2022). Kinderarbeit weltweit: Die 8 wichtigsten Fragen und Antworten. https://www.unicef.de/informieren/aktuelles/blog/-/kinderarbeit-fragen-und-antworten/275272

United Nations [UN]. (2011). Das System der Vereinten Nationen. https://www.un.org/Depts/german/orgastruktur/vn-organigramm_oktober2011.pdf

United Nations [UN] Global Compact. (n. d.). Über uns. https://www.globalcompact.de/ueber-uns

United Nations Conference on Trade and Development [UNCTAD]. (2023a). Anteile am Warenexport. Bundeszentrale für politische Bildung. https://www.bpb.de/kurz-knapp/zahlen-und-fakten/globalisierung/52551/anteile-am-warenexport/

United Nations Conference on Trade and Development [UNCTAD]. (2023b). Die zehn wichtigsten Herkunftsländer von ausländischen Direktinvestitionen im Jahr 2022 (FDI outflows in Milliarden US-Dollar). Statista. https://de.statista.com/statistik/daten/studie/196934/umfrage/wichtigste-geber-von-direktinvestitionen-weltweit/

United Nations Conference on Trade and Development [UNCTAD]. (2023c). Die zehn wichtigsten Zielländer von ausländischen Direktinvestitionen im Jahr 2022 (FDI inflows in Milliarden US-Dollar). Statista. https://de.statista.com/statistik/daten/studie/982113/umfrage/wichtigste-empfaenger-von-direktinvestitionen-weltweit/

United Nations Conference on Trade and Development [UNCTAD]. (2024a). Entwicklung der weltweiten Exporte im Warenhandel von 1948 bis 2023. Statista. https://de.statista.com/statistik/daten/studie/37143/umfrage/weltweites-exportvolumen-im-handel-seit-1950/

United Nations Conference on Trade and Development [UNCTAD]. (2024b). Kapazitäten von Containerschiffen im Weltseehandel in den Jahren 1980 bis 2023. Statista. https://de.statista.com/statistik/daten/studie/154596/umfrage/kapazitaeten-der-containerschiffe-im-weltseehandel/

United Nations Conference on Trade and Development [UNCTAD]. (2024c). Transnational Corporations – Investment and Development (Volume 31, Issue 1). https://unctad.org/Topic/Investment/Transnational-Corporations-Journal

UNO-Flüchtlingshilfe Deutschland. (2024). Fluchtursachen: Niemand flieht freiwillig. https://www.uno-fluechtlingshilfe.de/informieren/fluchtursachen

Urmersbach, B. (2024). Die zehn wichtigsten Herkunftsländer von ausländischen Direktinvestitionen im Jahr 2022 (FDI outflows in Milliarden US-Dollar). Statista. https://de.statista.com/statistik/daten/studie/196934/umfrage/wichtigste-geber-von-direktinvestitionen-weltweit/

Vereinte Nationen. (1948). [PDF]. Resolution der Generalversammlung. 217 A (III): Allgemeine Erklärung der Menschenrechte. https://www.un.org/Depts/german/menschenrechte/aemr.pdf

Vertrag über die Arbeitsweise der Europäischen Union [AEUV] (2012). Vom 24.4. 2012. Fassung aufgrund des am 1.12.2009 in Kraft getretenen Vertrages von Lissabon (konsolidierte Fassung). In ABl. EG Nr. C 115 vom 9.5.2008, S. 47, zuletzt geändert durch die Akte über die Bedingungen des Beitritts der Republik Kroatien und die Anpassungen des Vertrags über die Europäische Union, des Vertrags über die Arbeitsweise der Europäischen Union und des Vertrags zur Gründung der Europäischen Atomgemeinschaft (ABl.EU L 112/21 vom 24.4.2012) m. W. v. 1.7.2013.

Volkswagen Group. (2024). Wir über uns. https://www.volkswagen-group.com/de/ueber-uns-16013

Wakefield, J. (2020). Facebook: Aviva and Intercontinental Hotel Groups pause ads. BBC News. https://www.bbc.com/news/technology-53235302

Welfens, P. (2020). Trump global: Struktureller US-Populismus und Wirtschaftskonflikte mit Europa und Asien. Springer-Fachmedien. https://doi.org/10.1007/978-3-658-30158-3

Welfens, P. (2022). Russlands Angriff auf die Ukraine: Ökonomische Schocks, Energie Embargo, Neue Weltordnung. Springer. https://doi.org/10.1007/978–3-658-38855-3

Welt. (2013). Darstellung eines phönizischen Schiffs auf einer Münze. https://www.welt.de/geschichte/article112823539/Schon-Phoenizier-konnten-Kurs-auf-Amerika-nehmen.html

Welt. (2024). Verdacht russischer Einflussnahme – Räume von EU-Parlamentsmitarbeiter durchsucht. https://www.welt.de/politik/ausland/article251752972/Verdacht-russischer-Einflussnahme-Raeume-von-EU-Parlamentsmitarbeiter-durchsucht.html

Werner, H. (2020). Supply Chain Management: Grundlagen, Strategien, Instrumente und Controlling (7., überarb. Aufl.). Springer Gabler. https://doi.org/10.1007/978-3-658-32429-2

Westarp, R. (2020). Wie Unternehmen auf Notproduktion in der Corona-Krise umschalten. Capital. https://www.capital.de/wirtschaft-politik/wie-unternehmen-auf-notproduktion-in-der-corona-krise-umschalten

Westdeutscher Rundfunk [WDR]. (2022). Weltweite Lieferketten. Planet Wissen. https://www.planet-wissen.de/video-weltweite-lieferketten-100.html

Westdeutscher Rundfunk [WDR]. (2023). Geschichte der Europäischen Union. Planet Wissen. https://www1.wdr.de/mediathek/video-geschichte-der-europaeischen-union-102.html

WIPO; Cornell University; Insead. (2024). Ranking der 10 innovativsten Länder weltweit nach dem Global Innovation Index 2023. Statista. https://de.statista.com/statistik/daten/studie/524109/umfrage/top-10-laender-nach-dem-global-innovation-index-weltweit/

Wirtschaftswoche. (2021). Änderung der Außenwirtschaftsverordnung: Bundesregierung schaut bei Einstieg von Nicht-EU-Investoren genauer hin. https://www.wiwo.de/politik/deutschland/aenderung-der-aussenwirtschaftsverordnung-bundesregierung-schaut-bei-einstieg-von-nicht-eu-investoren-genauer-hin/27135020.html

Wissen.de. (n. d.). Handel: Früher und heute: Wer waren die ersten Welthandelsreisen den? https://www.wissen.de/bildwb/handel-frueher-und-heute

World Intellectual Property Organization [WIPO]. (2023). Innovationskraft der VR China im Zeitverlauf 2013 bis 2023. Statista. https://de.statista.com/statistik/daten/studie/1103152/umfrage/bewertung-chinas-nach-dem-global-innovation-index/

World Trade Organisation [WTO]. (2024a). The WTO. https://www.wto.org/english/thewto_e/thewto_e.htm

World Trade Organisation [WTO]. (2024b). Principles of the trading system. https://www.wto.org/english/thewto_e/whatis_e/tif_e/fact2_e.htm

World Trade Organisation [WTO]. (2024c). WTO members highlight key role of investment to increase small economies' trading capacity. https://www.wto.org/english/news_e/news20_e/devel_02nov20_e.htm

Wurzel, S. (2020). China und die USA: Ein neuer Großkonflikt hat begonnen. Tagesschau. https://www.tagesschau.de/kommentar/china-usa-konflikt-101.html

Zeit Online. (2021). Debatte um Arbeitsbedingungen: Amazon entschuldigt sich für „Pinkeln in Flaschen"-Tweet. https://www.zeit.de/news/2021-04/06/amazon-entschuldigt-sich-fuer-pinkeln-in-flaschen-tweet

Zervos, A. (2023). Preiskrieg im Supermarkt: Mars stellt Lieferung an Edeka, Netto, Rewe und Penny ein: Bis zu 300 Produkte betroffen! RTL News. https://www.rtl.de/cms/streit-um-preise-mars-liefert-nicht-mehr-an-edeka-rewe-netto-co-300-produkte-betroffen-5009261.html

Zweites Deutsches Fernsehen [ZDF]. (n. d.). Handel und Wirtschaftssysteme im Wandel. https://www.zdf.de/dokumentation/terra-x/handel-im-wandel-100.html

Zweites Deutsches Fernsehen [ZDF]. (2023). Zwei Jahre nach dem Brexit. https://www.zdf.de/nachrichten/heute-in-europa/zwei-jahre-nach-dem-brexit-100.html

Abbildungsverzeichnis

Teil 1 – Global Governance

Abb. 1.1 Darstellung eines phönikischen Schiffes auf einer antiken Münze ... 18
Abb. 1.2 Entwicklung der Globalisierungsindices im Zeitverlauf 1970 bis 2021 – Welt und Deutschland im Vergleich ... 21
Abb. 1.3 Akteure der Globalisierung ... 22
Abb. 1.4 Entwicklung des grenzüberschreitenden Warenhandels ... 25
Abb. 1.5 Wechselkurssystem nach Bretton Woods, Gold-Dollar-Bindung ... 27
Abb. 1.6 Die Bretton-Woods-Konferenz 1944 ... 28
Abb. 1.7 Zerfall der Sowjetunion 1990/1991 ... 29
Abb. 1.8 Entwicklung der weltweiten Transport- und Kommunikationskosten in den Jahren 1930 bis 2005 ... 31
Abb. 1.9 Hamburg, Hamburger Hafen ... 31
Abb. 1.10 Asiens wachsende Bedeutung im Welthandel 1950 bis 2020 ... 33
Abb. 1.11 Wie man sich wie ein Koreaner kleidet ... 37
Abb. 1.12 Kinderarbeit auf Mülldeponien im Irak ... 40
Abb. 1.13 Entwicklung der globalen Lufttemperatur 1850 bis 2030 ... 41
Abb. 1.14 Anteil der CO_2-Emissionen nach Ländern im Vergleich 2022 zu 1990 ... 42
Abb. 1.15 Produktfälschungen nach Herkunftsland ... 44
Abb. 1.16 Innovationskraft der VR China im Zeitverlauf 2013 bis 2023 ... 44
Abb. 1.17 Produktpiratrie am Beispiel einer Motorsäge ... 45
Abb. 1.18 Schäden durch Datendiebstahl, Industriespionage oder Sabotage in Deutschland im Jahr 2023 in Milliarden Euro ... 47
Abb. 1.19 Containerschiff Ever Given blockiert den Suezkanal ... 50
Abb. 1.20 Protest von Fridays for Future in Berlin ... 56
Abb. 2.1 Organe, Sonderorganisationen, Hauptdienststellen und Sonderorganisationen der Vereinten Nationen ... 66
Abb. 2.2 Internationaler Währungsfonds, 2021 ... 69
Abb. 2.3 Die fünf Institutionen der Weltbank ... 72
Abb. 2.4 GATT-Verhandlungsrunden Zollabbau ... 74

Abb. 2.5 Ablauf eines WTO-Schlichtungsverfahrens ... 76
Abb. 2.6 Anzahl Streitschlichtungsverfahren bei der WTO 1995 bis 2019 ... 77
Abb. 2.7 Ölkrise 1973 ... 80
Abb. 2.8 Die Gruppe der Sieben, G7 ... 81
Abb. 2.9 Gruppe der 20 ... 82
Abb. 2.10 BRICS+, BRICS-Erweiterung ab 1.1.2024 ... 84
Abb. 2.11 Sustainable Development Goals, Ziele für eine nachhaltige Entwicklung ... 86
Abb. 2.12 Beispiele für NGOs ... 88
Abb. 2.13 Länder mit dem höchsten BIP weltweit 2023 ... 90
Abb. 2.14 Donald J. Trump auf Konfrontation ... 92
Abb. 2.15 China und die USA, ein neuer Großkonflikt hat begonnen ... 93
Abb. 2.16 In sich zerrissene USA – Sturm des Capitols am 6.1.2021 ... 95

Teil 2 – Transnationale Unternehmen

Abb. 1.1 Die weltweit zehn größten Unternehmen der Welt nach Marktkapitalisierung per Februar 2021 in Milliarden US-Dollar ... 117
Abb. 1.2 Acht weltweit tätige Konzerne decken den Lebensmittel- und Drogeriebedarf in Deutschland nahezu vollständig ab ... 119
Abb. 2.1 Feldhäcksler der Claas-Gruppe ... 122
Abb. 2.2 Bewertung der LIQUI MOLY GmbH durch Expertinnen und Experten sowie Endverbrauchende ... 125
Abb. 3.1 Die HP-Garage – der Geburtsort des Silicon Valley ... 130
Abb. 3.2 Die Ansoff-Matrix ... 131
Abb. 4.1 Die zehn wichtigsten Herkunftsländer von ausländischen Direktinvestitionen (ADI/FDI) im Jahr 2022 in Milliarden US-Dollar ... 139
Abb. 4.2 Die zehn wichtigsten Zielländer von ausländischen Direktinvestitionen (ADI) im Jahr 2022 in Milliarden US-Dollar ... 139
Abb. 4.3 Höhe der Direktinvestitionen (ADI) der VR China in Europa nach Branchen 2005 bis 2023 in Milliarden US-Dollar 141
Abb. 4.4 Investitionsprüfungsverfahren für ADI durch das Bundesministerium für Wirtschaft und Klimaschutz ... 146
Abb. 5.1 Einsatz von KUKA-Robotern in der Automobilbranche ... 150

Abb. 5.2 Industrie-Roboter – Umsatz wichtiger Hersteller weltweit 2020 ... 151
Abb. 5.3 Chinesische Investitionen in europäische Häfen ... 155
Abb. 6.1 Wertschöpfungskette nach Michael E. Porter ... 160
Abb. 6.2 Entscheidungsbaum für „Make-or-Buy"-Entscheidungen .. 162
Abb. 6.3 Autotransportschiff in Bremerhaven ... 165
Abb. 6.4 Weltweite Aufteilung der Produktion von Bauteilen des iPhone 13 Pro ... 166
Abb. 6.5 Sustainable Development Goals, Ziele für eine nachhaltige Entwicklung ... 173
Abb. 6.6 Rohlederverarbeitung in Bangladesch ... 180
Abb. 6.7 Menschenrechtsverletzungen auf dem Produktionsweg eines T-Shirts ... 180
Abb. 6.8 Die eigenen globalen Schwerpunktthemen und Verpflichtungen aus Sicht von Nestlé ... 182
Abb. 6.9: Brandrodung im brasilianischen Regenwald ... 184
Abb. 6.10 Sieben Ausprägungsformen von Greenwashing ... 186
Abb. 6.11 Führende Steueroasen weltweit ... 188
Abb. 6.12 Steuerbetrug: Ein europäischer Wettbewerb ... 188
Abb. 6.13 Einbußen durch Steuerflucht in ausgewählten Ländern ... 189
Abb. 7.1 Einnahmequellen der „Big 5" Tech-Unternehmen 2016 – Betragsangaben in Milliarden US-Dollar ... 194
Abb. 7.2 Beispiele für Kartellverfahren in den USA gegen die „Big 5" .. 196
Abb. 7.3 Kartellstrafen der Europäischen Kommission gegen US-Tech-Unternehmen bis 2019 in Millionen Euro ... 197

Teil 3 – Die Europäische Union im Prozess der Globalisierung

Abb. 1.1 Die Entwicklung der EU-Mitgliedstaaten im Zeitverlauf bis 2023 ... 220
Abb. 1.2 EFTA, EWR und EU-Mitgliedstaaten ... 222
Abb. 1.3 „Geber-" und „Nehmerländer" in der EU ... 223
Abb. 1.4 Die EU im Überblick ... 225
Abb. 1.5 Europäisches Parlament in Straßburg, Frankreich ... 227
Abb. 1.6 Europäisches Parlament in Brüssel, Belgien ... 227
Abb. 1.7 Europäische Kommission in Brüssel, Belgien ... 228
Abb. 1.8 Die Eurozone im Zeitverlauf ... 229

Abb. 1.9 Entwicklungsstand der Wirtschafts- und Währungsunion ... 230
Abb. 1.10 Europäische Zentralbank in Frankfurt am Main ... 231
Abb. 1.11 Europäischer Gerichtshof in Luxemburg ... 232
Abb. 1.12 Werte, die die Werte die Europäische Union am besten repräsentieren – aus Sicht der Bevölkerung der EU sowie aus Sicht der deutschen Bevölkerung im Jahr 2019 ... 233
Abb. 1.13 Zufriedenheit in den Mitgliedstaaten mit der EU-Mitgliedschaft ... 235
Abb. 2.1 Anteil des EU-Binnenhandels nach Mitgliedstaaten im Jahr 2019 ... 243
Abb. 2.2 Anteil der EU am Welthandel im Jahr 2019 ... 243
Abb. 2.3 Exporte EU und Euro-Zone 2013 bis 2023 in Milliarden Euro. 244
Abb. 2.4 EU-Exporte und -Importe von Waren nach Ziel- und Herkunftsländern in 2020 ... 245
Abb. 2.5 Ziele von EU-Handelsabkommen ... 247
Abb. 2.6 Ablauf von EU-Handelsverhandlungen ... 248
Abb. 3.1 Brexit – Abstimmungsergebnisse ... 256
Abb. 3.2 Zeitlicher Ablauf des Brexits ... 257
Abb. 3.3 Auswirkungen des Brexits auf die Importe Großbritanniens 2016 bis 2021 ... 258
Abb. 3.4 Zufriedenheit der Bevölkerung im Jahr 2020 mit dem Corona-Management der EU ... 266
Abb. 3.5 Die geografische Lage Serbiens und des Kosovos auf dem Balkan ... 272
Abb. 4.1 EU-Klimapolitik vor dem Einmarsch Russlands in die Ukraine ... 277
Abb. 4.2 Inflationsrate in der EU von Juni 2022 bis Juni 2024 gegenüber dem Vorjahresmonat ... 279
Abb. 4.3 Pariser Klimaabkommen. Die EU auf dem Weg zur Klimaneutralität ... 282
Abb. 4.4 Bevölkerungspyramide EU 2006 und 2021 in Prozent der Gesamtbevölkerung ... 283
Abb. 4.5 Prognose Altersstruktur Bevölkerung EU ... 284
Abb. 4.6 Arbeitskräftemangel in der EU nach EU-Mitgliedsländern ... 285
Abb. 4.7 Fachkräftemangel in Deutschland ... 286
Abb. 4.8 Auswirkungen Fachkräftemangel in Deutschland ... 287

Abb. 4.9 Attraktivität von Arbeitsmärkten weltweit 2014 bis 2020 .. 287
Abb. 4.10 Digitalisierungsindex für die EU und deren Mitgliedsstaaten 291
Abb. 4.11 Korruptionswahrnehmungsindex 2023........ 293
Abb. 4.12 Korruptionswahrnehmungsindex 2023 in Europa 294
Abb. 5.1 G7-Gipfel im Juni 2024 unter Beteiligung der EU 302
Abb. 6.1 Größte Unternehmen in Europa nach Markenwert 2023 in Milliarden Euro 308
Abb. 6.2 „Hidden Champions" im Jahr 2020 weltweit........ 310
Abb. 6.3 Ranking der 10 innovativsten Länder weltweit nach dem Global Innovation Index 2023 310

Tabellenverzeichnis

Teil 1 – Global Governance

Tab. 1.1 Indikatoren des Globalisierungsindex nach Kategorien 19
Tab. 1.2 Globalisierungsindex 2023: Top 5-Länder und Deutschland auf Basis von Daten aus 2021........20
Tab. 1.3 Ausgewählte Indikatoren in ihrer Entwicklung 24
Tab. 2.1 BRICS+-Staaten im Vergleich........84

Teil 2 – Transnationale Unternehmen

Tab. 3.1 OLI-Modell nach Dunning, Einzelkriterien der drei Vorteilskategorien........ 133
Tab. 5.1 KUKA-Kennzahlen im Vergleich 2023 zu 2011 151
Tab. 7.1 Die Big Five: Größte Akquisitionen von Technologieunternehmen........ 198

Teil 3 – Die Europäische Union im Prozess der Globalisierung

Tab. 1.1 Umfrage in der EU zu den wichtigsten Problemen für die Europäische Union 2014 bis Frühjahr 2024 236
Tab. 2.1 Handel der EU – 2023 im Vergleich zu 2022 246

Stichwortverzeichnis

ADI 132, 134, 135, 137, 138, 139, 140, 141, 142, 143, 144, 145, 146, 147, 149, 154, 157, 167, 171, 208

Aid for Trade 145

Airbus 186

Alphabet 117, 177, 193, 198

Amazon 117, 177, 189, 193, 195, 198, 199, 200, 202

Amnesty International 39, 63, 87

Ansoff-Matrix 130, 131, 135

Appellate Body 75, 91

Apple 117, 177, 189, 193, 195, 196, 198, 199, 204

Arbeitsnormen 179

ASEAN 22

Atomabkommen mit dem Iran 92

Attac 23, 54, 55, 63

ausländische Direktinvestitionen 115, 134, 135, 144, 157, 169

Außenwirtschaftsgesetz 145

Außenwirtschaftsverordnung 145, 154, 157, 169

B7 107

Betriebsspionage 46

Biden, Joseph R. 91

Big 5 117, 177, 193, 194, 195, 196, 197, 198, 199, 202, 204

Bretton-Woods 18, 27, 28, 58, 61, 68, 90, 100, 102

BRICS 17, 38, 99, 321, 322

BRICS+ 17, 62, 80, 83, 84, 85, 99, 103, 266, 316, 322

Brundtland-Bericht 63

Chinesische Seidenstraße 17

Club of Rome 57, 58, 59

Container 31, 32, 49

Containerterminal Tollerort 149, 154

Corona-Pandemie 24, 26, 32, 35, 40, 49, 51, 53, 67, 68, 69, 70, 97, 102, 122, 126, 138, 142, 161, 168, 195

Corporate Social Responsibility 39, 116, 120, 126, 159, 169, 174, 176, 190, 199, 209

COSCO 149, 154, 156

CSR 116, 120, 126, 159, 169, 174, 175, 176, 190, 199, 204, 209

CSR-Richtlinie 175

Cyberattacken 46

Cyberkriminalität 46, 47, 48

Deregulierung 32, 59

Deutsche Umwelthilfe e. V. 185

Die Grenzen des Wachstums 58

Digitalunternehmen 177

Digitalwirtschaft 189, 193, 196
Direktinvestitionen 24, 97, 98
Diversifikation 132
Doha-Runde 77
Dunning 132, 133, 134, 135
Earth for All 58
eklektische Theorie 132, 133, 134, 135
Elmos AG 142, 144, 149, 156
Europäische Freihandelsassoziation 147
Ever Given 50, 161, 168
Facebook 117, 177, 193, 195, 198, 199, 201, 202
Ferrostahl 186
Finanzmarktkrise 24, 26, 40, 53, 69, 70
Folter 178
Foxconn 165
Freihandelsabkommen 22, 54, 63, 107
Fridays for Future 55, 56
G7 62, 73, 80, 81, 82, 83, 91, 92, 100, 103, 107
G8 54, 62, 81
G20 62, 80, 81, 82, 83, 107
G77 80, 83
GATS 74
GATT 74
Glasnost 29
Global Compact 63, 85, 86, 87, 169, 172, 173, 175, 179, 181, 186, 187
Global Compact Initiative 63
Global Governance 59, 61, 62, 63, 64, 65, 67, 80, 88, 89, 96, 107
Globalisierung 15, 16, 17, 18, 19, 20, 21, 22, 23, 24, 26, 30, 32, 34, 35, 38, 39, 43, 48, 49, 51, 52, 53, 54, 55, 57, 58, 59, 61, 62, 65, 80, 89, 104, 115, 116, 120, 132, 133, 134, 135, 137, 144, 147, 153, 157, 161, 164, 168, 169, 172, 187
Globalisierungsindex 19, 20, 21, 37, 38, 59, 104
Goldener Geier 185
Google 117, 121, 177, 189, 193, 195, 196, 198
Greenpeace 55, 63
Greenwashing 185, 186
Griechenland 70
Guanxi 97, 99
Hamburger Hafen und Logistik AG 154
handelspolitische Agenda 95
Hewlett-Packard 129
HHLA 154
HP 129, 130, 135, 136, 208
Hüther 52, 53, 54
IGB 23, 57, 79
ILO-Grundsatzerklärung 175

Industrieländer 17, 38, 52, 71, 73, 77, 83

Inländerbehandlung 75

International Bank for Reconstruction and Development 72, 73

Internationaler Gewerkschaftsbund 57, 79

Internationaler Währungsfonds 67, 68, 69, 71

IWF 23, 27, 28, 52, 67, 68, 69, 70, 71, 72, 73, 83, 90, 91

Just in Time 49, 159, 161, 163, 164, 168, 190

Klimakonferenzen 98

Klimakrise 67

Klimaschutzkonferenzen 43

Klimawandel 40, 43, 55, 57, 80, 82

KOF-Index 19, 137

Korruption 186, 187

KUKA AG 142, 144, 149, 150, 152, 153, 157

Kulturen 124, 134, 167, 168

Künstliche Intelligenz 154, 195

Liberalisierung 26, 32, 36, 38, 59, 70, 77

Lie 210

Lieferkette 120, 159, 175, 176, 177, 180, 190

Lieferketten 25, 26, 32, 34, 39, 49, 50, 51, 87, 116, 120, 126, 142, 159, 160, 161, 163, 164, 167, 168, 170, 176, 177, 178, 179, 183, 190, 191, 204

Lieferkettensorgfaltspflichtengesetz 39, 161, 169, 174, 176

Liqui Moly 121, 126, 127, 128

logistische Risiken 168

Make or Buy 49, 159, 161, 162, 163, 168, 190

Marktdurchdringung 131, 132

Marktentwicklung 131

Marktmacht 118, 120, 133, 193, 195, 196, 204

Mars Inc. 118, 120

Meistbegünstigung 75, 106

Menschenrechte 39, 79, 170, 175, 177, 178, 179, 180

Menschenrechtsverletzungen 73, 87, 97, 142, 179, 180, 181, 210

Mercosur 22

Mergers & Akquisition 134, 135, 143

Meta 117, 177, 193, 199, 201

Microsoft 117, 177, 193, 196, 198

Midea 149, 152, 153, 157, 158

Mitsubishi 150, 151

MNCs 115, 123, 124, 128, 171

multinationale Unternehmen 123, 170, 172, 173

nachhaltiges Unternehmenswachstum 135

NAFTA 22, 92, 93

NATO 30, 91, 92, 93, 95

Nespresso 182, 183

Nestlé 126, 181, 182, 183, 184

Neue Chinesische Seidenstraße 99

NGO 37, 54, 55, 88

NGOs 23, 51, 54, 63, 73, 87, 88

Nichtregierungsorganisationen 23, 63, 73, 87

Non Governmental Organisations 23, 51, 54, 63, 73, 87, 88

OECD 16, 17, 19, 78, 79, 107, 170, 171, 172, 173, 175

OLI-Modell 132, 133, 134

Ölkrise 80

One Belt, One Road 99

Organisation for Economic Cooperation and Development (OECD) 16

organisches Unternehmenswachstum 134

Ostblock 28, 30

Our Common Future 63

Our global neighbourhood 63

Outsourcing 161

OXFAM 39, 87, 178, 179

Palmöl 183, 184

Pariser Klimaabkommen 92

Perestroika 29

Phönizier 17, 104

Plagiate 45

politische Risiken 167

Porter 159, 160, 161

Presse- und Meinungsfreiheit 97

Privatisierung 32, 70

Produkt- und Markenpiratrie 43, 46, 59, 62, 94, 98

Produktentwicklung 132

Produkt-Markt-Matrix 130

Prüfverfahren 145, 147, 152, 154, 156, 169

Qualitätsrisiken 168

Rechtsunsicherheit 168

Reziprozität 75

Risikostreuung 132, 167

Römer 17

Sai Microelectronics 156

Schwellen- und Entwicklungsländer 59, 62, 107

sektorspezifisches Prüfverfahren 145

sektorübergreifendes Prüfverfahren 145

Shanghai-Gruppe 99

Siemens 118, 126, 187

Silicon Valley 129, 130

Sonderziehungsrechte 70

Staatsunternehmen 140

Starbucks 189, 201

Steuerflucht 48, 59, 187, 188, 189, 202

Steueroptimierung 187, 202, 204
Steuervermeidung 48, 59, 169, 187, 189, 202
Stiglitz 52, 53
Stop Hate for Profit-Kampagne 201
Streitschlichtungsverfahren 75, 77, 91
Structural Power 99
Strukturanpassungsmaßnahmen 70
Suezkanal 50
Supply Chain Management 49, 159, 190
Sustainable Development Goals 85, 86, 169, 173
Taiwan 50, 99, 104
Tech-Konzerne 117
Terre des Hommes 37, 54, 55
Tesla 117
Thunberg, Greta 56
ThyssenKrupp 186
TNC 124, 159, 170
TNCs 21, 48, 56, 115, 116, 117, 121, 123, 124, 125, 128, 159, 160, 161, 168, 169, 170, 171, 172, 173, 174, 175, 176, 177, 178, 179, 181, 185, 187, 190
Tochtergesellschaften 123, 124, 128, 161, 177, 187
Tollerort 142, 144, 149, 154, 156
transnationale Konzerne 116
transnationale Unternehmen 21, 39, 48, 49, 51, 116, 123, 159, 161, 169, 170, 179, 190, 204
Transparency International 186, 187
Transport- und Kommunikationskosten 26, 30, 31, 59, 164
Treibhauseffekt 40
Triade 60, 104
TRIGEMA 121, 126, 127, 128
TRIPS 74, 77, 91
Trump, Donald J. 49, 53, 68, 91, 92, 95
Umwelt 175, 176, 181
Umweltschutz 170, 191
UN 23, 62, 63, 65, 66, 67, 68, 79, 83, 85
UN-Menschenrechtsrat 92
UNO 38
USA 129, 138, 154, 196
Vetorecht 66, 67
Virtual Reality 195
Volkswagen AG 149
VR China 138, 140, 141, 142, 152, 153, 154, 157, 165, 195, 210
Währungsrisiken 168
Washington Consensus 70
Weltbank 27, 28, 52, 72, 73, 83
Weltbankgruppe 67, 72, 73

Weltgesundheitsorganisation 54, 67, 119, 169

Welthandelsorganisation 67, 144

Wertschöpfungskette 159, 160, 161, 176

Wertschöpfungsketten 159, 160

WHO 54, 67, 92, 119, 169

Wirtschafts- und Industriespionage 94, 98

wirtschaftsethische Ansätze 173, 175

Wirtschaftskriminalität 38, 43, 46, 59

Wirtschaftsspionage 46

World Health Organisation 67, 119, 169

World Wide Fund For Nature 55

WTO 23, 52, 62, 67, 74, 75, 76, 77, 83, 91, 92, 98, 103, 106, 137, 144, 145, 147